全国中医药行业高等教育"十四五"规划教材
全国高等中医药院校规划教材（第十一版）
全国中医药研究生核心课程规划教材

中医药文献信息检索与利用

（第二版）

（供中医学类、中药学类和中西医结合临床等专业
长学制本科生和研究生用）

主　编　章新友　孙　玲

中国中医药出版社
·北 京·

图书在版编目（CIP）数据

中医药文献信息检索与利用 / 章新友 , 孙玲主编 .
2 版 . –– 北京 : 中国中医药出版社 , 2024. 11. –– （全
国中医药行业高等教育 "十四五" 规划教材）.
ISBN 978–7–5132–9012–8

Ⅰ . G252.7

中国国家版本馆 CIP 数据核字第 2024CY0631 号

融合出版数字化资源服务说明

全国中医药行业高等教育 "十四五" 规划教材为融合教材，各教材相关数字化资源（电子教材、PPT 课件、视频、复习思考题等）在全国中医药行业教育云平台 "医开讲" 发布。

资源访问说明

扫描右方二维码下载 "医开讲 APP" 或到 "医开讲网站"（网址：www.e–lesson.cn）注册登录，输入封底 "序列号" 进行账号绑定后即可访问相关数字化资源（注意：序列号只可绑定一个账号，为避免不必要的损失，请您刮开序列号立即进行账号绑定激活）。

资源下载说明

本书有配套 PPT 课件，供教师下载使用，请到 "医开讲网站"（网址：www.e–lesson.cn）认证教师身份后，搜索书名进入具体图书页面实现下载。

中国中医药出版社出版

北京经济技术开发区科创十三街 31 号院二区 8 号楼

邮政编码　100176

传真　010–64405721

河北省武强县画业有限责任公司印刷

各地新华书店经销

开本 889×1194　1/16　印张 21.75　字数 613 千字

2024 年 11 月第 2 版　2024 年 11 月第 1 次印刷

书号　ISBN 978–7–5132–9012–8

定价　89.00 元

网址　www.cptcm.com

服 务 热 线　010–64405510　　微信服务号　zgzyycbs
购 书 热 线　010–89535836　　微商城网址　https://kdt.im/LIdUGr
维 权 打 假　010–64405753　　天猫旗舰店网址　https://zgzyycbs.tmall.com

如有印装质量问题请与本社出版部联系（010–64405510）

全国中医药行业高等教育"十四五"规划教材
全国高等中医药院校规划教材（第十一版）
全国中医药研究生核心课程规划教材

《中医药文献信息检索与利用》
编 委 会

匡海学（黑龙江中医药大学教授、教育部高等学校中药学类专业教学指导委员会主任委员）

吕志平（南方医科大学教授、全国名中医）

吕晓东（辽宁中医药大学党委书记）

朱卫丰（江西中医药大学校长）

朱兆云（云南中医药大学教授、中国工程院院士）

刘　良（广州中医药大学教授、中国工程院院士）

刘松林（湖北中医药大学校长）

刘叔文（南方医科大学副校长）

刘清泉（首都医科大学附属北京中医医院院长）

李可建（山东中医药大学校长）

李灿东（福建中医药大学校长）

杨　柱（贵州中医药大学党委书记）

杨晓航（陕西中医药大学校长）

肖　伟（南京中医药大学教授、中国工程院院士）

吴以岭（河北中医药大学名誉校长、中国工程院院士）

余曙光（成都中医药大学校长）

谷晓红（北京中医药大学教授、教育部高等学校中医学类专业教学指导委员会主任委员）

冷向阳（长春中医药大学校长）

张忠德（广东省中医院院长）

陆付耳（华中科技大学同济医学院教授）

阿吉艾克拜尔·艾萨（新疆医科大学校长）

陈　忠（浙江中医药大学校长）

陈凯先（中国科学院上海药物研究所研究员、中国科学院院士）

陈香美（解放军总医院教授、中国工程院院士）

易刚强（湖南中医药大学校长）

季　光（上海中医药大学校长）

周建军（重庆中医药学院院长）

赵继荣（甘肃中医药大学校长）

郝慧琴（山西中医药大学党委书记）

胡　刚（江苏省政协副主席、南京中医药大学教授）

侯卫伟（中国中医药出版社有限公司董事长）

姚　春（广西中医药大学校长）

徐安龙（北京中医药大学校长、教育部高等学校中西医结合类专业教学指导委员会主任委员）

高秀梅（天津中医药大学校长）

高维娟（河北中医药大学校长）

郭宏伟（黑龙江中医药大学校长）

唐志书（中国中医科学院副院长、研究生院院长）

彭代银（安徽中医药大学校长）

董竞成（复旦大学中西医结合研究院院长）

韩晶岩（北京大学医学部基础医学院中西医结合教研室主任）

程海波（南京中医药大学校长）

鲁海文（内蒙古医科大学副校长）

翟理祥（广东药科大学校长）

秘书长（兼）

陆建伟（国家中医药管理局人事教育司司长）

侯卫伟（中国中医药出版社有限公司董事长）

办公室主任

周景玉（国家中医药管理局人事教育司副司长）

李秀明（中国中医药出版社有限公司总编辑）

办公室成员

陈令轩（国家中医药管理局人事教育司综合协调处处长）

李占永（中国中医药出版社有限公司副总编辑）

张岠宇（中国中医药出版社有限公司副总经理）

芮立新（中国中医药出版社有限公司副总编辑）

沈承玲（中国中医药出版社有限公司教材中心主任）

前　言

为全面贯彻《中共中央国务院关于促进中医药传承创新发展的意见》和全国中医药大会精神，落实《国务院办公厅关于加快医学教育创新发展的指导意见》《教育部 国家发展改革委 财政部关于加快新时代研究生教育改革发展的意见》《教育部国家卫生健康委国家中医药管理局关于深化医教协同进一步推动中医药教育改革与高质量发展的实施意见》，紧密对接新医科建设对中医药教育改革的新要求和中医药传承创新发展对人才培养的新需求，国家中医药管理局教材办公室（以下简称"教材办"）、中国中医药出版社在国家中医药管理局领导下，在教育部高等学校中医学类、中药学类、中西医结合类专业教学指导委员会，全国中医、中药、针灸专业学位研究生教育指导委员会及全国中医药行业高等教育规划教材专家指导委员会指导下，对全国中医药行业高等教育"十三五"规划教材进行综合评价，研究制定《全国中医药行业高等教育"十四五"规划教材建设方案》，并全面组织实施。鉴于全国中医药行业主管部门主持编写的全国高等中医药院校规划教材目前已出版十版，为体现其系统性和传承性，本套教材称为第十一版。

本套教材建设，坚持问题导向、目标导向、需求导向，结合"十三五"规划教材综合评价中发现的问题和收集的意见建议，对教材建设知识体系、结构安排等进行系统整体优化，进一步加强顶层设计和组织管理，坚持立德树人根本任务，力求构建适应中医药教育教学改革需求的教材体系，更好地服务院校人才培养和学科专业建设，促进中医药教育创新发展。

本套教材建设过程中，教材办聘请中医学、中药学、针灸推拿学三个专业的权威专家组成编审专家组，参与主编确定，提出指导意见，审查编写质量。特别是对核心示范教材建设加强了组织管理，成立了专门评价专家组，全程指导教材建设，确保教材质量。

本套教材具有以下特点：

1. 坚持立德树人，融入课程思政内容

将党的二十大精神进教材，把立德树人贯穿教材建设全过程、各方面，体现课程思政建设新要求，发挥中医药文化育人优势，促进中医药人文教育与专业教育有机融合，指导学生树立正确世界观、人生观、价值观，帮助学生立大志、明大德、成大才、担大任，坚定信念信心，努力成为堪当民族复兴重任的时代新人。

2. 优化知识结构，强化中医思维培养

在"十三五"规划教材知识架构基础上，进一步整合优化学科知识结构体系，减少不同学科教材间相同知识内容交叉重复，增强教材知识结构的系统性、完整性。强化中医思维培养，突出中医思维在教材编写中的主导作用，注重中医经典内容编写，在《内经》《伤寒论》等经典课程中更加突出重点，同时更加强化经典与临床的融合，增强中医经典的临床运用，帮助学生筑牢中医经典基础，逐步形成中医思维。

3. 突出"三基五性"，注重内容严谨准确

突出教材的"三基五性"，即基本知识、基本理论、基本技能，思想性、科学性、先进性、启发性、适用性。注重名词术语统一，概念准确，表述科学严谨，知识点结合完备，内容精炼完整。教材编写综合考虑学科的分化、交叉，既充分体现不同学科自身特点，又注意各学科之间的有机衔接；注重理论与临床实践结合，与医师规范化培训、医师资格考试接轨。

4. 强化精品意识，建设行业示范教材

遴选行业权威专家，吸纳一线优秀教师，组建经验丰富、专业精湛、治学严谨、作风扎实的高水平编写团队，将精品意识和质量意识贯穿教材建设始终，严格编审把关，确保教材编写质量。特别是对32门核心示范教材建设，更加强调知识体系架构建设，紧密结合国家精品课程、一流学科、一流专业建设，提高编写标准和要求，着力推出一批高质量的核心示范教材。

5. 加强数字化建设，丰富拓展教材内容

为适应新型出版业态，充分借助现代信息技术，在纸质教材基础上，强化数字化教材开发建设，对全国中医药行业教育云平台"医开讲"进行了升级改造，融入了更多更实用的数字化教学素材，如精品视频、复习思考题、AR/VR等，对纸质教材内容进行拓展和延伸，更好地服务教师线上教学和学生线下自主学习，满足中医药教育教学需要。

本套教材的建设，凝聚了全国中医药行业高等教育工作者的集体智慧，体现了中医药行业齐心协力、求真务实、精益求精的工作作风，谨此向有关单位和个人致以衷心的感谢！

尽管所有组织者与编写者竭尽心智，精益求精，本套教材仍有进一步提升空间，敬请广大师生提出宝贵意见和建议，以便不断修订完善。

国家中医药管理局教材办公室
中国中医药出版社有限公司
2023年6月

编写说明

"中医药文献信息检索与利用"是全国高等中医药院校中医学、中药学等相关专业研究生的一门必修课程，本教材是为了满足新时期中医药文献信息检索与利用课程教学要求而编写，是由国家中医药管理局组织编写的全国中医药研究生核心课程"十四五"规划教材，由中国中医药出版社统一规划、宏观指导和具体负责，全国17所高等中医药院校及科研机构从事文献信息检索研究，并具有多年相关课程教学经验的教师联合编写。

《中医药文献信息检索与利用》教材是在参考众多医药类文献检索教材和中国中医药出版社全国中医药行业高等教育"十三五"规划教材《中医药文献信息检索与利用》的基础上，坚持立德树人，融入课程思政内容，结合中医药研究生教育的特色编写而成。教材系统阐述了中医药文献信息检索的基本理论、检索方法与利用，是学习中医药学和从事中医药科研工作的重要组成部分。本课程教学的目的，旨在强化中医药研究生利用文献信息的意识，培养研究生分析和利用中医药文献信息的能力，使研究生能够充分利用中医药文献信息资源为学习和工作服务。

本教材共10章，分别介绍了中医药文献信息检索基础、文献信息检索途径与策略、中医药古籍检索、中文中医药文献检索、外文中医药文献检索、网络中医药信息检索、中医药专利文献的检索与利用、中医药其他文献检索、中医药信息管理与利用、学术规范与学术论文撰写等内容。教材编写力求与中医药教学、科研相结合，每章后有思政元素和复习思考题，书后附有中医药主要中文期刊、医学主要中文期刊、医药信息主要网络资源、古代重要中医药文献一览表等附录。本教材为中医学、中药学类和中西医结合临床等相关专业的研究生教材，也可供从事中医药工作的科研人员参考。

本教材编写分工如下：第一章由章新友编写，第二章由李文林、张雪艳编写，第三章由孙玲、蒋茵婕编写，第四章由程树英、柳春编写，第五章由高日阳、张林编写，第六章由常傲冰、侯艳编写，第七章由李海燕、乐世俊编写，第八章由林晓华、李孟编写，第九章由黄友良、张旭编写，第十章由孙晓敏、吴地尧编写，附录由章新友编写。

本教材在编写过程中得到了中国中医药出版社和兄弟院校领导的支持及相关高校教师的帮助，在此表示衷心的感谢！

《中医药文献信息检索与利用》编委会

2024 年 3 月

目　录

第一节　信息素养与科学研究

一、文献信息检索的意义

21 世纪是信息时代，随着信息化和数字化的快速发展，各类文献信息数量激增，文献类型日渐繁杂，学科比较分散，各学科间交叉渗透成为趋势，因此选择更加丰富和全面快捷的信息收集渠道变得尤为重要，其可以最少的时间和精力，从大量的国内外医药学文献中获取所需的文献资料和有用的知识情报。

中医药现代研究，可以通过文献检索，并结合古代和现代中医药研究成果，在国际范围内确定知识容量，揭示空白点，减少科研的重复研究，提高科研效率和成果水平，把科研及其他工作建立在新的起点上，促进新知识的产生，做到真正享受信息化所带来的便利。

（一）中医药文献检索是科研的重要组成部分

纵观中医药发展史，任何一项知识创新、科学发明或新药研制，都是查阅大量文献信息、借鉴和继承前人经验的结果。一项课题研究之前必须掌握与其相关的资料，了解前人做了哪些工作，取得过哪些成就，现在存在的问题及今后的发展趋势，在继承和借鉴前人成果的基础上做出最佳选题和最优研究规范。

（二）中医药文献检索可以减少科研时间

收集资料信息是科研工作的前期工作。科研人员在获取课题资料的过程中，要花费大量时间。如果能有效利用中医药文献检索相关知识查阅资料，则可减少课题资料收集时间，提高工作效率。

（三）中医药文献检索可以避免重复研究

文献信息汇集了人类科学试验、技术研究与生产实践所积累的宝贵经验，文献检索可以避免科研项目的重复投资，少走弯路。为此，专利的申请、成果的鉴定、项目的报批都需要通过文献检索进行查新。

（四）中医药文献检索是学好中医药的基础

中医药文献检索技能是文献分析智能化的重要组成部分，也是求学和工作期间进行智能培养和训练的重要部分。掌握中医药文献检索方法有助于检索工具书刊的鉴别、利用和知识的积累，从而为中医药学习夯实基础。

二、中医药信息素养

广义的信息素养是指具有检索和利用各种信息源以解决信息需求及制定明智决策的能力。信息素养已经成为人们投身社会的一个先决条件。信息素养包括信息意识、信息知识、信息能力、信息道德。其中，信息意识居于先导地位，信息知识是前置基础，信息能力是关键要求，信息道德是"导向标"。另外，信息素养还包括对信息的反思性发现，对信息如何产生和评价的理解及利用信息创造新知识，并合理参与学习团体的一种综合能力。21世纪将进入泛信息时代，其信息素养整合了媒介素养、视觉素养、信息通信技术素养、数字素养等内容。

中医药信息素养主要包括以下方面：①中医药信息意识：主要是对信息资源、信息创新和信息道德等方面知识的理解。②中医药相关信息知识：主要是与信息相关和中医药相关的信息知识。③中医药信息采集、加工、存贮、传播和利用能力：主要是对中医药信息采集、加工、存贮、传播和利用等的能力，尤其是中医药信息利用和创新能力。④中医药信息道德：主要是在中医药信息采集、加工、存贮、传播和利用等过程中所产生的各种道德意识、道德规范和道德行为。

三、信息素养与科研能力

就研究生而言，中医药专业素养较高，科研需求较强，尤其是面对毕业课题设计、论文撰写、创新项目申报等，对其信息素养的要求更高。研究生的信息素养主要包括：①对中医药文献的评价、判断、分析利用和创新能力。②综述报告、项目申请及汇报等信息生成能力。③有效利用文献信息资源进行毕业课题设计、开题检索、论文写作等能力。④具有课题立项及更高层次科研活动的能力。⑤具有利用信息技术解决中医药专业问题的能力。

文献信息检索贯穿科研项目选题到结题的全过程，因此，研究生的信息素养与科学研究能力密切相关，且必不可少。科研项目的选题需要查新，申报书中的立项意义、研究内容、研究方法、特色与创新等及前期研究工作基础等内容的撰写都需要进行文献信息的检索、分析和利用。只有具备较强的信息意识，具有较强的文献检索、分析和利用能力，才能有效开展创新性科学研究。

四、文献检索课程的学习方法

中医药文献信息检索课程是研究生素质教育的重要组成部分，它和外语、计算机等基础素质课程一样，是当代研究生必须掌握的基本技能。通过对中医药文献信息检索课程的学习，旨在培养研究生的信息意识、学习信息知识、掌握信息检索技术，利用好中医药文献信息资源。使研究生掌握采用手工方式和计算机方式，从各种文献或互联网中获取所需的中医药知识和信息。

中医药文献信息检索课程是一门理论与实践紧密结合的课程，更是一门实践操作性很强的课程。因此，学好文献检索课程，一是要学好中医药文献信息检索的理论知识，坚持理论联系实际的学习原则；二是要独立思考，多练习、多实践；三是要学会使用多个检索词构成检索策略；四是要学会精选检索词，提高检索速度和检索结果的质量；五是要养成自主学习的习惯，通过对检索到的所需文献学习，不断丰富自己的专业知识，以提升自己的综合素质。

第二节　文献信息基础知识

一、文献信息基本概念

（一）信息

信息一词在中国历史文献中最早见于唐诗中，拉丁词是 information，20 世纪中叶以后其本质才不断被揭示，并被引入哲学、信息论、系统论、控制论、传播学、情报学、管理学、通信、计算机科学等领域。信息作为日常用语是指音信、消息。每个人每天都在不断地通过感觉器官从外界接受信息。

信息作为一个科学术语，广义指事物属性的表征，狭义指系统传输和处理的对象，最早出现于通信领域。20 世纪 20 年代，哈特莱在探讨信息传输问题时，提出了信息和消息在概念上的差异。

实际上，任何一种音信和消息（如通知、报道、新闻等），或任何一个系统传输和处理的对象（如数据、事实、信号等），都不外是关于某一事物的某种属性（如状态、外形、构造、成分、重量、数目、运动、静止、声音、滋味等）的反映，因此，信息的日常涵义与科学含义，广义与狭义是相通的。

信息是被反映事物属性的再现。信息不是事物本身，而是由事物发出的消息、指令、数据等所包含的内容。一切事物，包括自然界和人类社会都会产生信息。

1.信息的属性　所谓信息的属性，是指信息本身所固有的性质。作为特殊形态的客观事物，信息主要有以下性质。

（1）普遍性　信息充满着广袤的宇宙，是物质固有的普遍属性。信息不仅存在于人类社会，也存在于自然界。人与人之间、机器之间、人机之间、动物之间、植物之间、细胞之间等，都可以进行信息交流。

（2）客观性　就世界的整体而言，信息统一于物质世界，信息的根源是物质世界。信息的存储、传播依靠物质和能量，它无所谓始，也无所谓终，与整个物质世界共存。

（3）中介性　就物质世界的层次来看，信息既区别于物质又区别于精神。它的内核不是具体的物质和能量，尽管有些信息是通过文字、图像等具体物质形式表现出来的，但它本身却没有质量，也不占有空间。我们见到的占有空间的并不是信息本身，而是存储和携带信息的物质载体。同时它也不像意识那样依赖于人脑存在，故不具有主观性，它是介于物质世界和精神世界之间过渡状态的东西，人们通过信息来认识事物。

（4）增殖性　随着事物的不断变化，信息将不断扩充，人们对事物的认识也将不断深入。

（5）传递性　信息可以在时间上和空间上从一点转移到另一点，可以通过语言、动作、文献、电话、电报、广播、电视、通信卫星、电子计算机等进行传递。

（6）可储性　信息可以收集、加工、整理、筛选、归纳、综合，并可以通过记忆和各种载体来载荷。

（7）转换性　只要信息的含义、内容不变，其存在形式可以相互转换，如专业论著、技术标准等可以转换成生产工艺、具体产品等。

（8）可知性　信息是可为人们感知的，但由于人们认识水平的差异性，对于同一事物，不同观摩者对其认识可能不同。

（9）共享性　信息可以多方向多层次传播，为人们所共享，但不失去其内容，与实物交易不同。

2. 信息的功能

（1）扩大了人们关于世界的科学图景，揭示了客观世界层次和要素新的一面，有助于人们认识宇宙发展中进化与退化的辩证统一关系。

（2）可以用来消除人们在认识上的某种不确定性，其消除不确定性的程度与信息接受者的思想意识、知识结构有关，人类认识就是不断地从外界获取信息和加工信息的过程。

（3）同物质、能量一样，信息是一种资源。物质提供材料，能量提供动力，信息则提供知识、智慧和情报。

3. 信息的类型与载体　信息的类型可从不同的角度划分。按其形成的领域可分为自然信息和社会信息；按其存在的状态可分为瞬时信息和保留信息；按其表现的形式可分为文字信息、图像信息、语音信息等。

信息本身不是实体，必须借助一定的载体才能表现、传递和利用。载体是信息得以保存的物质实体。从古代的甲骨、金石、锦帛、竹简，到现今的纸张、感光材料、磁性材料，信息的载体和存储技术已发生数次质的飞跃，为人类存储、检索和利用信息提供了极大的方便。

在人类步入信息社会的时代，信息同物质、能量构成人类社会的三大资源。物质提供材料，能量提供动力，信息提供知识和智慧。因而，信息已成为促进科技、经济和社会发展的新型资源，它不仅有助于人们不断地揭示客观世界，深化人们对客观世界的科学认识，消除人们在认识上的某种不确定性，而且还源源不断地向人类提供生产知识的原料。

（二）知识

知识是人们在改造世界的实践中所获得的认识和经验的总和。从信息的观念看，知识来源于信息，是信息的一部分。人类在认识世界和改造世界的过程中，不断接受客观事物发出的信息，经过大脑的思维加工，形成的对事物本质及其运动规律的认识，这就是将信息转化为知识的过程。人类在获得知识后，再将这些知识用来指导实践，又能创造新信息，获得新知识。如此反复循环，便可使信息愈来愈纷繁，知识愈来愈丰富，认识不断提高和深化。

1. 知识的类型　知识有个人知识和社会知识之分。个人知识是个人具有的专用知识，与社会知识相对应。个人知识存在于个人大脑、笔记或书信中，只有个人才能加以利用。个人知识主要来自两方面：一是根据愿望学习吸收社会已有的知识；二是通过总结经验、分析研究，创造发现的新知识。个人知识不断为社会知识补充新的内容，个人创造的新知识一旦进入社会交流系统，就成为社会知识。社会知识是社会系统集体拥有的知识。社会知识存在于文献中，也存在于人类社会的口头传说中。社会知识是人类知识的基本部分，一个团体或社会的所有成员能够通过文献等不同媒介自由地获得社会知识。个人知识的不断创新发展丰富了社会知识，社会知识又是个人知识的丰富源泉。

根据国际经济合作发展组织（OECD）的定义，人类现有的知识可分为四大类：

1）know what（知道是什么）——关于事实方面的知识。

2）know why（知道为什么）——关于自然原理和规律方面的知识。

3）know how（知道怎么做）——关于技能或能力方面的知识。

4）know who（知道归属谁）——关于产权归属的知识。

2. 知识的属性　所谓知识的属性是指知识本身所固有的性质。知识主要有以下几种性质。

（1）意识性　知识是一种观念形态的东西，只有人的大脑才能产生它，识别它、利用它。知识通常以概念、判断、推理、假说、预见等思维形式和范畴体系表现自身的存在。

（2）信息性　信息是产生知识的原料，知识是被人们理解和认识并经大脑重新组织和系列化了的信息，信息提炼为知识的过程称之为思维。

（3）实践性　社会实践是一切知识产生的基础和检验知识的标准，科学知识对实践有重大指导作用。

（4）规律性　人们对实践的认识，是一个无限的过程，人们获得的知识在一定层面上揭示了事物及其运动过程的规律性。

（5）继承性　每一次新知识的产生，既是原有知识的深化与发展，又是更新的知识产生的基础和前提，知识被记录或被物化为劳动产品后，可以世代相传利用。

（6）渗透性　随着知识门类的增多，各种知识可以相互渗透，形成许多新的知识门类，形成科学知识的网状结构体系。

3. 知识的作用　知识在人类社会的发展中起着巨大的作用。

（1）知识是文明程度的标志　衡量一个国家、一个民族文明程度的高低，主要看其创造、吸收、掌握和应用知识的能力。

（2）知识可以转化为巨大的生产力　劳动者素质的提高、工具的进步、劳动对象的扩大、经济的发展，都是知识推动的结果。

（3）知识是建设精神文明的动力　是科学教育的内容，能促进人类智能的改善。

（三）文献

1. 文献的概念　"文献"一词在中国最早见于孔子的《论语·八佾》篇中，其含义千百年来几经变化：汉代郑玄解释为文章和贤才；宋代朱熹释之为典籍和贤人；宋末元初的马端临理解为书本记载的文字资料和口耳相传的言论资料；近现代的一些工具书又将其解释为"具有历史价值的图书文物资料"和"与某一学科有关的重要图书资料"；1983 年颁布国家标准《文献著录总则》将其定义为"记录有知识的一切载体"。在国外，"文献"一词最早是由法国的保罗·奥特勒（P. Otel）于 1905 年提出来的，尔后逐渐在一些国家使用，初期含义不尽一致，后来也逐渐趋于统一。现大多认为文献是各种知识或信息载体的总称。

文献由 3 项基本要素构成：第一是知识信息内容，这是文献的灵魂所在；第二是载体材料，即可供记录知识或信息的物质材料，如龟甲、兽骨、竹木、帛、金石、泥陶、纸张、胶片、胶卷、磁带、磁盘、光盘等；第三是记录方式，即用文字、图形、代码、符号、声频、视频等方式和技术手段把知识或信息记录在一定物质载体上。知识、载体、记录方式三位一体，不可分割，缺少三者之一都不能成为文献。

2. 文献的属性　所谓文献的属性，是文献本身所固有的性质，可概括为 4 个方面。

（1）知识信息性　这是文献的本质属性，知识是文献的实质内容，没有记录下任何知识或信息内容的纸张、胶卷、磁带不能称之为文献；离开知识信息，文献便不复存在。传递信息、记录知识是文献的基本功能。人类的知识财富正是借助文献才得以保存和传播的。

（2）物质实体性　载体是文献的存在形式，人们头脑中的知识无论多么丰富，只要没有记录在一定的物质载体上，就不能称其为文献。文献所表达的知识信息内容必须借助一定的信息符号、依附一定的物质载体，才能长时期保存并传递。

（3）人工记录性　文献所蕴涵的知识信息是通过人们用各种方式将其记录在载体上的，而不是天然荷载在物质实体上的。

（4）动态发展性　文献并非处于静止状态，而是按新陈代谢的规律运动着。随着人类记录水平的提高，信息交流的频繁，文献的数量日趋庞大，形式日益多样；与此同时，文献的老化速度也在加快。生命周期日益缩短，形成了有规律的运动。

3. 文献的功能

（1）存储知识信息　文献是知识的物质存在形式，是积累和保存知识的工具，人类所有的知识成果都只有记录于文献，才能保存和流传；文献的产生是人类文明史上的重要里程碑，人们正是通过文献了解相关学科信息，通过文献得悉某一科技成果或创造发明诞生于何时，被记录在何种科技文献之中等具体情况。

（2）传递知识信息　文献能帮助人们克服时间与空间上的障碍，传递和交流人类已有的知识和经验，促进知识信息的增加和融合，沟通人们思想感情的联系和交流，成为人类知识信息交流的重要途径。

（3）教育和娱乐功能　通过阅读文献，人们可获取科学文化知识，掌握专业技能，提高认识水平和基本素质，还可以娱乐消遣，陶冶情操，丰富精神生活，提高创造能力。

（四）情报

1. 情报的概念　情报与信息在英文中为同一个词 information，但信息的外延比情报广，信息包括情报。情报是人们在一定时间内为一定目的而传递的具有使用价值的知识或信息。情报是一种普遍存在的社会现象，人们在物质生产和知识生产的实践活动中，源源不断地创造、交流与利用各种各样的情报。

2. 情报的属性　所谓情报的属性是指情报本身固有的性质。主要表现在以下几方面。

（1）知识性与信息性　情报必须具有实质内容，凡人们需要的各种知识或信息，如事实、数据、图像、信息、消息等，都可以为情报的内容。没有内容的情报是不可能存在的。

（2）动态性　无论多么重要的成果，人们不知道其存在就不能成为情报。情报处于运动状态中，用户主动搜集情报，情报机构采用先进载体和手段主动传递、研究情报、促使更多的静态知识成为动态情报。

（3）效用性　人们利用情报是为了获得实际效益，在多数情况下是为了竞争，同一情报因时间、地区、对象不同呈现出的效益也不同；情报针对性越强，越能促进人们达到目的。

（4）社会性　情报来源于人类社会的实践和认识活动，存储于社会系统，并为社会广泛地选择利用。

（5）语言性　情报必须通过自然语言和人工语言进行表达和传播，正是由于情报的语言性，才使它能够记录在各种载体上。

（6）可塑性　在情报的加工整理过程中，既可概括归纳，使之精炼浓缩，又可补充综合，使之系统全面。

（7）时间性　特定情报只有在合适的时间内传递和利用才会产生更大效用，随着时间的推移，情报的效用性也会随之降低。

3. 情报的功能　在信息社会中，情报将发挥越来越重要的作用。这主要包括。

（1）启迪思维，增长知识，提高人们的认识能力。

（2）帮助决策，协调管理，节约各项事业的人力、物力和财力。

（3）了解动向，解决问题，加快人们各项活动的进程，以便在信息社会的竞争中获胜。

（五）信息、知识、文献与情报之间的关系

信息、知识、文献和情报是 4 个既有区别又互相联系的概念，四者的关系见图 1-1。

信息包含了知识、文献和情报。信息是一个从低级到高级的信息集成。其中，知识是人类大脑对低级和高级信息进行加工形成的有用的高级信息；文献则记载着经过加工的高级信息，但文献不是信息的全部；情报传递着能为人类所接受的一切有用的信息，可以是未经加工的低级信息，也可以是经过加工的高级信息。

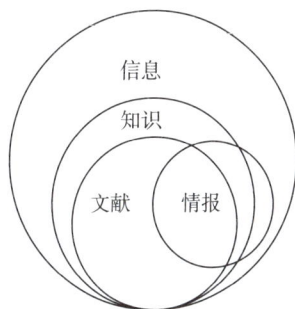

图 1-1 信息、知识、文献和情报关系

知识是人类对各种信息认识和加工形成的精神产品，是人的大脑对大量信息通过思维重新组合的、系统化的信息集合，即高级信息；而信息仅仅是人类大脑加工形成知识的原料。人类既要通过信息来认识世界、改造世界，又要根据所获得的信息组成知识。知识是已经被人类所认识的一部分信息，迄今尚有许多信息未被人类所认识。

文献是一种具有特殊存在形式的信息，是固化在载体上的知识；但并不是所有的知识都已经记录在文献中。文献是传递交流信息、知识和情报的主要媒介，是最重要的情报源；然而文献不是情报的全部。

情报不仅是在传递中为人类所接受和利用的知识，也可能是为人类所感知、接受和利用的信息。情报不是全部的信息、知识和文献，而是经过筛选后能满足特定需要的信息、知识和文献。情报可来自口头、实物，但更多的是来自于文献。

由此可见，知识、文献和情报三者各自具有不同的内涵，但这三者之间又有密切的联系。

信息、知识、文献、情报之间的相互转换关系见图 1-2。

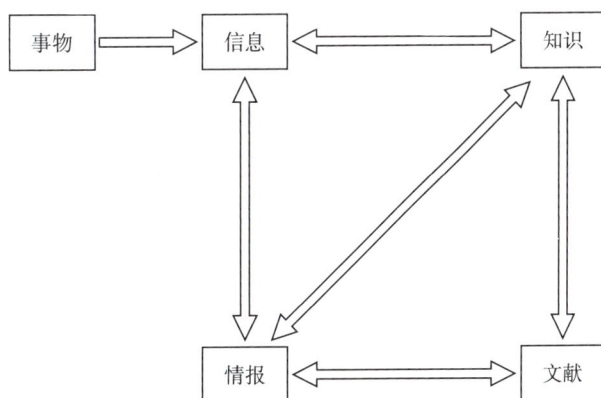

图 1-2 信息、知识、文献、情报相互转换关系

由图 1-2 可以看出，事物由运动产生信息，信息经过大脑的加工可以形成知识，知识被载体所记录可以形成文献，文献被有目的地传递使用可以产生情报，情报可经过反馈形成新的信息。另外，信息或知识被有目的地利用也能产生情报，情报经利用和传递也可形成知识，情报被载体所记载也会形成文献，信息被接受也可直接产生情报，知识被有目的地利用也能产生信息。

二、文献信息资源特点

（一）文献资源的概念

文献资源是人类社会发展的产物。人类在改造自然界和社会的实践活动中，获得了来自客观世界的各种信息，这些信息经过人脑的提炼和加工，逐渐转化为知识。知识对人类社会的发展有着不可估量的作用。这是因为，知识一旦形成，并与劳动者结合起来，就可从潜在的生产力转化为直接的和现实的生产力，创造日益丰富的社会物质财富，从而推动人类社会的进步和发展，知识就成为人类社会发展的驱动力。资源，主要是指生产资料和生活资料的自然来源，人类通过不断发现、开发和利用自然资源，不断创造物质财富，为人类提供衣、食、住、行，使人类得以生息、繁衍，使社会不断发展。从知识也能为人类创造物质财富，并能成为人类社会发展驱动力来讲，知识也是一种资源，是一种智力资源。

知识必须依赖一定的物质载体才能存在。在人类社会早期，人类是通过自身的大脑来存贮和传播知识的，由于各种生理因素的制约，就使知识难以在广阔的空间和持续的时间内积累和传播。随着社会生产力的发展，人类打破了自身的束缚，将知识转化为一些有规律的信息符号并在人体以外找到了新的物质载体，这种新的物质载体就是文献。显然，文献当中就蕴藏着人类创造的智力资源。在人类社会的历史长河中，随着文献数量的不断增加和文献负载知识功能的不断加强，文献积累、存储了人类的所有知识，成为人类知识的"宝藏"。同时，人类在改造自然界和社会的过程中，通过去不断开发和利用人类的知识"宝藏"，借鉴前人的经验和同代人的成果，不断创造物质财富，从而促进了社会的进步发展。由此可见，文献已经成为人类社会发展的一种不可缺少的资源。文献不断积累、存储的过程，也就是文献资源不断积累、存储的过程。文献积累的数量越多，延续的时间越长，文献资源也就越丰富。从这个意义上说，文献资源是迄今为止积累、存储下来的文献集合。

（二）文献资源的特点

1. 再生性 文献资源不像生药材资源那样随着开发和利用的深入而逐渐枯竭，而是具有再生性。这是因为，随着人类对文献资源开发利用程度的提高，会更加促进药学知识的增殖，带来文献数量的增加和文献质量的提高，从而进一步丰富文献资源。人类社会越向前发展，文献资源便会越丰富。将来人们关心的不是文献资源枯竭的问题，而是要去解决因文献资源剧增而带来的文献资源冗杂等一系列问题。

2. 可建性 自然资源是天然地先于人类的客观存在，而文献资源则是人类去创造的，它的生产和分布既是一种客观现象，但更受制于人类的主观努力，明显受到社会政治、经济、文化诸因素的制约。因此，人们可以通过文献资源建设，采取选择、组织、布局等手段，改造和优化冗杂的文献资源，使文献资源处于有序的分布状态，以有利于人们有目的地去充分开发利用文献资源。

3. 共享性 自然资源一般多是一次效用，不再复用的资源，而文献资源则是可以同时使用、不分先后使用、异地使用和反复使用的资源。而且还可以根据需要，在条件允许的情况下，随时对它进行复制、转录、缩微，但不会改变原来的内容。文献资源的这种共享性的内在依据，不但为人类在更大范围内进行信息交流创造了条件，更向人们表明，文献资源应该属于全人类，人人有权共享全世界的文献资源。随着人们观念的转变和其他条件的成熟，人们的这种美好愿望将会逐步变为现实。

4. 效益性　文献资源的效益性特点表现在时间性和潜在性两个方面。自然资源只有被开发，才能产生效益，但对它的开发一般不受时间早晚的限制。如对药物的开发，早开发或晚开发都不会影响本身效益的发挥。但文献资源则不同，有些文献资源由于其所含信息和知识具有较强或很强的时间性，若不及时开发利用，就会降低或丧失开发效益。而与此相反，有些文献资源的开发效益具有潜在性，其开发效益未必马上就能显示出来，但若干年后可能就有很高的使用价值，那时，将它开发利用，就会产生很大的开发效益。

文献资源的这些特点向我们说明，文献资源是取之不竭的，但要结合其共享性和效益性等特点，通过文献资源建设去优化冗杂的文献资源，以更有利于人们去开发利用文献资源。

5. 累积性　文献资源的多寡不是先天固有的，而是经过后天不断累积的结果，今天丰富的文献资源离不开历史上各个时期存下来的各类文献资料，它是古代私人藏书家、官方藏书楼及近现代图书馆、各类文献收藏机构保存下来的人类文明的集合。

6. 冗余性　文献资源并非是各单位文献简单地相加，相反，庞杂、雷同的文献堆积，不仅不会增加文献信息内容的含量，更不会成为体系完备、功能良好的文献资源系统。文献资源建设的具体任务之一就是要把那些重复交叉甚至过时无用的文献——冗余文献进行剔除，否则，就有可能造成文献信息通道的阻塞，给用户带来困难。

7. 价值潜在性　文献资源的价值实质是文献载体所含知识内容的价值。它在被开发利用之前，这种价值潜在于载体之中，不为人们所见；它在开发利用之后，这种价值间接体现于某种产品、某种成果、某种思想、观念或行为之中，具有隐现性。知识含量越多的产品价值越高，文献资源被开发利用得越好，物质成果和精神成果就越丰富，文献资源的价值是随着文献资源的开发程度而发生变化的。

（三）文献资源的作用

人类对文献资源重要作用的认识是随着社会的发展而不断深化的。在生产力低下、科学技术落后的古代社会，人类不可能从"资源"的角度去认识文献，因此，对文献资源的作用也就无从认识。即使到了现代，人类也更多地将文献划归为意识形态的范畴，对文献资源作用的认识也只是处于朦胧阶段。只有当科学技术成为第一生产力和信息时代到来的今天，人们才深刻认识到文献资源的重要作用。

1. 提供决策依据　人类为创造更多的社会物质财富，就需要制定各种相应战略措施和政策。在决策之前，就需要利用经过加工、分析、评价了的文献资源中有用的信息，从中吸取正确的东西，摒弃不正确的东西，为药学科学决策提供依据。

2. 展示最新成果　当今社会，人类的科学技术成果层出不穷。通过文献资源可以向人们充分展示这些药学技术成果，帮助人们了解当代世界药学技术的发展动向，借鉴别人的研究成果和经验，避免重复劳动，使药学研究和现代技术获得更快的发展，以更好地发挥药学技术对社会和经济的推动作用。

第三节　中医药文献的类型

从古代文献《诗经》至现代的各种图书、期刊、电子文献等均有中医药文献记载，中医药文献的数量和形式都发生了巨大变化，熟悉中医药文献的类型，是学习中医药文献知识的基础。中医药文献可根据其出版形式、载体类型、加工程度等划分为多种类型。

一、根据文献出版形式划分

中医药文献根据其出版形式可分为图书、期刊和特种文献。

（一）图书

图书是通过一定的方法与手段将知识内容以一定的形式和符号（文字、图画、电子文件等），按照一定的体例，系统地记录于一定形态的材料之上，用于表达思想、积累经验、保存知识与传播知识的工具。图书一般以印刷和手抄方式单本刊行，除古代图书外，现代图书均具有特定的书名和著者名，编有国际标准书号，有定价并取得版权保护，包括教材、专著、科普读物、工具书等。

中医药图书一般是较为系统地论述中医药研究的某个专题内容，是了解某个问题基础知识和专业内容的基本工具。具有内容系统、全面、成熟、可靠等特点。图书编著和出版周期较长，信息的传递速度较慢，反映的内容一般为出版前几年的研究资料。

（二）期刊

期刊又称杂志或连续出版物，是一种按固定名称定期或不定期连续刊行的出版物，由依法设立的期刊出版单位出版，持有国内统一连续出版物号。学术期刊主要发表由专业人员撰写的并经同行评审的学术性论文，主要功能是传播知识。期刊每期载有不同著者、译者或编者所编写的文章，用连续的卷、期和年月顺序编号出版，每期内容不重复。

期刊具有数量大、品种多、内容广、周期短、信息新，并能及时反映国内外的科技水平等特点，是中医药文献的重要信息来源。

（三）特种文献

特种文献是指出版发行或获取途径都比较特殊的科技文献。一般包括专利文献、科技报告、会议文献、学位论文、标准文献、产品资料、科技档案、政府出版物等。这类文献种类多、内容广泛、数量庞大，是非常重要的信息源，参考价值高。

1. 专利文献　专利文献是包含已经申请或被确认为发现、发明、实用新型和工业品外观设计的研究、设计、开发和试验成果的有关资料及保护发明人、专利所有人及工业品外观设计和实用新型注册证书持有人权利的有关资料的已出版或未出版的文件（或其摘要）的总称。包括说明书摘要、专利公报以及各种检索工具书、与专利有关的法律文件等。因其数量庞大、报道快、学科领域广阔、内容新颖、具有实用性和可靠性，科技情报价值越来越大，使用率也日益提高。

2. 科技报告　科技报告又称研究报告或技术报告，是科研工作者从事科学研究工作的阶段进展情况和最终研究成果报告。科技报告发展迅速，已成为继期刊之后的第二大报道科技最新成果的文献类型。从报道的内容看，科技报告大多涉及高、精、尖科学研究和技术设计及其阶段进展情况，客观地反映科研过程中的经验和教训。所报道的成果一般必须经过主管部门组织有关单位审定鉴定，载有报告撰写者、密级、报告号、研究项目号和合同号等。其内容专深、可靠、详尽，而且不受篇幅限制，每份报告自成一册，可操作性强，报告迅速，属于"一次文献"。通常按内容可分为报告书、论文、通报、技术译文、备忘录、特种出版物等。

3. 会议文献　会议文献是各种学术会议上所发表的论文、报告稿、讲演稿的统称。含有大量的最新情报信息，是了解世界科学技术发展动向、水平和最新成就的主要渠道，是参考价值很高的科技文献，也是科技查新中重要的信息源之一。

4. 学位论文　学位论文是高等院校和科研院所的本科生、研究生为获得学位资格（学士、硕士和博士）而撰写的学术性较强的研究论文，其中博士、硕士研究生的学位论文理论性、系统性较强，内容专一，阐述详细，具有一定的独创性，是一种重要的文献信息源。

5. 标准文献　标准文献是技术标准、技术规格和技术规则等文献的总称。是人们在从事科学试验、工程设计、生产建设、商品流通、技术转让和组织管理时共同遵守的技术文件。能较全面地反映制订标准国家的经济和技术政策，技术、生产及工艺水平，自然条件及资源情况等；能提供许多其他文献不可能包含的特殊技术信息，是准确了解该国社会经济领域各方面技术信息的重要参考文献。

6. 科技档案　科技档案指在生产建设和科技部门的技术活动中形成的，有一定工程对象的技术文件的总称。一般包括任务书、协议书、技术指标和审批文件；研究计划、方案、大纲和技术措施；有关技术的原始记录和分析报告；设计计算、试验项目、方案和数据；设计图纸、工艺记录、图表、照片等应归档保存的材料。科技档案有着明显的保密性和内部控制使用的特点。

7. 政府出版物　政府出版物是指各国政府部门及其设立的专门机构发表、出版的文件，可分为行政性文件（如法令、方针政策、统计资料等）和科技文献（包括政府所属各部门的科技研究报告、科技成果公布、科普资料及技术政策文件等），其内容可靠，对于了解某一国家科技活动、科技成果等，有一定的参考作用。

二、根据文献载体划分

现代中医药文献根据载体可分为印刷型、微缩型、机读型和声像型文献。

（一）印刷型文献

印刷型文献是以纸张为存储介质，以印刷为记录手段生产出来的文献。印刷方法有铅印、胶印、油印、石印、雕刻木印等。印刷型文献是文献的传统形式，具有成本低、便于阅读和使用、流传广泛等特点。但有存储密度低，分量重，占用空间大，易受虫蛀、水蚀，难以长期保存和管理等问题。

（二）微缩型文献

微缩型文献是采用光学摄影技术，以印刷型文献为母本，把文献的体积缩小，固化到感光材料或其他载体上生产出来的文献。如微缩胶卷、微缩平片、缩微卡片等。存储密度高，重量轻，体积小，便于传递和保存，但需借助缩微阅读机才能阅读，有查检和利用不太方便等问题。

（三）机读型文献

机读型文献是用计算机技术和磁性存贮技术，通过程序设计和编码，把文字信息变成计算机可以识别的机器语言，用计算机进行存贮和阅读的一种文献形式。其存储信息量大、密度高、存取速度快而准，对记录的信息可进行更新、增减、转存、检索、传递、输出等处理。计算机技术为基础的存贮技术是目前科技文献的主要载体，但投入经费较多，要有配套技术设备。

（四）声像型文献

声像型文献是用电、磁、声、光等原理和技术将知识、信息表现为声音、图像、动画、视频等信号，由声音和图像传递知识，给人一种直观感觉的非文字形式文献。其声像并茂，表现直接，在描述自然现象和实验现象方面具有不可替代的表现力，但要借助专业的设备才能利用。

三、按文献的加工程度划分

中医药文献按其加工程度一般分为零次文献、一次文献、二次文献和三次文献。

（一）零次文献

零次文献是未经出版发行的或未进入交流领域的最原始的文献。如手稿、个人通信、原始记录，甚至包括口头言论等。

（二）一次文献

一次文献也称原始文献，是科研人员以自己的工作经验或科研实践为依据撰写并公开发表或公布的原始论文。包括期刊论文、会议论文、学位论文、专著等。一次文献是一种基础性资料，具有创新性和原始性，情报价值最高，情报信息也最完整，是文献检索的直接对象。

（三）二次文献

二次文献也称检索工具，是对分散无序的一次文献按一定规则进行收集、整理、分类、加工、提炼、浓缩，并按一定的体系结构和组织方式编辑而成的工具性文献。指各种目录、索引、文摘、题录等检索工具，主要功能是揭示和报道一次文献，提供查找一次文献的线索，帮助人们在较短的时间内获得大量的文献信息。

（四）三次文献

三次文献也称为综述文献，是利用二次文献所提供的线索，对某个学科或专题的一次文献的内容进行收集、整理、分析、综合，在此基础上加工编写出来的文献。主要包括综述、评论、进展、预测、工具书、手册和指南等。

第四节　研究生信息道德规范

21世纪是大数据与信息时代，随着信息技术的迅速发展，信息是最宝贵的资源。在信息的产生和利用过程中，势必涉及信息道德问题。尤其是研究生在进行学术和学位论文撰写过程中，乃至在今后的工作中，均需要重视信息道德问题。为此，必须加强研究生的信息道德教育。

一、信息道德认知

信息道德认知是指人们对信息意识、信息道德、信息伦理、信息法规等方面的认识、理解和遵守。信息道德认知是遵守信息道德规范的前提，也是每一个生活在信息社会的公民都应具备的思想意识。随着信息技术的日益成熟和互联网的快速发展，相伴而生的是各种复杂的道德问题与道德矛盾，诸如信息隐私的泄露、知识产权的肆意侵害、网络人身攻击等网络失范问题突出，缺乏信息道德意识已成为社会的一种普遍现象。当人们置身于信息世界与网络环境中时，往往缺乏现实世界规则的约束感，道德自律意识迷失，导致不道德事件频发，这反映了整个宏观社会环境中信息道德教育的缺失。研究生首先是信息社会的公民，但与此同时也是肩负民族复兴使命的特殊社会群体。作为研究生应具有高于一般人的信息道德认知，这并不是说不具备信息道德意识的研究生，就一定会在应用信息或者信息技术过程中出现道德性错误，但是，不具有良好的信息道德意识的研究生，则难以成为信息化时代的合格研究生。研究生不仅要对信息化社会中的法律、道德、伦理等问题形成深刻认识，保持较高的信息道德意识，做到道德自律，增强自身的信息素养和对大数据等方面的判断力、理解力与行动力。一是在信息道德认知等方面，规范自己的网络语言，对网络谣言保持警惕的态度，具有保护自己与他人隐私的意识，进行网络社交时坚持尊重原则与诚信原则。二是在学术交流与技术融合等实践中，研究生更需要具有强烈的信息道德意识。三是研究生对信息道德认知多呈现碎片化、浅层化及感性化的态势，应当进一步加强系统性、深层次以及理性化的信息道德认识。

二、信息道德规范

信息道德是指人们在信息的采集、加工、存贮、传播和利用等信息活动各个环节中，用来规范其间产生的各种社会关系的道德意识、道德规范和道德行为的总和。信息道德通过社会舆论、传统习俗等，使人们形成一定的信念、价值观和习惯，从而使人们自觉地通过自己的判断规范自己的信息行为。

道德规范和法律规范的区别是法律是依靠国家强制执行的，道德是依靠社会舆论。法律只干涉人们的违法行为，而道德对人们行为所干涉的范围更广、更深入。信息道德作为信息管理的一种手段，与信息政策、信息法律有密切的关系，它们各自从不同的角度实现对信息及信息行为的规范和管理。信息道德以其巨大的约束力，在潜移默化中规范人们的信息行为。

信息政策、信息法律的制定和实施，必须考虑现实社会的道德基础，而信息道德也是信息政策、信息法律建立和发挥作用的基础。信息政策在道德约束无法涉及的领域，以法制手段调节信息活动中的各种关系，信息政策和信息法律则能够发挥充分的作用。信息政策弥补了信息法律滞后的不足，其形式较为灵活，但有较强的适应性。而信息法律则是将相应的信息政策、信息道德固化为成文的法律、规定和条例等形式，从而使信息政策和信息道德的实施具有一定的强制性，更加有法可依。信息道德、信息政策和信息法律三者相互补充、相辅相成，它们共同促进各种信息活动在符合法律、道德和伦理的约束下正常进行。

作为 21 世纪的研究生，必须了解与信息相关的法律、道德、伦理和社会经济问题，例如，网络信息安全、论文发表、专利申请、知识产权保护等。严格遵循在获得、存储、交流、利用信息过程中的法律和道德规范，包括遵守医学信息行为规范、尊重患者隐私，遵守患者病历文件、知识产权权益及保密和剽窃等道德与伦理约束。

【链接】

我国"青蒿素"的相关研究成果获得诺贝尔生理学或医学奖

信息就是机会，信息就是成功，信息是现代化社会的关键变量。如何从浩瀚的信息海洋中获取所需的信息，已成为科研工作中的首要问题。屠呦呦受东晋葛洪《肘后备急方》中"青蒿一握，以水二升渍，绞取汁，尽服之"的启发，成功提取出青蒿素，为世界带来了一种全新的抗疟药。以青蒿素为基础的联合疗法已经成为疟疾的标准治疗方法，在过去的几十年间，青蒿素联合疗法在全球疟疾流行地区广泛使用。2015 年 10 月 5 日，屠呦呦凭借"青蒿素"的相关研究成果，获得诺贝尔生理学或医学奖，这是中国医学界迄今为止获得的最高奖项，也是中医药成果获得的最高奖项。疟疾是世界上最主要的高死亡率传染病之一，屠呦呦说："青蒿素是人类征服疟疾进程中的一小步，是中国传统医药献给世界的一份礼物。"

复习思考题一

1. 简述文献信息检索的意义。
2. 简述信息素养与科研能力的关系。
3. 简述信息、知识、文献和情报的概念及其相互关系。
4. 简述文献信息资源特点。
5. 常见的中医药文献的类型有哪些？
6. 什么是一次文献、二次文献和三次文献？
7. 文献检索与科研关系如何？
8. 什么是信息道德规范？如何遵守？

扫一扫，查阅本篇数字资源，含PPT、音视频、图片等

第一节　检索语言和检索技术

一、文献检索与检索语言

（一）文献检索

文献检索是一个集信息搜集、组织和储存于一体的过程，旨在满足用户的信息查询需求。是学术研究中不可或缺的一部分，其价值在于帮助研究人员、学生、专业人士等快速准确地找到所需资料。从信息组织的视角来说，文献检索主要可分成信息的存储和信息的调用（信息查询）两个过程。

换言之，文献检索不只是单纯的信息查询，还涉及将大量的信息通过一定的方式加以组织使之变为有序的数据库或检索系统。信息存储指的是通过一定的方式或技术将这些信息转化为一个有组织的数据库，而信息检索则指在该数据库中根据用户需求查找具体信息的过程。从广义上讲，文献检索显示了其操作的多样化和复杂性，强调了用户为提高检索效果，根据自己的需求选择适当的检索策略和检索工具的重要性。而从狭义上看，文献检索特指用户在一个已有检索功能的信息集合中进行文献查询的过程。

文献检索涵盖了文献的储存和查询两个主要环节。为了高效地利用大量文献资源，让用户能够在这些信息中迅速且准确地找到所需文献，必须对散乱的文献进行收集、加工、标引和有序存储，从而建立起功能各异的检索工具。文献的组织和存储基于其内容和特性，形成了可供检索的数据库或目录。使用检索工具或系统，用户可以根据特定的检索词或查询条件从这些数据库中检索到符合要求的文献记录或完整文献。在储存阶段，重心在于使用一致的检索语言和标准化标签，使用户的查询与检索系统中的标签尽可能匹配，从而提升检索效果。储存和检索是密切相关的两个环节，前者为后者提供了必要的基础，后者是前者的目的与追求。

（二）文献检索类型

文献检索在学术研究和专业信息检索领域中发挥着至关重要的作用，根据不同标准可以被划分为不同的类型。

1. 根据检索内容划分　文献检索可以分为线索检索和事实检索。

（1）线索检索　线索检索是基于特定线索（如作者名、标题、出版日期等）来查找文献的方

法。这种检索通常关注文献的元数据而非其内容本身。线索检索便于快速定位特定文献或特定作者的作品，对研究者跟踪特定领域的文献发展趋势尤为重要。

（2）事实检索　事实检索指寻找具体事实或数据信息的过程。它通常涉及对文献内容的深入分析，以提取具体的信息或数据。这种检索类型要求对文献的内容有更深入的理解和分析，适用于科学研究、市场分析、技术调研等领域，因为这些领域需要准确的数据和事实作为决策或研究的基础。

2. 按检索方式划分　文献检索通常被划分为手工检索和计算机检索。

（1）手工检索　手工检索指的是使用传统的、非自动化的方法来寻找信息的过程。在数字化和计算机技术普及之前，这是获取信息的主要方式。手工检索通常涉及实体文献，如纸质书籍、期刊、档案和索引卡。尽管比较耗时且效率不高，但对于某些特定类型的历史或档案资料，仍然是不可替代的检索手段。

（2）计算机检索　计算机检索是指利用计算机和相关软件来查询、获取信息的过程，包括在线数据库检索、数字图书馆和互联网搜索等。这种方式显著提高了信息检索的速度和效率，支持复杂的检索策略。它能够在几秒钟内从海量数据中找到所需文献，而且用户还可以轻松访问全球的数据库和信息资源。在当代，计算机检索已经在学术研究、商业情报收集、公共信息服务等领域广泛应用。

文献检索的类型多样，每种类型都有其独特的方法、特点和应用场景。了解和掌握这些不同的检索类型对于有效地获取和利用信息至关重要。线索检索和事实检索反映了对信息的不同需求和处理方式，而手工检索和计算机检索则展示了从传统到现代的技术演进。随着信息技术的不断发展，文献检索方法也在不断地进化和完善，为不同领域的研究者和信息专业人士提供了更多的选择和可能性。

（三）检索语言

1. 检索语言的含义　检索语言是在文献存储和检索活动中使用的一种特定的语言，用于准确描述信息的特性和应对用户查询。检索语言是文献检索的核心组成部分，它在很大程度上决定了检索效率。检索语言的设计质量以及用户对其的正确运用都直接影响着检索的准确性和效率。因此，检索者需要掌握检索语言的主要规则和基本原理，以减少信息的漏检和误检，并提高检索效率。为了方便计算机处理以及信息的交流和共享，各种信息检索系统中的信息都需要以一定的方式进行处理，如标引、编码等。通过这种方式，检索系统中的检索语言不仅有助于文献存储者和检索者之间达成共识，还实现了存储和检索过程的统一。这样，检索语言成为连接文献有序存储、描述数据特征、满足用户查询需求的桥梁，确保了检索系统能够理解并响应用户的搜索需求，从而实现有效的检索匹配。

2. 检索语言的分类　从文献检索的语言特征进行分类，可分为外部属性和内部属性。外部属性通常关注文献的基本标识，如标题、作者名、出版机构、出版日期等，这些元素被直接且精确地抽取出来，用于创建检索路径。内部属性着重对文献中的核心主题、讨论对象和关键思想等进行概述和标记，常通过规范化的词汇或符号来实现。基于内部属性的检索语言，根据构建原理，可细分为分类检索语言、主题检索语言等。

考虑到文献检索时标识的规范化程度，我们还可以将信息检索语言划分为自然语言和规范化语言（又称人工语言）两大类。自然语言是指在文献的描述和检索中直接运用日常书面或口语交流中的语言。这类语言的运用范围广泛，包括关键词、自然出现的词汇以及文献标题、摘要、正文或引用中的有意义词语。在以"以用户为中心"的网络环境中，自然语言检索更加符合人们的习惯和需求，且易于学习。其检索效果依赖于计算机系统处理自然语言的能力，特别是从文本中提取出精确且能够代表文档价值的关键词汇，实现自动化的标引。而规范化语言是一种经过人为规定和控制的人工语言，亦称为受控语言。它基于自然语言，根据信息描述和检索的需求，从自然语言中筛选出特定词汇或设计一套符号来表达信息主题的概念，经过规范化处理后纳入检索系统。规范化语言通常由某权威机构或检索系统进行设定、管理和控制。

二、《中国图书馆分类法》

（一）《中国图书馆分类法》的概况

《中国图书馆分类法》（以下简称《中图法》）是一套在中国广泛应用的综合性文献分类系统，是一种分类检索语言。其首版由科学技术文献出版社于 1975 年 10 月出版，到 2010 年 9 月，国家图书馆出版社已经推出了该体系的第五版最新版本。

《中图法》采取的是一种分层次的系统分类方法，这种方法根据文献所包含的学科内容、专业特点以及独特属性进行分类。它利用从概括到详细、从全局到局部的逐层细化方式，确保了文献在系统中的逻辑性和条理性，从而实现对广泛文献资源的有效管理。此外，《中图法》因其全面的类别描述和详细的注解而能够适应不同图书馆和信息中心的分类需求。它已成为中国图书馆界和信息部门普遍采用的主要分类工具，其影响力和应用范围覆盖了国内外各种数据库和网络平台。我国的数据库或检索系统多利用《中图法》对文档进行归类，提供以《中图法》为基础的导航和检索服务，使之成为国内文献分类和检索的标准之一。

（二）《中国图书馆分类法》的结构

《中图法》主要由基本大类、简表、主表及通用复分表等构成。

1.基本大类　在《中图法》中，首先根据文献的学科属性和内容特性，划分出哲学、社会科学、自然科学等几个主要部类。其中，马克思主义、列宁主义、毛泽东思想、邓小平理论由于其理论指导地位的重要性，被特别设为一个独立的部类放在开头。在最后的部分，为了包容跨学科和广泛主题的图书，增设了"综合性图书"类别，作为分类体系的一个重要组成部分。这两大部类同前文提到的哲学、社会科学、自然科学一起共形成五大部类。这五大部类进一步被细分为 22 个基本大类，通常被称作一级类目，每个大类都有其独特的字母作为分类标识。这 22 大类分别为 A 马克思主义、列宁主义、毛泽东思想、邓小平理论；B 哲学、宗教；C 社会科学总论；D 政治、法律；E 军事；F 经济；G 文化、科学、教育、体育；H 语言、文字；I 文学；J 艺术；K 历史、地理；N 自然科学总论；O 数理科学和化学；P 天文学、地球科学；Q 生物科学；R 医药、卫生；S 农业科学；T 工业技术；U 交通运输；V 航空、航天；X 环境科学、安全科学；Z 综合性图书。

2.简表　《中图法》一级类目下各种学科可以进一步划分为二级类目，这些二级类目通常对应独立的学科领域，读者可以快速查找到相关的学科类目。在"R 医药、卫生"这个一级类目下，划分了 17 个二级类目，每个类目都有相应的分类标识，所有的二级类目及之下的类型均与阿拉伯数字组合进行进一步细分，如中国医学被标记为"R2"。另外，由于"T 工业技术"类门类较多且内容复杂，所以又设计了在字母 T 后添加另一位字母形成双字母的二级类目，例如"TQ"代表化学工业、"TM"代表电工技术等。

3. 主表   主表是《中图法》中的核心部分，由不同层级的类目组成，它由简表进一步逐级展开划分。在详表中，类目严格遵循逻辑和层级关系展开排列，使得分类更加具体和专业化，从而为文献的标引和检索提供了精确的依据。

以中国医学类为例来看，一级类目"R 医药、卫生"，这个大类覆盖了所有医学相关的领域，包括中医学、西医学、药学、公共卫生等。在此大类下，二级类目"R2 中国医学"专门针对中医学领域。这个分类涵盖了中医学的各个方面，从基础理论到临床实践。在其之下，进一步细分为多个三级类目，例如，"R24 中医临床学"，涉及 R241 中医诊断学，R242 中医治疗学，R243 中草药治疗学（八法论治），R244 外治法，R245 针灸学、针灸疗法，R246 针灸疗法临床应用，R247 其他疗法，R248 中医护理学和 R249 医案、医话（临床经验）（图 2-1）。

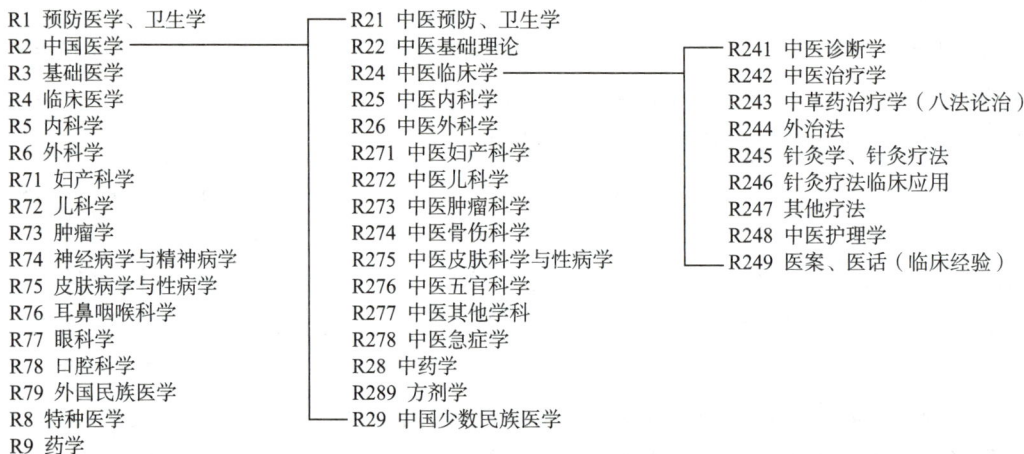

R1 预防医学、卫生学 ——— R21 中医预防、卫生学
R2 中国医学 ——————— R22 中医基础理论
R3 基础医学   R24 中医临床学 ——— R241 中医诊断学
R4 临床医学   R25 中医内科学   R242 中医治疗学
R5 内科学   R26 中医外科学   R243 中草药治疗学（八法论治）
R6 外科学   R271 中医妇产科学   R244 外治法
R71 妇产科学   R272 中医儿科学   R245 针灸学、针灸疗法
R72 儿科学   R273 中医肿瘤科学   R246 针灸疗法临床应用
R73 肿瘤学   R274 中医骨伤科学   R247 其他疗法
R74 神经病学与精神病学   R275 中医皮肤科学与性病学 R248 中医护理学
R75 皮肤病学与性病学   R276 中医五官科学   R249 医案、医话（临床经验）
R76 耳鼻咽喉科学   R277 中医其他学科
R77 眼科学   R278 中医急症学
R78 口腔科学   R28 中药学
R79 外国民族医学   R289 方剂学
R8 特种医学 ——————— R29 中国少数民族医学
R9 药学

图 2-1 《中图法》主分表举例

通过这样的层级和细分，《中图法》能够详尽地覆盖中医学领域的广泛知识和细节。这种结构不仅有助于专业人员和学者在图书馆和数据库中有效地检索和定位中医学相关的资源，也有助于对中医学文献进行系统的组织和管理。

4. 通用复分表   《中图法》的通用复分表是一套辅助性的分类编码体系，包含一系列特定的标记和符号，用于补充和细化主表的分类。它允许对书籍或文献进行更为具体的分类，涉及地理位置、时间段、文献类型、形式或特定人群等方面。通用复分表包括主表中的专类复分表和附于主表后的通用复分表。如通用复分表中的"-61"代表"名词术语、词典、百科全书（类书）"，那么代表中国医学类的主分号"R2"与其结合后的"R2-61"就为中医类相关词典的分类号。

三、医学主题词表

（一）概况

《医学主题词表》（medical subject headings，MeSH），由美国国立医学图书馆（National Library of Medicine，NLM）编辑出版。《医学主题词表》具有动态性，1960 年第一版包含 4400 个主题词，1963 年第二版的《医学主题标题》包含 5700 个主题词，首次印刷了术语分类表，13 个主要类别和 58 个子类别，2024 年 MeSH 有 30000 多个主题词。《医学主题词表》对医学文献中的自然语言进行了规范，使概念与主题词单一对应，保证文献的标引者和检索者之间在用词上的一致。可进行主题词、副主题词组配，提高主题标引或检索的专指度。

（二）MeSH 的组成部分

MeSH 主要由字顺表、树状结构表和副主题词表三部分组成。

1. 字顺表　字顺表（alphabetic list）是医学主题词表的主表，由主题词、款目词和副主题词按英文字顺排列组成。

（1）字顺表中的词汇类型　字顺表中的词汇类型有主要叙词、次要叙词、款目词和副主题词。自 1991 年起，字顺表中有主题词（主要叙词）、款目词和副主题词，不再有次要叙词。

主题词（subject headings），也称叙词（descriptors），是用来揭示文献主题内容，经过规范化和优选处理的词和词组。主题词是标引文献和检索文献的一种信息检索语言词汇。

款目词（entry term），MeSH 表收入一部分不用作主题词的同义词和近义词，称为款目词，字顺表中用"see"参照指导用户使用正式主题词。

副主题词（subheading），也称限定词（qualifiers），用于指明主题词表达重要内容的自然范畴或者某一方面，对主题概念起限定作用提高其专指度。MeSH 在副主题词表中对每一个副主题词的使用范围作了详细注释。副主题词前加"／"符号表达和主题词的组配。

（2）字顺表中的参照系统　参照系统显示各主题词之间的相互关系。

1）用代参照：用"see"和"X"表示，由款目词（也叫入口词）参见正式主题词。这种参照使具有等同关系、近义关系的大量自然语言词汇得到了人为的控制，使该表成为一种规范化的文献检索语言。

2）相关参照：用"see related"和"XR"表示。相关参照处理两个或两个以上主题词在概念上彼此之间有某种联系或依赖的相关关系，其作用是扩大检索范围，达到全面检索的目的。相关参照有两种，包括单向相关参照和双向相关参照。

3）属分参照：用"see under"和"XU"表示。属分参照表示上下位词之间的包含与被包含、属与种、整体与部分的等级关系。自 1991 年词表中的所有次要叙词升级为主题词，属分参照不再使用。但是，1991 年前的"属分参照"作为历史注释在被升级的主要叙词下反映。

4）也须考虑参照（consider also terms at）：提示在用该主题词检索时，从语言学角度还应该考虑其他以不同词干为首的一组主题词与这个词有关。这种注释所建议的词一般是该概念以希腊或拉丁词根为首的主题词，其作用是将同一概念的文献查全，例如，Eye Consider also terms at OCUL—，OPHTHAL—，OPT—，and VIS—。

（3）字顺表中的注释　各种注释只出现在主题词下，在次要叙词和款目词下没有任何注释。

1）树状结构号注释：所有主题词下边都有树状结构号注释。树状结构号反映该词在学科体系中的位置，表示主题词间的族性关系。每个词最少有一个，有些词具有多重属性，对应的有多个树状结构号。

2）历史注释：注明某一具体主题词的使用年代及其具体变化，帮助检索者准确选择主题词。主题词的历史注释在树状结构号下。

2. 树状结构表

（1）树状结构表的等级结构关系　树状结构表（tree structure）又称分类表。是字顺表的辅助索引，帮助了解每一个主题词在医学分类体系中的位置。将字顺表中所有的主题词按其学科性质、词义范围的上下隶属关系，分别归属在 16 个大类下，16 个大类依次用 A—N、V、Z 代表。大类再细分为 128 个一级类目，各子类目下层层划分逐级展开，最多可达 11 级。在每一个大类中主题词逐级排列，按等级从上位词到下位词，用逐级缩排方式表达等级隶属关系，同一级的词按字顺排。一般来讲，一个词归入一个类给一个树状结构号，也有些主题词具有两个或两个以上的学科属性，这些词可能同时属于两个或多个类目，在其他类目也有相应的树状结构号，从而可以查出该词在其他类目中的位置。树状结构表的等级关系见下例。

Diseases［C］

Neoplasms［C04］

Neoplasms by Site［C04.588］

Digestive System Neoplasms［C04.588.274］

Gastrointestinal Neoplasms［C04.588.274.476］

［C06.301.371］

［C06.405.249］

Intestinal Neoplasms［C04.588.274.476.411］

Colorectal Neoplasms［C04.588.274.476.411.307］

Colorectal Neoplasms，Hereditary Nonpolyposis［C04.588.274.476.411.307.190］

（2）树状结构表的作用　树状结构表是按学科体系编排的术语表，清晰表达主题词间的等级关系。

1）方便查找主题词：主题词的学科归属、词义范畴，方便从族系内查找准确主题词，并可以使用树状结构号进行族性检索。

2）帮助扩检和缩检：在检索过程中如需要扩大或缩小检索范围，可根据树状结构表中主题词的上下位等级关系选择主题词。扩大检索范围时选择其上位概念主题词；缩小检索范围时选择其下位概念主题词。

3. 副主题词表（subheadings）《医学主题词表》专门列有与主题词配合使用的副主题词表。副主题词目前共有 83 个。

副主题词的重要作用之一是对主题词起进一步的限定作用，通过这种限定把同一主题不同研究方面的文献分别集中，使主题词具有更高的专指性。同时让检索词的表达更加具体，对标引文献和检索文献更加准确。

每一个副主题词具有一定的专指性，其使用范围仅限于它后边括号内的类目。副主题词的使用范围及适应类目见下例。

therapy（C，F3）—Used with diseases for therapeutic interventions except drug therapy，diet therapy，radiotherapy，and surgery，for which specific subheadings exist.The concept is also used for articles and books dealing with multiple therapies

副主题词表具有动态性特点，随着主表的修订会有修改变化，增加一些新词或删掉旧词，或者对某一副主题词的适用范围作一定修改和调整。副主题词不能单独用作检索，只能和主题词配合使用。用户使用时，形式为主题词 / 副主题词。

（三）MeSH 的使用

1. 使用字顺表查找主题词

（1）使用 see 参照找到规范的检索词　即将自然语言（关键词）转换成检索语言（主题词）。如要检索"cancer"的相关文献，先在字顺表找到该词，参照系统显示"see neoplasms"找到规范的检索词"neoplasms"。

（2）注意复合主题词的倒置形式　当一组主题词具有某些相同的概念时，采用倒置的主题词形式把同一概念的词排列在前，起修饰、限定作用的形容词放在后面，并用"，"隔开，方便族性检索，示例如下。

Anemia，Aplastic

Anemia，Hemolytic

Anemia，Hemolytic，Autoimmune

Anemia，Hemolytic，Congenital

（3）优先使用 MeSH 最专指的主题词　检索某一专指概念的文章，应首先考虑用专指主题词，不能用综合概念主题词。像 Acne（痤疮），应选用主题词 Acne，而不要用 Skin Diseases。

（4）要优先选择先组主题词　先组主题词应优先于主题词和副主题词的组配。如眼畸形，用 Eye Abnormalities，而不用 Eye abnormalities。

（5）组配应优先于两个主题词的组配　即当没有适当先组主题词时，主题词和副主题词的组配应优先于两个主题词的组配。如要检索肝脏中的滞留物质，用 liver metabolism 而不用 liver and metabolism。

（6）要用新的主题词　注意主题词历史注释中在不同时期的不同用词，选择新词表内的主题词。

2. 字顺表与树状结构表配合使用　字顺表与树状结构表功能各异。字顺表按主题词字顺排列，便于读者按字顺查找主题词，在查到主题词后，利用其下边的树状结构号，在树状结构表中根据其上下位主题词选择准确的主题词。树状结构表按树状结构号（学科体系）排列，便于从学科体系查找和确定主题词，在确定主题词后，再按字顺在字顺表中找到该主题词，通过它的各种注释准确使用该主题词。两表排列体系不同，但以树状结构号作桥梁和纽带，在检索时将自顺表和树状结构表配合使用，既可发挥主题词专指、灵活、方便、直接检索的特点，又可发挥分类系统稳定、方便扩检和缩检成为可能的优点。

3. 重视副主题词的使用　副主题词是对主题词概念的进一步限定和划分，主题词/副主题词的组配能够表达一个更专指的概念。检索时，可以只用一个或者一个以上甚至全部副主题词，若检索该主题词的一般性、总论性的文献也可以不使用副主题词直接检索。

四、《中国中医药学主题词表》

《中国中医药学主题词表》（以下简称《词表》）是由中国中医科学院中医药信息研究所研制的应用于中医药领域的术语标准化工具，是数据库建设和文献标引、检索的重要支撑，具有科学性、实用性及与《医学主题词表》（MeSH 词表）的兼容性。它是将中医药文献标引人员或用户的自然语言转换成规范化中医药名词术语的一种术语控制工具，是概括了中医药学科领域，并由语义相关、族性相关的中医药学术语组成的规范化动态词典。它在形式上借鉴了 MeSH 词表的传统结构与体例，由前言、使用说明、字顺表、树形结构表、副主题词表、出版类型表、附表和索引表等构成，其中核心内容为字顺表、树状结构表和副主题词表。

（一）字顺表

字顺表，亦称为主表，是词表的核心部分。其结构与 MeSH（医学主题词表）类似，涵盖所有官方认定的主题词和入口词。在排列上，主题词和入口词按照汉语拼音的字母顺序进行排序。对同音不同字的情形，则根据字形进行归类。当两个词的首字母相同时，按照第二个字的拼音进行排序，以此类推。主题词的条目结构包括汉语拼音、主题词的英文译名、树形结构编号、主题词的注释以及相关的参考项等。示例如下。

Cang zhu

苍术

Rhizoma Atractylodis

TB06.025.005.015.845.035.005

TD27.005.065.025

属苍术属；属利水渗湿药

药材为双子叶植物菊科植物茅苍术或北苍术的干燥根茎；具有燥湿健脾、祛风散寒、明目的功效；临床用于治疗脘腹胀满，泄泻，水肿，脚气痿躄，风湿痹痛，风寒感冒，夜盲。

1987

D 茅术

（二）树形结构表

树形结构表以中医药学的学科体系为基础，并考虑到专业特性和术语分类的需求，将所有主题词根据学科类别划分为相应的类别和子类别，并尽可能与 MeSH 的分类相兼容，分类号、大类号与 MeSH 相同。在每个类别下，列出了属于该类别的所有主题词，并根据这些主题词的从属关系，形成了一个逐级展开的树状结构，全面地展现了各主题词之间的相互关系。这种方法不仅使得主题词的组织更加清晰，而且有助于用户更有效地进行信息检索。

在树形结构表中，每个类目的符号是由两个字母构成，其中首字母统一为"T"，第二个字母则取自 MeSH 中相应范畴的首字母。在树形结构逐层展开时，它以类目符号开头，其后接由数字构成的序列，这些数字通过级别划分并用"."进行分隔，最多可分为九个层级。树形结构编号的第一级是子类目，由类目符号和两位数字组成，而第二级及以下的每一级都用三位阿拉伯数字表示，若某一级别的数字不足规定的位数，则用 0 来填充。如果某个主题词下还有更具体的词汇，则在该主题词的树形结构编号后面加上"+"号。示例如下。

治疗	TE02+
中医药疗法	TE02.015+
治法	TE02.015.005+
针灸疗法	TE02.015.005.085+
针刺疗法	TE02.015.005.085.030+
温针疗法	TE02.015.005.085.030.095

（三）副主题词表

副主题词表包括专题副主题词表和编目副主题词表。专题副主题词表涵盖了中医药学和医学领域的相关副主题词，这些副主题词在文献标引和检索过程中用以细化和专门化主题词的概念，从而使得主题的定义更加具体和明确。而编目副主题词表仅可用于医学文献的主题编目。副主题词常见有中药疗法、中西医结合疗法、中医疗法、按摩疗法、穴位疗法、针灸疗法、气功疗法、针灸效应、气功效应、中医病机、生产与制备。

五、计算机检索技术

（一）布尔逻辑检索

布尔逻辑检索也称作布尔逻辑搜索，是指利用布尔逻辑运算符连接各个检索词，然后由计算机进行相应逻辑运算，以找出所需信息的方法。它使用面最广、使用频率最高。

常用的布尔逻辑运算符有"AND""OR""NOT"，也即"逻辑与""逻辑或""逻辑非"三种。

1. "逻辑与"的作用是缩小检索范围，检索包含有检索词 A，同时又包含检索词 B 的信息，提高查准率。构建逻辑表达式"A AND B"（图 2-2）。

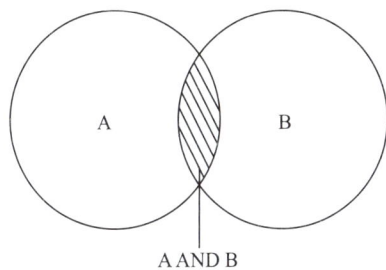

2. "逻辑或"的作用是扩大检索范围，检索包含有检索词 A 或者检索词 B 的所有信息。构建逻辑表达式"A OR B"（图 2-3）。

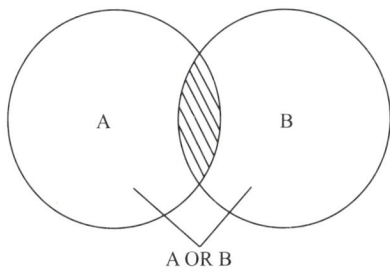

3. "逻辑非"的作用是缩小检索范围，检索包含检索词 A，但同时又不包含检索词 B 的信息。构建逻辑表达式"A NOT B"（图 2-4）。

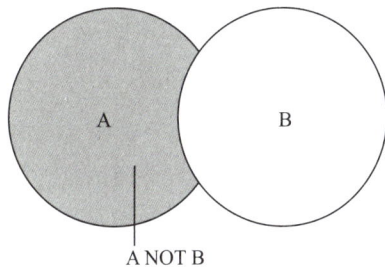

图 2-2　"逻辑与"

图 2-3　"逻辑或"　　　　图 2-4　"逻辑非"

此外，还可以通过添加括号构造复杂的检索式，如"A AND（B OR C）"。检索系统一般从左至右处理检索式，如果检索式带括号，系统一般优先处理括号内的运算；如果不带括号，大部分系统优先处理"NOT"，其次为"AND"，最后处理"OR"。不同的文献信息检索系统，其逻辑运算符号及运算顺序不完全相同。

（二）截词检索

截词检索又称通配符检索，利用截词检索能够检索出具有相同词根、不同词尾变化或者单复数形式变化的信息，从而扩大检索范围，提高查全率。在西方语言中，词干与不同的前缀或后缀可派生出一系列词汇，这些不同的词汇含义相似，词性或语法意义不同。西方语言的这一特点，在自然语言检索时易因词汇书写形式有变化造成漏检。截词检索可以有效防止漏检。不同检索系统的截词符和用法不同，常用的截词符有"?""*"等。"?"常用作有限截词符，用以代表 0 个或 1 个字符；"*"常用作无限截词符，可以代表 0 至 n 个字符。

截词符可以放在检索词的右侧、左侧或者中间。截词符放在词的右侧（尾部），称之为右截断，也称前方一致检索；截词符放在词的左侧（前部），称之为左截断，也称后方一致检索；截词符放在词的中间，称之为中间截断，也称两边一致检索；同时采用两种以上的截断方式，称为复合截断。可以看出，任何一种截断方式，均隐含着"逻辑或"的运算。

（三）位置检索

位置检索是通过检索式中的位置运算符来规定检索词在结果中的相对位置，位置关系包括词序和词距两个方面。词序是指检索词的先后顺序，词距是指检索词与检索词之间的距离。两个检索词在一篇文章中的相邻程度，有时可以反映出它们之间语义关系的紧密程度。位置检索使用位置运算符（又称邻近运算符）规定检索词与检索词在信息记录中的相邻位置关系，可以提高查准率。常用的关系符号是（W）、（N）、（F）、（S），主要用于词语和短语检索。

1.（W）含义为"With" 表示这个运算符两侧的检索词必须在同一字段中，词序不限（有的系统要求词序不能颠倒）。（nW）表示两词之间允许插入最多为 n 个其他词。

2.（N）含义为"Near" 表示这个运算符两侧的检索词必须在同一句子中，两词的词序可以颠倒。（nN）表示两词之间允许插入最多为 n 个其他词。

3.（F）运算符含义为"Field" 表示其两端的检索词必须在同一字段中出现，两词的词序可以颠倒。

4.（S）运算符含义为"Sentence" 这个运算符表示其两侧的检索词必须在同一句子中出现，两词的词序可以颠倒。

不同的检索系统可能采用不同层次的限制，相同的层次也可能会出现不同形式的位置运算符号。因此应该先了解所使用数据库的检索规则，然后再使用这些位置算符。

（四）字段限定检索

在大多数检索系统中都有一些缩小或精炼检索结果的方法，最常用的是对特定字段的限定检索。在文献记录中，同样的一个词出现在不同的字段里，对表达文献主题概念所起的作用是不一样的。同样的人名，出现在作者署名位置是作者姓名，出现在文摘或全文中则可能是文章叙述或评价的对象。字段限定符包括"IN"和"＝"，将检索词限定在指定字段中进行检索。"IN"是对某一指定字段进行模糊检索，"＝"是对某一指定字段进行精确检索。

（五）加权检索

加权检索是某些检索系统中提供的一种定量检索技术，"权"是对参加组配检索的各个主题词，依据检索要求分别给予不同重要程度的数值。加权检索同布尔逻辑检索、截词检索等一样，是文献检索的一个基本检索手段，但与它们不同的是，加权检索的侧重点不在于判定检索词或字符串是不是在数据库中存在、与别的检索词或字符串是什么关系，而是在于判定检索词或字符串在满足检索逻辑后对文献命中与否的影响程度。运用加权检索可以命中心概念文献，因此它是一种缩小检索范围提高查准率的有效方法。

（六）短语检索

短语检索是将一个短语或词组作为一个独立运算单元进行匹配，以提高检索精确度的方法和技术，也称为精确检索。检索时把一个词组或短语用双引号将其括起来实现精确检索的目的。

第二节　中医药信息的检索途径

中医药信息检索途径的确定是基于信息资源在存储时所描述的外部和内部特征。检索途径可以根据文献的外部特征（如作者、出版时间、出版机构）和内部特征（如主题词、关键词、摘要）分为两大类。检索工具或系统根据这些特征形成的标识，组织了不同的检索入口、检索项和检索字段，但不同的检索工具会有不同的编排方法。无论是哪种形式的信息检索系统，其主要目的都是根据文献的内容特征和外部特征来描述、标引文献信息，形成特定的检索语言和检索途径。

一、根据文献外部特征的检索途径

在第一节的检索语言部分，我们提到的文献外部特征通常关注于文献的基本标识，如标题、出版机构、作者名、出版日期等，下面选取常用且具有代表性题名、责任者、数字三种检索途径。

（一）题名途径

题名检索途径是通过文献的名称来查找相关文献的一种方法，涉及图书、期刊、论文、会议、标准、专利等多种文献类型的名称，其优势在于快速和准确。这种检索途径首先适用于当用户已经知道具体的文献名称时的特定文献检索。例如，利用中国知网进行检索时，在不同的子库下题名检索途径对应了不同的字段名称，在学术期刊子库中可使用"期刊名称""篇名"字段实现期刊名和学术论文篇名的检索。在会议论文子库中可使用"论文集名称""篇名"字段实现会议论文集名和某篇会议论文题名的检索。在图书子库中可使用"标题"字段实现图书书名的检索。在专利子库和标准子库中，可分别用"专利名称"和"标准名称"来实现题名途径检索。另外，需要注意的是，虽然题名反映的是文献的外部特征，但它也体现了文献的内容特征，因此常被初级用户用于内容特征的检索。对于题名中包含特定词汇概念的检索，题名检索的效果可能不如直接反映文献内容特征的主题检索途径，例如，使用"糖尿病"作为检索词进行题名检索时，可能会漏掉那些题名中含有"消渴症"（以多饮、多食、多尿、身体消瘦或尿有甜味为特征的疾病）"内分泌疾病"等相关术语的文献。通过题名检索得到的资料通常与查询内容高度相关，但如果使用不当，可能导致漏检。

（二）责任者途径

责任者检索途径是一种以文献上署名的著者、译者、编者或机关团体名称来查找文献的方法，在数据库进行检索时，字段上常体现为"作者""发明人""申请人""起草人""编纂人员"等。通过这种途径，可以获得特定作者的全部文献，但有时可能会检索到同名或姓名首字母相同的其他作者的文献。为区分，可以结合作者单位、论文主题和发表期刊等信息。

此途径适用于想全面了解某一作者的文献出版情况。而且，通过责任者检索还可以了解该责任者的科研团队及科研合作情况。在现代科学研究中，研究通常以团队形式进行，一篇文献可能有多个责任者。通过对知名专家学者的文献进行跟踪，可以全面掌握某一学科领域的最新研究水平。对于研究生来说，这种检索方式可以帮助学生了解目标导师的学术观点和研究方向。这种方式还有助于了解某些专家学者在特定领域的研究方向和发展趋势，对建立相关背景知识有重要意义。

　　责任者检索属于文献外部特征检索，所获取的信息可能不够系统和完整，因此更多作为辅助检索途径。另外在用户使用时还需要注意外国作者的姓和名的顺序以及中国作者的英文译名的写法，如"王伟"可译为"Wang Wei""Wei Wang""W.Wang"等。检索时要做到仔细、全面，并对检索到的文献进行二次的筛选判断。

（三）数字途径

　　数字途径是指依照文献的发表或出版时间（年份或月份等）、收藏时编排的顺序号码来检索文献的途径。例如，出版年月份，期刊的卷期号等代表性数字。还有在 PubMed 中经常可以看到的一组数字叫作 PMID（PubMed Identifier），指的就是 PubMed 搜索引擎中收录的生命科学和医学等领域的文献编号，每一篇文献对应的一个 PMID 号码，通过 PMID 号码我们就可以找到唯一对应的文献，PubMed 收录了多少文献，就有多少 PMID 号码，PMID 号码是一直在增加的。

二、依据文献内部特征的检索途径

（一）分类途径

　　分类途径是一种基于文献学科和专业属性的检索方法，主要通过使用分类号进行检索。这种方式不仅反映了学科的系统性，而且允许用户在特定类目下检索所有相关文献，特别适用于当对文献信息的需求比较宽泛时。此途径通常能保证较高的查全率，但要求检索者对《中图法》等分类体系有一定的了解。

　　在实施分类检索时，检索者可以依据分类语言中的不同学科分类号或提示词找到所需资料。具备分类检索功能的数据库通常提供分类导航，帮助用户了解具体的学科分类情况，从而更加方便地选择合适的分类号或分类词进行检索。如在中国生物医学文献服务系统（SinoMed）中的分类检索界面下检索时，先确定相关题目的学科类别，利用分类目录等，按照分类号顺序，即可查到所需文献。不过，当文献内容涉及交叉或边缘学科时，这种方法的专指性可能不强，因此在这种情况下可能需要结合其他检索途径。总的来说，分类途径是信息检索中的一种重要方法，尤其适用于大型课题研究或综述撰写等需要广泛搜集文献的情况。

（二）主题途径

　　主题检索途径是基于文献的主题内容进行检索的方法，主要分为两种：主题词途径和关键词途径。

　　主题词途径通过使用经过规范化处理的主题词来揭示文献内容，是一种高效率的检索途径，尤其适合于特性检索。医学界常见的主题词表包括美国国立医学图书馆编制的《医学主题词表》（MeSH）和中国中医科学院中医药信息研究所编制的《中国中医药学主题词表》。主题词不仅帮助精准定位相关文献，而且通过提供一致的术语，方便学术交流和知识共享。在实施主题词检索时，正确选定主题词至关重要。需要深入理解课题内容，选择能够准确概括课题内容的词汇，并了解各种检索工具的主题词表及主题索引的编排规则，以优选规范的主题词进行检索。一些数据库如 PubMed 和中国生物医学文献服务系统（SinoMed）提供专门的主题检索界面，允许用户选择主题词或副主题词进行检索。SinoMed 根据《医学主题词表（MeSH）》（中文版）、《中国中医药学主题词表》对收录的文献进行详细的主题标引，用户可以在相应的主题检索界面进行专门的检索。这样的检索途径特别适用于对某一专门学科领域进行深入研究的情况。主题途径不仅适用于专业性较强的文献检索，也有助于跟踪特定领域内的研究发展和趋势。此外，通过主题词途径检索文献可以较好地覆盖同一主题在不同学科领域中的文献，有利于查全率和查准率的提高。

关键词途径则是通讨文献的篇名、文摘或全文中的关键词进行检索。由于关键词未经规范化处理，此方法能及时标引最新名词术语，由于关键词具有及时性和灵活性，使得它们在检索最新研究或涉及新兴领域的文献时特别有用。但可能会因同义词或多义词的存在而导致漏检。为了减少漏检，建议在检索时考虑使用近义词、同义词等。例如，在检索"心脏病"相关文献时，可能还需要考虑"心血管疾病""冠状动脉疾病"等相关术语。通过这种方式来提高检索的全面性。

总体而言，主题途径能够依托主题检索语言，以代表文献主题内容的规范和非规范的词汇作为检索标识，有效实现文献的检索。这种途径适合于查找具体、专业的课题资料，能将分散在各学科领域中的同一主题文献集中起来，满足特性检索的要求。该途径的检索效果主要取决于所选检索工具的主题检索语言和标引的规范程度及检索者对相应检索语言的掌握和熟练程度。

（三）其他检索途径

除了以上检索途径，还存在一些专业性强的辅助检索途径，如化学分子式途径、化学物品名称途径、引文途径等。这些途径特别适用于检索特定专业领域的文献，例如《化学文摘》的分子式索引和《生物学文摘》的生物分类索引。它们对于特定学科如化学、生物学等领域的研究者而言，能够提供更精准的信息检索服务。

第三节　文献信息检索策略

检索策略，是针对某一检索目标，围绕文献信息检索过程而制订的具体实施计划或实施方案，也即在分析检索提问的基础上，确定检索的数据库、检索用词，并明确检索词之间的逻辑关系和查找步骤的科学安排。在实际检索过程中，仅用一个检索词就能满足检索要求的情况并不很多，通常需要使用多个检索词构建检索式，来满足由多概念组配而成的较为复杂课题的要求。

检索策略的制定最终体现为具体执行的检索步骤，会因为课题的不同、检索人员不同和选择检索系统的差异不尽相同，但一般遵循以下步骤。

一、明确文献信息需求

当用户确定研究课题后，需要分析检索课题的学科领域，明确课题所需文献的内容及性质，确定其学科或专业范围等，在此基础上形成检索的主题概念。明确课题主要解决什么问题，需要什么性质和内容的文献，并根据检索目的确定检索范围（包括学科范围、文献类型范围、时间范围等）。分析用户的检索评价要求，一般来讲，如果想要了解某学科的理论、技术、工艺过程等最新进展和动态，需要检索最近的文献信息，强调查"新"；如果要解决研究中某个具体问题，查找解决方法或者技术方案，检索文献信息强调查"准"；如果要研究开题、申请科研立项或者撰写综述文献，则文献信息检索强调查"全"。

二、选择文献信息资源

文献信息资源的选择直接影响到检索结果。选择文献信息资源时，一方面需要考虑用户所在单位已有的文献信息资源，另一方面需要考虑课题研究目的和要求等因素。一般来说，选择文献信息资源的原则主要包括：①收录的文献信息需覆盖检索课题的主题内容。②就近原则，方便查阅。③检索工具尽可能质量较高、收录文献信息量大、报道及时、索引齐全、使用方便。④检索工具的记录、来源文献、类型、语种等，尽量满足检索课题的要求。⑤根据用户熟悉检索工具的程度。

三、编制检索的表达式

检索式是检索用词与各运算符组配而成的表达式，它是检索策略的具体执行。根据文献信息需求或者检索课题的已知条件和检索要求选定文献信息检索系统后，选择某一检索功能，确定适合已知条件的检索途径，如关键词途径或主题词途径等，然后输入检索词和组配运算符。通常复合的检索式多用于数据库的高级检索中。还可以使用"二次检索"将前后几次的检索结果进行逻辑运算。

大多数文献信息检索系统都提供几种主要的检索途径，如分类、主题词、作者、刊名和关键词等，用户根据课题要求和已掌握的信息来决定选择何种检索途径输入检索词。检索词必须在课题分析的基础上提取出来，并尽可能地全部拟出。

四、筛选整合检索结果

在实际的检索过程中，用既定的检索策略检出的结果往往不能一次就达到满意，需要根据检出的文献数量和质量，分析具体情况。然后对检索结果的相关性进行分析、评价。有时检出的文献篇数过多，不相关的文献所占比例过大，此时需要调整检索策略，缩小检索范围，提高查准率；有时检出的文献数量过少甚至为零，这时就需要扩大检索范围，提高查全率。文献检索是一个不断根据检索结果调整、改进、完善的过程，检索时根据需要调整检索策略到满足需要为止。

五、检索思路调整策略

检索策略在具体执行时，系统响应的检索结果有时不一定能满足课题检索的要求，这时就需要调整检索策略。一般分为以下两种情况，具体调整措施如下。

（一）检出文献信息过多，缩小检索范围的措施

1. 增加逻辑算符"与"（AND）和"非"（NOT）的使用。
2. 用特定的副主题词进行限定。
3. 使用下位主题词检索。
4. 使用加权检索。
5. 使用字段限定检索。
6. 进行文类型、语种、作者、重要期刊、核心期刊、年份、地域等限定检索。
7. 使用更专业的分类范围检索。
8. 浏览检索结果，只对所需要的记录作输出标记。

（二）检出文献信息太少，扩大检索范围的措施

1. 删除某个用 and 连接的不重要的检索词。
2. 增加逻辑算符"或"（OR）检索，尽可能全地使用同义词、拼写变异词、缩略语等。
3. 位置算符放宽。
4. 使用截词检索。

5. 多选几个副主题词，利用副主题词的扩展检索，甚至选用全部副主题词。

6. 使用上位主题词扩展检索。

7. 同时用主题词和自由词结合检索，用逻辑算符"或"（OR）连接。

8. 用默认字段检索，或任意字段检索，或全文检索。

9. 选择全部分类类目检索。

10. 通过跨库检索平台进行检索，或者多选几个数据库进行检索。

【链接】

我国互联网的应用世界领先

信息就是机会，信息就是成功，信息是现代化社会的关键变量，而信息的传播与利用都离不开互联网。随着互联网的飞速发展，人们的生产和生活发生了巨大的改变，同时人们对于信息的获取和传播方式也发生了转变，希望花费较少的时间便可以获取自身所需信息，这种变化对人们获取信息和处理信息的能力提出了新的需求。进入 21 世纪以来，我国在量子通信、5G 网络通信、移动支付、电子商务等技术和服务领域，取得了巨大的成就，已处于世界领先地位。

复习思考题二

1. 简述文献检索的含义及类型。

2. 检索语言是如何分类的？常用的检索语言有哪些？

3. 简述主题词与关键词的区别。

4. 简述字顺表与树状结构表的关系。

5. 简述《中国图书馆分类法》作为一种分类语言的优势与不足。

6. 简述《中国中医药学主题词表》的内容与结构。

7. 简述依据文献内部特征的信息检索途径及其特点。

8. 常用的计算机检索技术有哪些？

9. 检索结果不理想时，如何调整检索策略？

10. 如何理解检索策略和检索式的关系？

第三章
中医药古籍检索

第一节　中医药古籍检索概述

中医药古籍有双重含义：一是专指 1911 年以前刻印或抄录的中医药著作；二是泛指 1911 年以前撰写的中医药著作。这两种概念，因使用场合不同而异。一般来说前者侧重版本检索，后者侧重内容检索。检索中医药古籍的源流、存佚、版本、内容提要和学术价值，主要利用相关书目来检索；检索中医药古籍中对各种疾病的认识、方药的源流和先贤们的临证经验、典型医案等内容，主要利用相关类书来检索。此外，一些汇编性大部头的医学全书、中医药辞典以及史书、方志等也常用于检索中医药古籍。

一、书目

书目是图书目录的简称，是以文献的出版单元为著录对象，系统揭示和报道图书的名称、著者、出版者、出版时间、收藏者及内容提要的检索工具。目指篇目，即一本书篇章或卷次的名称，将诸多篇章和书名汇集编排起来就叫作"目"；录是指"叙录"，又称"序录""书录"，是对目的说明，即逐一介绍某书或某篇的内容提要、学术源流等。

（一）书目的作用

1. 揭示刊行情况，提供流传线索　各个历史时期的著述，基本上反映在各个历史时期的各类书目之中。通过书目，可以从宏观上了解和掌握一定历史时期文献的著述、刊行、流传、存佚等基本情况。例如，据估计，我国现存古籍可能在 15 万种左右，就是根据《四库全书总目》《中国丛书综录》《贩书偶记》《中国地方志综录》等书目加以统计的。又如，通过《全国总书目》，可以了解新中国成立以后历年医药图书的出版情况。

2. 揭示图书特征，提供研究资料　书目著录了所收图书的书名、卷帙、撰者、版本、提要等，这些内容使人们得以了解每种书的撰述情况、著者生平、简要内容、书名异同、版本优劣、学术价值及进一步研究的线索等。这些资料也是人们阅读、校勘和考证等不可缺少的。例如《中国分省医籍考》对于各书的作者，凡是在方志中能查到的传记资料均予以全文载录，其内容往往比《中国医学人名志》还要详悉。

3. 评价图书得失，指导读书门径　清代学者王鸣盛在《十七史商榷》中指出："凡读书最切要者，目录之学。目录明，方可读书，不明，终是乱读。"书目通过对有关文献特征的集中反映，尤其是书目中的说明和提要，关于学术源流、类目条析和书籍内容的评价，对人们了解、选择和利用图书起着重要的指导作用。通过书目了解某一学科图书的全貌，了解某一图书在学科中的地位、价值和作用，也就是前人所说的"辨章学术、考镜源流"。

（二）书目的类型

书目的种类很多，不同的划分标准构成不同的书目类型，国内外的划分方法尚不统一。我国学术界根据编撰方式和时间等方面的特点，一般将书目分成古典书目和现代书目两种。

1. 古典书目　古典书目可概略地分为官修书目、史志书目、方志书目、私撰书目及专科书目等。

（1）官修书目　官修书目指封建王朝宫廷的藏书目录。此类书目由皇帝诏命大臣或知名学者专门修撰。西汉末年，刘向、刘歆父子等编撰了中国最早的综合性官修书目——《别录》《七略》。《别录》《七略》不仅反映了先秦以来的丰富古籍积累，还对当时学术界辨章学术、考镜源流起推动作用，奠定了我国目录学的基础，对两千多年来书目编制的原则、体例和方法产生了深远的影响。清乾隆年间（1781 年）编撰的《四库全书总目》，是中国历史上规模最大、体例最完善的一部官修书目。

（2）史志书目　史志书目指史书里面记录图书的"艺文志"或"经籍志"。东汉班固编著《汉书》，依据刘歆《七略》改编而成"艺文志"，开创了根据官修书目编制正史艺文志的先例。《汉书·艺文志》是我国现存最早的一部古典书目。其他没有"艺文志"的史书，清代以来的学者纷纷补编，形成了一个史志书目的流派，连贯起来就成为中国古籍的总目，基本反映从古代至清末的著述情况。

（3）方志书目　方志书目指地方志中的图书目录。各省、州、府、县地方志，一般都编有"艺文志"或"经籍志"这一项，主要收录当地历代人士的著作，或内容与本地有关的书籍。方志目录收录图书的数量远远超过正史，一般以县志记载最为详备。如《河北医籍考》一书就是根据河北省 91 种地方志辑成，其中医籍大多数为历来公私书目所未载；《中国分省医籍考》著录了全国近 3000 种地方志中的医籍 8000 余种。

（4）私撰书目　私撰书目主要指个人编纂的目录和私人的藏书目录。这类目录大多出自藏书名家之手，有较高学术研究价值。现存最早、最负盛名的是宋代晁公武编的《郡斋读书志》。范行准先生《栖芬室架书目录》共计 760 种，7200 余册。其中医书 660 多种，2100 多册，内含善本 290 种，1500 余册。善本中有宋、元、明三代刻本、写本 90 多种。

（5）专科书目　专科书目是指围绕某一学科系统全面地收集文献而编制的书目。明末殷仲春的《医藏书目》是现存最早的医学书目。

2. 现代书目　现代书目可分为国家书目、综合性书目、馆藏目录、联合目录、书目之书目和专题书目（专科目录）等。

（1）国家书目　国家书目是揭示与报道一个国家在一定时期内出版的所有图书及其他出版物的目录，包括报道最近出版物的现行国家书目和反映一定时期内出版物的回溯性国家书目。如《中国国家书目》。

（2）综合性书目　综合性书目是将各个学科门类的图书汇总编成的一种图书目录。其内容广博、包罗万象，既有哲学社会科学方面的书，又包括自然科学和应用技术；层次也不同，既有普及性读物，也有学术性著作。国家书目也属于综合性书目。

（3）馆藏目录　馆藏目录是反映一个图书馆收藏的全部或部分文献的目录，主要供读者了解图书馆的收藏情况以及馆藏文献的内容。如《北京图书馆善本书目》《中国中医研究院图书馆馆藏中医线装书目》。

（4）联合目录　联合目录是揭示与报道多个文献收藏单位所藏文献的目录。联合目录能扩大读者检索和利用文献的范围，也便于图书馆藏书协调、馆际互借和实现图书馆资源共享。如《中国中医古籍总目》《全国中医图书联合目录》。

（5）书目之书目　收录各种书目、索引等二次文献的目录，又称书目指南。

（6）专题书目（专科目录）　按照特定专题（专科）以一定次序编排而成的一种目录。

二、类书

类书是采辑多种古籍的内容，将其分门别类加以研究整理，重新编次排比从属于设定的类目之下，以便于读者阅览、检索和研究的一类图书。它是我国古代百科全书式的资料汇编，其内容之广泛、材料之丰富，列古代各类工具书之首。

中医药类书是我国名目繁多的类书群中，专门辑录中医学内容的专科性类书。它是将古书中有关医学的内容加以辑录，并按类汇编，便于检索，是查考中医药专题资料的首选工具书。在学习和研究中医药学的过程中，若需要整理有关阴阳五行学说的各家论述、收集消渴病的历代诊疗方法、筛选清热化痰类方剂的最佳配伍、总结古代名医的临证经验等，通常需要将分散在历代各类医学著作中的相关知识点加以挖掘和整理，助于中医药类书进行检索，可以大大提高检索效率，达到事半功倍的效果。

中医药类书按内容通常划分为综合性和专科性两种。综合性中医药类书如《古今医统大全》《古今图书集成医部全录》等，内容涉及阴阳五行、藏象经络、气血津液、病因病机、论治原则、五运六气、四诊、脉学等中医理论，还包括内外妇儿等各科疾病的诊治、方药、针灸、推拿、医案等内容。它既可以帮助读者系统地学习中医药知识，又方便读者对某一专题资料进行检索。专科性中医药类书如《本草纲目》《普济方》《针灸甲乙经》等，以中药学、方剂学、针灸等专科内容为主。

三、善本

善本一词的最初概念，是指经过严格校勘，而无有或少有讹文脱字的书本。宋代叶梦得《石林燕语》卷八云："唐以前，凡书籍皆写本，未有模印之法，人以藏书为贵。人不多有，而藏者精于雠对，故往往皆有善本。学者以传录之艰、故其诵读亦精详。"清末张之洞为了指导学生读书，曾总结前人经验，并结合自己的体会和认识，提出善本并非纸白版新之谓，而是经前辈精校细勘，不讹不缺之本。据此，他给善本提出了三条标准：一是"足本"，即内容完整之本；二是"精本"，即精校精注本；三是"旧本"，即旧刻旧抄本。张氏关于"足、精、旧"的善本三定义，归纳起来一是无缺残无删除，二是无讹脱，三是传世旧本，与古人关于善本的概念无本质的区别。

1990年李致忠在《古书版本学概论》里提出："在现存古籍中，凡具备历史文物性、学术资料性、艺术代表性，或虽不全备而具备其中之一、二又流传较少者，均可视为善本。"

历史文物性，当有两个方面的含义：一是指古书版印、抄写的时代较早而具有历史文物价值；二是指古书可作为历史人物、历史事件的文献实物见证而具有某种纪念意义。

学术资料性，除了指经过精校细勘，文字上脱讹较少和经过前代学人精注精疏的稿本、写本、抄本、印本以外，还应包括古书中那些在学术上有独到见解，或有学派特点，或集众说较有系统，或在反映某一时期、某一领域、某一人物、某一事件的资料方面，比较集中、比较完善、比较少见的稿本、写本、抄本、印本。

艺术代表性，主要是指那些能反映我国古代各种印刷技术的发明、发展和成熟水平；或是在装帧上能反映我国古代书籍各种装帧形制的演变；或是用纸特异，印刷精良，能反映我国古代造纸工艺的进步和印刷技术水平的古书。

我国目前公藏善本书目的录用标准，是在"三性"原则之下讲行取舍，凡符合"九条"其中之一者，即可视为善本，具体如下。

1. 元代及元代以前刻印、抄写的图书（包括残本与散页）。

2. 明代刻印、抄写的图书（包括具有特殊价值的残本与散页），但版印模糊、流传较多者不收。

3. 清代乾隆以前流传较少的刻本、抄本。

4. 太平天国及历代农民革命政权所刊行的图书。

5. 辛亥革命前，在学术研究上有独到见解，或有学派特点，或集众说较成系统的稿本及流传很少的刻本、抄本。

6. 辛亥革命前，反映某一时期、某一领域或某一事件资料方面的稿本及流传很少的刻本、抄本。

7. 辛亥革命前的名人学者批校、题跋，或过录前人批校而有参考价值的印本、抄本。

8. 在印刷技术上能反映我国古代印刷术发展，代表一定时期技术水平的各种活字印本、套印本，或有较精版画、插图的刻本。

9. 印谱，明代的可全收。清代的集古印谱、名家篆刻印谱，有特色义系足本或有亲笔题记的可收，一般不收。

上海古籍出版社《中国善本书提要》是专以我国古籍善本为著录对象，并以反映版本特征为记述内容的善本书参考目录。该书收录善本书 4400 余种（包括补遗），其中详细介绍了子部医家类医经、本草、诊法、方论、内科、妇科、儿科、针灸、养生、兽医等善本书共 121 种，从善本书名、卷数、册数、版本、行数、字数、提要、牌记和序跋等多方面进行了详尽的介绍。

一部书之某一书本、未刻之手稿、碑帖之旧拓本，在现世间仅有一份流传者，均可称为孤本。中医古籍出版社《孤本医籍叙录集》以《孤本大全》内容提要为基础，收录了 176 种孤本古医籍，另收集了一部分海外回归孤本医籍的内容提要作补充，内容更为丰满、更具代表性，是中医古籍文献研究的重要参考书。书中阐发孤本医籍的学术和内容提要，从而表达原著的著者生平、编撰主旨、版本源流与学验特色。

第二节　中医药古籍纸本资料检索

在学习和研究中医药学的过程中，检索中医药古籍主要利用各种书目，还可以利用诸如词典、医史著作、年鉴和百科全书等工具书。检索某一专题的古代资料，如历代有关中医理论的论述、疾病诊疗及方药的应用情况，或某一医家的临证经验、传记资料等，这些专题资料大多分散在历代各类医学著作中，若要从中采撷所需内容，多利用保存原始资料量大且使用也比较方便的类书。

一、书目检索

（一）中医经典检索

中医经典，通常指《黄帝内经》《难经》《神农本草经》《伤寒杂病论》四部医籍。中医经典撰写年代久远，在流传过程中，大都经历了编订、修改、增补、注解、校勘、译释等演变过程，因而在版本方面较一般的古籍更为复杂。此外，四部经典历来被认为是中医药学的元典，一直受到历代医家的高度重视，从而产生了大量的相关研究著作，这些著作对学习理解经典起到了重要的作用。因此，在古籍检索中，掌握检索中医经典版本源流的有关参考书，了解中医经典版本源流及其相关研究著作情况是非常必要的。检索中医经典版本源流及其相关研究著作的基本情况，可以利用相关书目。

1.《经典医籍版本考》 马继兴著，1987 年中医古籍出版社出版。该书是一部专门介绍医经版本源流的学术专著。内容包括对《素问》《灵枢》《黄帝内经太素》《针灸甲乙经》《难经》《神农本草经》《伤寒论》《金匮要略》《中藏经》《脉经》《诸病源候论》11 种重要中医古籍版本源流的叙述与考证。全书资料翔实，引据精确，对查考中医经典的历史渊源及其版本特征具有较高的参考价值。

2.《中医古籍版本学》 吉文辉等编著，2000 年上海科学技术出版社出版。该书是我国首部中医古籍版本学专著。全书系统地论述了中医古籍版本学的功能、作用及版本鉴定的各种方法和途径，简要地介绍了中医古籍版本沿革与重要医籍版本系统。广泛吸纳古今中医古籍版本学研究成果，注意学术性与实用性相结合，对迅速增强古籍版本意识、提高版本鉴别能力、了解重要医籍版本源流，具有较高的学习参考价值。

3.《中医文献学》 马继兴著，1990 年上海科学技术出版社出版。该书是我国首部中医文献学专著。全书分为四篇，第一篇为中医文献范畴论，第二篇为中医文献源流论，第三篇为中医文献结构论，第四篇为中医文献方法论。其中第二篇中医文献源流论主要论述了中医古籍的起源与发展，各类医学著作系统的形成与其派生衍化过程，古医籍的亡佚、缺损、改异、变动、保存情况与价值等，对查考中医经典的版本源流及其相关著作情况具有较高的参考价值。

4.《中医古籍文献学》 张灿玾著，1998 年人民卫生出版社出版。该书是一部中医古籍文献学专著。全书客观地反映中医古代文献的基本情况与基本面貌，系统而科学地总结与概括中医古籍整理研究的基本内容和方法。其中第二章中医文献源流与流别，对中医古籍的起源与发展、各类医学著作系统的形成与其派生衍化过程进行了详细论述，为从总体上考察历代医籍的流传、版本沿革情况提供了很大的方便。

（二）中医专科书目检索

中医专科书目数量众多，择其要者，按照书目的时代、地域、性质等，可以大致分为 3 种。①早期的中医专科书目：现存最早的中医专科书目，当推明末殷仲春的《医藏书目》，出版时间较早的还有曹禾的《医学读书志》和凌奂的《医学薪传》。②日本学者所撰中医专科书目：日本学者编撰的中医专科目录较多，主要有丹波元胤的《中国医籍考》，冈西为人的《续中国医学书目》与《宋以前医籍考》等。③其他中医专科书目：主要有《四部总录医药编》《三百种医籍录》《中国医籍通考》《中国分省医籍考》《中国医籍提要》《中国医籍大辞典》等，这些书目都从不同的角度体现其学术价值与应用价值。

1.《中国分省医籍考》 郭霭春主编，1984—1987 年天津科学技术出版社出版。上、下册。

上册包括河北、河南、山东、江苏、浙江、江西六省，下册包括除上述省以外的全部省、自治区（其中包括中国台湾地区在内，北京、天津属于河北省，上海市隶属江苏省）及全书的人名、书名索引。全书收录医籍的时间范围上始先秦，下至清末，著录了全国近 3000 种地方志中的医籍 8000 余种。各省医籍，按类编排。每类之下，按历史朝代及作者生卒年代的先后次序排列。每种书目标明卷数、作者朝代、作者姓名及作者小传。该书目不仅收罗丰富，而且在编排体例首创分省著录。每书之下附有医家小传，各省卷首有该省医学文献综述。

2.《中国医籍提要》 由中国医籍提要编写组编写组编，吉林人民出版社 1984—1988 年出版。上、下册。

上册收录医籍 504 部，主要是清代以前的著作，兼采日本、朝鲜比较著名的中医药著作。下册收录医籍 402 部，主要是清代至近现代（1960 年以前）的中医药著作。中国医籍提要分为四大类，分别是基础理论（医经、诊断、本草、方书、伤寒、金匮、温病等）、临床各科（内科、妇科、儿科、外科、五官科、伤科、针灸、按摩诸科等）、综合（综合性医书、医案、医话、医论、丛书、全书等）和其他（医史、法医、养生等），大类下分若干子目。每种书的著录项为书名、成书年代、作者、内容提要和版本。内容提要按原著卷目、章节、内容简介、学术成就、学术思想、学术源流及对后世的影响、作者生平传略等层次分段撰写。书后附书名、人名笔画索引。

3.《中国医籍考》 日本丹波元胤著，1956 年据《皇汉医学丛书》本重印出版，1983 年再版。

该书编于 1826 年，收辑我国秦汉至清道光年间历代医书 2383 种。全书分为医经、本草、食治、藏象、诊法、经脉、方论、史传、运气九大类。大类之下再分小类，每小类所列医书以时代先后为序。每书之下，注明其出处、卷数、存佚、并详列该书序跋、著者传略、诸家述评、历史考证等资料，有的还附有作者按语。按语大多是论述古医籍版本方面的问题。附有书名、人名索引。

4.《中国医籍通考》 严世芸主编，1990—1994 年上海中医学院出版社出版。4 册，索引 1 册。

该书是目前规模较大的一部辑录体中医药古籍目录，收辑上溯先秦，下迄清末，旁及日本、朝鲜的中医药古籍 9000 余种。全书分 4 卷，按类及成书年代编排。第 1 卷为医经、伤寒、金匮、藏象、诊法、本草、运气、养生；第 2～3 卷为温病、针灸、推拿、方论；第 4 卷为方论、医案医话、丛书、全书、史传、书目、法医、房中、祝由、补编。方论为临床著作（包括方书），按综合、妇科、儿科、外科、伤科、五官科顺序编排。每书大体按书名、作者、卷帙、存佚、序跋、作者传略、载录资料、现存版本等项著录，阙项付如。部分书还附有编者所作考证的按语。

（三）综合性书目检索

综合性书目一般也收录有中医药古籍，学习中医药学也需要研读参考有关的传统文化著作。检索中医药古籍和经史百家文献，利用综合性书目也是不可或缺的途径。常用的综合性书目主要有《四库全书总目提要》《中国丛书综录》等。

1.《四库全书总目提要》 清代纪昀等编纂，1965 年中华书局出版校定断句影印本。200 卷。

《四库全书总目提要》（以下简称《四库全书总目》）是清乾隆年间所编大型丛书《四库全书》的总目录，收录书籍 3461 种，另有"存目"（有名无书者）6793 种。其中子部医家类提要著录医书 97 部，存目医书 94 部。全书采用四部分类法，即分为经、史、子、集四部。经部收儒家经典及其研究著作，下分易、书、诗、礼、春秋、孝经、五经总义、四书、乐、小学诸类；史部收历史地理方面的图书，下分正史、编年史、纪年史、纪事本末、别史、杂史、诏令奏议、传记、史抄、载记、时令、地理、职官、政书、目录、史评诸类；子部收诸子百家及释道方面的图书，下分儒家、兵家、法家、农家、医家、天文、算法、术数、艺术、谱录、杂家、类书、小说家、释家、道家诸类；集部收历代作家的作品集，下分楚辞、别集、总集、诗文、词曲诸类。四部之下分 44 个小类，各小类又分 67 个子目。在四部之首，各有"总序"一篇。小类之首也各有"小序"一篇。某些子目或提要后面也附有按语，用来阐明各种学术思想的渊源、流派、相互关系及划分类目的理由。

2.《中国丛书综录》 上海图书馆编，1959—1962 年上海中华书局出版。3 册。

该书目是我国目前最完备的一部丛书联合目录。它收录了全国 41 个主要图书馆馆藏的历代丛书 2797 种，古籍 38891 种。第一册是总目分类目录，也就是丛书目录。将 2797 部丛书分类编排，每种丛书详列书名、种数、编者、刻印年代及馆藏。子目（著有书名、卷数、作者）一一开列于后。全册分汇编和类编两个部分。汇编分杂纂、辑佚、郡邑、氏族、独撰五类；类编分经、史、子、集四部，各部之下再分若干细目。子部医家类中，共收医学丛书 139 种。书后附全国主要图书馆收藏情况表，又附丛书书名索引。第二册是子目分类目录，收录子目 7 万多条，以子目为单位，分经、史、子、集四部，部下又分细类。每书著录书名、卷数、著者及所属丛书。某些子目本身又包括几种著作的，另编《别录》，附四部之后。医家类在子部，下分 22 类，内科、外科、五官科等加以细分，载录医书 1357 种。第三册是为第二册服务的工具，包括子目书名索引、子目著者索引。书前附有四角号码检字法、索引字头笔画检字、索引字头汉语拼音检字，以便读者多途径检索。

3.《中国丛书广录》 阳海清编撰，1999 年湖北人民出版社出版。上、下册。

该书目共收录古籍丛书 3279 种（子目 40227 种），其中医学丛书 176 种。该书目收录前实存的丛书，亦收录历史上曾经有过而今仅存目之丛书；不仅收录原刻本和影印本，也收录近几十年出版之整理本，并包括港、澳、台及国外印行本，对于已汇入大丛书的一些小丛书，其原刻本和抽印本亦予揭示。

（四）联合目录、馆藏目录

利用前面介绍的中医专科书目和综合性书目，我们基本上可以掌握中医药古籍的刊行、存佚、版本、内容以及学术价值等问题。但要准确了解某种医籍的馆藏情况，则必须利用联合目录或馆藏目录。常用的联合目录有《中国中医古籍总目》《全国中医图书联合目录》，馆藏目录有《中国中医研究院图书馆馆藏中医线装书目》等。

1.《中国中医古籍总目》 薛清录主编，2007 年上海辞书出版社出版。

该书目是一部迄今为止收录范围最广、种类最多的大型中医古籍联合目录。共收录全国 150 个图书馆（博物馆）1949 年以前出版的中医图书 13455 种，其中不乏明以前珍稀善本医籍。它是对《全国中医图书联合目录》的补充和修订，增加了图书 2263 种和古籍版本 3652 种。

2.《全国中医图书联合目录》 薛清录主编，1991 年中医古籍出版社出版。

该书目在目次的整体结构上能够反映出中医药学术发展的历史源流和传承轨迹。其分类体系的确定是根据现存中医药古籍的实际状况，以学科为主，兼顾到中医药古籍的体裁特征，划分为医经、医史、综合性著作等 12 大类，大类之下又分成若干小类，有的还进一步展开形成三级类目。该书目由四部分组成：凡例、参加馆代号表、类表；书目正文；附录；书名索引、著者索引。正文采用分类编年体例排序，以体现中医学术的发展源流和传承轨迹。每书著录内容包括类号、序号、书名、卷帙、成书年代、著者、版本、馆藏代号等。

3.《中国中医研究院图书馆馆藏中医线装书目》 中国中医研究院图书馆编，1986 年中医古籍出版社出版。

该书目是我国第一部公开出版的中医古籍馆藏目录，共收录中医古籍 4200 余种、7500 余部，其中乾隆以前刻本 1000 余部。正文部分按类编排，所设类目与《全国中医图书联合目录》大致相同。每书按序号、书名、卷帙、成书年代、著者、版本、附录等项著录。附有书名、人名索引。书末附范行准等人献书目录，以资纪念。

二、古代专题资料检索

（一）医理和临证资料检索

综合检索中医理论和临证资料，如阴阳五行、藏象经络、气血津液、病因病机、论治原则、五运六气、四诊、脉学等理论及内外妇儿各科疾病的证治、方药、针灸、推拿、医案等内容，主要利用《古今医统大全》《古今图书集成医部全录》等综合性中医药类书。除此之外，还可以利用《备急千金要方》《六科证治准绳》等相关专著来进行检索。

1.《古今医统大全》　明代徐春甫辑，又名《古今医统》，成书于 1556 年。100 卷。

该书辑录明代以前医籍及有关文献 282 种，包括历代医家传略（明初以前历代医家，共 270 人）、《内经》要旨、各家医论、脉候、运气、针灸、经穴、各科病证诊治、医案、验方、本草、救荒本草、制药、通用诸方及养生等。各科病证诊治包括中风、伤寒、暑证、湿证、内伤证、瘟疫、皮肤等 141 证与妇、儿科疾病及老年保健等，每一病证基本上按病机、脉候、治法、方药等依次论述。

2.《古今图书集成医部全录》　清代陈梦雷等编，成书于 1726 年。520 卷。

该书是《古今图书集成》的抽印本（原隶属于博物汇编艺术典医部下），全书约 950 万字，收录文献上自《黄帝内经》，下迄清初，共 120 多种，是我国历史上最大的一部医学类书。该书的编辑在纵的方面，按一般中医书的体例，从基础理论到临床各科，使该书成为包括内、外、妇、儿各科的实用医书；在横的方面，以各科疾病为主，引入有关历代医学文献（凡引用文献都标明出处），前为医论，后为方药，眉目清晰，条理分明，查考方便。全书分为以下 8 个部分。

（1）医经注释（卷一至卷七十）　内容包括《素问》《灵枢》《难经》3 部医经的注释。

（2）脉法、外诊法（卷七十一至卷九十二）　共汇集 34 种重要医籍的有关内容，按内容和时间先后系统地介绍望、闻、问、切等中医的诊断方法。

（3）脏腑身形（卷九十三至卷二百一十六）　共汇集了 58 种重要医著中的有关内容，系统地论述中医的脏腑、经络、运气及身形等学说。

（4）诸疾（卷二百一十七至卷三百五十八）　主要是介绍各种内科疾病的证治，共分风、寒、暑、湿、咳嗽、呕吐、泄泻等 52 门，将历代重要医籍的有关论述依次列出。在治疗方面，除介绍方药外，还有针灸、导引、医案等内容。

（5）外科（卷三百五十九至卷三百八十）　内容包括外科的一般疾病，具体分为痈疽、疔毒、附骨流注等 11 门。在治疗方面，除介绍有关复方外，还有单方、针灸等。

（6）妇科（卷三百八十一至卷四百）　主要包括妇科的有关疾病，分为经脉（月经）、子嗣、胎前、产后等 11 门。辑录的文献除取材于医学名著外，还有一部分录自比较少见的妇科专著。

（7）儿科（卷四百零一至卷五百）　主要介绍小儿一般疾病，包括未生胎养、出生护养、诊断等 25 门，并详细地叙述中医对天花、麻疹的治疗经验。辑录的文献除来自于医学名著外，亦有一部分录自现已少见的古代儿科名著。

（8）总论、医术名流列传、艺文、纪事、杂录、外编（卷五百零一至卷五百二十）　主要包括从《易经》《周礼》《素问》《灵枢》等书中辑录的有关医学的概论性资料，从史书、地方志及有关医学著作中辑录的清初以前的著名医家的传记（1200 多则），历代医药书籍中的有研究价值的序和医学家的诗文，历代史书、笔记中有关医药的纪事，有关书籍中记载的医学事迹和寓言，非医学书籍中记载的有关医学的传说等。

3.《中国医药汇海》 蔡陆仙编辑，1937 年中华书局出版，1985 年北京中国书店据中华书局版影印出版。

该书采集上自炎黄、下迄民国，包括历代医家数百人的医学论著，摘其精要，汇集成 24 册出版。内容分为经部、史部、论说部、药物部、方剂部、医案部和针灸部七编，其中药物部附于经部《神农本草经》之后。

4.《备急千金要方》 唐代孙思邈著，简称《千金要方》或《千金方》，成书于 652 年。30 卷。

该书是古代中医学经典著作之一，被誉为中国最早的临床百科全书，是综合性临床医著。为孙思邈集 50 多年临证经验，结合历代医药典籍撰成的。他认为"人命至重，有贵千金，一方济之，德逾于此"，故以"千金"命名。本书包括中医基础理论和临证各科的诊断、治疗、针灸、食治、预防、卫生等，并把妇科病和小儿护理放在重要地位，计 233 门，合方 5000 余首。该书系统地总结和反映了自《黄帝内经》至唐初的中医药学发展情况，具有较高的学术价值，对国内外均有较为深远的影响。该书集唐代以前诊治经验之大成，对后世医家影响极大。

5.《六科证治准绳》 明代王肯堂编撰，又名《证治准绳》，成书于 1602 年。44 卷。

该书以证论治，故总称《证治准绳》，该书内容包括杂病、杂病类方、伤寒、疡医、幼科、女科六个部分。论及的科目和病种广泛，每一证先综述历代医家治验，后阐明己见，条理分明，且立论平正，不偏执于一家，故广为流传，多为后人所习用。例如，查找"伤寒"，见《伤寒证治准绳》八卷。卷一为伤寒总例，卷二至卷七为六经病证、合病、坏病、狐惑、百合病、瘥后诸病、阴阳易、春温、夏暑、秋疟等以及妇人、小儿伤寒。论述以《伤寒论》方论为主，广集各家治法，并注明出处。

6.《杂病源流犀烛》 清代沈金鳌编著，刊于 1773 年。30 卷。

该书为沈氏博采前人著述并结合个人见解予以整理编写，阐释杂病方面的专著，论述较为完备，在杂病著作中有相当影响。

（二）本草和方剂资料检索

1. 本草资料检索 是指综合查检有关中药的历代研究资料，内容包括中药性味、产地、炮制、功效以及临床应用、各家学说等。解决这一问题，可借助于综合性本草著作（类书）和有关的中药学参考工具书。常用的有以下几种。

（1）《经史证类备急本草》 简称《证类本草》，宋代唐慎微撰，成书于 1082 年。31 卷。

该书是在北宋官修本草的基础上，又参考了 247 种医药文献和经史子集各部古籍中的相关资料编撰而成。其内容：卷一、卷二为序例，主要收载前代重要本草著作的序文、凡例、药物炮制、药性理论、方剂组成、诸病通用药以及药物的配伍禁忌等药物总论方面的内容；卷三至卷二十九为各论，共收药物 1748 种，按属性分为 10 类，每类又按上、中、下三品排列；每药首列该药图形，次引历代文献中有关该药的记载，内容包括正名、别名、性味、毒性、药效、主治、产地、形态、采制方法以及临床有效方剂、医案等。其中所附方剂达 3000 余首；卷三十为有名未用类，系将《神农本草经》及《名医别录》等书中的 194 种药物后世已不详其用途者辑录出原文，以供参考；卷三十一收录了《（嘉祐）本草图经》中增入的 98 种植物药的原文及图形。该书囊括了北宋及北宋以前本草学之精华，资料丰富，体例完备，是检索古代本草资料的重要参考书。

（2）《本草纲目》　明代李时珍撰，成书于 1578 年。52 卷。

该书是一部系统总结明以前医药经验的医药学巨著。全书引据历代本草凡 84 家，古今医家书目 277 种，经史子集各部著作 800 余种，收载药物 1892 种（其中 347 种为李氏所增），收录方剂 11096 首，插图 1109 幅。该书以《证类本草》为蓝本，采用"物以类从，目随纲举"的编撰体例，将各种资料加以分类。其中卷一、卷二辑录各家本草序例，内容为引用书目和药性理论。卷三、卷四为百病主治药，列病证 110 多种。卷五至卷五十二为药物各论，按药物自然属性分为水、火、土、金石、草、谷、菜、果、木、服器、虫、鳞、介、禽、兽、人 16 部，每部又分小类，共 60 类。每药按释名、集解、正误、修治、气味、主治、发明、附方等项详细论述。

（3）《中华本草》　国家中医药管理局主持编纂，宋立人总编，1999 年上海科学技术出版社出版。

该书共 34 卷，全面总结了中华民族两千多年来的传统药学成就，并集中反映 20 世纪中药学科发展水平。前 30 卷为传统中药，包括总论 1 卷，药物各论 26 卷，附编 1 卷，索引 2 卷，共计载药 8980 味，插图 8542 幅；后 4 卷为民族药专卷，藏药、蒙药、维药、傣药各 1 卷。

2. 方剂资料检索　是指综合查检有关方剂的历代研究资料，主要包括方剂来源、组成、用法、用量、功用、主治以及配伍、临证应用、各家论述等。为解决这一问题，可借助于大型综合性方书（类书）和有关的方剂学参考工具书。

（1）《外台秘要》　唐代王焘撰，成书于 752 年。40 卷。

该书广泛汇集唐以前医著及民间单方、验方 6000 首，分为 1104 门，是集我国唐代以前医学大成的综合性方书。每篇首列有关病候，次叙各家方药，内容包括内、外、妇、儿、五官等各科病证。所引录的大量医学著作均一一注明出处。在医学著作中，标明资料来源，以本书为最早。该书所集资料皆属于唐以前被视为"秘密枢要"的秘方，许多古医籍，如《范汪方》《小品方》均赖以保存下来。

（2）《太平圣惠方》　宋代王怀隐等编，成书于 992 年。100 卷。

该书是我国第一部由政府编修的大型综合性方书。全书分 1670 门，收方 16834 首。首列为医之道、次详述诊脉辨阴阳虚实法，再叙处方用药之法则。然后以《千金要方》和《外台秘要》为蓝本，采用脏腑病证的分类方法，按类分叙各科病证的病因、病机以及方剂的适应证、药物、用量。方随证设，药随方施，以说明病因、病机、证候与方剂药物的关系。所论病因病机多出自《诸病源候论》，并引录了《内经》《伤寒论》等诸家论述。该书虽为方书，但包括了中医理、法、方、药四个方面的基本内容。

（3）《圣济总录》　宋代赵佶撰，成书于 1117 年。200 卷。

该书是在广泛收集历代方书及民间方药的基础上，连同"内府"所藏的医方整理编撰而成。全书分为 66 门，载方两万余首，分为三部分。其中卷一至卷四论运气、治法等；卷五至卷一百八十四为临床各科病证的病因、病机以及方药治疗；卷一百八十五至卷二百为补益、食治、针灸、符禁、神仙服饵等。全书分类方法和体例与《太平圣惠方》相同，但内容更加全面，补充了许多前代方书中未载的方剂。

（4）《普济方》　明代朱橚等编，成书于 1390 年。168 卷。

该书是我国现存最大的一部综合性方书。全书共 1960 论，2175 类，载方 61739 首，分为七部分。第一部分为方脉总论、运气、脏腑；第二部分为身形，分头、面、耳、鼻、口、舌、咽喉、牙齿、眼目 9 门；第三部分为诸疾，包括诸风、伤寒、时气、热病及杂治等 39 门；第四部分为诸疮肿，分疮肿、痈疽、瘰疬、瘿瘤、痔漏、折伤、膏药等 13 门；第五部分为妇人，分妇人诸疾、妊娠诸疾、产后诸疾、产难等 4 门；第六部分为婴孩，先载儿科诊断法，次为新生儿护理法及新生儿常见疾病，后列各种儿科病候；第七部分为针灸，分总论、经络腧穴、各种病候针灸疗法。此外还附有本草药品畏恶和药性异名两卷。

（5）《医方类聚》　朝鲜金礼蒙等编集，成书于 1445 年。266 卷。

该书据我国明代以前 153 种医籍中的方剂分类整理而成。共分 92 门，收载方剂 5 万余首。包括医学总论、藏象、诊法、临床各科证治等。该书分类详细，有论有方，诸方以朝代先后，分门编入，不分细目，每方悉载出处。每门除收录论治方药外，并附食治、禁忌、导引等。书中除博引历代各家方书外，亦兼收其他传记、杂说及道藏、佛书中有关医药的内容。其辑录的多为原文，有二三十种医籍在我国已经失传，而部分内容在该书中保留下来。

（三）针灸和养生资料检索

1. 针灸资料检索　针灸（包括推拿）是中医学独特的医疗方法，其内容主要包括经络、腧穴理论和针法、灸法及其适应病证。在中医历代文献中，针灸推拿类文献数量很多，既有专著，也有散见于其他医学著作中的有关资料。因此，要综合检索历代有关针灸推拿某一方面的研究资料，除了利用相关专著外，还需要借助一些综合性针灸著作（类书）。

（1）《针灸甲乙经》　晋代皇甫谧编撰，成书于 282 年。12 卷。

该书是我国现存最早的综合性针灸著作，其内容可分为两大类：卷 1 ～ 6 为中医基本理论和针灸基本知识，卷 7 ～ 12 为各科病证的针灸治疗，列腧穴主治 800 余条。该书是皇甫氏在《灵枢》《素问》《明堂孔穴针灸治要》三书的基础上，"使事类相从，删其浮辞，除其重复，论其精要"，分类编撰而成。其内容丰富，系统连贯，在全面总结晋代以前针灸治病经验的基础上多有发明。

（2）《针灸大全》　又名《徐氏针灸大全》，明代徐凤编，成书于 1439 年。6 卷。

该书是一部介绍针灸资料为主的著作。内容包括针灸经穴、针灸宜忌、周身折量法、窦文真公八法流注、八法主治各种疾病及配穴及徐氏本人之金针赋及子午流注针法、点穴、艾炷、壮数避忌、灸疮保养、要穴取法及经穴别名等。除此之外，书中还附有治疗歌诀、标幽赋、十二经穴位置七言诗以及插图。

（3）《针灸大成》　又名《针灸大全》，明代杨继洲、靳贤撰辑，成书于 1601 年。10 卷。

该书由靳贤选录明以前的重要医学、针灸学著作中的有关针灸内容，结合杨继洲的诊治经验编辑而成。该书以《内经》《难经》为源，历代诸家之说为流，全面总结了明以前针灸学的经验与成就，内容丰富，别具特色，是查考历代针灸学资料的重要参考书。内容包括针道源流、征引原文、针灸歌赋、针刺补泻理论及方法、经脉及经穴部位与主治、诸证针灸取穴法（内、外、妇、儿等 23 门）、各家针法及灸法（附杨氏验案），历代名家针灸医案。书后附录《陈氏小儿按摩经》。

（4）《针灸集成》　又名《勉学堂针灸集成》，清代廖润鸿编撰，成书于 1874 年。4 卷。

该书由廖氏收集历代医书中的针灸内容分类编撰而成，其中卷一至卷二为针灸集成，载针法、灸法、点穴、辨穴、针刺补泻等针灸学基本知识及各种疾病的针灸疗法；卷三至卷四为经穴详集，详述十四经穴和奇穴的位置、主治及腧穴配伍的治疗作用，并摘要节录历代有关某穴的歌赋作为治疗的验证。

2. 养生资料检索　中国养生学内容广泛，方法众多。其中怡精神、调饮食、慎起居、适劳逸，是养生学的基本观点，而导引、按摩、食疗、服药等则是常用的养生方法。这些资料，不仅量多，而且分散，在中国传统儒、释、道各家以及各类文、史古籍中均有记载。因此，检索有关养生学的专题资料，主要利用综合性的养生著作（类书）以及有关辞典类参考工具书。常用的有以下几种。

（1）《养生类纂》　南宋周守忠编撰，成书于 1222 年。2 卷。

该书系周氏将南宋以前 130 余种古籍中的养生内容进行整理类编而成。全书包括养生总叙、天文、地理、人事、毛兽、鳞介、米谷、果实、菜蔬、草木、服饵等部，涉及养生理论以及导引、适时、起居、食疗、服药等具体方法。该书资料丰富，繁简得宜，条理清晰，便于实用，而不少亡佚的养生古籍资料亦借此书得以保存。

（2）《遵生八笺》　明代高濂撰著，成书于 1591 年。19 卷。

全书分为八个部分：第一部分为清修妙论笺，载历代各家的养生观点及养性格言；第二部分为四时调摄笺，详述四季吐纳、导引、方药等修养调摄的方法；第三部分为起居安乐笺，分恬适自足、居室安处、晨昏怡养等项，介绍节嗜欲、慎起居、远祸患、得安乐等调养方法；第四部分为延年却病笺，载述导引、按摩、八段锦以及戒色欲、修身心、择饮食等养生之道；第五部分为饮馔服食笺，详述饮茶、汤粥等食疗方法及养生药物，载食品四百余种，服饵方剂四十余种；第六部分为燕闲清赏笺，介绍书画鉴赏、文房四宝以及养花赏花等；第七部分为灵秘丹药笺，选录益寿延年的效验方三十余种，并载各种单方一百余种；第八部分为尘外遐举笺，介绍历代百余位隐逸名士的事迹。

3.《中国养生说辑览》　民国沈宗元编，成书于 1929 年。

全书计 18 篇，以历代著作和人物为纲，前 15 篇辑录《庄子》《吕氏春秋》《素问》《灵枢》以及董仲舒、张仲景、葛洪、孙思邈、苏轼、李东垣、汪昂、石成金、曾国藩诸家养生学说与方法。后 3 篇采录、汇集各家养生格言、名言以及历代养生诗歌。该书精选切实可行之说，摒弃虚玄不经之论，理法兼备，儒道兼容。

（四）医案、医话资料检索

1. 医案资料检索　自汉代淳于意创造性地撰写《诊籍》始，到宋代许叔微的第一部医案专著《伤寒九十论》，再到明清时期出现大量的个人医案及医案选集，医案是中医古籍中重要的组成部分。在众多的医案中，既有丰富的医学理论，又有大量的医疗经验；既有成功的案例，又有失败的教训；既有常见病证的不同诊治方案，又有疑难杂证的独特治疗方法。检索医案著作可以利用书目，一般的中医书目都设有医案、医话类目。但是要综合检索历代医案资料，尤其是散见于经典、临床各类医著中的医案资料，就需要利用一些综合性医案著作（类书）。

（1）《名医类案》　明代江瓘父子编集，成书于 1549 年。12 卷。

该书是我国第一部带有总结性质的大型综合性医案类书。全书辑录自《史记》起，迄明嘉靖前历代医学著作和经、史、子、集所载之验案 2400 余则，按病证分类编排为 205 门。卷一至卷六为内科案，卷七为五官科案，卷八至卷十为外科案，卷十一为妇科案，卷十二为小儿科案。这些医案主要是宋、元、明三代 141 位最著名医家治验案或失误案，案中记录或详于脉，或详于证，或详于因，或详于治，均有依据。江氏父子并常于案前、案中、案后一些紧要处采用出注、按语、圈点等方式以明诊断之精、遣方之妙、治验之所在、失误之因由，指点迷津，方便后学。

（2）《续名医类案》　清代魏之琇编，成书于 1770 年。36 卷。

该书是《名医类案》的续补，编写体例悉依《名医类案》。全书分 345 门，一方面补辑清代以前历代名医治病的验案，另一方面大量增录当时各家医案，包括伤寒、温病、内科杂病以及外、妇、儿、五官诸科病案 5800 多则。其所载病案，往往一病数例，使人更明了各病的辨证以及相应的治疗方法。全书分类清楚，选案广泛，特别是对温热病的病案记载更为详细，反映了各种流派的学术经验。书中所附分析治案尤为精辟，对读者颇有启发。

（3）《宋元明清名医类案》 徐衡之、姚若琴主编，成书于 1933 年。

该书收辑自宋代许叔微起，迄于近代丁甘仁，共 46 位名医之医案。全书以人为纲，以证为目，分类清晰。每家医案之前，各冠列传一篇，介绍该医家生平事迹、师承关系、学术特点，供研读医案时了解其学术渊源。书中所收录的医案，多辑自丛书典籍，家藏秘本，十分珍贵，且各具特点。并附有名贤之评注。

（4）《清代名医医案精华》 秦伯未撰辑，成书于 1928 年。

全书共辑清代名医叶天士、薛生白、吴鞠通、尤在泾，迄近人金子久、丁甘仁等凡 20 家，以内科为主，辑理法并重、按语透辟精警的医案 2069 则。以医家为纲，以病证为目，每一医家均冠以小传，明其师承及学术渊源。每家医案均按其特点收集数十种病证，包括常见病及疑难杂证。每病案前又均加按语阐发病理、分析证治要点，颇能启迪后学。该书撷菁采华，列案广备，充分反映了清代名医的学术特点和治病经验。

2. 医话资料检索 医话（又称医论）是历代医家的随笔记录，内容包括读书体会、临证心得、学术评论等。多读医话能增长知识、广开视野，常可得到意外收获。要检索历代医话，尤其是散见于临床各类医著以及文、史、哲等非医学文献中的医话资料，需要借助一些综合性医话著作（如类书）。

（1）《医说》 宋代张杲撰，成书于 1189 年。10 卷。

该书广泛收集南宋以前我国文史著作及医籍中有关医学人物、典故、传说、轶事方药、疗法等资料，并及个人经历或耳闻之医事，是现存最早的综合性医话著作。全书内容丰富，史料翔实，所集资料分类编排，且注明出处，有很高的文献参考价值。《慈云楼藏书志》赞曰："读之足以扩充耳目，增长知识，诚医部中益人神智之书。"

（2）《医说续编》 明代周恭著，成书于 1493 年。16 卷。

该书着重从医书、针灸、脉法、用药、养生等多方面论述了作者的学术见解，同时介绍了五十多种疾病证治经验。书中医案所占篇幅较多，但在叙述中多插有议论，且较精辟独到，对医者尤多启迪。

（3）《续医说》 明代俞弁撰，成书于 1522 年。10 卷。

该书仿《医说》体例，引录补充历代文献中的医学掌故及本人耳目所及之医事得失辑录而成书，是为《医说》续集。全书分 27 门，载历代医话 228 则，内容涉及医德医事、医家医著、诊法辨证、治疗原则、处方用药、临床各科证治及本草性味功用等。全书搜罗广博，内容丰富，叙述简练，编排有序，出处明确，既补《医说》之未备，又多作者之阐发，实为学医者之良师益友。

（4）《医衡》 清代沈时誉述，梅鼎等辑，约成书于 1661 年。4 卷。

该书是一部综合性医论著作，系摘取李南丰、张景岳等 39 人的 81 篇医论编辑而成，分为统论、证论、附论三部分。统论议养生、运气、奇经八脉等内容；证论以风、寒、暑、湿、燥、火、气血、痰积、虚损等为序，列论各种病证；附论述子嗣生育之道。沈氏选辑前人有关病脉证治之精论，删繁补阙，诸篇均附有沈氏及其门人所写按语。该书网罗宏富，抉择精严，所选医论大多立论持平公允，较少偏激之词。

三、其他资料检索

（一）中医药人物传记资料检索

中医学是一种以个性化治疗为特色的医学，对个人临证经验的高度依赖是其学术承传的重要特征。正是这一特征，决定了历代名医的传记资料如别名、字号、籍贯、历史背景、生平经历、师承脉络、学术专长、行医风范、社会交往、重要著作及近人研究成果等，对于后学具有重要参考、研究价值。因此，在专题资料检索中，掌握中医药人物传记资料的检索途径也是必要的。

1. 利用人名辞典

（1）《中医人物词典》　李经纬主编，1988 年上海科学技术出版社出版。

该词典收录与中医有关的古今人物词目共 6200 余条，介绍有关人物的生卒年（或朝代）、字号、别号、籍贯、主要学历和经历、学术思想及医学成就、著作、授徒门生、学医亲属等。词目释文的详略，主要根据人物贡献大小、学术成就及著作多少而定。素材多取自历代医著、经史典籍、文集笔记、簿录方志、佛书道藏等，特别对现存中医药古籍的作者都依据原书作了分析考订，予以介绍。书末附有：①人名、字号、别名、师徒及后裔索引。②中医书名索引。

（2）《中医人名辞典》　李云主编，1988 年北京国际文化出版公司出版。

该辞典共收载中医药人物一万余人，重点介绍清代以前医学家、现代中医界名人。凡在世者未收。扼要介绍人物姓名、生卒年、字、号、时代、籍贯、简历、著作、师承关系等情况。每个条目后均列有资料出处。所录人物按姓氏笔画排列，冠有姓氏首字索引，附有别名索引。

（3）《中国历代医家传录》　何时希编，1991 年人民卫生出版社出版。上、中、下三册。

该辞典引据了正史、通志、类书、医书、辞书、地方志、传记等有关文献三千余种，介绍了上古至清末民初两万多名医家的生活年代、师承脉络、学术专长、道德操行等。所录医家之多，收集资料之丰，均为前所未有。书前编有首字检索及目录，书后附有历代医家师承传授表、医家别名斋号表、历代医书存目。

2. 利用中医药类书　历代出版的中医药类书也辑有医家人物资料，尤以清代陈梦雷等编的《古今图书集成医部全录》最为丰富。该书卷五百零四至卷五百一十七"医术名流列传"中收录史书、地方志及有关医学著作中及清初以前著名医家的传记资料共 1200 多则，按朝代先后为序，并注明原文出处。对一些重要医家，则引用大量的资料。例如，介绍后汉医家华佗时，引用了《后汉书·方术传》《三国志·本传》《华佗别传》《魏志》《中藏经·序》《甲乙经·序》《志怪》《襄阳府志》等书中有关的记载。介绍明代医家滑寿时，辑录了《明外史·本传》《仪真县志》《浙江通志》《绍兴府志》《医学入门》等书中有关内容的原文。利用该类书，能够详细地了解某医家生平事迹，学术源流，并通过有关医案，可进一步了解其医疗经验。

3. 利用史书、方志

（1）史书　我国古代许多著名的医家传记都记载于正史（通常指二十四史，外加《新元史》《清史稿》共二十六史）中。例如《史记》有扁鹊仓公列传，《三国志》有华佗传，《金史》有刘完素传、张元素传，《元史》有李杲传、滑寿传等。查找正史中有关医学人物的资料，可利用各种史书人名索引，也可通过陈邦贤编撰的《二十六史医学史料汇编》。该书把二十六史中与医学有关的资料（包括医学人物）全部摘录出来，分类排列，汇集成册，为检索历代史书中医家的史料提供了方便。

（2）方志　方志是我国传统的记述地方情况的志书。方志以地区为中心，内容广泛，遍及各地，有总志、通志，还有州、郡、府、县、乡、镇等不同的地方志，材料比一般正史更为丰富。方志特别重视记载本地人物和与本地有关的人物，所记事项一般都比较翔实，对于研究地方的历史事件、历史人物常能提供十分珍贵的资料。所以，方志亦是检索医学人物资料的重要途径。检索方志中的医学人物资料，可通过其籍贯和生平活动的地区去查阅相关的地方志。

（二）中医药经典词语文句检索

1. 中医经典词语检索　中医经典著作内容丰富，蕴义精深，因而在研读时，经常会遇到一些不明其义的词语，需要查清含义才能准确理解原文的意思。查阅经典词语含义，主要利用有关的经典专用辞典。

（1）《黄帝内经词典》　郭霭春主编，1991年天津科学技术出版社出版。

该词典以人民卫生出版社1963年版的《黄帝内经素问》《灵枢经》为文字依据，收录其全部单字和词语编成。共收录单字2747个（含繁体字、异体字608个）、词语7118条（单字条2139条、复词条4979条），使用简化字，词目按首字笔画排列。用汉语拼音注音，释义简明扼要，引用书证时一律标明篇句。音义有歧义之处，先列通行说法，兼存不同。正文前有单字笔画索引、单字音序索引、词目检索表，辅助索引较齐全。附有《黄帝内经书目汇考》及《黄帝内经论文索引（1910—1988）》。

（2）《内经词典》　张登本、武长春主编，1990年人民卫生出版社出版。

该词典吸收了前人训诂及历代注家研究成果，全面对照分析《黄帝内经》的字词语义，对《黄帝内经》所用全部2286个汉字、5580个词目（包括少数短语）进行简明扼要、深入浅出的解释。本书以字系词，每字头下列字形、字频、现代音、中古音、上古音、词目、词频、释义等项，后附《黄帝内经》语证、训诂书证或《黄帝内经》注家书证等，并注明书名篇章，还对一些难字、难词提出了新的见解。该书字目按部首、笔画顺序编排，字目下分列词目，单音词在前，复音词在后，检索较方便。书中内容主要是中医基础理论，还涉及了我国古代天文、历法、气象、物候、哲学等很多学科。

（3）《黄帝内经大词典》　周海平、申洪砚、朱孝轩主编，2008年中医古籍出版社出版。

该词典共收词条10900余条，是目前收词数量最多、词义新解最多的一部大型《黄帝内经》专用工具书。解释词义以词性为纲，各项具体含义为目。在解释义项之后，引录《黄帝内经》原文，并将其标出。书后附有汉语拼音索引，便于查找。该词典考据、参考了大量的古今注家之说以及古代文史训诂、字书、辞书等资料，使不少难读、难懂、历代争议之词得到了通俗明了的解释，对《黄帝内经》的学习、临床应用、科研等有所裨益。

（4）《伤寒论研究大辞典》　傅延龄主编，1994年山东科学技术出版社出版。

该辞典共收载《伤寒论》研究有关的词目3677条，其中上编收《伤寒论》原文词目1800条；下编分为人物、著作、方剂、方证、病证、基础理论6类，收词目1877条。除《伤寒论》原文外，该辞典尚收录了《平脉法》《辨脉法》《伤寒例》三篇中的词条，对数百部伤寒类原著的学术特点及其作者均有相应介绍，并将出现于各种文献中属于《伤寒论》方面的名词术语都摘录出来，予以注释。词典正文前为词目表，正文后附历代《伤寒论》类著作名录729种，另有日本医家所著89种《伤寒论》类著作名录，以备查阅。书末尚有笔画索引，方便检索。

（5）《伤寒杂病论字词句大辞典》　王付编著，2005年学苑出版社出版。

该辞典是第一部解读《伤寒杂病论》字、词、句在辨证论治中的准确含义及其应用价值，指导学生学习、临床医师应用《伤寒杂病论》的重要工具书。该词典参考了数百种相关著作，并融入编者多年研究、运用《伤寒杂病论》的心得，既重视医理，又兼顾文理，条目释义准确，解说科学实用，说理有根有据。借助该辞典既能从辨证论治角度理解字、词、句的准确含义，又能从字、词、句的角度明白辨证论治的精髓奥妙。

2. 中医经典文句出处检索 在研读当代的中医著作或论文时，经常会看到引用的经典文句，有的并不注明出处，是非对错难以判断，要深究其理，常需查阅原书，核对原文。另外，自己著书立说时，往往需要引用经典文句，要做到正确引用，也必须知晓出处。查核经典文句出处，主要借助于文句索引类工具。

（1）《黄帝内经章句索引》 任应秋主编，1986 年人民卫生出版社出版。

该书由原文、索引两部分组成。原文部分采用 1956 年人民卫生出版社影印的顾从德《素问》、史崧《灵枢经》为底本，进行点校、断句、分章，并于各篇、章、节前简述其大意。索引部分以原文的句子为单位立目，句中有单独意义的词亦分别列出，词目按笔画为序排列。通过索引可以很快查检到原文的有关内容。

（2）《中医经典索引》 顾植山主编，1988 年安徽科学技术出版社出版。

该索引为《素问》《灵枢》《难经》《伤寒论》《金匮要略》5 部中医典籍的综合索引。全书分文句和词语两部分，收载词条约 3 万条，并附有药名、方名、穴名等专题索引。末附四角号码检字表、汉语拼音检字表、繁体字、异体字、通假字、简化字对照表和五种医经篇目表。该索引对于检索 5 部中医经典的文句、词语、方剂、药名、穴名，提供了方便。

第三节 中医药古籍数据库

当前使用计算机以及各种数码设备对古籍进行数字化已经相当成熟，中医古籍可以在数字化以后通过互联网络实现数据共享，无损地向中医药研究人员提供古籍文献服务，最大限度地发挥中医古籍的应用价值，同时避免了古籍珍本、善本因频繁地被翻阅而损坏的危险。中医古籍数据库通过多方式检索、数据挖掘、知识聚类、智能呈现等功能来向用户提供更深层次的知识服务，对古籍内容进行整体的数据处理分析，向用户呈现出中医古籍的隐性信息。

一、《中医典海》古籍数据库

（一）概述

《中医典海》古籍数据库是由北京爱如生数字化技术研究中心开发，博采精选，删重去复，收录 1000 种自先秦至民国时期最具学术价值、实用价值和版本价值的历代中医药典籍，内容广及医经、本草、诊法、方书、针灸、临症各科、养生及医案、医话、医论等，同时按照完本、母本和后出转精本标准，慎选宋元明清各级善本及日本、高丽刊本，孤本和稀见本近三成。堪称医籍渊海，珍本集林。提供中医药古籍的分类检索、条目检索、全文检索、对照阅读等功能。

（二）使用方法

1. 检索方法和途径 共有分类检索、条目检索、全文检索和高级检索 4 种检索方法和途径。

（1）分类检索 按内容显示中医典海所包含的所有收书类别。

（2）条目检索 按书名、作者、时代、版本和篇目进行检索。双击右侧检索结果，则进入阅读界面。

（3）全文检索 输入任意检索字词，包括关联选项如类目、书名、作者和时代等。在左侧输入检索条件，点击"开始检索"按钮，右侧显示符合查找条件的内容。双击某书目，则进入阅读界面。

（4）高级检索 高级检索包含二次检索和布尔逻辑检索。二次检索，即在全文检索的基础上输入二次检索词继续检索。在第一次检索结果的范围内，通过追加一定的字、词、字串，再次或多次进行更加精确的检索，缩小查找范围，排除冗余资讯。布尔逻辑检索，即在全文检索的基础上，利用检索词的逻辑关系"与""或""非"继续检索。在"检索字词"框内输入要查询的字、词、字串，在"逻辑检索"框内选择"与""或""非"中任一种逻辑关系并在相应框内输入组合的词语，点击"检索"进行检索。

2. 页面显示 有左图右文和全屏显示两种。

（1）左图右文 主接口为图文并显，左侧为图像，右侧为全文，二者版式一致。点击翻页按钮时，图像全文同步翻动。翻页按钮旁边显示书名及当前卷名、总页数和版本信息。

（2）全屏显示 点击全屏按钮则全屏显示，显示时右上角有开关按钮，返回原先界面。点击鼠标右键，出现功能表：下一页、上一页。选择"下一页"即可跳到下一版。读者可根据自己的需求进行操作。

3. 阅读功能

（1）书签 运用此功能可自动收藏并分类管理以前查阅的信息。点击"书签"，全文版左侧弹出书签栏，上有"创建类目""删除类目""添加书签""删除书签" 4 个按钮，下面是树形结构。选择树中的一节点，再点击"创建类目"，就会在树节点下添加一个新的节点。若点击"添加书签"，就会把当前页面的信息作为一个新的书签添加在节点下面。提示：若点击"删除书签"就会删除该节点下的所有书签，节点不变；若点击"删除类目"，就会把选中的节点删除。

（2）批注 选择添加批注，鼠标在全文版需要批注处点击，弹出批注编辑方块，在框中输入批注，点击"确认"按钮即可保存，此时原文上将会出现批注标签，想要查看此批注时，只需点击批注标签即可。提示：选中"删除单个标签"或"删除单个标注"，鼠标点击要删除标点批注的位置，该处的标点批注即去除；选中"删除全部标点批注"，则删除此页所有的标点批注。

（3）下载 可以下载全文及编辑或复制、剪切到其他地方。点击"下载"，弹出对话方框，方框内显示当前页原文，可在此方框内对原文进行添加、删消、修改及排版等编辑工作。拖动鼠标覆盖要拷贝的原文，然后点击"复制"，再打开 word 文档或写字板、记事本进行粘贴。

（4）打印 可以打印一页或多页。

二、《中华医典》电子丛书

（一）概述

《中华医典》是对中医古籍进行全面系统整理而成的大型电子丛书。其汇集了新中国成立前的中国历代医学古籍 1000 部，卷帙上万，共 4 亿字，其中不乏罕见的抄本和孤本，是规模较大的中医类电子丛书。该数据库按专业分类法将收录的历代中医古籍分为医经、诊法、本草、方书、针灸推拿、伤寒金匮、温病、综合医书、临证各科、养生食疗外治、医论医案、其他等 12 个大类 60 多个小类，条理清晰、泾渭分明，涉及中医学的所有学科，大部分有影响的中医古籍均囊括其中，如长达 800 余万字的《普济方》，名贯中外的《本草纲目》等巨著均已收录。它还设置了内容丰富的辞典，由"名医""名言""名词""名著""名药""名方"六个部分组成，收录了 200 多位古今名医的生平业绩，2500 多条中医名言，6000 多个中医名词术语，800 多部名著内容，1200 多味中草药生态、功用和彩色图谱，1000 多种临床广泛应用的中成药药方及 1000 多个常用方剂。

（二）使用方法

1. 检索方法和途径　共有"目录区""正文区""指定范围"3 种检索方法和途径。

（1）对目录区进行检索　输入关键词，在"检索范围"中选择"目录"，点击"搜索"按钮，程序会找出所有包含关键词的目录，并给出提示，结果集中显示在目录区。

（2）对正文区进行检索　输入关键词，在"检索范围"中选择"正文"，点击"搜索"按钮，程序会找出所有包含关键词的正文，并给出提示。与目录区不同，正文区数据量非常大，检索耗时较长。

（3）对指定范围进行检索　《中华医典》以目录树的形式组织数据，目录树中的任何一点都可称为节点。节点有可能是一本书，有可能是一本书中的一个章节，也可能是一个分类。搜索可在指定节点范围内进行，得到精准结果。

2. 阅读检索结果　目录区显示所有检索结果，正文区系统自动显示第 1 条检索结果全文，文中检索词用红色色块标亮显示。

3. 检索结果处理

（1）导出　搜索结束后，鼠标指向目录区，点击右键"导出"，以标准文本格式导出搜索结果。

（2）保存　在正文区拖动鼠标左键就可选定文字内容，再点击右键即可复制。

三、标点版《古今图书集成》数据库

（一）概述

标点版《古今图书集成》数据库收录了古类书《古今图书集成》的全部内容。《古今图书集成》由清代陈梦雷编撰，蒋廷锡校订，是我国现存最大、收罗最广、内容最丰富的第一部类书，也是全世界最大的百科全书，西方人称之为"康熙百科全书"，其内容是世界著名的《大英百科全书》的四倍。本书成书于清雍正三年（1725），它集古书之大成，全面收录我国从上古时代到明末清初的文献。支持全文对照、全文检索、目录浏览、复制、下载、打印等功能，可繁简切换、中英文切换。

全书 6 个汇编，32 典，6117 部，10000 卷，1 亿 7 千万字。涉及自然科学及社会科学各方面。分类编排、随类相从：将每一部古籍的内容离析之后，依主题类聚成篇。计分：六大"汇编"、三十二"典"、六一一七"部"。亦即分六大类，每一"汇编"其下再分三十二个"典"。"典"之下又分"部"，形成汇编、典、部的三层结构。

历象汇编：记天文、历法、节令、灾荒、变异等。

方舆汇编：记地理，包括名山大川，全国各省府地理，边疆及外国。

明伦汇编：记帝王、百官、家族、师友、姓氏、妇女及人的身体及部位等。

博物汇编：记动植物、农医、鬼神、释道等。

理学汇编：记经学、文学、字学与学者。

经济汇编：经世济民、治国安邦之道，包括选举人才、官制、政治、教育、经济、音乐、军事、律令、刑法及器物制造之考工等。

（二）使用方法

此处重点介绍医学内容的检索。首页提供目录浏览和全文检索两大功能。

1. 目录浏览　检索医学内容，可通过"目录浏览""博物汇编"，找到"博物汇编艺术典第21卷医部"，点击即可开始浏览。有 3 种显示页面选项："版面"可查看原书原版影印的版面；"全文"可查看繁体字版全文；"全文 / 版面"可同时查看繁体字全文与影印版面。

2. 全文检索　提供简易搜寻和进阶搜寻两种方法。简易搜寻：在搜索框内直接输入需要检索的字、词，需要注意的是要输入繁体字。点击"全文检索"按钮后，即可得到相应的检索结果。在结果显示界面，可查看检索结果数、每页显示条目数和排序方式。在每一条目下方"更多资讯"处进行点击则可查看该卷含有所检索的字、词的句子详情，所检字词标黄显示。点击卷名，即可进入浏览界面。进阶搜寻：提供内文、典 / 部、汇编 / 典的布尔逻辑"与""或""非"组合检索。

四、古今医案云平台

（一）概述

《古今医案云平台》从临床科研需求出发，为名医传承与经验总结中的方法学问题提供的便利的技术工具。该平台涵盖了古今 40 万例医案，用户可以录入个人医案，并且将所录入医案与库中已有医案联合分析。同时，该平台实现了手机 APP 及 PC 端多终端数据采集和同步管理功能，使用起来更加便利。该平台集成多种数据挖掘算法，可以较为简便地进行医案中相关信息的分析。古今医案云平台有医案大数据分析、专病医案库、专题服务、热点关注、学术成果、产品专区和定制化服务七大模块。目前有四种访问模式，包括古今医案云平台客户端（机构版）、古今医案云平台客户端（个人版）、医案大数据分析平台（WEB 服务）和云医案移动 APP。其中个人版适用于整个互联网内应用，并可以脱网使用，机构版只能在机构 IP 段内服务。

（二）使用方法

1. 医案检索

（1）简单检索　医案数据中心存储了约 40 万则名医医案、古今医案，供用户进行检索、查询和阅读。用户可通过主页面的检索区域进行检索。如检索"眩晕"的古今医案，需要在主页面的检索区内输入"眩晕"，然后单击"🔍"，即可显示检索结果（图 3–1）。

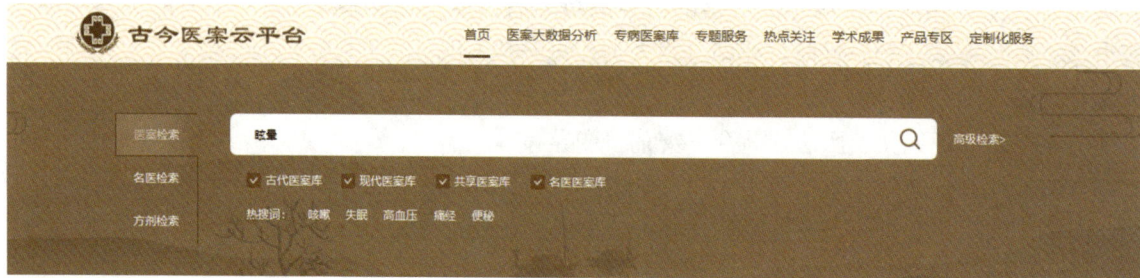

图 3–1　医案简单检索界面

页面正中是检索的医案，其中每一行是一则医案。从左到右每一列分别对应的是该医案的序号、标题、摘要、点击次数及一些操作功能。其中操作功能又分为三种，从左向右依次为"查看详情""加入收藏夹"和"加入分析池"。一般查阅医案可以选择查看详情操作，如本例中欲阅读邓铁涛国医大师治疗眩晕的医案，可以点击相应医案的"查看详情"选项。点击收藏可以将该医案加入用户的收藏夹中；医案加入分析池后可参与数据挖掘与分析。平台规定，查看医案、收藏医案、医案加入分析池等操作都会扣除积分，但不重复扣除。检索结果页面的左侧区域是精炼选项，可以对检索结果进行限定缩小检索范围，使之更加精确，相当于二次检索。系统提供不同医案数据库（包括现代医案、古代医案、名医医案和共享医案名医）、名医、中医疾病、西医疾病和中医证候等五种精炼功能。医案检索结果（图 3-2）。

（2）高级检索　点击检索框右侧"高级检索"，即进入高级检索界面。高级检索提供多项检索词逻辑组合检索功能，检索入口更为丰富，可以提高检索医案的准确性。可以通过临床表现、中医疾病、西医疾病、中医证候、治法、方剂名称、中药组成、医案来源、医案原文、医师姓名等进行多字段检索，不同检索词之间可以应用"逻辑与"和"逻辑或"两种运算符号进行连接，来表示之间的逻辑关系。需要注意高级检索的运算顺序是自上而下的，因此要注意合理排列检索词的顺序。

此外，本平台与一般检索系统不同，在同一个检索框内的空格会按照"逻辑或"算法处理，如【医生姓名：叶天士　吴鞠通】表示查询名医为叶天士或吴鞠通的医案数据。而使用中英文的逗号、分号、句号、冒号、顿号等都会被按照"逻辑与"的算法处理，如【中医证候：喘；痰】表示既查询证候有喘并且有痰的医案数据。

图 3-2　医案检索结果

（3）专病医案检索　平台还提供了依据现代医学病名查找相关医案的检索途径。用户可以在"专病医案库"功能模块下按照临床不同科室疾病进行检索医案。如检索"抑郁症"的相关医案，可以在"专病医案库"中先找到"精神科"，点击"抑郁症"按钮即可。

2. 名医检索　医案数据中心存储了约 3000 位名医信息，包括国医大师、首都国医名师、国家中医药管理局 1～5 批师带徒专家等。在主页面的检索区选择名医检索，在检索框内输入关键词，可支持模糊检索。检索结果以列表的形式展示内容信息，包括医家姓名、摘要信息、职位荣誉以及名家所在地区等项目。点击医家姓名的链接，会出现较为详细的医家信息。包括对医者基本信息，学术影响（学术思想、学术荣誉、研究成果、医德医风）以及职业荣誉等详细的介绍。点击该页面右上角的"关联医案"按钮，系统会将该医生的相关医案列表显示。

3. 方剂检索　医案数据中心存储了约 1 万条方剂信息，可在主页面的检索区选择方剂检索，在检索框内输入关键词，单击"检索"即可。检索结果以列表的形式展示内容信息，包括方剂名称、方剂组成、主治及出处等项目。进一步点击方剂名称的链接，会出现较为详细的方剂信息。包括方名、出处、组成、功用、主治、用法、禁忌、方解、化裁、附方、附注、相关文献等。此时，点击该页面右上角的"关联医案"按钮，系统会将该方剂的相关医案列表显示。

（三）平台其他功能

1. 医案数据采集　平台支持手动录入、语音录入、批量导入、OCR 识别多个采集方法对医案进行采集。

2. 我的医案管理　平台支持用户对本地医案数据进行采集、集中存储与管理，包括医案增加、医案编辑、医案删除、医案共享、医案导出和医案查找等操作。

3. 医案统计分析　包括医案标准化模块，系统支持对医案数据中的中医疾病、西医疾病、中药组成、中医证候、症状、舌质、舌苔、脉象、治法、穴位十个字段的数据进行标准化、规范化的处理。数据挖掘分析模块可对加入分析池的医案数据进行分析和挖掘，模块加载各类数据挖掘工具，可对医案信息进行挖掘，从而探寻医案信息中所包含的诊疗思想等。

五、其他古籍数据库

（一）《瀚堂典藏》古籍数据库

《瀚堂典藏》古籍数据库以精准校对的小学工具（文字、音韵、训诂）、古代类书、出土文献类资料为基础，大量收入包括经史子集、中医药典籍、古典小说与戏曲、敦煌文献、儒、释、道等历代传世文献及大型丛书、史书、方志等，涵盖文史哲等专业的教学和研究工作中所用到的专业古籍文献资料。该库可供医药学、政治学、经济学、社会学以及从事研究文字音韵训诂、历史文献、文学戏曲等相关专业人员检索使用。经过 20 多年的积累，目前《瀚堂典藏》精细加工入库的古籍种类达到两万多种，文字总量几十亿字，读者可在通用浏览器条件下进行全文跨库检索和连续图文对照阅读的记录条目数超过几千万条。

（二）中华经典古籍库

中华经典古籍库收录近 1274 种中华书局出版的整理本古籍图书，所收图书涵盖经史子集各部，共 7 亿多字。代表性资源主要有点校本"二十四史及《清史稿》""通鉴系列""新编诸子集成""十三经清人注疏""史料笔记丛刊""学术笔记丛刊""古典文学基本丛书""佛教典籍选刊"

等及大型古籍《全上古三代秦汉魏晋三国六朝文》《全唐文》《全宋文》《全元文》《全元诗》等，基本保留了图书完整的前言、注释、校勘等整理成果，数据准确，内容权威。目前该库陆续推出了四款产品：镜像版、网络版（在线版）、微信版、微信专业版。

（三）书同文古籍数据库

书同文古籍数据库是由北京书同文数字化技术有限公司开发的一系列古籍资源全文检索数据库。数据库内容包括大清历朝实录、大清五朝会典、四部丛刊、十通、中国历代石刻史料汇编、明代史料、中医中药古籍、金石书画等等，该库使用的均是版本最好、使用价值最高的古籍、档案或报刊等资源，因此具有文献内容齐全、底本优良、数据质量高、全文检索强、关联技术多、支持生僻字、在线功能丰富等重要特点。数据库提供跨库、单库全文检索、时间检索等多种检索与导航模式，其中全文检索版的文献资料经过高精度全文数字化过程，文献内容字字可查、句句可检，并且设置了精致仿古的用户界面，读者在检索浏览的同时还能获得精品般的视觉感受。书同文古籍库现已成为读者研究古籍史料有力的检索工具。

（四）中医药基本古籍数据库

中医药基本古籍数据库是目前规模最大的可全文检索的中医古籍类数据库，汇集了两千多种近百万册中医药类古籍，涵盖了国内以及收藏于日本、朝鲜半岛、欧洲等国外地区的古籍文献。该数据库包括"医经""基础理论""伤寒金匮""诊法""针灸推拿""本草""方书""临证各科""养生"等十三个部分，是当今中医药研究和古籍版本、古代文学、古代历史研究等领域常用的基础文献数据库。该库采用全文检索格式，读者可输入任意关键词检索所有文献资料。同时数据库采用原文献影印图片与录入文字对应显示技术，这样读者在阅读时可以随时核对原始文献，极大方便了文献资料引用的准确性和权威性。数据库还具备批注、纠错、标签等辅助功能，便于读者使用。

（五）中国基本古籍库

中国基本古籍库是由北京爱如生数字化技术研究中心开发制作、黄山书社出版发行的综合性全文检索版大型古籍数据库。该库共收录自先秦至民国历代典籍 1 万种，17 万卷，全文 18 亿字，版本 12000 多个，数据量约 400G，内容总量相当于 3 部《四库全书》，不仅是目前世界上最大的中文数字出版物，也是中国有史以来最大的历代典籍总汇。该库包括 4 个字库、20 个大类、100 个细目，方便读者查阅。

（六）中医古籍类书库

中医古籍类书库是根据中国古代医学类书整理而成，几乎囊括了我国古代的主要医学巨著，是当今最完整、最权威的综合性古代医学百科全书。该数据库不仅汇聚了医学理论和临床各科病症的治疗经验，还包含丰富的药物本草、养生之道、解剖生理、气功导引、卫生防疫与心理精神卫生、医药制度以及医籍文献等各方面资料。这些丰富的内容不仅取材于历代医药典籍，而且征引了大量的经、史、子、集、笔记杂著以及地方志等文献史料，因此可以帮助读者开阔视野、拓宽思路和启发思维。该数据库使用灵活方便，既可以按目录进行浏览，也可以用任意字、词、句进行全文检索。在全文检索中，允许多个布尔逻辑符号的各种组合同时使用，并可以进行模糊检索。

第四节　中医药古籍检索案例

一、书目检索案例

1. 利用《中国丛书综录》检索《济生拔粹方》丛书的馆藏及所收图书情况。

检索步骤：

第一步：用《中国丛书综录》第一册的"索引字头笔画检字"查"济"（17画），对应四角号码为30123。

第二步：用"丛书书名索引"查30123"济"得《济生拔粹方》的正文页码为707，馆藏顺序号为1843。

第三步：查正文第707页，得《济生拔粹方》所收图书情况。

第四步：用"全国主要图书馆收藏情况表"查馆藏顺序号1843，得到《济生拔粹方》在北京图书馆有收藏，但收藏不全。

2. 利用《全国中医图书联合目录》查找《妇科宗主》的作者、卷数、成书年代、版本及馆藏情况。

检索步骤：

第一步：用"书名笔画索引"或"书名音序索引"查"妇"，得《妇科宗主》在目录中的流水号是07495。

第二步：用07495查正文得《妇科宗主》作者为崔建庵、卷数五卷（妇科宗主四卷附续增胎产心法）、成书年代为公元1848年、版本为清道光二十八年戊申存诚堂刻本、馆藏代号为590（残），799A。

第三步：用"收藏馆代号表"查馆藏代号，得《妇科宗主》被上海中医药大学图书馆和湖北中医药大学图书馆收藏，其中上海中医药大学图书馆藏本为残本。

3. 利用《中国中医研究院图书馆馆藏中医线装书目》查找《灵枢经》的作者、卷数、成书年代、版本情况。

检索步骤：

第一步：用《中国中医研究院图书馆馆藏中医线装书目》的目次索引查"医经"，得"灵枢"相关图书在目录中的编号为0072～0077，在书目的第7页。

第二步：在书目第7页，得《灵枢经》的编号为0076。

第三步：查0076号，得《灵枢经》作者为（清）张志聪注，成书于1672年。该馆收藏的两个版本为清光绪十六年庚寅（1890）浙江书局刻本和清刻本。

二、古代专题资料检索案例

1. 利用《古今医统大全》了解"伤寒"相关知识。

检索步骤：

第一步：通过目录检索"伤寒门"在卷十三、卷十四。

第二步：可见"伤寒"内容分病机、脉候、治法、证候、补遗、药方。

2. 利用《古今图书集成医部全录》查找关于"虚劳"的相关论述。

检索步骤：

第一步：判断为内科疾病，在《古今图书集成医部全录》（人民卫生出版社点校本）的第七册《诸疾（下）》。

第二步：通过本册的目录检索"虚劳门"（第 25 ～ 31 页）。

第三步：在第 25 ～ 31 页可见《黄帝素问》《灵枢经》《扁鹊难经》《金匮要略》等 20 部医书中有关"虚劳"疾病的证治。在治疗方面，收录有一般方药，如桂枝加龙骨牡蛎汤、天雄散、薯蓣丸、酸枣汤等 150 种，另有单方、针灸、导引、医案。

3. 利用《本草纲目》查关于"潦水"的记载。

检索步骤：

第一步："潦水"属于"水部"，查目录得"水部"在该书的第五卷。

第二步：查第五卷得关于"潦水"的记录：

【释名】时珍曰："降注雨水谓之潦，又淫雨为潦。"韩退之诗云："潢潦无根源，朝灌夕已除，是矣。"

【气味】甘，平，无毒。

【主治】煎调脾胃、祛湿热之药（时珍）。

【发明】成无己曰："仲景治伤寒瘀热在里，身发黄，麻黄连轺赤小豆汤，煎用潦水者，取其味薄则不助湿气。"

4. 利用《太平圣惠方》检索"脾胃病"方药。

检索步骤：

第一步：用《太平圣惠方》查"脾脏论"，得"脾脏论"在本书的第五卷。

第二步：查第五卷，得治疗"脾胃病"的方药有：治脾虚补脾诸方、治脾实泻脾诸方、治脾气不足诸方、治脾脏中风诸方、治脾脏风壅多涎诸方、治脾胃冷热气不和诸方、治脾气虚腹胀满诸方、治脾胃气虚冷水谷不化诸方、治脾胃气虚弱不能饮食诸方、治脾实热咽喉不利诸方、治脾胃气虚弱呕吐不下食诸方、治脾脏冷气攻心腹疼痛诸方、治脾脏冷气腹内虚鸣诸方、治脾胃壅热呕哕诸方、治脾胃气虚弱肌体羸瘦诸方、治脾脏虚冷泻痢诸方、治胃虚冷诸方、治胃实热诸方。

5. 利用《针灸甲乙经》查找"手太阳经的穴位"。

检索步骤：

第一步：查目录得"诸穴"在该书的第三卷。

第二步：在第三卷中查找"手太阳凡一十六穴"，得"小肠上合手太阳，出于少泽。少泽者，金也。一名小吉，在手小指之端，去爪甲下一分陷者中，手太阳脉之所出也，为井。刺入一分，留二呼，灸一壮。"

6. 利用《续名医类案》查"头晕"的医案。

检索步骤：

第一步：查目录得"头晕"在该书的第三卷。

第二步：查书的第三卷得"头晕"的医案，如，窦材治一人，头风发则旋晕呕吐，数日不食。为针风府穴，向左耳入三寸，去来留十三呼，病患头内觉麻热，方令吸气出针，服附子半夏汤，永不发。华佗针曹操头风，亦针此穴，立愈。但此穴入针，人即昏倒。其法向右耳横下针，则不伤大筋而无晕，乃千金妙法也。（此针法奇妙，须与高手针家议之，方得无误）

7. 利用《医衡》查"奇经八脉大旨"。

检索步骤：

第一步：查目录得"奇经八脉大旨"在该书的卷上，作者是李时珍。

第二步：在卷上查找"奇经八脉大旨"，得记录如下：人之一身，有经脉，有络脉。直行曰经，旁行曰络。凡经有十二，手足三阴三阳是也。

三、其他资料检索案例

用《中医人名词典》查找李时珍的信息。

检索步骤：

第一步：用总目录姓氏笔画查找"李"，查 7 画，得"李"在人名目录的第 39 页。

第二步：在人名目录的第 39 页，查李时珍，得李时珍在书的第 352 页。

第三步：在第 352 页查找李时珍的相关信息，得李时珍生平信息及出处。

四、中医药古籍数据库检索案例

1. 利用《中华医典》检索"桂枝汤"在《伤寒论》中的应用情况。

第一种方法：在检索主页面输入检索词"伤寒论"，检索范围选择"书名"，显示检索结果 20 条，确定后再输入检索词"桂枝汤"，显示检索结果 9681 条。

第二种方法：在目录区选择"伤寒金匮类"节点，检索范围选择"正文"，勾选"从选中的节点中搜索"，直接输入"桂枝汤"检索词，显示检索结果 9681 条。

2. 利用标点版《古今图书集成》数据库检索含有水痘或痘疹的医籍内容。

第一步：选择"进阶搜寻"。"内文"：两个检索框内分别输入水痘、痘疹，逻辑符号选择"OR"。"汇编/典"：输入博物。点击"全文检索"。

第二步：浏览检索结果。总检索结果数为 112 条，其中博物汇编艺术典 80 条，博物汇编禽虫典 12 条，博物汇编草木典 20 条。可依次点击卷名进行原文查看。

3. 利用古今医案云平台高级检索功能，检索叶天士治疗咳嗽且处方中含有郁金的相关医案。

第一步：在高级检索界面，中医疾病入口输入"咳嗽"，中药组成入口输入"郁金"，医师姓名输入"叶天士"。

第二步：三项逻辑关系均选"逻辑与"，检索方式选择"精确检索"（图 3-3）。点击检索按钮，共检出 5 则医案。

图 3-3　古今医案云平台检索案例

【链接】

学好古籍知识，用好古籍文献

在漫长的五千多年历史征程中，中华民族创造出无比灿烂的文化，并取得过许多值得华夏大地炎黄子孙引以为自豪的科学发明和发现。回顾世界历史我们不难发现，在古代相当长的一段历史时期内，中国的科学文化一直处于世界领先地位，中国的文明和进步为世界增添了耀眼的光辉。那么，这些先贤们智慧凝结的累累硕果是如何传承至今的呢？除了极少数言传身教外，更多的是通过各种方式记录并保存下来，由此形成了我国浩如烟海的古籍文献。

中医药古籍历史悠久、数量庞大、种类繁多、版本庞杂，对今人的临床治病和科学研究有诸多启发。2015 年 10 月，屠呦呦因发现青蒿素而获得诺贝尔生理学或医学奖，离不开我国古代青蒿素善治疟疾的记载。习近平总书记也高度重视中医药的创新与发展，指出"要让古籍里的文字活起来"。中医药古籍在流传过程中存在许多复杂现象，如散佚、伪托、讹误以及内容增删、书名变化等，因此，学习一定的古籍知识，掌握中医药古籍检索规律和方法是十分必要的。本章节教导学生使用手工检索工具，引导学生善于利用数据库查找古代中医药文献资料，挖掘中医药这一伟大宝库，有助于中医药传统文化的创新、发展和保护。

复习思考题三

1. 利用《四库全书总目提要》检索《奇经八脉》的编撰者和提要。
2. 利用《中国丛书综录》检索《医津一筏》的别名及被何种丛书所收录。
3. 利用《本草纲目》检索中药"蒲公英"在明代以前的有关资料。
4. 利用《针灸甲乙经》检索足少阳胆经的穴位。
5. 利用《养生类纂》检索取嚏法在养生保健中的作用。
6. 利用《续名医类案》分类目录检索鹤膝风的外治医案。

第四章
中文中医药文献检索

第一节 中国生物医学文献服务系统

在获取中医药文献信息常常需要利用生物医药类数据库检索，一方面是因为生物医药类数据库收录大量有关中医药类的文献信息，另一方面也是因为中医药文献信息与生物医药文献信息密不可分。因此，生物医药类数据库是检索中医药文献信息的重要途径。目前，国内生物医学界应用最多、最权威的文献信息检索系统主要有中国生物医学文献服务系统（SinoMed）系统。

SinoMed 服务系统是国内提供有关生物医药类文献信息的专业检索系统，它从专业的角度提供概念检索服务。检索生物医药类文献信息应首选该系统。

一、资源概述

（一）SinoMed 服务系统

SinoMed 是由中国医学科学院医学信息研究所 / 图书馆开发研制的，是目前国内生物医学文献信息最权威的检索服务系统。1994 年，中国医学科学院医学信息研究所首先开发了中国生物医学文献数据库（china biology medicine disc，CBMdisc），因其学科涉及基础医学、临床医学、预防医学、药学、中医学及中药学等生物医学领域的各个方面，成为当时国内生物医学文献的重要检索工具。之后，该所又开发了 CBMdisc for Windows（CmbWin），在 Windows 单机版及网络版环境中运行；开发了 CBMdise for Internet（CBM Web），直接利用 Internet 进行检索。2008 年，推出中国生物医学文献服务系统（SinoMed）。该系统以中国生物医学文献数据库（CBM）为主，同时整合中国医学科普文献数据库、北京协和医学院博硕学位论文库、西文生物医学文献数据库（WBM）、英文文集汇编文摘数据库、英文会议文摘数据库、俄文生物医学文献数据库、日文生物医学文献数据库等多种资源，因其具有跨库检索、单库个性检索、智能检索、智能分析、原文链接及原文传递等功能，目前已经成为医学工作者检索中外文生物医学文献信息的重要工具。

（二）SinoMed 数据库

1. 收录范围 SinoMed 数据库分中文、外文两部分。中文部分包括中国生物医学文献数据库（CBM）、中国医学科普文献数据库、北京协和医学院博硕学位论文库；外文部分包括西文生物医学文献数据库（WBM）、英文文集汇编文摘数据库、英文会议文摘数据库、俄文生物医学文献数据库、日文生物医学文献数据库。

（1）中国生物医学文献数据库（CBM） 收录了1978年以来2900多种中国生物医学期刊、文献汇编、会议论文等文献题录。数据总量现已达1080余万篇，年增长量约50余万篇，且每月更新。学科范围涉及基础医学、临床医学、预防医学、药学、口腔医学、中医学及中药学等生物医学的各个领域。

（2）中国医学科普文献数据库 收录了2000年以来国内出版的医学科普期刊近百种，文献总量20余万余篇，且每月更新。内容涉及养生保健、心理健康、生殖健康、运动健身、医学美容、婚姻家庭、食品营养和医学健康等。

（3）北京协和医学院博硕学位论文库 收录了1981年以来协和医学院培养的博士、硕士研究生学位论文，且每季更新。学科范围涉及医学、药学各专业领域及其他相关专业，可在线阅览全文。

（4）西文生物医学文献数据库（WBM） 收录了协和医学院图书馆7200余种目前世界各国出版的重要生物医学期刊文献题录7200余万篇，其中馆藏期刊4800余种，免费期刊2400余种。年代跨度大，部分期刊可回溯至创刊年，年增文献100余万篇，且每月更新。

（5）英文文集汇编文摘数据库 收录了协和医学院图书馆生物医学文集、汇编及能够从中析出单篇文献的各种参考工具书等240余种（册）。报道内容以最新出版的文献为主，部分文献可回溯至2000年。每月更新。

（6）英文会议文摘数据库 收录了2000年以来世界各主要学协会、出版机构出版的60余种生物医学学术会议文献，部分文献有少量回溯。每月更新。

（7）俄文生物医学文献数据库 收录了1995年以来俄罗斯出版的俄文重要生物医学学术期刊30余种，部分期刊有少量回溯。每月更新。

（8）日文生物医学文献数据库 收录了1995年以来日本出版的日文重要生物医学学术期刊90余种，部分期刊有少量回溯。每月更新。

2. 数据库结构特点

（1）数据规范化处理 根据美国国立医学图书馆《医学主题词表》（MeSH）（中译本）、中国中医科学院中医药信息研究所《中国中医药学主题词表》及《中国图书馆分类法·医学专业分类表》对收录文献进行主题标引和分类标引，深入、全面地揭示文献内容。对CBM的作者、作者机构、发表期刊、所涉基金等进行规范化处理，标识第一作者、通讯作者，使作者、机构、期刊、基金的检索准确、全面。

（2）提供多功能检索 提供跨库检索、单库检索、快速检索、高级检索、主题检索、分类检索、智能检索、多维限定检索、多维筛选过滤、多知识点链接等文献检索功能及引文检索、期刊检索等功能。

（3）提供多样化服务 提供在线阅读协和医学院博士、硕士研究生学位论文，通过链接中国知网、万方医学网、万方数据知识服务平台、编辑部、出版社等多种途径获取文献原文（含OA期刊），还可通过申请付费方式进行文献传递。

（4）提供个性化服务 注册个人账号后便能拥有"我的空间"，提供检索策略定制、检索结果保存和订阅、检索内容主动推送及邮件提醒及学术分析定制等个性化服务。

3. 数据库构成 SinoMed各数据库里的数据均由一条条题录组成，每条题录由若干字段构成，各字段有其特殊的含义。其中，常用字段、全部字段、中文题目、英文题目、摘要、关键词、主题词、特征词、分类号、作者、第一作者、作者单位、国省市名、刊名、出版年、期、ISSN、基金等为常用可检索字段，其含义见表4-1。

表 4-1　SinoMed 常用可检索字段的含义

字段名称	字段含义
常用字段	中文标题、摘要、关键词、主题词四个字段的复合
全部字段	所有可检索字段的复合
中文标题	中文题目
英文标题	英文题目
摘要	文章内容摘要
关键词	作者在文章中采用的具有实质意义和检索意义的词汇
主题词	经过主题词表规范化后的代表文章中心思想的词汇
特征词	对象类型，性别、年龄等
分类号	《中国图书馆分类法·医学专业分类表》中的类号
作者	文章作者姓名
第一作者	文章第一作者姓名
作者单位	第一作者所在单位
国省市名	第一作者所在省市名
刊名	期刊名称
出版年	期刊出版年代
期	期刊出版期次
ISSN	国际标准连续出版物号
基金	文章基金支持的资助项目

二、检索途径与方法

SinoMed 提供跨库检索和单库检索两种检索方式。跨库检索是根据需要同时选择多个数据库进行检索；单库检索是根据各个数据库的特点设置检索方式。以中国生物医学文献数据库（CBM）为例。CBM 提供快速检索、高级检索、主题检索、分类检索、期刊检索、引文检索6 种检索方式。

进入中国生物医学文献服务系统（http://www.sinomed.ac.cn/index.jsp）首页，在"文献检索"页面中选择中国生物医学文献数据库，检索方式有快速检索、高级检索、主题检索、分类检索4 种，检索页面（图 4-1）。

图 4-1　中国生物医学文献数据库检索页面

（一）快速检索

在快速检索状态下可对检索词在全部字段执行智能检索，还可进行逻辑组配检索、通配符检索、特殊字符检索、二次检索、限定检索、检索历史检索等。

1. 智能检索　在全部字段自动实现检索词及其表达同一概念的一组词的同步检索。在快速检索输入框中，输入"艾滋病"，点击"检索"按钮，系统将自动用"艾滋病""获得性免疫缺陷综合征"等表达同一概念的一组词在全部字段中进行检索。CBM 快速检索界面（图 4-2）。

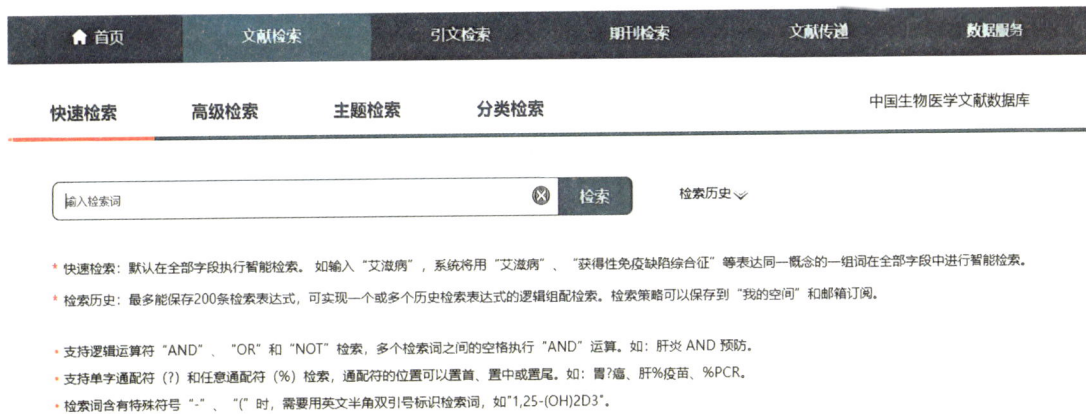

图 4-2　CBM 快速检索界面

2. 逻辑组配检索　检索词之间可直接使用逻辑运算符"AND""OR""NOT"构建成检索逻辑表达式，在全部字段中进行逻辑组配检索。

AND：检出记录中同时含有检索词 A 和检索词 B。可用"空格"代替"AND"，如肝炎 AND 中医药疗法或肝炎　中医药疗法。

OR：检出记录中含有检索词 A 或检索词 B，如人参 OR 黄芪。

NOT：在含检索词 A 的记录中，去掉含检索词 B 的记录，如心脏瓣膜疾病 NOT 心律失常。

3. 通配符检索　即"截词检索"，在检索词中使用通配符检索，可提高检索效率。检索系统支持两种通配符检索，分别为单字通配符"?"和任意通配符"%"。

"?"：替代一个字符。如输入"血？动力"，可检索出含有"血液动力""血流动力"的文献。

"%"：替代任意一个字符。如输入"肝炎%疫苗"，可检索出含有"肝炎疫苗""肝炎病毒基因疫苗""肝炎减毒活疫苗""肝炎灭活疫苗"的文献。

通配符的位置可以置首、置中或置尾。如胃？癌、肝%疫苗、%PCR。

4. 特殊字符检索　检索词中含有"-""("","等特殊符号时，使用英文半角双引号来标识检索词，表明这些特殊符号也是检索词的一部分。如输入"1，25-（OH）2D3"，则可检索出化学成分为 1,25- 二羟维生素 D3 的有关文献。

5. 二次检索　在已有检索结果基础上再检索，逐步缩小检索范围，在检索结果检索输入框内键入新的检索词，勾选"二次检索"后再点击"检索"按钮，表示在上一个检索结果范围内进一步查询，与上一个检索词之间的关系为"AND"。CBM 快速检索的检索结果界面（图 4-3）。

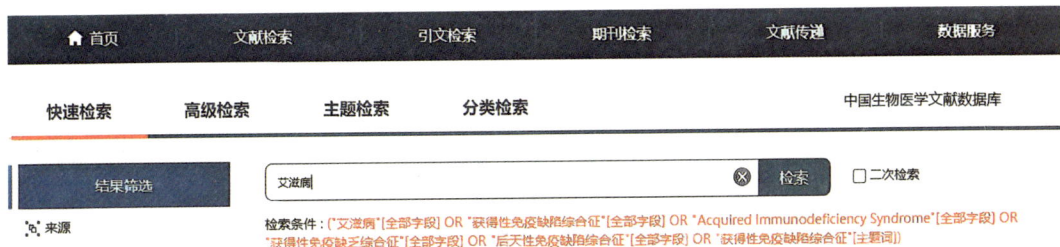

图 4-3　CBM 快速检索的检索结果界面

6. 限定检索　限定检索是对检索内容进行限定的检索。可进行年代范围、文献类型（综述、讲座、病例报告、临床试验、随机对照试验、Meta 分析、多中心研究）、年龄组、性别、对象类型（人类、动物）、其他（妊娠、体外研究）等的限定检索。CBM 限定检索界面（图 4-4）。

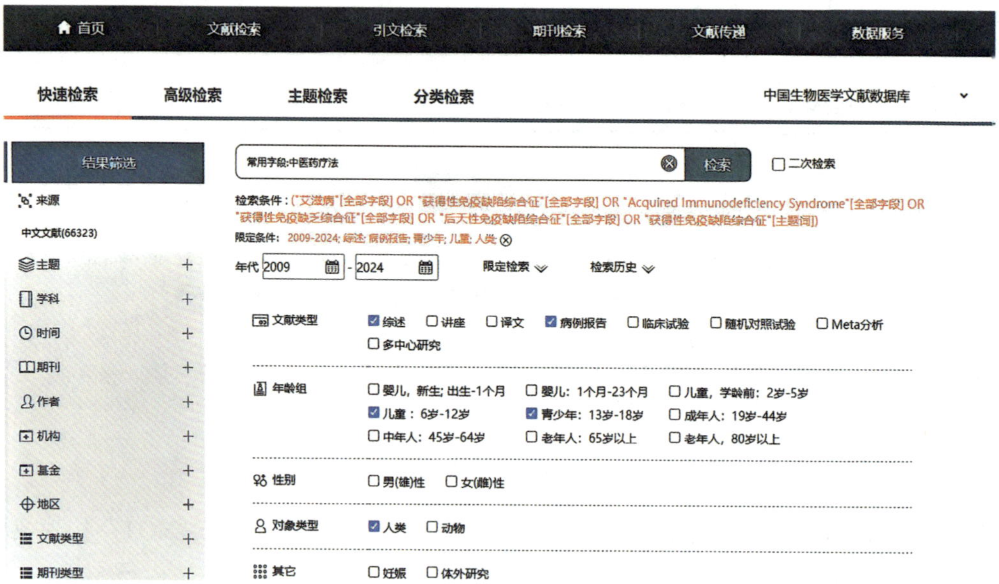

图 4-4　CBM 限定检索界面

限定检索包括"先限定"和"后限定"。在检索前限定，叫作"先限定"；对现有检索式做限定，叫作"后限定"，这时只需点击检索式即可：选择限定后，若未取消限定，则限定设置始终有效。因此，开展新的内容检索，需点击"清除"按钮，撤销之前的限定设置；因 1994 年以前没有标引特征词，故检索 1994 年以前文献，最好不限定特征词。

7. 检索历史　利用检索历史可查看最近的 200 条检索表达式的检索时间及命中文献数；可选择一个或多个检索表达式并用逻辑运算符 AND、OR、NOT 组配成更恰当的检索式进行检索；对于无意义的检索表达式，可通过选中后点击"清除检索史"进行删除；根据需求选择一个或多个有意义的检索表达式作为特定的"检索策略"保存至"我的空间"中，以备以后随时调用，进行定题跟踪检索，及时获取最新信息。

【示例】检索国内有关中药治疗禽流感临床试验及数据分析方面的研究文献。

（1）分析课题　本课题涉及"中药""禽流感""临床试验""数据分析"等检索概念，"中药"这个词表达的概念应包括中药、中草药等，"禽流感"这个词表达的概念应包括禽流感、禽流行性感冒、鸡瘟等，这些概念的表达可借助快速检索状态的智能检索功能来完成；"临床试验""数据分析"属于文献类型，可借助限定检索功能来完成。因为快速检索在用逻辑表达式检索或二次检索时，会关闭智能检索功能，所以为了查全文献，检索时最好分别单独检索，然后利用检索历史进行组配，最后再进行文献类型的限定。

（2）检索步骤

第一步：在快速检索输入框中输入检索词"中药"，点击"检索"按钮，系统会按（"中药"［全部字段］OR "中草药"［全部字段］OR "Chinese Herbal Drugs"［全部字段］OR "植物中药"［全部字段］OR "中草药提取物"［全部字段］OR "中草药"［主题词］）表达式进行检索。

第二步：在快速检索输入框中输入检索词"禽流感"，点击"检索"按钮，系统会按（"禽流感"［全部字段］OR "Influenza in Birds"［全部字段］OR "禽流行性感冒"［全部字段］OR "鸡瘟"

［全部字段］OR"禽流感"［主题词］）表达式进行检索。

第三步：点击"检索历史"，将上述两个表达式选中，点击"AND"按钮，系统会将两个表达式进行"逻辑与"的组合。

第四步：点击"限定检索"，选择文献类型"临床试验""随机对照试验""Meta 分析"，点击"检索"按钮，系统会对组合后的表达式进行文献各类型的限定检索。

第五步：按需筛选和保存检索结果。

（二）高级检索

高级检索是一种通过构建表达式来进行的检索。在表达式的构建过程中可进行字段限定检索、精确检索、智能检索、逻辑组配检索、通配符检索、特殊字符检索、限定检索和检索历史检索等。CBM 高级检索界面（图 4-5）。

图 4-5 CBM 高级检索界面

1. 字段限定检索 是限定检索词在指定字段出现的一种检索方式。高级检索提供 18 种可限定检索的字段，其中常用字段代表复合字段，由中文标题、摘要、关键词、主题词四个字段组成。

2. 精确检索 是检索结果与检索词完全匹配的一种检索方式，适用于关键词、题词、作者、分类号、刊名等字段。如在"作者"字段输入"马智"，勾选"精确检索"后点击"检索"按钮，则检出作者名为马智的所有文献。若不勾选"精确检索"，则检出在作者字段中含"马智"字样的所有文献，如"马智平""马智超"等。

高级检索状态中的智能检索、逻辑组配检索、通配符检索、特殊字符检索、限定检索、检索历史检索等同快速检索所述。值得注意的是，高级检索在构建表达式时，每次只允许输入一个检索词，构建表达式输入框里不支持逻辑运算符检索，多个检索词可通过选择右侧"AND""OR""NOT"选项，并发送到检索框构成检索逻辑表达式后再进行检索。

【示例】检索辽宁中医药大学康廷国教授有关中药鉴别方面的研究文献。

（1）分析课题 本课题涉及的检索词有"辽宁中医药大学""康廷国"和"中药鉴别"，分别为作者单位，作者姓名和内容主题，用高级检索进行表达式的构建，方便、快捷，且检索结果准确。

（2）检索步骤

第一步：在高级检索输入框分3次输入"作者：康廷国""作者单位：辽宁中医""常用字段：鉴别"，并选择逻辑组配关系"AND"，分3次点击"发送到检索框"按钮，构建成表达式："康廷国"（作者）AND"辽宁中医"（作者单位）AND"鉴别"（常用字段：智能）。

第二步：点击"检索"按钮，即可得到所需文献。

第三步：按需筛选和保存检索结果。

（三）主题检索

在主题检索状态下所进行的检索是一种概念检索。它是指采取规范化的主题词基于主题概念进行的检索。主题检索能有效提高查全率和查准率。

主题检索可进行中文主题词或英文主题词的检索，可进行主题词的同义词、相关词、上位词、下位词的检索，可选择副主题词进行组配检索，可进行主题词及副主题词的扩展检索，可进行主题词的加权检索，还可浏览主题词、副主题词的注释及树形结构等。

1. 名词解释

（1）扩展检索　包括主题词扩展检索及副主题词的扩展检索。主题词扩展检索指对当前主题词及其所有下位主题词进行检索，主题词非扩展检索则仅限于当前主题词的检索。副主题词扩展检索指对当前副主题词及其下位副主题词进行检索，副主题词非扩展检索则仅限于对当前副主题词进行检索。

一些副主题词之间也存在上下位关系，如副主题词"治疗"的下位词包括"膳食疗法""药物疗法""护理""预防和控制""放射疗法""康复""外科学""按摩疗法""气功疗法""中西医结合疗法""中医药疗法""中药疗法"和"中医疗法"等。

（2）主题词加权检索　指对加星号（*）主题词（主要概念主题词）检索，非加权检索表示对加星号主题词和非加星号主题词（非主要概念主题词）均进行检索。

为准确揭示某一篇文章的内容特征，标引人员根据文章的需要，给出多个主题词，以确切描述一篇文章内容的重点，最能反映文章主要内容的主题词用星号加以标识。

（3）主题词与副主题词组配检索　副主题词用于对主题词的某一特定方面加以限制，强调主题词概念的某些专指方面。如"肝／药物作用"表明文章并非讨论肝脏的所有方面，而是讨论药物对肝脏的影响。CBM检索系统现有副主题词94个，表明同一主题的不同方面。但不是所有的副主题词均能同每个主题词进行组配，"选择副主题词"对话框列出了当前主题词可以组配的所有副主题词，选中一个或多个副主题词，即可实现当前主题词与副主题词的组配检索。

2. 操作方法　在主题检索状态输入中文主题词或英文主题词执行"查找"，系统将显示相关主题词列表。CBM主题检索列表界面（图4-6）。也可以利用主题导航，查找某个学科领域相关主题词。

在主题词列表中，点击选中的主题词，进入主题词注释、副主题词注释、树形结构及检索方式选择的界面。CBM副主题词组配列表界面（图4-7）。CBM主题词注释及检索方式选择界面（图4-8）。

根据主题词注释，选择主题词"加权检索"和"扩展检索"中的"扩展""不扩展"等；根据副主题词注释，选择限定主题词的副主题词添加到右侧列表中，同时选择副主题词的"扩展"

和"不扩展"，然后点击"主题检索"按钮，即可检出检索结果。

图 4-6　CBM 主题检索列表界面

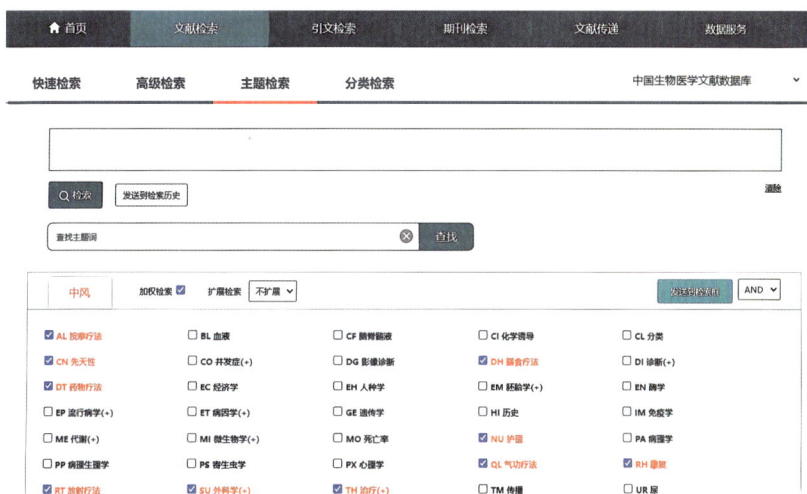

图 4-7　CBM 副主题词组配列表界面

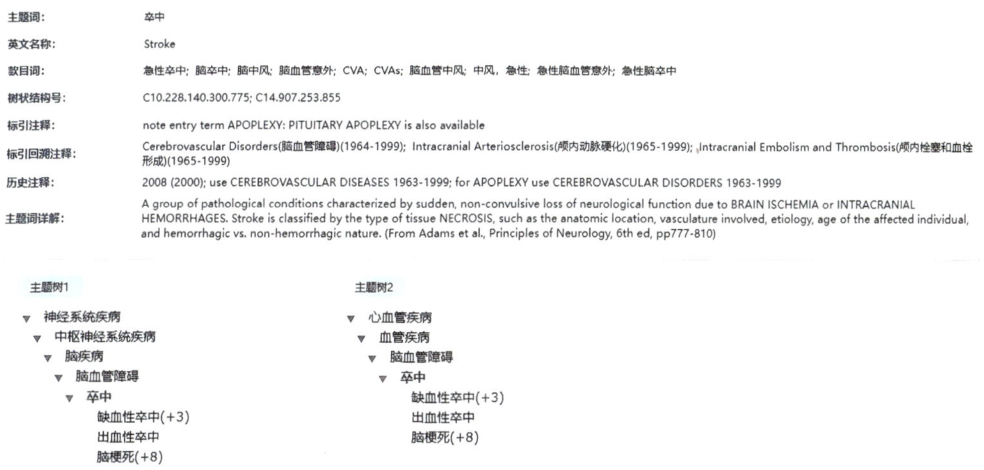

图 4-8　CBM 主题词注释及检索方式选择界面

检索说明如下：①主题词注释：显示主题词的详细信息，包括主题词的中文名、英文名、树形结构号、标引注释、历史注释、检索注释、参见系统、树形结构等内容。根据这些信息正确使用主题词及相关主题词，提高查全率和查准率。②副主题词注释：显示副主题词的概念及带（+）副主题词所包含的下位词。

【示例】检索流感中医中药治疗研究的文献。

（1）分析课题　本课题涉及的检索概念有"流感""中医""中药""治疗"，也就是用中医和中药的方法治疗人的流感。而中医和中药的治疗可用副主题词"中医疗法""中药疗法""中医药疗法""针灸疗法""穴位疗法"及"按摩疗法""气功疗法""膳食疗法""中西医结合疗法"等共同表达，故用主题检索检索流感对应的主题词，组配相应的副主题词，即可得到满意结果。

（2）检索步骤　第一步：在主题检索输入框输入检索词"流感"，点击"查找"按钮，进入含有流感字样的主题词列表页面。

第二步：在主题词列表中点击主题词"流感，人"，进入主题词注释和检索方式选择页面。

第三步：选择副主题"中医疗法""中药疗法""中医药疗法""针灸疗法""穴位疗法"及"按摩疗法""气功疗法""膳食疗法""中西医结合疗法"等，并添加到副主题词表右边选择框中。

第四步：点击"发送到检索框"按钮，即构建了中医中药治疗人流感的检索表达式。

第五步：点击"主题检索"按钮，即可得到检索结果。

第六步：按需筛选和保存检索结果。

（四）分类检索

在分类检索状态下可通过类名、类号和分类导航对文献所属的类进行检索，CBM 分类检索界面（图 4-9）。

图 4-9　CBM 分类检索界面

具体操作方法：

1. 按类名类号检索　在检索输入框键入类名或类号，点击"查找"按钮，系统显示类名或类号列表，CBM 类名列表界面（图 4-10）。

点击欲检索类名或类号，即可进入分类检索结果页面。CBM 分类检索结果界面（图 4-11）。如果对该类及其下位类进行查找，勾选"扩展检索"；如果仅对该类检索，则不勾选"扩展检索"。点击"发送到检索框"后再点击"分类检索"按钮即可得到该类文献。

2. 按分类导航检索　将图 4-11 分类导航中的分类树逐级展开，选择点击所需要的类目，即可进入分类检索结果页面。分类树各类目可多选，利用 AND、OR、NOT 逻辑组配关系，将所需类目发送到检索框中，点击"分类检索"按钮，即可查找所需类目的文献。

图 4-10　CBM 类名列表界面

图 4-11　CBM 分类检索结果界面

（五）期刊检索

利用期刊检索不但可检索某特定期刊上的文献，按年、期浏览文献，在刊中检索文献，还可检索特定期刊编辑部的详细信息。

期刊检索可在检索入口处选择刊名、出版地、出版单位、期刊主题词或者 ISSN 等检索字段，输入检索词直接查找期刊；也可通过"期刊分类导航"或"首字母导航"逐级浏览查找期刊。CBM 期刊检索界面（图 4-12）。

图 4-12　CBM 期刊检索界面

具体操作方法：

（1）检索特定期刊　选择检索入口"刊名""出版单位""出版地""期刊主题词"或 ISSN，输入相应的检索词，点击"查找"按钮，系统显示含有该检索词的期刊列表。

点击期刊名称，进入期刊文献检索页面，可检索该刊中的文献，或浏览该刊某年某期的文献，同时也可以获得该刊的编辑出版等详细信息。

点击"分析"按钮，可对该期刊进行分析，包括年出版文献数、年被引频次、近 10 年被引情况、近 5 年发文地区分布、引用期刊、发文机构分布等。CBM 期刊的分析详细信息界面（图 4-13）。

（2）按分类查找　期刊展开"期刊分类导航"的分类树，点击欲查期刊的类别，系统显示所查类目的所有期刊。若按字顺查找期刊，点击"首字母导航"的期刊首字母，系统会显示该字母打头刊名的所有期刊。同样，点击期刊名称，进入期刊文献检索页面，检索、浏览该刊文献。

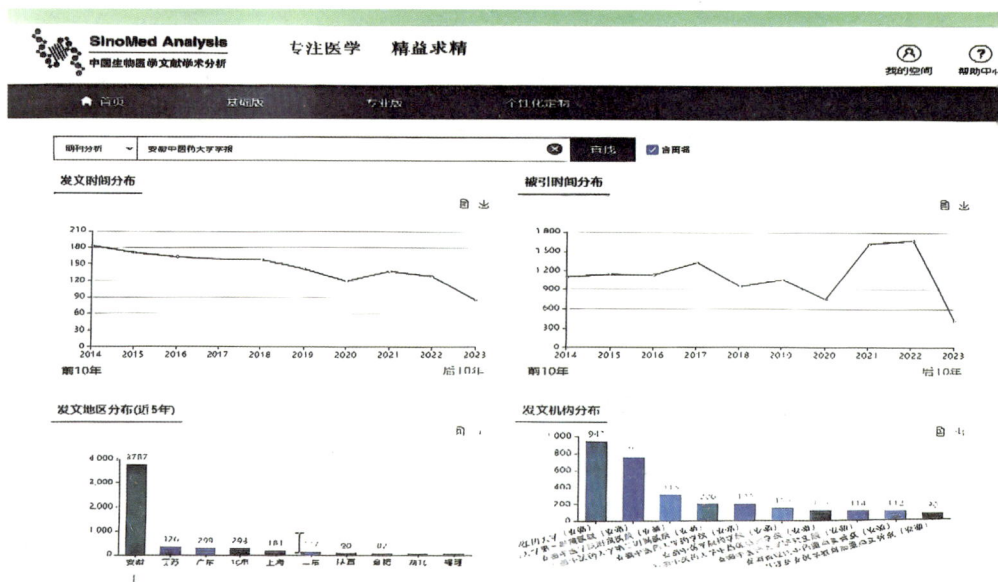

图 4-13　CBM 期刊的分析详细信息界面

【示例】检索 CBM 收录了多少种中国医学类期刊。《中草药》是否为核心期刊，其论文被引率及主要分布机构情况。

（1）分析课题　本课题欲查找 CBM 期刊收录情况及对特定期刊的分析情况，故利用 CBM 期刊检索可达到目的。

（2）检索步骤

第一步：在期刊检索页面期刊分类导航中展开"医药、卫生（总览）"，点击"中国医学"类名，即可得到 CBM 收录的中国医学类期刊共 254 种。

第二步：在期刊检索输入框中输入"刊名：中草药"，点击"查找"按钮，即可得知《中草药》被北大中文核心期刊要览收录，为中文核心期刊。

第三步：点击"中草药"期刊名称，即可得知该刊的刊号、编辑部等详细信息。

第四步：点击"分析"按钮，即可了解该刊论文被引率及主要分布机构等情况。

（六）引文检索

利用引文检索可检索文献引用和被引用情况，可通过被引文献题名、被引文献主题、被引文献作者、被引文献第一作者、被引文献出处、被引文献机构、被引文献第一机构、被引基金等查找文献被引用情况。

检索时只需选择要限定的字段及限定条件，输入相应的检索词，点击"检索"按钮即可。CBM引文检索界面（图4-14）。

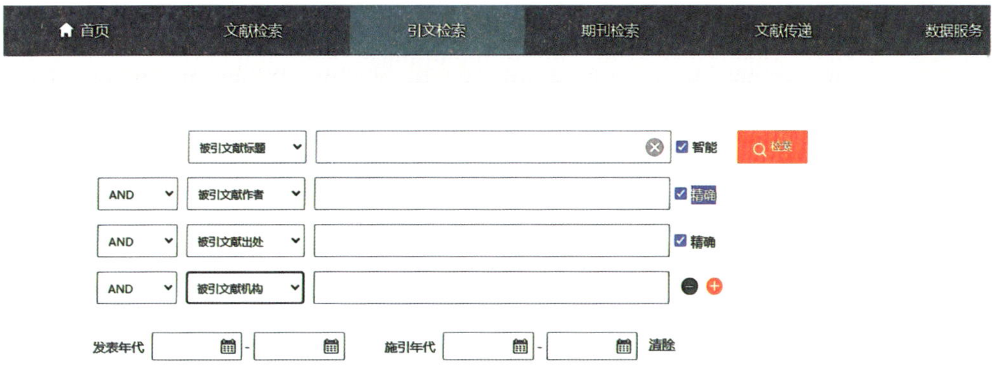

图4-14　CBM引文检索界面

检索说明：①常用字段：由被引文献题名、被引文献出处和被引文献主题3个检索项组成。②被引文献主题：由被引文献题名、关键词和主题词3个检索项组成。③检索历史：最多能保存200条检索表达式，可实现1个或多个历史检索表达式的逻辑组配检索。④支持逻辑运算符检索；支持单字通配符（?）和任意通配符（%）检索；检索词含有特殊符号"-""（"时，需要用英文半角双引号标识检索词。

三、检索结果的处理

在检索结果显示界面可进行检索结果的显示、分析、保存和打印输出。

1. 显示检索结果　显示格式包括题录（显示标题、著者、著者单位、出处等）、文摘（显示标题、著者、著者单位、文摘、出处、关键词、主题词等），点击"题录"或"文摘"按钮，即可按所选格式显示出标记的或全部检索结果。

2. 检索结果聚类分析　在检索结果显示页面可浏览结果聚类和统计，查看详细检索表达式及最近检索。结果聚类既可按全部期刊、核心期刊，中华医学会期刊、循证文献进行分类，查看检索结果在各类期刊文献中的数量，还可按主题、学科、作者、期刊、时间、地区等几个方面进行分类，查看各类文献的数量并进行统计分析。CBM检索结果、聚类分析界面（图4-15）。

图4-15　CBM检索结果、聚类分析界面

3. 保存、打印输出检索结果　题录输出在检索结果概览页面，点击"结果输出"按钮，在检索结果页面，用户可根据需要选择输出检索结果，包括输出方式（SinoMed、NoteExpress、EndNote、RefWorks、NoteFirst）、输出范围、保存格式（题录、文摘、自定义、参考文献、查新）。

全文输出在文献标题后或"原文链接"处点击全文链接图标，即可直接打开或下载全文。值得注意的是，SinoMed 对中文期刊文献数据库和北京协和医学院博硕学位论文库仅提供全文链接，是否有效取决于当地是否订购了相应的全文数据库，如中文科技期刊数据库、协和医学院博硕学位论文全文库等。对于部分中文期刊文献，也通过 DOI 链接至万方医学网、万方数据知识服务平台或编辑部网站进行全文获取。对于西文生物医学期刊文献全文，SinoMed 对网络生物医学免费期刊及其文献进行整理，在检索结果页面，点击"免费全文"分类导卡，即可查找免费期刊文献线索并获取全文，也可通过调用当地单位拥有的外文资源电子馆藏获取文献原文。

四、SinoMed 的特点

1.SinoMed 各数据库的使用特点　SinoMed 中 CBM 数据库收录了 2600 余种生物医学期刊，是目前国内生物医学领域收录最全、最权威的数据库，为检索国内生物医学文献首选之数据库。SinoMed 中其他数据库收录的数据主要来自中国医学科学院医学信息研究所馆藏资源，可以作为检索相关文献信息的参考。

2.SinoMed 各数据库获取全文的特点　SinoMed 各数据库主要提供生物医学文献的题录和文摘，不提供全文。获取全文需通过原文索取有偿获得全文，或链接维普科技期刊全文数据库，获得 1989 年以后生物医学文献的全文。因 SinoMed 检索功能较完善，能满足查全、查准的要求，所以可用其检索文献获得题录信息后，再用其他全文检索系统（中国知网、万方数据、维普等）调取全文。

3.SinoMed 各数据库的检索特点　SinoMed 各数据库提供的智能主题检索、多内容限定检索、主题词表辅助检索、主题词与副主题词扩展检索、著者机构限定检索、定题检索、引文及被引文献检索、多知识点链接检索、检出结果统计分析等功能，使检索过程更快捷、更高效，使检索结果更细化、更精确。其中，主题检索是非常受欢迎的进行概念检索的一种方式，是按美国国立医学图书馆《医学主题词表（MeSH）》中译本和《中国中医药学主题词》中提供的主题词进行检索。但在检索时经常会遇到主题词的查找问题，除查找主题词表外，还可通过 3 种方法进行查找：①通过输入中英文关键词及其同义词整词或片段直接进行查找，仔细阅读主题词的注释信息，特别注意相关词、上位词及专指词。②可以在高级检索状态查出标题中包含欲查的检索词的文献，浏览检索结果，看主题词字段中其对应的标引词是什么，这个就是要找的主题词。③为了检索的准确性，建议尽量使用最专指的主题词进行检索，在未找到最专指主题词时，建议选择其最邻近的上位词。

SinoMed 各数据库未进行主题标引的文献，利用主题检索无法检出。近 1 年或 2 年的文献往往因标引有时差而未进行主题词标引，所以需要用快速检索和高级检索等智能检索功能进行检索，以解决新文献未进行主题标引、利用主题检索会造成漏检的问题。

4.SinoMed 各数据库的检索结果分析特点　SinoMed 期刊文献类数据库提供检索结果聚类统计分析功能。从检索文献在核心期刊、中华医学会期刊、循证文献分布的数量，可了解检索文献所涉及学科及专题的研究水平；从检索文献在主题、学科、作者、期刊，时间、地区等分布的数量，可了解研究热点、学科重点、主要期刊、研究人群等情况，从而为了解检索文献所涉及学科及专题的科研现状提供参考。

第二节　三大中文全文数据库

一、三大中文全文数据库资源概述

中文全文数据库《中国知网》（以下简称 CNKI）、《中文期刊服务平台》（以下简称维普）和《万方知识服务平台》（以下简称"万方"）是国内影响力和利用率很高的综合性中文电子资源全文数据库平台。这三个数据库已经成为大多数高等院校、公共图书馆和科研机构等文献信息咨询保障系统的重要组成部分。在互联网中，这三大数据库也成为中文学术信息的重要代表，比较充分地体现了我国现有中文电子文献数据库的建设水平。使用任一数据库都能获取某一单篇文章的全文，或者集中查找某一专题的收录文献等，甚至还可以定期追踪某一期刊上的全部论文，对其进行浏览阅读和分析。

1.CNKI 的收录范围　中国知网创始于 1995 年，源自清华大学，2019 年加入中核集团，致力于全方位、立体化、体系化打通国内国际知识生产、传播和利用的全过程，推进数字出版产业与期刊、图书、报纸等各类传统出版产业的深度融合发展，建设促进知识学习、交流和创新的"中国知识基础设施"工程（CNKI），服务科教兴国和创新发展战略。中国知网由同方知网（北京）技术有限公司、同方知网数字出版技术股份有限公司、《中国学术期刊（光盘版）》电子杂志社有限公司（两司一社）联合运营。

中国知网深度整合海量中外文文献，包括 90% 以上的中国知识资源，如学术期刊、学位论文、会议、报纸、年鉴、专利、标准、成果、图书、学术辑刊、特色期刊、古籍、视频等资源类型，累计中外文文献量逾 5 亿篇。其中包括来自 80 余个国家和地区，900 多家出版社的 8 万余种期刊（覆盖 JCR 期刊的 96%，Scopus 的 90% 以上）、百万册图书等，且平台资源每日动态更新。

2. 维普的收录范围　中文期刊服务平台是由原中国科学技术情报研究所重庆分所，现维普资讯有限公司推出的中文学术期刊大数据服务平台。依托《中文科技期刊数据库》数据支撑，自 1989 年推出，现已成为中文学术期刊最重要的传播与服务平台之一，成为国内教育、科研重要的学术资源基础设施。截至目前，平台已收录中文期刊 15000 余种，部分期刊回溯至创刊年，文献总量 7600 余万篇，年更新 250 万篇，覆盖全学科领域。其中北大核心期刊收录 1982 种、CSSCI 期刊收录 802 种，CSCD 期刊收录 1257 种，为查收查引和科技查新工作提供了有力的支撑。平台提供在线阅读、下载 PDF、HTML 阅读、文献传递、OA 链接等多种全文方式，有效保障用户全文获取。以《中国图书馆分类法》（第五版）为标准进行数据标引，建立了 35 个一级学科，457 个二级学科的分类体系，能够满足全学科，各领域用户的中文期刊服务需要。

3. 万方的收录范围　万方数据通过强化与国家科技图书文献中心、中国科学技术信息研究所、中国社会科学院等研究机构的战略合作，不断提升对多源异构资源的整合、组织与发现能力，通过全文下载、原文传递等服务形式，共计涵盖了中文期刊约 11900 余种，历年核心来源收录期刊约 3500 种，基本涵盖了《中国科技论文与引文数据库》（CSTPCD）来源期刊、北京大学《中文核心期刊要目总览》来源期刊以及《中文社会科学引文索引来源期刊目录》（CSSCI）（含扩展版）。期刊论文每天更新，年增量约 300 万篇，涵盖自然科学、工程技术、医药卫生、农业科学、哲学政法、社会科学、科教文艺等各个学科。并包含回溯数据，最早可回溯到 1980 年，多数均可回溯到 1998 年。另外，万方数据还独家收录了中华医学会期刊全文，包含 154 种权威正版的中华医学会期刊及 27 种中国医师协会期刊，其全文数量为 1153372 篇，年增 3 万篇，收录的时间跨度为 1999 至今，少量回溯到 1900 年。

万方平台的学位论文相比 CNKI 还包含了博士后论文和出站报告，它收集单位共 800 余家，共计收录 528 万余篇学位论文，年增约 35 万篇。万方数据的学术会议收录始于 1982 年，共收集 4000 多个重要学术会议，700 多万篇论文全文，覆盖理学、工业技术、人文科学、社会科学、医药卫生、农业科学、航空航天和环境科学等各个学科领域，也是科技查新的重要依据。

就医药卫生类期刊收录的情况而言，CNKI 收录了 1320 种，维普收录的数量最多，达 1875 种，万方收录了 1502 种，但医药卫生核心刊收录最多，且万方独家拥有中华医学会 156 种期刊全文。三大中文全文数据库收录医学期刊情况比较，见表 4-2。

表 4-2　三大中文全文数据库收录医学期刊情况比较

数据库	期刊总数（种）	医药卫生类期刊（种）	医药卫生类核心期刊（种）	收录年限	回溯质量
CNKI	8440（核心期刊 1970 种）	1320	260	1915（部分回溯至创刊）	回溯质量较高，基本实现全部论文收录
维普	15200（核心期刊 1983 种）	1875	244	1989（最早回溯至 1922 年）	回测质量不高，2000 年前只收录篇幅较大的论文
万方	11900（核心期刊 3500 种）	1502	341	1998（部分回溯至 1980 年）	回溯质量较好

注：数据为 2024 年 3 月 6 日各网站获取。

二、三大中文全文数据库检索方法

三大中文全文数据库就检索系统而言，都具有各自特色的导航检索、基本检索、高级检索方式。导航检索都包括了学科分类导航和期刊名称导航，读者无需输入具体检索词，就可按照分类或期刊名称，通过层层递进的方式检索到某一专题下的论文，并按题录链接浏览全文。检索方法简单易学，数据库检索选择范围灵活，可以选择一个或多个专辑进行检索，在同一专辑下可选择一个或多个专题进行检索。三大中文全文数据库都具有关键词、篇名、刊名、作者、机构、文摘等多个检索入口，都能够实现全文链接获取。

CNKI 主题检索是以知网标引的主题（机标关键词，即由计算机根据文章内容并依据一定的算法自动赋予的关键词）为核心内容的检索。主题检索旨在提供一种能够涵盖文章所有主题特征并综合时间特征的检索手段，适用普通用户快速查询和调研。

维普中文科技期刊数据库是一个由单纯提供原始文献信息服务过渡延伸到提供深层次知识服务的整合服务系统，该平台包含"期刊文献检索""期刊导航""期刊评价报告""期刊开放获取"等功能模块，提供了中文期刊检索、文献查新、期刊导航、检索历史、引文检索、引用追踪等服务功能。

万方知识服务平台首页的检索框即为统一检索的输入框，可以实现多种资源类型、多种来源的一站式检索和发现，同时，它还可对用户输入的检索词进行实体识别，便于引导用户更快捷地获取知识及学者、机构等科研实体的信息。另外，万方还可以支持专业检索、高级检索及智能检索，具有对期刊所分布的地域进行限定功能。三大中文全文数据库的检索功能情况比较，见表 4-3。

表 4-3　三大中文全文数据库的检索功能比较

数据库	CNKI	维普	万方
期刊导航	按专辑或专题导航、按卓越期刊导航、按社会基金资助期刊导航、按数据库刊源导航、按主办单位导航、按出版周期导航、按出版地导航、按核心期刊导航	按期刊学科分类、按期刊首字母浏览	按学科分类的期刊导航，按刊首字母、核心收录、收录地区、出版周期、优先出版的期刊导航
检索方式	一框式检索、高级检索、专业检索、作者检索、句子检索	快速检索、传统检索、分类检索、高级检索和期刊导航	一框式检索、高级检索、专业检索、作者发文检索、智能检索、分类检索
二次检索	只能是并且（在结果中检索）	二次检索词与一次检索之间的关系为并且（在结果中搜索）、或（在结果中添加）、非（在结果中去除）、重新搜索	通过缩小检索范围进行并且的关系，对检索字段进行限定检索，主要有标题、作者、关键词、起始年、结束年
检索途径	主题、篇关摘、关键词、篇名、全文、作者、第一作者、通讯作者、作者单位、基金、摘要、小标题、参考文献、分类号、文献来源、DOI	题名／关键词、关键词、刊名、作者、第一作者、机构、题名、文摘、中图法分类号、作者简介、基金资助、栏目介绍、任意字段（上述任意一个字段）	主题、题名、第一作者、题目或关键词、作者、作者单位、关键词、摘要、全文、DOI、通讯作者、基金、刊名、期、栏目、ISSN/CN、中图分类号、专业、授予单位、导师、会议名称、主办单位
精确检索	可以进行精确检索	可以进行精确检索	可以进行精确检索
逻辑算符	AND、OR、NOT	AND、OR、NOT	AND、OR、NOT
特色检索	主题检索、词频限定、句子检索	同义词检索、同名作者检索、任意字段检索	智能检索、分类检索

（一）论文检索

论文检索是三大中文全文数据库的最基本功能。

1.CNKI 的论文检索　进入中国知网（http://www.cnki.net）页面。

（1）一框式检索　在检索项下拉框中选择检索字段"全文"，并在检索框中输入论文的部分内容，点击"Q"，论文检索结果（图 4-16）。

图 4-16　CNKI 全文检索结果界面

在检索的结果中选择需要的论文，点击"⬇"，可下载 CAJ 格式文献，点击"🖼"，可在线阅读全文。点击序号前"□"打勾，点击上方的"导出与分析"---"导出文献"，即可导出符合要求的参考文献。

（2）高级检索　在首页点击"高级检索"进入高级检索页，或在一框式检索结果页点击"高级检索"进入高级检索页。高级检索页点击标签可切换至高级检索、专业检索、作者发文检索、句子检索（图 4-17）。

图 4-17　CNKI 高级检索界面

高级检索的特点：高级检索支持多字段逻辑组合，并可通过选择精确或模糊的匹配方式、检索控制等方法完成较复杂的检索，得到符合需求的检索结果。

多字段组合检索的运算优先级，按从上到下的顺序依次进行。

检索区：检索区主要分为两部分，上半部分为检索条件输入区，下半部分为检索控制区。

检索条件输入区：默认显示主题、作者单位、文献来源三个检索框，可自由选择检索项、检索项间的逻辑关系、检索词匹配方式等，点击检索框后的、按钮可添加或删除检索项，最多支持 10 个检索项的组合检索。

检索控制区：检索控制区的主要作用是通过条件筛选、时间选择等，对检索结果进行范围控制，控制条件包括：出版模式、基金文献、时间范围、检索扩展（图 4-18）。

图 4-18　CNKI 检索条件界面

文献导航：文献分类导航默认为收起状态，点击展开后勾选所需类别，可缩小和明确文献检索的类别范围。总库高级检索提供 168 专题导航，是知网基于中图分类而独创的学科分类体系。年鉴、标准、专利等除 168 导航外还提供单库检索所需的特色导航（图 4-19）。

图 4-19　CNKI 文献导航界面

检索推荐 / 引导功能：与一框式检索时的智能推荐和引导功能类似，主要区别：高级检索的主题、篇名、关键词、摘要、全文等内容检索项推荐的是检索词的同义词、上下位词或相关词，一框式检索的检索词推荐用的是文献原文的关键词；高级检索的推荐引导功能在页面右侧显示。勾选后进行检索，检索结果为包含检索词或勾选词的全部文献。

词频选择：全文和摘要检索时，可选择词频，辅助优化检索结果。选择词频数后进行检索，检索结果为在全文或摘要范围内，包含检索词，且检索词出现次数大于等于所选词频的文献（图 4-20）。

图 4-20　CNKI 词频选择界面

（3）专业检索　在高级检索页切换"专业检索"标签，可进行专业检索。专业检索用于图书情报专业人员查新、信息分析等工作，使用运算符和检索词构造检索式进行检索。专业检索表达式的一般形式：在文献总库中提供以下可检索字段及代码:SU ＝主题，TI ＝题名，KY ＝关键词，AB ＝摘要，FT ＝全文，AU ＝作者，FI ＝第一责任人，RP ＝通讯作者，AF ＝机构，JN ＝文献来源，RF ＝参考文献，YE ＝年，FU ＝基金，CLC ＝分类号，SN ＝ ISSN，CN ＝统一刊号，IB ＝ ISBN，CF ＝被引频次。

（4）作者发文检索　作者发文检索通过输入作者姓名及其单位信息，检索某作者发表的文献，功能及操作与高级检索基本相同。

（5）句子检索　句子检索是通过输入的两个检索词，在全文范围内查找同时包含这两个词的句子，找到有关事实的问题答案。句子检索不支持"空检"，当同句、同段检索时，必须输入两个检索词。

2.维普的论文检索　进入维普中文期刊服务平台（http://qikan.cqvip.com/）页面，实现平台检索功能。

（1）基本检索　为检索系统默认检索方式，使用下拉菜单选择检索限定字段，包括任意字段、题名或关键词、题名、关键词、摘要、作者、第一作者、机构、刊名、分类号、参考文献、作者简介、基金资助、栏目信息 14 个检索字段，基本检索界面（图 4-21）。

图 4-21　维普中文科技期刊数据库基本检索界面

数据库默认使用一框式检索，首先设定检索限制字段，在检索框中输入检索词，点击"检索"按钮即可获得检索结果。

（2）高级检索　在基本检索页面，点击"高级检索"按钮即可进入高级检索页面（图 4-22）。高级检索包括向导式检索和检索式检索两种，可以运用布尔逻辑运算进行多条件限定，根据需要提高查全率与查准率。

图 4-22　维普中文科技期刊数据库高级检索界面

1）向导式检索：检索操作严格按照由上到下的顺序进行，用户在检索时可根据检索需求进行检索字段的选择。

输入检索词后通过选择"与""或""非"进行逻辑组配检索，检索框后有同义词扩展、精确或模糊匹配功能项，这些功能有助于提高查全率、查准率。此外，通过更多检索条件还可以对文献的发表年份、更新时间、学科领域、期刊范围进一步限定。

限制检索范围：在检索结果页面可进行期刊范围的选择，可选全部期刊、北大核心期刊、EI 来源期刊、SCIE 期刊、CAS 来源期刊、CSCD 期刊、CSSCI 来源期刊，可进行出版年限的限制，默认从 1989 年至现在；更新时间可选择一个月内、三个月内、半年内、一年内、当内的数据（图 4-23）。

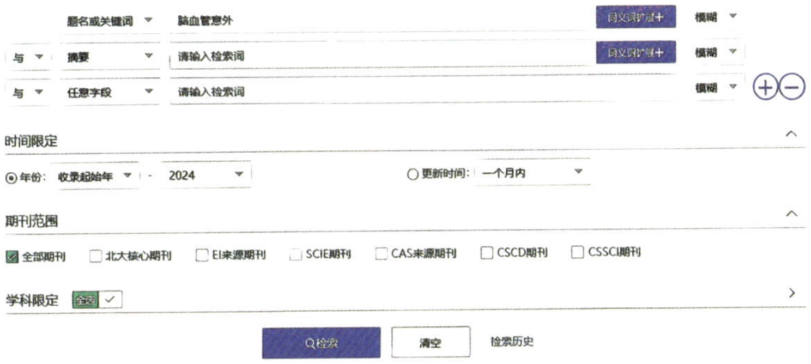

图 4-23　限制检索范围界面

设定显示方式：可设置文献的屏幕显示方式为文摘显示、详细显示、列表显示和每页显示的篇数（图 4-24）。

同义词扩展：如输入"脑血管意外"，点击查看同义词，即可检索出脑血管意外的同义词，脑中风、脑卒中等，查检者可以全选或单选，以扩大搜索范围，提高查全率（图 4-25）。

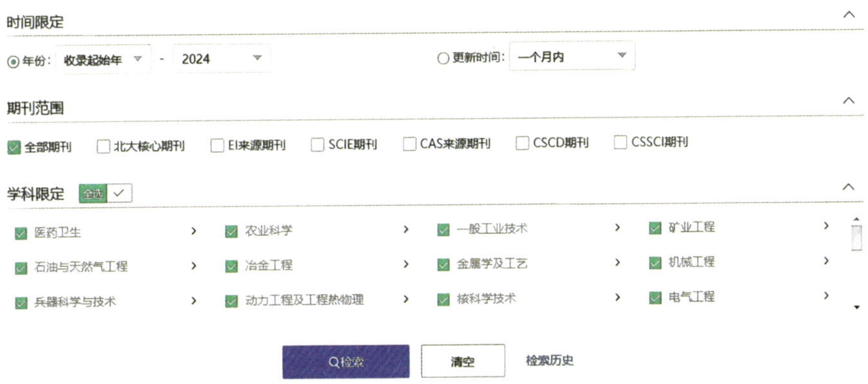

图 4-24　结果显示方式界面

图 4-25　同义词扩展界面

2）检索式检索：直接输入检索式可在检索框中直接输入逻辑运算符、字段标识等，使用更多检索条件并对相关检索条件进行限制后点击"检索"按钮，即可获取相应检索结果。

在检索式输入框中直接用逻辑运算符、字段标识符等构建检索式进行检索。逻辑与用"AND"表示，逻辑或用"OR"表示，逻辑非用"NOT"表示。字段标识符包括：U＝任意字段、M＝题名或关键词、K＝关键词、A＝作者、C＝分类号、S＝机构、J＝刊名、F＝第一作者、T＝题名、R＝摘要。

此外，与向导式检索相同，还可对文献的发表年份、更新时间、学科限定、期刊范围进一步限定（图4-26）。

图4-26　维普中文期刊高级检索－检索式检索界面

（3）**万方的论文检索**　万方数据文献检索功能包括一框式检索、高级检索、专业检索。

1）一框式检索途径：在检索界面内，首先选择检索文献类型的范围，主要包括中外期刊、学位论文、会议论文、专利、成果、标准、法规等，以上类型可以单选或复选，默认在中外期刊、学位论文、会议论文范围内进行检索，然后在检索框输入检索关键词进行检索，即可获得检索结果（图4-27）。

图4-27　一框式检索界面

2）高级检索途径：在首页点击高级检索进入高级检索界面。高级检索可以单选或复选文献类型检索范围，范围包括中外期刊、学位论文、会议论文、专利、成果、标准、法规等。高级检索最多可以提供5个检索框用来输入检索关键词，检索者可以选择相应的检索入口，并设置关键词是否进行精确匹配。针对不同的检索文献类型，数据库提供的检索入口各有不同，以期刊学术论文为例进行说明。期刊学术论文的检索入口提供全部字段、主题、题名、关键词、摘要、题名或关键词、作者、作者单位、刊名、第一作者、刊期、CN、ISSN、DOI、PMID、扩展机构等检索项。还可限定出版时间、是否提供全文、资源类型、资源分类等条件进行结果限定（图4-28）。

图 4-28 高级检索页面

3）专业检索途径：通过在检索框中输入表达式实现更强大的检索功能，表达式需由提供的检索语法进行编制。在检索表达式输入框下方，列有检索表达式使用简要说明，包括索运算符、检索语法及检索字段等。输入检索表达式后，点击按钮即执行检索功能。针对不同检索文献类型，数据库提供检索的字段不尽相同，例如，期刊论文检索字段包括第一作者、刊期、刊名CN、ISSN；学位论文检索字段包括专业、导师、学位、授予单位（图4-29）。

专业检索同样可以针对文献的出版时间、是否提供全文、资源类型、资源分类等条件进行结果限定。

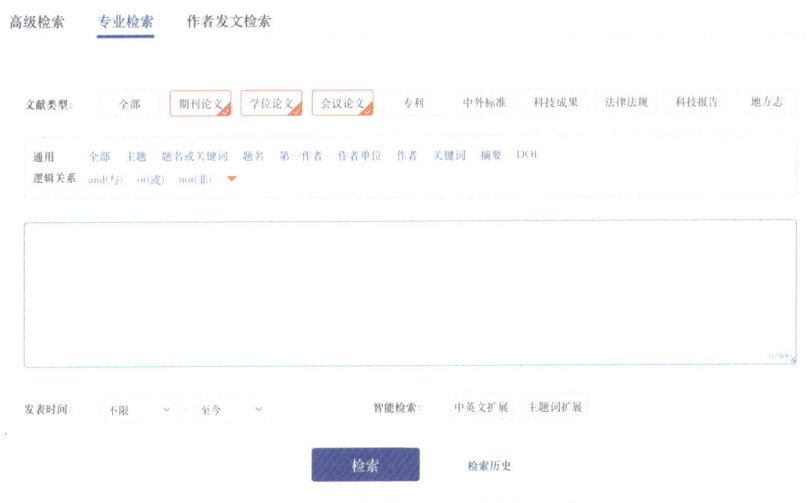

图 4-29 专业检索页面

（二）学者检索

学者（作者）检索是通过学者姓名、单位、研究方向和关键词等信息，查找作者发表的全部文献及被引下载等信息情况。

1.CNKI 的学者检索 在高级检索页切换"作者发文检索"标签，可进行作者发文检索。作者发文检索通过输入作者姓名及其单位信息，检索某作者发表的文献。期刊、报纸、会议、学位论文、年鉴、辑刊的作者为文章中、英文作者。专利的作者为发明人。标准的作者为起草人或主要起草人。成果的作者为成果完成人。古籍的作者为整书著者。视频的作者为主讲人。

　　输入作者姓名，出现引导列表，显示姓名的精确匹配结果，精准定位所查找的作者，排除同名作者。某作者同时有多个单位，或需检索某作者在原单位与现单位所有发文的，则在引导列表中勾选多个单位（图4-30）。

图4-30　CNKI的学者检索界面

　　2. 维普的学者检索　以收录的期刊论文为数据基础，聚合出1000万余位成果产出作者。从每一位作者的作品集合出发，聚类分析该作者的研究领域、研究主题、供职机构、基金资助、合作作者、发文期刊等信息，揭示出作者的学术研究概貌（图4-31）。

图4-31　维普的作者导航界面

　　机构导航：增加的机构导航功能，聚合出10多万个科研机构。通过机构的作品整理和分析，揭示机构的研究领域、研究主题、研究人员、基金资助、发文期刊分布等信息，帮助用户快速构建对机构的中文期刊学术论文产出的概貌性认识（图4-32）。

　　3. 万方的学者检索　在高级检索页切换到"作者发文检索"，可进行作者发文检索。通过输入作者姓名和作者单位等字段，来精确查找相关作者的学术成果。用户可以选择想要检索的资源类型，通过"与""或"和"非"限定检索条件进行检索。可以检索第一作者，并且能够同时检索多个作者的成果（图4-33）。

图 4-32　维普的机构导航界面

图 4-33　万方数据作者发文检索界面

知识脉络：通过点击详情页中作者、作者单位、关键词等信息，可以构建出多维度、多层次、内容深度关联的知识脉络。此外，还可以点击详情页右侧的相关主题、相关学者、相关机构跳转知识脉络页（图 4-34）。

图 4-34　万方数据学者知识脉络界面

（三）基金项目资助检索

基金项目资助论文是由国家各级政府部门及各类基金组织和企事业单位提供科研经费而产生的科研论文，这些论文普遍具有方法先进、学术水平较高、研究深入等特点，能较好地反映该学科的发展趋势和动态。通过对"基金"途径查找文献，可以获得某一课题连续性的研究成果。三大中文全文数据库均提供"基金"检索。

1.CNKI 的基金项目资助检索　根据基金名称，可检索受到此基金资助的文献。支持基金检索的资源类型包括期刊、会议、学位论文、辑刊。

输入检索词，下拉列表显示包含检索词的规范基金名称，勾选后用规范的基金代码进行检索，精准定位。例如，输入"自然"，勾选"国家自然科学基金"后点击检索，检索结果是将原文基金名称规范为国家自然科学基金的全部文献。其检索的界面（图 4-35）。

图 4-35　CNKI 基金项目资助检索界面

2.维普的基金项目资助检索　维普主页没有直接的基金资助选项，需要进入"期刊文献检索"，然后在检索途径菜单选择基金资助途径，输入所需检索的基金名称关键词。如所需检索的基金名称为"国家自然科学基金"，则其检索的界面（图 4-36）。

图 4-36　维普的基金项目资助检索界面

3. 万方的基金项目资助检索　万方主页没有直接的基金资助选项，需要进入"期刊文献检索"，然后在检索途径菜单选择基金资助途径，输入所需检索的基金名称关键词（图 4-37）。

图 4-37　万方数据库基金项目资助检索界面

（四）论文的被引检索

1.CNKI 的论文被引检索　引文检索以检索参考文献为出发点，根据文献的引用关系，找到引用文献。从 CNKI 主页选择引文检索途径。

2. 维普的论文被引检索　维普主页上没有直接的引文检索选项，需要进入高级检索界面，然后在检索途径菜单选择参考文献途径，输入所需检索的检索词进行引文检索（图 4-38）。

图 4-38　维普的引文检索界面

（五）期刊导航

期刊导航分检索和浏览两种方式。

检索方式：提供刊名检索、ISSN 号、CN 号、主办单位、主编、邮发代号等方式检索查找某一特定期刊，按期次查看该刊的收录文章，可实现刊内文献检索、题录文摘或全文的下载功能。

浏览方式：提供按刊名首字母浏览、期刊学科分类导航、核心期刊导航、期刊地区分布导航，其中核心期刊导航可以反映最新核心期刊收录情况。

1.CNKI 的出版物检索　出版物检索提供文献来源，出版物的检索、浏览等功能，以整刊或供稿单位为主要对象，帮助用户了解文献来源的出版物详情，或查找权威优质的出版物，按出版物浏览文献，主要包括期刊、学位授予单位、会议、报纸、年鉴和工具书的导航系统（图4-39）。

图 4-39 CNKI 的出版物检索界面

2. 维普的期刊导航 维普数据在期刊方面不仅做了期刊导航，还增加了期刊评价报告、期刊开放获取功能，对期刊进行了深度挖掘。

（1）期刊导航 提供便捷的期刊导航窗口，方便用户快速搜索期刊对象。进入期刊详细页，平台页面更加聚焦用户对资源的需求（图4-40）。

1）期刊详情：对该期刊的期刊信息，期刊简介和收录情况做了详细的叙述。期刊信息包括曾用名、主管单位、主办单位、主编、地址、邮政编码、电话、电子邮件、国际刊号、国内刊号、邮发代号、单价和定价；而期刊简介则是对本期刊的期刊属性及刊内发表领域等做一个大致的介绍；收录情况则列举本期刊被哪些核心或者权威期刊数据库收录（图4-40）。

图 4-40 维普的期刊详情

2）发表作品：采用文章结果详情的页面结构，对本期刊收录的所有发表文章进行详尽的展示，可以根据搜索和聚类查看自己需求的文章。

3）发文分析：平台不仅拥有期刊元数据详细收集和整理，而且拥有强大的期刊知识对象的数据分析能力，在发文分析中，完整透析出本期刊学术成果以及相关发文对象的统计，更能使整个分析数据一键导出 PDF。

4）收录汇总：是对本期刊的历年收录文献的期次以及每期具体收录内容做一个详细有序的显示。共分为两个部分，左侧刊期显示了本期刊从起始收录年到最新收录年的期次情况；而右侧则是对各期次发表文献按照编辑格式进行详细的编排。

（2）期刊评价报告　整合近十年来期刊学术评价指标的分析数据，引用期刊领域权威的学术分析指标，且每个指标都配备详尽的定义说明，让数据评价指标有根有据，同时也能帮助用户更好地认识指标的评价方法；采用影响因子走势，引用期刊列表和被引期刊列表多元化评价体系，使用户对期刊学术数据有大致的了解。点击进入期刊评价报告页面，用户可以根据学科、地区或者直接搜索期刊，对指定期刊进行评价分析（图 4-41）。

（3）期刊开放获取　平台单独设立了 OA 期刊开放获取的期刊展示页面，平台收录几百种 OA 期刊，其中包含大量中文核心期刊，供所有用户免费获取，同时提供大量国内外开放获取网站链接，倡导信息资源共享（图 4-42）。

图 4-41　维普的期刊评价报告界面

图 4-42　期刊开放获取界面

3. 万方的期刊导航　期刊检索在首页快速检索框下方选择资源导航下的期刊，即可进入期刊检索页面。在检索框中输入中英文刊名、ISSN、CN 或主办单位进行期刊检索；也可以按照收录信息，如全部收录、SCI、SCIE、CSCD、PKU、ISTIC、MEDLINE、CA 和 BP 来检索期刊；还可以根据期刊导航下的学科分类，如中国医学、基础医学、临床医学、内科学、外科学、肿瘤学、神经病学与精神病学、生物科学等，浏览医学期刊（图4-43）。

图4-43 万方的期刊导航界面

期刊订阅：在期刊搜索结果页可以使用订阅服务。利用期刊的订阅服务可以便捷地获取订阅的期刊论文信息，论文更新时，通过系统通知收到推送的论文，可进用户中心查看，订阅更新内容可在万方书案中查看。

注册并在登录个人账号后，可显示学习中心、个人中心、购买的文献、万方检测、万方灵析、学术成果等内容。选择"购买的文献"或"收藏的文献"，即可进入个人文献管理空间—万方书案。订阅或收藏的文献可在此找到（图4-44）。

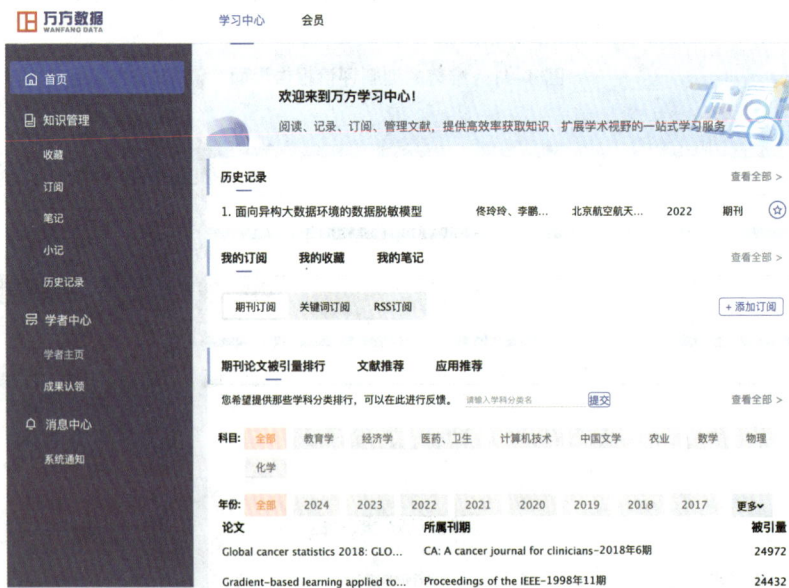

图4-44 万方个人中心功能界面

（六）分类检索

分类检索语言是用分类法来表达各种信息资源的概念，将各种概念按照学科、专业性质进行分类和系统排列。例如，分类目录可以向用户展示一个科学分类系统，用户能够通过这个系统查找自己所需要的文献；文献的分类排列，可将文献按照内容之间的关系组成一个藏书分类系统，供用户按照知识关系查找，以方便直观地使用文献。分类法具有很好的层次性和系统性，其分类体系便于用户"扩检"和"缩检"，便于进行浏览检索，传统的文献组织大多采用这种方法。

在分类检索方面，三大中文全文数据库都设置了分类号检索途径，但从各个数据库分类检索的实现形式和实际检索效果看，分类导航体系形式不够合理，如有的类名和类号没有对应、类目展开的方式不够合理、对类目的揭示不够充分，不利于用户在使用分类号检索的情况下灵活调整检索策略。但从实际应用来看，分类检索依然是各种文献检索系统重要的检索途径之一，尤其在目前海量的信息环境下，要满足用户在检索过程中可能出现的各种查全、查准的需求，分类检索途径更是不可或缺。在三大中文全文数据库分类检索方面，目前应注意的关键问题是处理好传统分类法与数据库检索系统的关系，不断探索最优的结合方式和使用规律，对不同检索系统中分类体系的构建模式进行探讨和归纳，建立起真正适合数据库特点的分类检索途径，使检索更为便利。

三、三大中文全文数据库的检索结果

通过比较三大中文全文数据库检索结果的处理方式，维普的总库平台除了资源更新比镜像站点快，没什么特别之处。CNKI 和万方与各自的镜像站点比较，各自的总库平台在资源的跨库检索、检索结果的关联性、检索结果的排序、分组方面都做得很好。CNKI 与万方的总库平台相比，CNKI 做得要出色一些。CNKI 总库平台提供中文或外文、科技或社科、主题、学科、发表年度、研究层次、文献类型、文献来源、作者、机构、基金、OA 出版分组，可以帮助查检者节省文献的筛选时间。但是 CNKI 总库平台检索存在不稳定现象，不同时间，相同的检索词可能出现不同的检索结果。三大中文全文数据库的检索结果处理方式情况，见表 4-4。

表 4-4　三大中文全文数据库检索结果处理方式比较

数据库	CNKI	维普	万方
检索结果显示格式	总库平台可以选择列表显示、详情显示	概要显示、文摘显示、全记录显示	平台可以选择列表显示、详情显示
检索词的推荐	总库平台提供检索时的智能推荐和引导功能，根据输入的检索词自动提示，可根据提示进行选择，更便捷地得到精准结果，镜像站点检索不提供	平台提供相关中英文检索词	提供相关中英文检索词
检索结果排序	总库平台提供发表相关度、发表时间、被引、下载、综合排序，镜像站点检索不提供	提供相关量、被引量、时效性排序	提供发表相关度、发表时间、被引频次排序
检索结果分组	总库平台提供中文或外文、科技或社科、主题、学科、发表年度、研究层次、文献类型、文献来源、作者、机构、基金、OA 出版分组，镜像站点不提供	提供年份、学科、期刊收录、主题、期刊、作者、机构分组	提供中文或外文、科技或社科、主题、学科、发表年度、研究层次、文献类型、文献来源、作者、机构、基金、OA 出版分组，镜像站点不提供
输出格式	简单格式、详细格式、引文格式、自定义格式、查新格式	查新格式、参考文献、TXT、XLS、DOC、XML、NoteExpress、Refworks、NoteFirst、EndNote、自定义格式	查新格式、参考文献、TXT、XLS、DOC、Refworks、XML、NoteExpress、NoteFirst、EndNote、自定义格式
全文格式	PDF、CAJ 格式	PDF 格式	双层 PDF 格式

续表

数据库	CNKI	维普	万方
保存检索历史	自动保留每次检索式	自动保留每次检索式	自动保留每次检索式，在个人用户登录状态下，系统默认保存30天内最近500条检索记录
单篇文献的显示	篇名、作者、作者单位、摘要、关键词、基金资助情况、专辑、专题、分类号、收录期刊	篇名、作者、机构、摘要、关键词、基金资助情况、分类号、出处	篇名、作者、作者单位、摘要、关键词、基金资助情况、专辑、专题、分类号、收录期刊
单篇文献的拓展关联信息	参考文献、引证文献、共引文献、同被引文献、二级参考文献、二级引证文献、读者推荐、相似文献、相关基金文献、关联作者、相关视频	参考文献、引证文献、共引文献、同被引文献、二级参考文献、二级引证文献、相关文献、相关机构、相关作者	参考文献、相关文献、相关主题、相关学者、相关机构

　　通过资源类型、出版时间、语种、来源数据库等限定条件进一步缩小检索结果范围。例如，期刊的检索结果页面下，可以通过出版时间、学科分类、核心收录、语种、来源数据库、刊名、出版状态、作者、机构等限定对期刊论文进行筛选。用户也可通过"获取范围"的分面来对结果获取范围进行限定，包括原文链接、有全文的资源、原文传递的资源、国外出版物。

　　1.CNKI的检索结果功能　检索结果包括文献信息、分类筛选、排序、导出与分析、批量下载、检索历史等功能模块。各分类筛选项提供了可视化分析功能，以图表形式直观反映检索结果某个分组类别的文献分布情况。检索结果页面的左侧为文献分类目录，点击任意一个分类，结果发生相应的变化，选中某个分类，再选择条件检索，将会缩小检索范围、提高检索效率（图4-45）。

图4-45　CNKI检索结果页面

　　在检索结果页面有"结果中检索"功能，如果检索结果不是很满意，可以增加检索条件，选择"结果中检索"，这样搜索的范围会更精确，范围更小。

　　（1）聚类功能　聚类是指将物理或抽象对象的集合分成由类似的对象组成的多个类别的过程。由聚类所生成的簇是一组数据对象的集合，这些对象与同一个簇中的对象彼此相似，而本簇中的对象与其他簇中的对象相异。正所谓"物以类聚，人以群分"，在自然科学和社会科学中，存在着大量的分类问题。聚类分析又称为群分析，它是研究（样品或指标）分类问题的一种统计分析方法。聚类分析起源于分类学，但是聚类不等于分类。聚类与分类的不同在于聚类所要求划分的类是未知的。聚类分析内容非常丰富，有系统聚类法、有序样品聚类法、动态聚类法、模糊聚类法、图论聚类法、聚类预报法等。

CNKI 检索结果界面将结果以分组浏览形式展示：主题、学科、发表年度、研究层次、作者、机构、基金、OA 出版，根据对检索结果聚类的方法来准确统计各类文献。

1）学科类别聚类：CNKI 学科类别聚类是将检索结果按照 168 个专辑分类下级的 4000 多个学科类目进行分组。按学科类别分组可以查看检索结果所属的更细的学科专业，进一步进行筛选，找到所关注的文献。

操作步骤：点击文献分组浏览中的"学科"项，分组浏览下方显示分组得到的学科类别；点击其中的某个学科类别项，检索结果则根据该分组项进行筛选，得出相应结果。

2）研究资助基金聚类：CNKI 研究资助基金聚类是指将研究过程中获得国家基金资助的文献按资助基金进行分类。通过筛选，对研究资助基金分组，用户可以了解国家对这一领域的科研投入如何，科研人员可以对口申请课题，国家科研管理人员也可以对某个基金支持科研的效果进行定量分析、评价和跟踪。

操作步骤：点击检索结果分组筛选中的研究资助"基金"项，分组浏览下方将出现分组得到的研究获得资助基金。点击其中的某一资助基金，检索结果则筛选出该基金资助项目发表的相关文献。

3）研究层次聚类：CNKI 在学术文献总库中，每篇文献还按研究层次和读者类型分为自然科学和社会科学两大类，每一类下再分为理论研究、工程技术、政策指导等多种类型。用户通过分组可以查到相关的国家政策研究、工程技术应用成果、行业技术指导等，实现对整个学科领域全局的了解。

操作步骤：点击检索结果分组筛选中的"研究层次"项，分组浏览下方将出现分组后得到的研究层次；点击其中的某个研究层次，检索结果则筛选出该研究层次的文章。

4）文献作者聚类：CNKI 文献作者聚类可以帮助研究者找到学术专家、学术榜样；帮助研究人员跟踪某个学者的发文情况，发现未知的有潜力的学者。

操作步骤：点击检索结果分组筛选中的"文献作者"项，分组浏览下方将出现分组的作者姓名及其机构及作者发文数。点击其中的某一作者，检索结果则筛选出该作者发表的文献。

5）作者单位聚类：CNKI 作者单位聚类可以帮助学者找到有价值的研究单位，全面了解研究成果在全国的全局分布，跟踪重要研究机构的成果，其是选择文献的重要手段。

操作步骤：点击检索结果分组筛选中的"作者单位"项，分组浏览下方将出现分组的作者单位名称及该单位的所有员工的发文数。点击其中的某一个作者单位，检索结果将筛选出该单位的所有员工发表的文献。

（2）可视化功能　可视化功能是基于文献的元数据及参考引证关系，用图表的形式直观展示文献的数量与关系特征；分为"已选结果分析"和"全部检索结果分析"，已选结果分析支持最多选择 200 篇文献进行分析。

1）指标：指标分析的指标项包括文献数、总参考数、总被引数、总下载数、篇均参考数、篇均被引数、篇均下载数、下载被引比。其中下载被引比为总下载数除以总被引数。

2）总体趋势：总体趋势分析，显示逐年的发文量以及当前年份的预测值。

3）分布：分布分析的项与当前检索结果页面中的左侧分组项中各分组项的可视化结果一致，采用柱状图或饼图展示分组数据，如学科分布。

4）比较分析："提示信息"点击任意分布柱状图中的柱形或饼状图中的扇区，添加该项分组数据作为比较项。例如，选了"医学教育与医学边缘学科"和"中医学"两个学科，关于"主题：中医文化传承"检索结果的分析对比情况（图 4-46）。

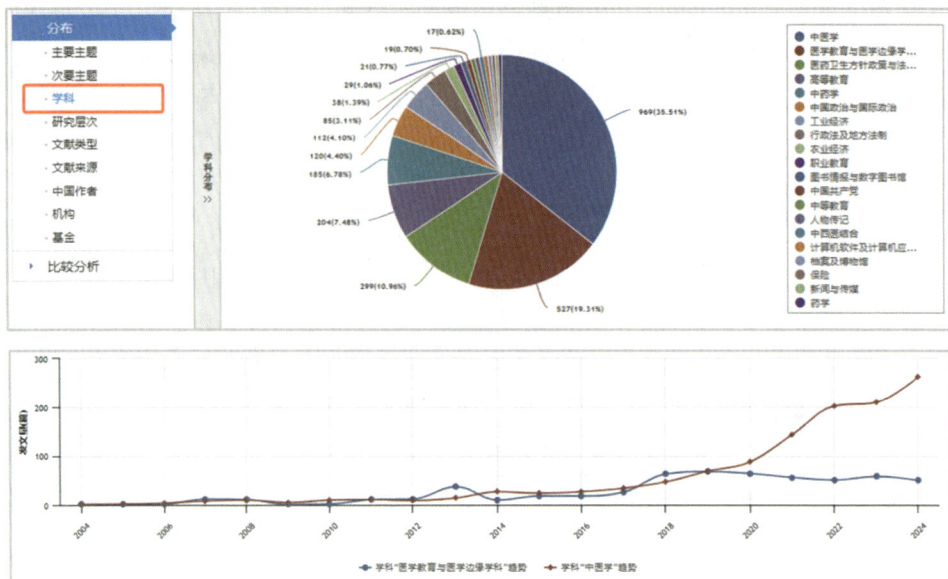

图 4-46 CNKI 可视化功能界面

（3）文献知网节　提供单篇文献详细信息和扩展信息浏览的页面被称为"文献知网节"。它不仅包含了单篇文献的详细信息，还是各种扩展信息的入口汇集点。这些扩展信息通过概念相关、帮助实现知识获取、知识发现、事实相关等方法提示知识之间的关联关系，达到知识扩展的目的，有助于新知识的学习和发现。

在检索结果的页面中点击文献的题目，则进入知网节页面。节点文献信息包括篇名、文章目录、下载阅读方式、作者、作者单位、摘要、关键词、所属专辑、所属专题、网络出版年期、DOI、分类号、核心文献推荐、引文网络及相关推荐等，不同类型的知网节包含的信息不同。

在知网节页面的下面显示引文网络。引文网络部分包括：二级参考文献、参考文献、引证文献、二级引证文献、共引文献、同被引文献。CNKI 引文网络界面（图 4-47）。各类文献的含义：①参考文献反映本文研究工作的背景和依据；②二级参考文献是本文参考文献的参考文献，进一步反映本文研究工作的背景和依据；③引证文献引用本文的文献，反映出文研究工作的继续、应用、发展或评价；④二级引证文献是本文引证文献的引证文献，更进一步反映本研究的继续、发展或评价；⑤共引文献是与本文有相同参考文献的文献，与本文有共同研究背景或依据；⑥同被引文献是与本文同时被作为参考文献引用的文献。

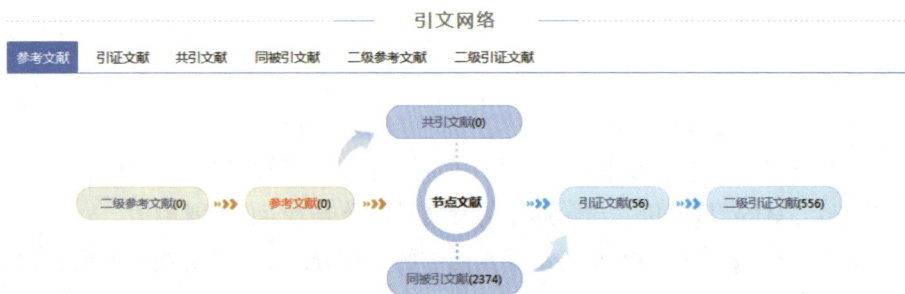

图 4-47 CNKI 引文网络界面

2. 维普数据库检索结果 检索结果展示是用户检索过程的第二步，同时也是用户文献筛选和平台检索性能判定的最重要环节。整个检索结果页面，采用左右分栏式布局。左侧为文献筛选和聚类功能，其中二次检索和检索结果聚类都是为了满足用户基于当前结果更深层次需求，准确查询用户目标文献；右侧作为检索结果题录展示和对文献的预处理，题录导出，引用分析和统计分析是对题录数据做出全面分析，而"检索结果排序 / 显示"则是对题录数据呈现形式的一种表达。网站默认题录显示条数为 20 条，以"相关度排序"为默认排序方式，这也是符合用户使用需求和检索查询需求的一种响应，同时，平台自动记忆用户选用的排序方式和显示模式等习惯。而在页面浮窗"返回顶部"和"意见反馈"等也更加方便使用。

题录导出：是对已选题录按照文本、查新格式、参考文献、XML、NoteExpress、Refworks、EndNote、NoteFirst、自定义导出和 Excel 格式 10 种形式导出题录数据（图 4-48）。

导出题录

| 文献导出格式： | 参考文献 | 文本 | 查新格式 | XML | NoteExpress | Refworks | EndNote | Note First | 自定义导出 | Excel导出 |

[复制] [导出]

[1]吴靖,黄拥军,熊萍.SFBC联合TOT对急性脑卒中后偏瘫患者肢体功能康复及ADL能力的影响[J].中国医药科学,2024,14(1):191-194.

[2]卓燕容,冯飞,刘玉群,陈旭芳.奥塔戈运动在老年急性脑卒中患者中的应用效果[J].中外医学研究,2024,22(11):80-83.

[3]李静,赵蕊,张春花,韩丽.老年急性脑卒中患者经身高流量氧疗后呼吸困难信念现状及相关影响因素分析[J].老年医学与保健,2024,30(2):336-342.

[4]梁莉莉,李林,黄营湘,陈灿琼.早期吞咽训练对急性脑卒中气管切开患者拔管成功率的影响探讨[J].中国实用医药,2024,19(14):173-177.

[5]夏建慧,赵光玲,申静.急诊护理快速通道对急性脑卒中救治时间及治疗效果的影响[J].当代医药论丛,2024,22(3):143-145.

[6]杜天宇,刘立云,王娜娜,傅静静.早期肺康复护理在急性脑卒中患者护理中的应用效果分析[J].中国社区医师,2024,40(8):133-135.

[7]刘君利,崔杨慧,沈连华,杨晓丽.老年急性脑卒中患者就诊至溶栓时间延误及其相关因素分析[J].老年医学与保健,2024,30(1):57-60+83.

图 4-48 维普检索结果题录导出界面

聚类功能：检索结果界面将结果以分组浏览形式展示：年份、学科、期刊收录、主题、作者、机构、期刊，根据对检索结果聚类的方法来准确统计各类文献。

引用分析：共分为参考文献分析和引证文献分析，对勾选题录的所有参考文献和文章的引证文献进行全面的汇总，同样以题录的形式返回具体数据，有效理清批量文章的来龙去脉。

统计分析：用于文献对象的具体对比分析，得到相关文献的学术成果产出、发文作者、机构、学科和期刊统计分析，采用图表的形式比较分析，是学术统计分析，引文查询和追踪重要的工具。可从"已选文献"和"检索结果"两个不同的文献集合得到统计分析结果（图 4-49）。

3. 万方的检索结果 提供结果分类筛选、排序、每页显示结果数量、批量导出题录信息、相关学者、相关机构等功能。在检索结果中单击文献标题，可查看该篇文献的摘要、参考文献、相似文献、作者、期刊、关键词等信息；同时提供多种格式文献题录导出、在线阅读、全文下载功能。

万方数据库的聚类功能：检索结果界面将结果以分组浏览形式展示：获取范围、资源类型、年份、来源数据库、语种、作者、机构，根据对检索结果聚类的方法来准确统计各类文献。

（1）万方灵析 - 学术大数据分析系统 关注主题研究现状、跟踪学科领域发展动态、监测与分析学者 / 机构的学术产出及科研能力、研究期刊学术影响力、定位和分析地区科研水平。万方灵析包含主题分析与对比、学者分析与对比、机构分析与对比、学科分析与对比、期刊分析与对比、地区分析与对比六大模块。每个模块都可以对各主体进行单独分析以及多主体对比分析，并提供各分析指标的数据，导出以及完整的分析报告生成功能（图 4-50）。

　　主题分析与对比：提供主题领域的全貌分析，包括主题领域的发文热度、影响指数、关注指数、相关主题、渗透学科、代表作者、代表机构、期刊分布和资助分布情况。对比分析多个主题领域之间的科研力量、发文趋势、影响力、关注度和学术渗透情况。

图 4-49　维普检索结果统计分析界面

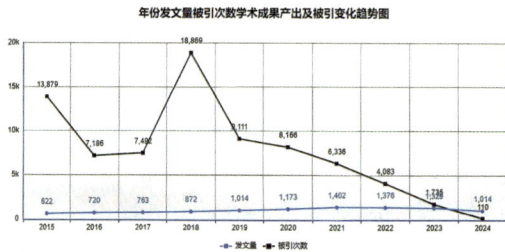

全场景科研决策赋能

图 4-50　万方灵析 - 学术大数据分析界面

　　学者分析与对比：对学者的科研产出能力和学术影响力进行全面分析，包括研究兴趣演变、发文趋势分析、影响指数、关注指数、学者关系网、发文期刊、合作机构、渗透学科和资助分布情况，还可以对比多个学者之间的科研产出、学术影响力、研究兴趣、发文趋势和学术关注度等情况。

　　机构分析与对比：对国内发机构的整体科研能力及机构下某个学科的全貌进行发文热度、影响指数、关注指数、合作机构、引用关系、研究主题、学科分布、代表学者、资助分布和期刊分布情况；对机构国际发表的 SCI 期刊论文的情况机构下某个学科的全貌进行统计分析。

学科分析与对比：实现学科领域的科研全貌分析，可以支持中图分类法与教育部分类法两种学科分类体系，涵盖学科发文热度、影响指数、关注指数、学科交叉、代表学者、代表机构、热点主题、期刊分布、资助分布和地区分布等分析指标（图4-51）。

图4-51　万方平台的学科分析界面

期刊分析与对比：全面分析期刊的学术影响力，包括期刊的发文热度、影响指数、关注指数、学科融合指数、代表学者、代表机构、热点主题、渗透学科、资助分布和竞争关系等，可以分析非核刊与核心刊的差距及预测达到核心刊水平的时间及对比分析多个期刊之间的科研力量、发文趋势、影响力、关注度、学科融合指数和研究主题、学科等。

地区分析与对比：分析某个地区的学术发展状况，也支持该地区在某个学科的发展状况分析，包括发文热度、影响指数、关注指数、地区合作、代表学者、代表机构、热点主题、渗透学科、资助分布和期刊分布情况等，还可以对比分析多个地区之间的科研力量、发文趋势、影响力、关注度、地区合作和研究主题、学科等，有助于发现不同地区的发展差距。

（2）万方科慧（sci-fund平台）　针对中国、美国、加拿大、英国、德国等100多个科研资助团体的资助项目实施常规的动态跟踪，旨在构建完整、准确、规范化、精细化描述的科研项目数据库。主要提供三方面的科研学术价值（图4-52）。

图4-52　万方科慧检索界面

　　资源获取：一框式检索＋高级检索＋浏览导航、详情查看、便捷导出帮助用户快速获取所需项目资源。通过普通检索和高级检索支持从项目名称、资助机构、资助区域、资助期限、资助强度、申报截止时间维度检索，帮助快速定位意向申报指南和科技资助项目检索。

　　统计分析：从年度、国家、学科、资助机构、承担机构等多个维度直观分析，了解其他科技强国的资助布局、把握国内外资助热点、获知各机构科研项目竞争能力。

　　详情查看：支持项目资助机构、项目经费、项目关键词、项目摘要等十几种字段展示，帮助了解项目详细信息（图4-53）。

　　三大中文全文数据库各有所长和特色，也各有不足，查检者要将检索目的、要求与数据库的特点相结合，合理、充分地利用各个数据库，扬长避短，实现检索查全、查准的要求。

图4-53　万方科慧统计分析界面

第三节　超星发现

一、资源概述

　　超星发现以12亿条海量元数据为基础，利用数据仓储、资源整合、知识挖掘、数据分析、文献计量学模型等相关技术，较好地解决了复杂异构数据库群的集成整合、完成高效、精准、统一的学术资源搜索，进而通过分面聚类、引文分析、知识关联分析等实现高价值学术文献发现、纵横结合的深度知识挖掘、可视化的全方位知识关联。

　　超星发现系统除了具有一般搜索引擎的信息检索功能，其最大的功能是提供了深达知识内在关系的强大知识挖掘和情报分析功能。因此，超星发现的检索字段大大增加，更具备大到默认支持全库数据集范围的检索，细到可以通过勾选获取非常专指主题的分面组合检索，从而实现了对学术宏观走向、跨学科知识交叉及影响和知识再生方向的判断，具备了对任何特定年代，或特定领域，或特定人及机构的学术成果态势进行大尺度、多维度的对比性分析和研究。超星发现系统是学者准确而专业地进行学术探索和激发创新灵感的研究工具。

二、检索途径与方法

　　超星发现提供基本检索、分面功能、高级检索、快速检索服务，读者可根据需求选择不同检索方式进行查阅资料。

1.基本检索　检索框中输入查询词，输入过程中会根据输入的检索词进行相关词推荐，方便用户快速找到相关的检索词，点击推荐词可直接进入到检索结果页查看相应的结果（图4-54）。

图4-54　超星发现基本检索页面

点击"检索"将为您在海量的资源中查找相关的各种类型文献。

在检索结果页浏览所查找关键词的数据。并使用发现系统多种强大的功能。如：多维度分面、高级检索、专业检索、知识挖掘、相关论著发文情况、知识关联、全网热门检索词等（图4-55）。

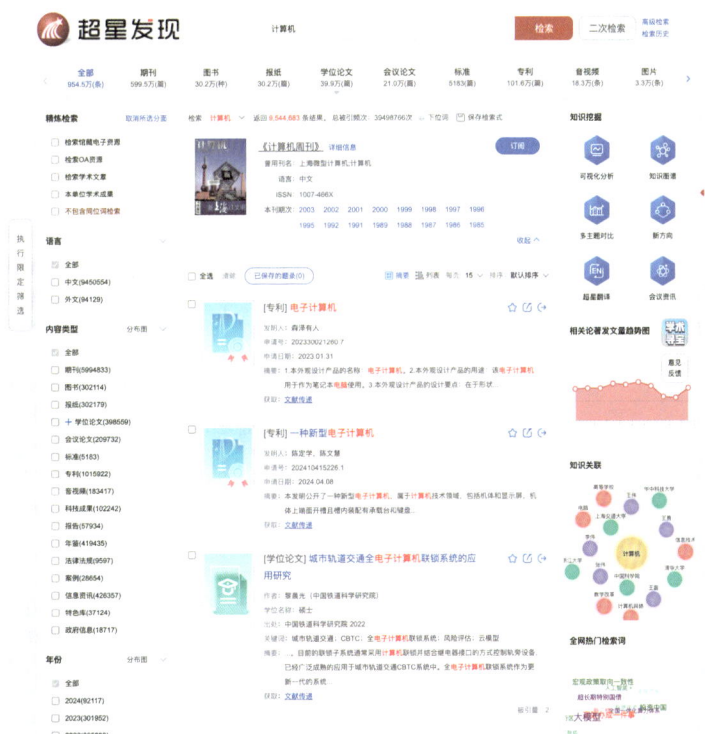

图4-55　超星发现检索结果界面

2.分面功能　检索结果页顶部提供快捷的频道入口，用户可根据自己的需求，具体到某个文献类型里查看对应的结果。且各个文献类型提供了对应相关的分面聚类维度，使用户能够更精确的找到自己需要的文献（图4-56、图4-57）。

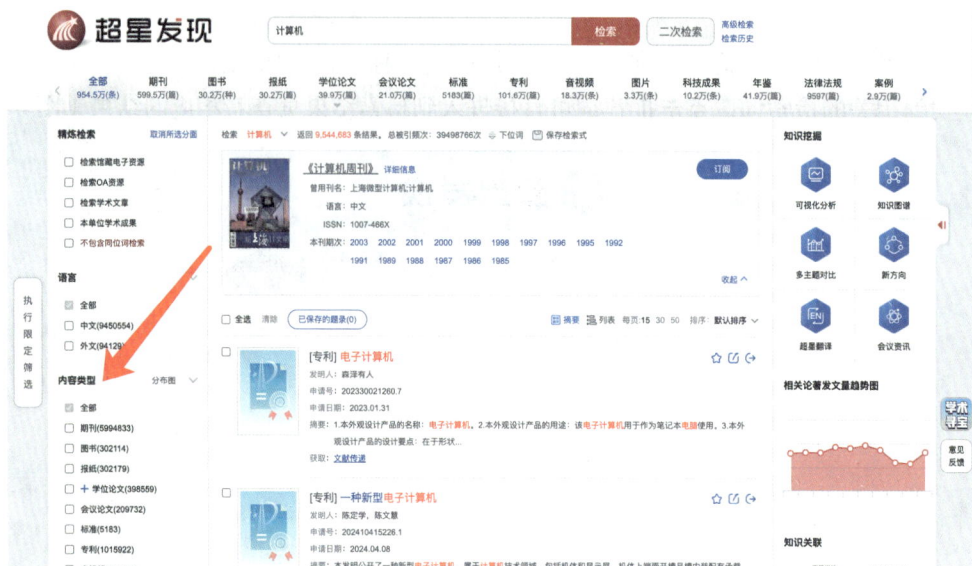

图 4-56　超星发现检索结果分面界面

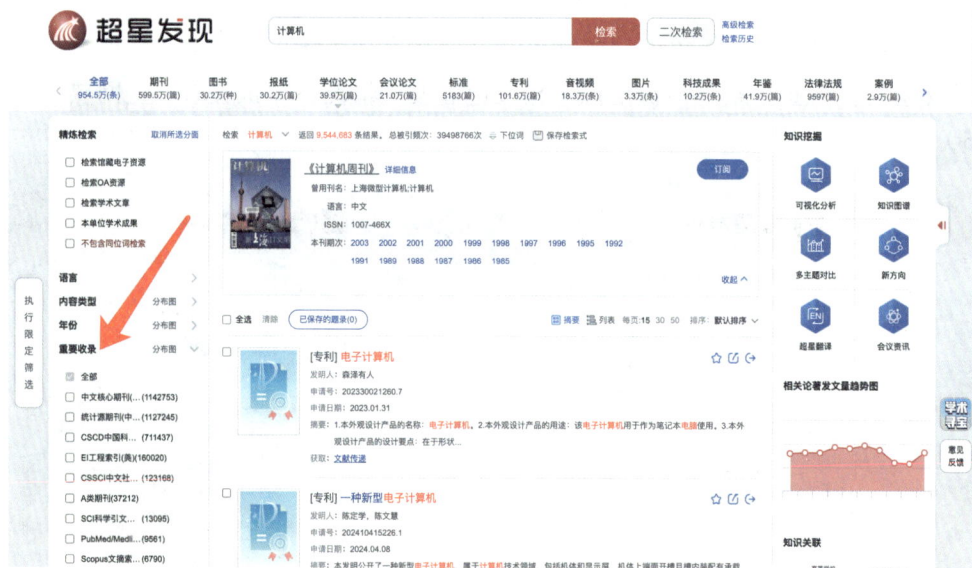

图 4-57　超星发现检索结果重要收录界面

　　超星发现通过采用分面分析法，可将搜索结果按各类文献的语言维度、时间维度、文献类型维度、关键词维度、学科维度、作者维度、作者机构（可展开二级机构组织）、地区维度等进行任意维度的聚类。

　　【示例】关于"图书馆"知识中，公共图书馆在 2018—2022 年被核心期刊和 CSSCI 的收录情况。

　　操作方法：

　　（1）检索"图书馆"关键词。

　　（2）检索后定位到"期刊"文献类型频道。

　　（3）选择精炼分面，年份选择 2018—2022 年，选择关键词"公共图书馆"，选择重要期刊分面（CSSCI、中文核心期刊）。

　　（4）然后点击左侧"执行限定筛选"，即可查找到对应的结果（图 4-58、图 4-59）。

图 4-58　超星发现分面分析法界面

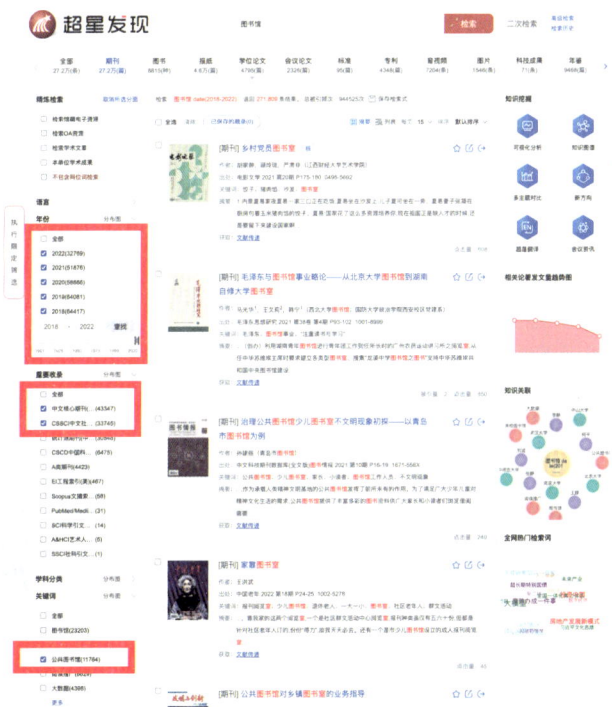

图 4-59　超星发现限定筛选界面

【示例】关于"图书馆"知识中，作者机构为"武汉大学"、作者为"何晓明"的图书数据。

操作方法：

（1）检索"图书馆"关键词。

（2）检索后定位到"图书"文献类型频道。

（3）选择作者机构"武汉大学"，点击执行限定筛选。

（4）然后再点击作者"何晓明"再次点击执行限定筛选（图 4-60、图 4-61）。

3. 高级检索　首页和检索结果页都提供高级检索的入口。点击搜索框后面的"高级检索"链接，进入高级检索页面，通过高级检索更精确地定位您需要的文献（图 4-62）。

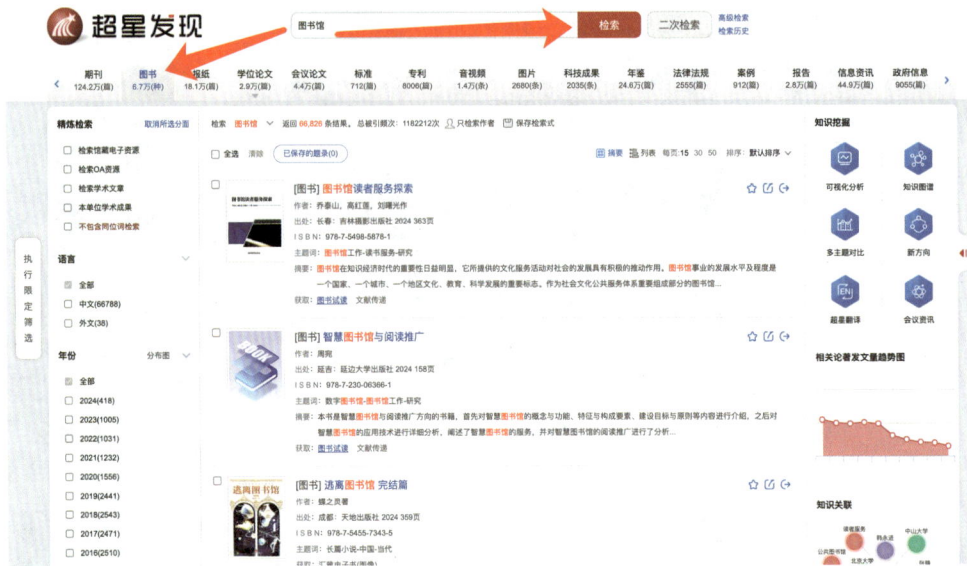

图 4-60　超星发现图书检索结果界面

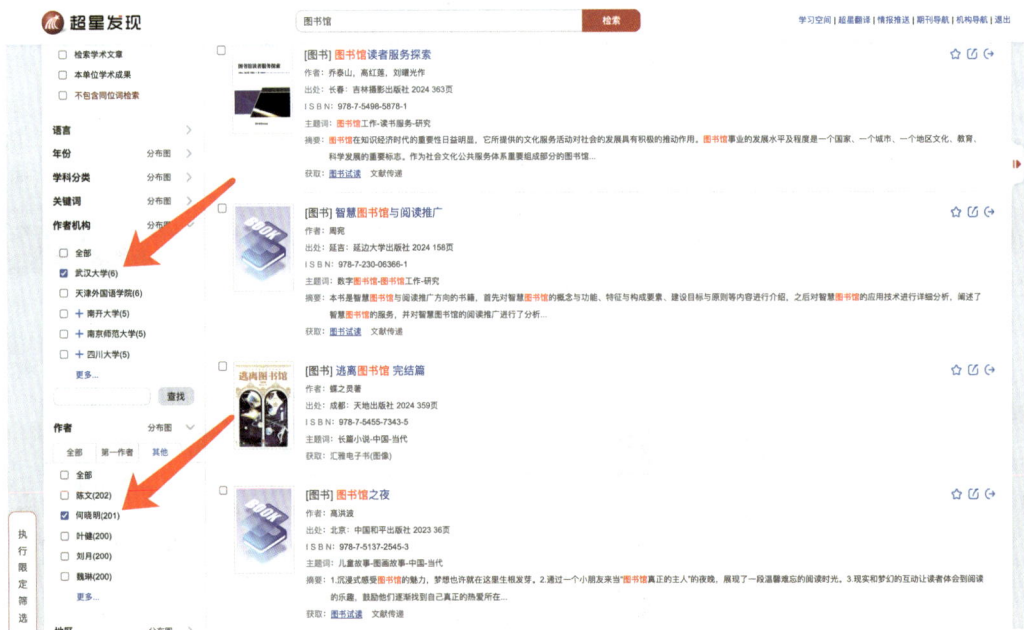

图 4-61　超星发现限定筛选界面

图 4-62　超星发现高级检索界面

【示例】关于主题模糊匹配是"文学",精确作者机构为"清华大学"在 2013 年到 2022 年期刊的情况（图 4-63）。

操作方法：

（1）点击高级检索界面。

（2）选择文献类型"期刊"。

（3）选择主题，填写检索内容"文学"。

（4）选择作者单位，填写"清华大学"。

（5）选择年份 2013 年到 2022 年。

（6）点击检索，即可出现对应的检索结果。

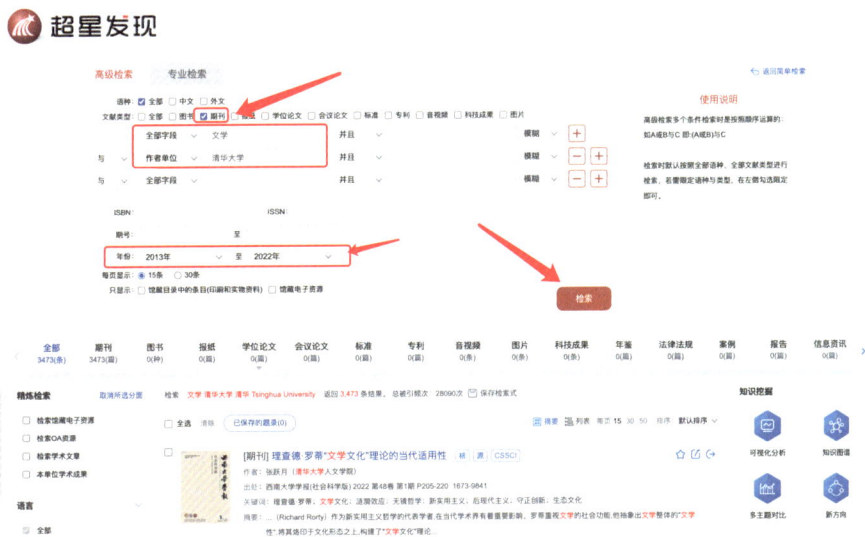

图 4-63　超星发现高级检索操作方法

4. 专业检索　高级检索右侧可切换至专业检索，根据提示的检索规则及说明，输入检索式即可精确锁定您需要的文献。

【示例】检索 2000—2016 年（含边界）关键词不包含断层并且作者为钱学森，或者清华大学杨振宁发表的期刊文章（图 4-64）。

JN((A ＝杨振宁 AND O ＝清华大学) OR A ＝钱学森 AND 2000<Y<2016 NOT K ＝断层)

图 4-64　超星发现专业检索输入界面

【示例】检索期刊作者单位属于跟"海"或者"海洋"有关的一些相关机构，且主题是海洋，出版年范围 2000—2016 年（含边界）：

JN（O＝（海 | 海洋）*（研究所 | 中心 | 学院 | 分局 | 大学 | 研究室 | 实验室 | 系））AND Su ＝海洋 AND 2000<Y<2016

检索词包含空格或逻辑符号，需要加模糊匹配符号"'"或者精确匹配符号""""，如 K="cryptography"|'cipher code'|"Multimedia security"。需要说明的是，所有符号和英文字母，都必须使用英文半角字符。

三、检索结果的处理

1. 检索结果二次筛选　检索结果可以根据文献类型、学科、语种、作者、年份等进行二次精选，还可以选择排序方式，优先展示需要的检索结果（图 4-65）。

图 4-65　超星发现二次筛选检索结果界面

2. 可视化分析　点击检索结果页右侧的拉开按钮，即出现检索结果页的知识挖掘第三栏。点击知识挖掘模块—可视化分析，即可看到内容区域出现对应的可视化分析图（图 4-66）。

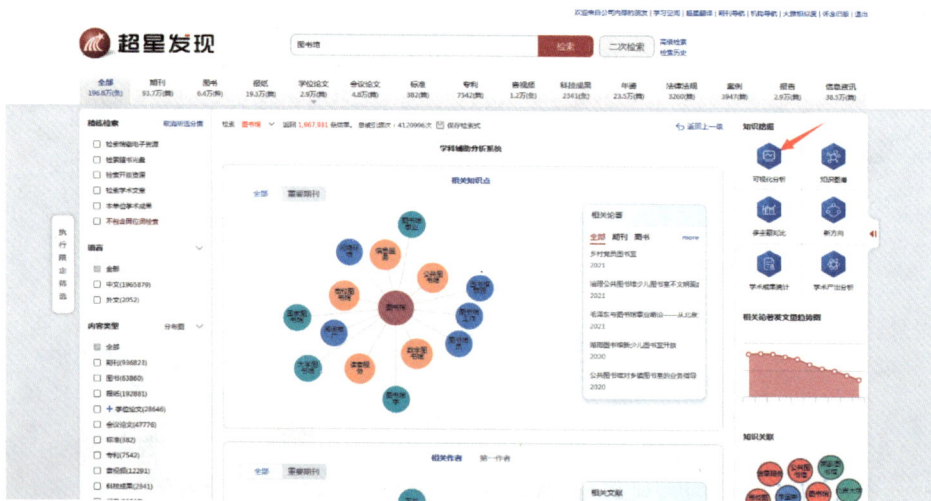

图 4-66　超星发现可视化界面

（1）知识点关联图　查询词所关联的学科与领域，查询词可以是作者、领域、学科、机构、词语。右侧展示相关的论著。点击某领域则会进入该领域的关联中，以更好的展示知识与知识直接关联（图 4-67）。

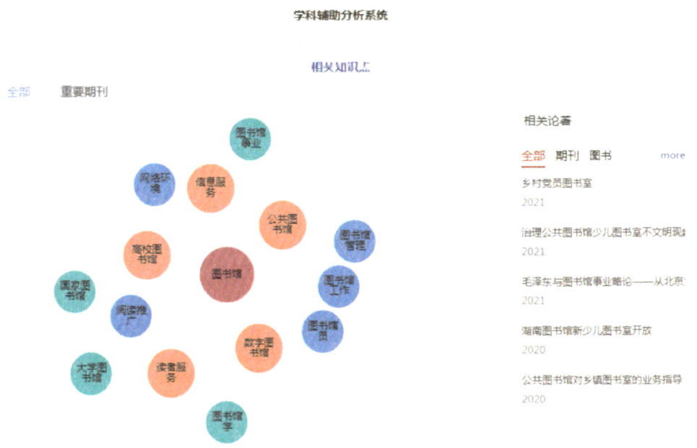

图 4-67　超星发现知识点关联图界面

（2）作者关联图　可以查看作者与作者之间关联、领域与作者之间关联、机构与作者之间关联等。点击其他作者名字可以进入该作者关系图中，可以查看与上一位作者或者查询词直接的关联等（图 4-68）。

图 4-68　超星发现作者关联图界面

（3）机构关联图　可以展示机构与机构关联、作者与机构关联、领域与机构关联等，右侧展示相关论著。点击某机构可以进入该机构的关系图中（图 4-69）。

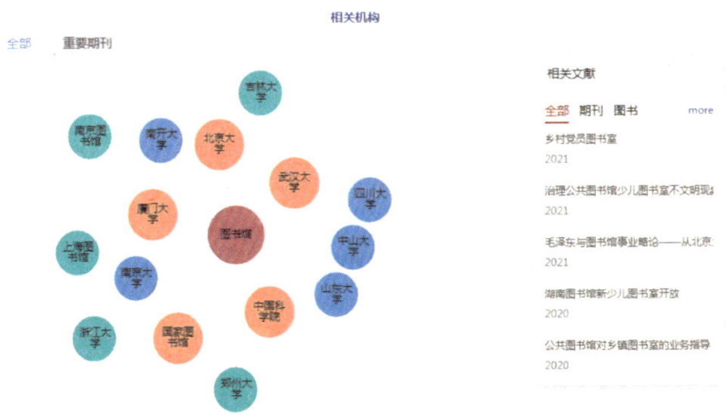

图 4-69　超星发现机构关联图界面

（4）学术发展趋势、发文情况统计图　可以根据检索词查看各个文献类型的历年学术发展趋势及各个类型对应的总发文量（图4-70）。

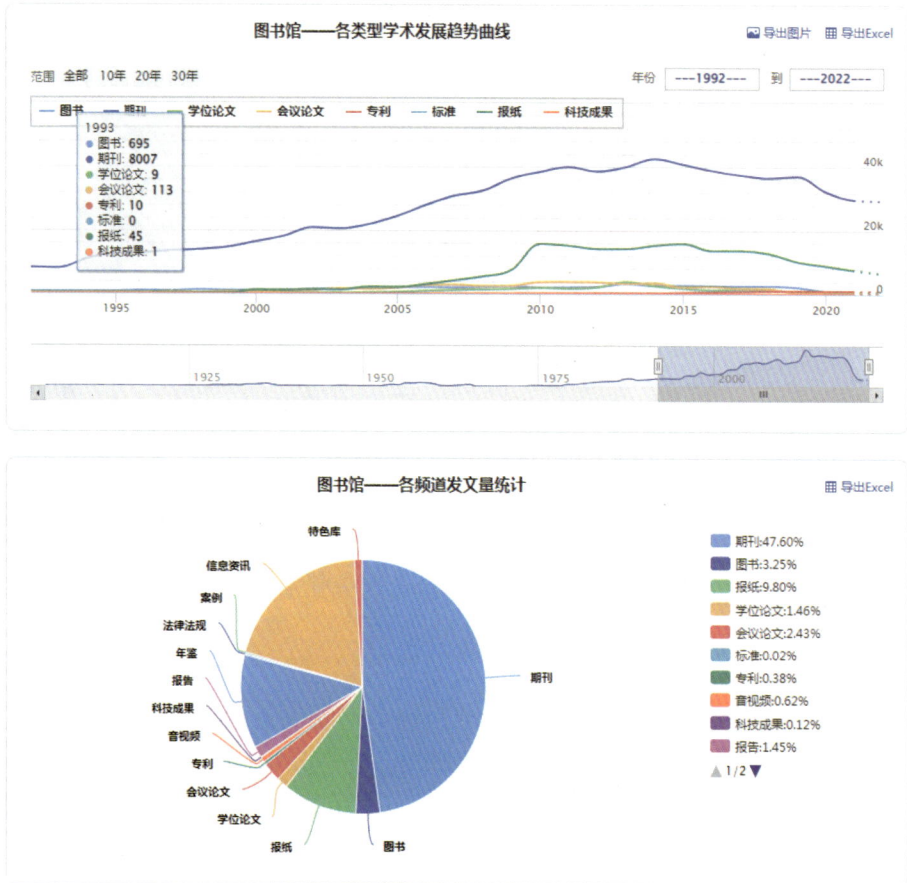

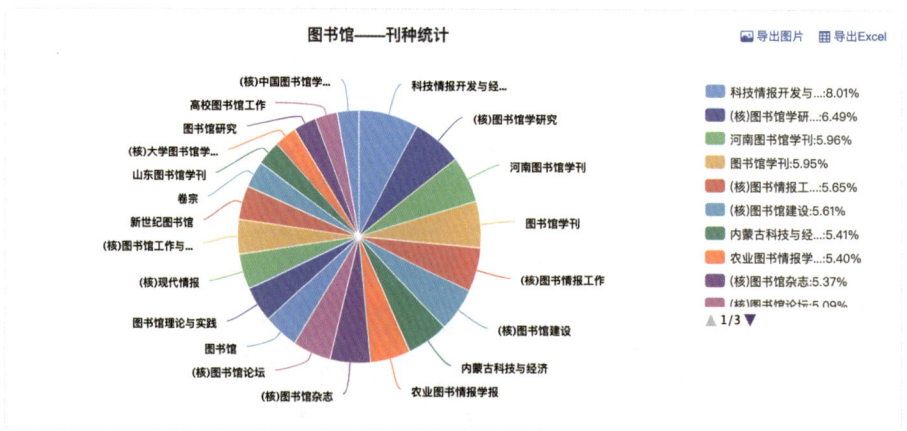

图4-70　超星发现学术发展趋势统计图界面

（5）核心期刊及刊种情况统计图　可以根据检索词查看该检索词在各个核心类别的文献量情况；也可查看所属刊种分布情况（图4-71）。

图4-71　超星发现期刊分析统计图

（6）学科分布情况图　可以根据检索词查看该检索词在各个学科的文献量情况（图4-72）。

（7）地区统计图　可以根据检索词查看该检索词在各地区的文献量情况（图4-73）。

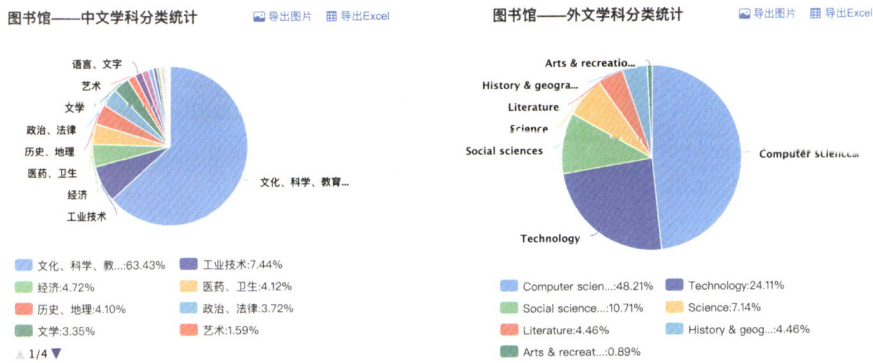

图 4-72　超星发现学科分布分析图

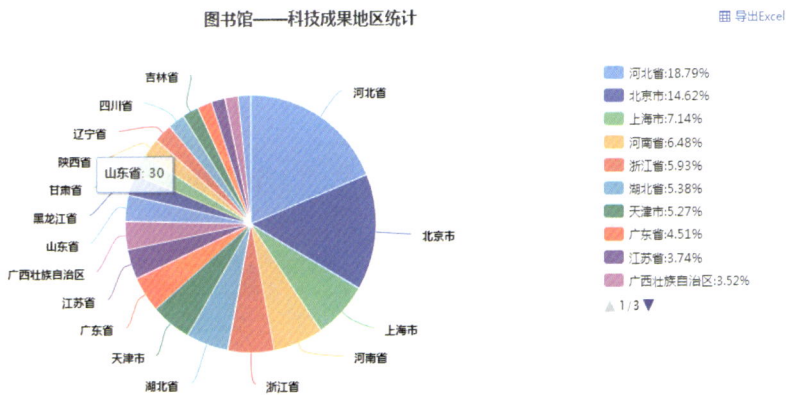

图 4-73　超星发现地区统计图

（8）基金统计图　可以根据检索词查看该检索词的各个基金支撑情况（图 4-74）。

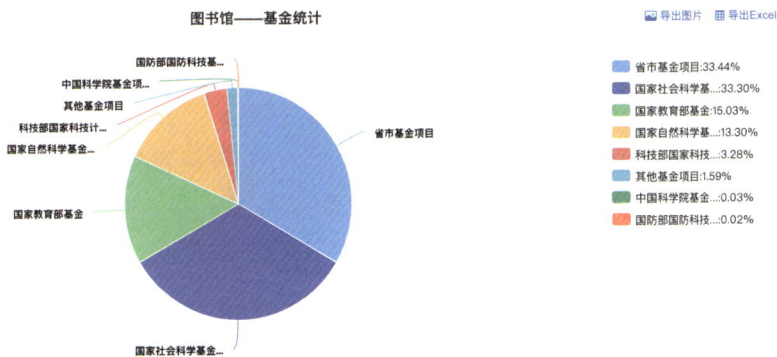

图 4-74　超星发现基金统计图

（9）词谱图　可以根据查询词展示该词语的上位词、下位词、同义词、兄弟词、相关词（图 4-75）。

3. 知识图谱　点击知识挖掘模块—知识图谱，即可进入知识图谱页面，支持多种关系的筛选、球图个数的筛选、多种关联布局的切换（图 4-76）。

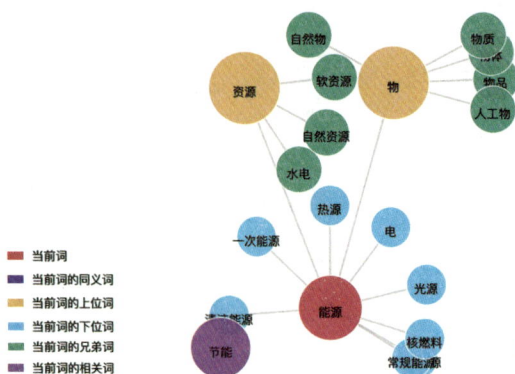

图 4-75　超星发现词谱图

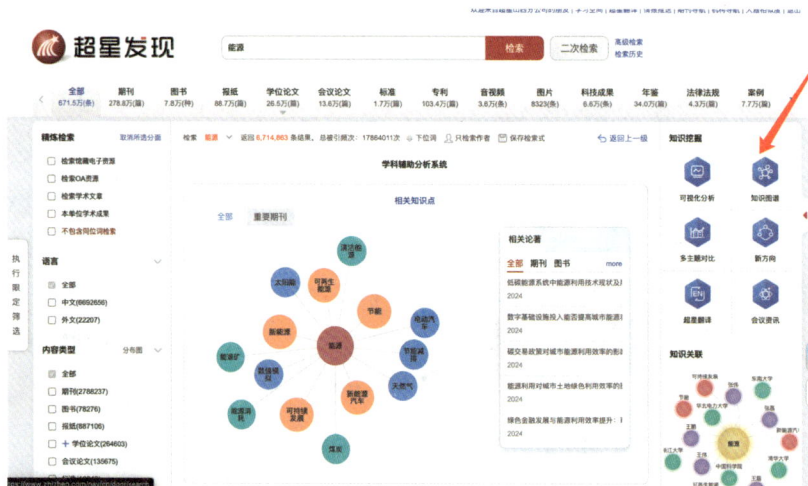

图 4-76　超星发现知识图谱分析图

　　点击知识图谱界面右侧的相关论著，进入文献的详情页面，右下角也同时展示了单篇文献的知识关联图。

　　4. 多主题对比　点击知识挖掘模块—多主题对比，即可进入多主题对比页面，可以进行单位、作者、标题内容等年份发展趋势对比（图 4-77）。

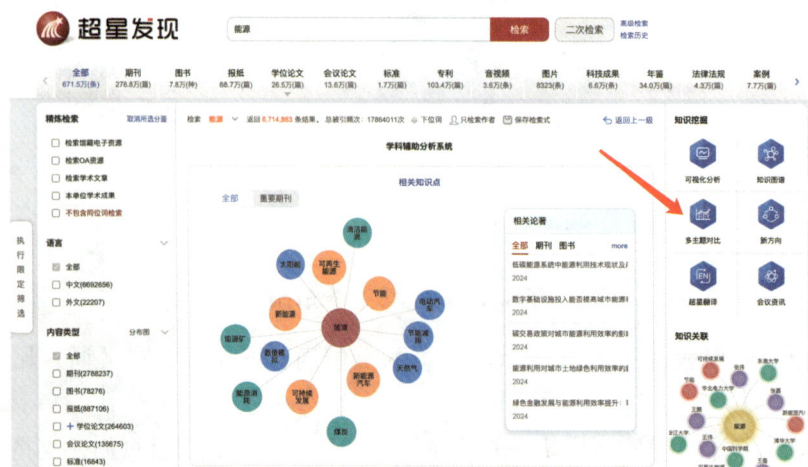

图 4-77　超星发现多主题对比图

多主题对比图可查看图书/期刊/学位论文/会议论文/专利/标准/报纸等学术趋势图。趋势图可以选择 20 世纪 10、30、50 年代展示，同时都可以进行数据的导出，方便用户使用。

5. 新方向　点击知识挖掘模块—研究新方向，即可进入研究新方向页面，可以根据输入的检索词，得出相关的研究新方向推荐（图 4-78）。

图 4-78　超星发现研究新方向界面

6. 学术产出分析　点击知识挖掘模块—学术产出分析，即可进入学术产出分析页面。输入作者、作者机构点击检索，即可查看对应的学者学术产出分析报告（图 4-79）。

图 4-79　超星发现学术产出分析图

　　超星发现系统建立在日益增长的海量数字资源基础之上，打破以往的书刊目录发现和部分文献全文发现，提供了具备完善的知识挖掘与数据分析功能的知识发现系统。对这些文献资源的知识关联与数据分析处理，能深入发现隐藏在大量数据背后的信息，从而建立功能强大的新一代学术资源发现平台，便于简捷、快速获得所有需要的知识。

第四节　中文中医药文献检索案例

一、数据挖掘算法在中药方剂研究中的应用现状

　　1. 文献检索与整理　该研究首先以"方剂""数据挖掘""Apriori""层次聚类""决策树""支持向量机"等为关键词，组合查询中国知网、万方数据、维普网和 PubMed 数据库中2015 年 1 月至 2023 年 6 月收录的相关文献，共得到 341 篇文献。为了保证文献的质量，本研究对检索到的 341 篇文献进行了筛选整理，选择核心期刊文献以及硕士、博士学位论文，去除无效文献和重复文献后，共纳入有效文献 147 篇。然后，对纳入文献按照中药方剂研究子领域进行分类，将子领域内文献总数不少于 10 篇的纳入分析，如子领域里文献数量较少则不做单独讨论，合并归类在"其他应用"项里。对得到的有效文献进行归纳总结后，将纳入文献按照子领域分类并建立了 6 个文献库，方法流程见图 4-80。最后，分析数据挖掘算法在中药方剂研究子领域中的应用现状，并探讨分类任务、聚类任务和关联规则分析中的代表性算法。

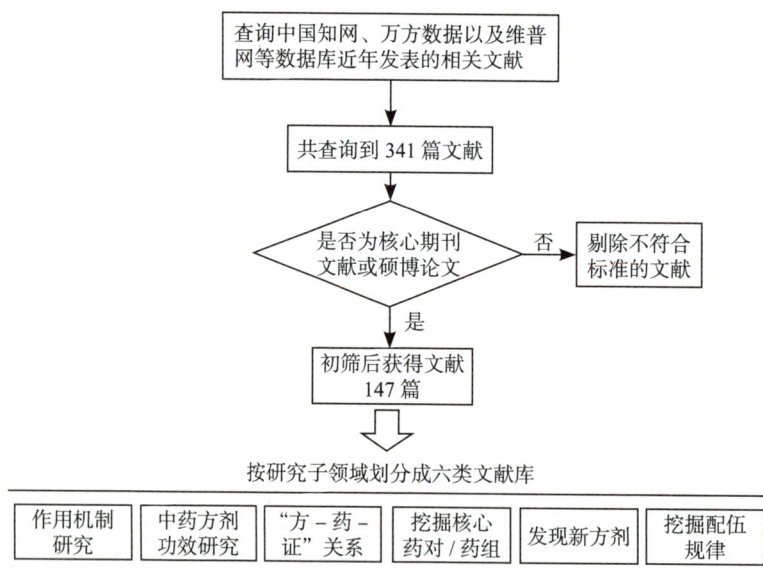

图 4-80　文献收集与归类分析流程

　　2. 数据挖掘算法在中药方剂研究子领域的应用与分析　由检索到的 147 篇有效文献可知，数据挖掘算法是中药方剂研究的有力辅助工具，不同类型的数据挖掘算法在中药方剂研究子领域的应用，见表 4-5。通过对 147 篇中药方剂研究中运用数据挖掘算法的文献进行了整理与分析，结果表明，数据挖掘算法在中药方剂作用机制研究、中药方剂量效研究、挖掘核心药对 / 药组、挖掘"方－药－证"间的关系、发现新方剂和挖掘配伍规律这 6 个子领域中发挥了独特优势，尤以关联规则和聚类分析算法最具有代表性。

表 4-5　数据挖掘算法在中药方剂研究子领域的应用情况

研究子领域	文献数量 / 篇	数据挖掘算法
中药方剂作用机制研究	43	复杂网络分析、人工神经网络等
中药方剂量效研究	98	Apriori、K 均值聚类、聚类分析、支持向量机、朴素贝叶斯等
挖掘核心药对 / 药组	112	关联规则、熵聚类、层次聚类等
挖掘"方 – 药 – 证"间的关系	14	Apriori、熵聚类、层次聚类等
发现新方剂	61	关联规则、聚类分析、支持向量机、决策树等
挖掘配伍规律	42	关联规则、聚类分析、决策树、回归分析等
其他应用	8	隐含狄利克雷分布主题模型、马尔可夫链、禁忌搜索算法等

二、数据挖掘在中医药治疗糖尿病中的应用

1. 文献检索与整理　以中国知网、维普数据库、万方数据知识服务平台为检索目标，中文检索词为"数据挖掘""中医""中药""消渴""糖尿病"，英文关键词为"data mining""diabetes mellitus""traditional Chinese medicine""Chinese medicine"。组合查询自建库起至 2023 年 3 月的文献资料，并将所得文献组建"中医药治疗糖尿病数据挖掘文献库"。检索得到相关文献 1222 篇，其中包含 936 篇中文文献（学术期刊 374 篇，学位论文 538 篇，会议论文 24 篇），286 篇英文文献，最终纳入符合要求的有效文献 385 篇，文献收集与归类分析流程（图 4-81）。基于数据挖掘的中医药治疗糖尿病的相关研究文献，自建库以来，该类文献数量呈逐年上升趋势（图 4-82）。

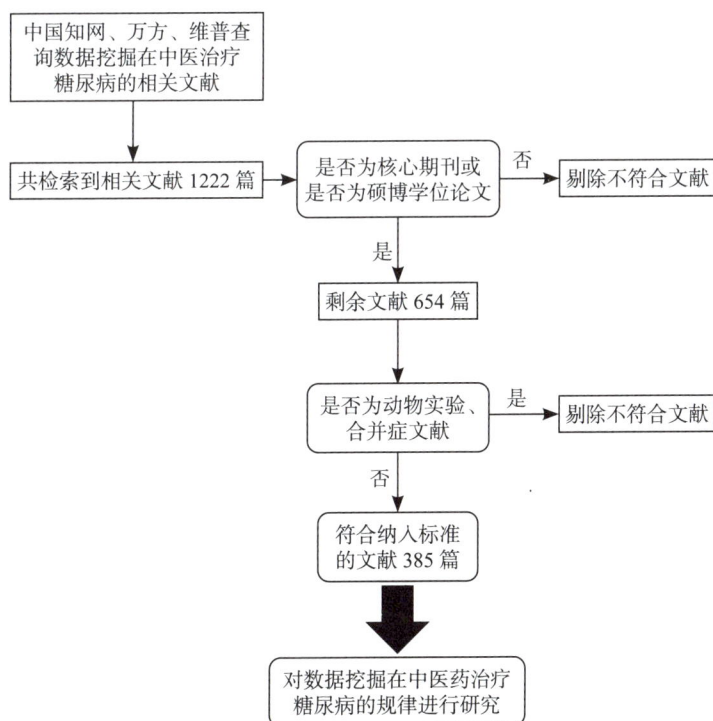

图 4-81　文献收集与归类分析流程

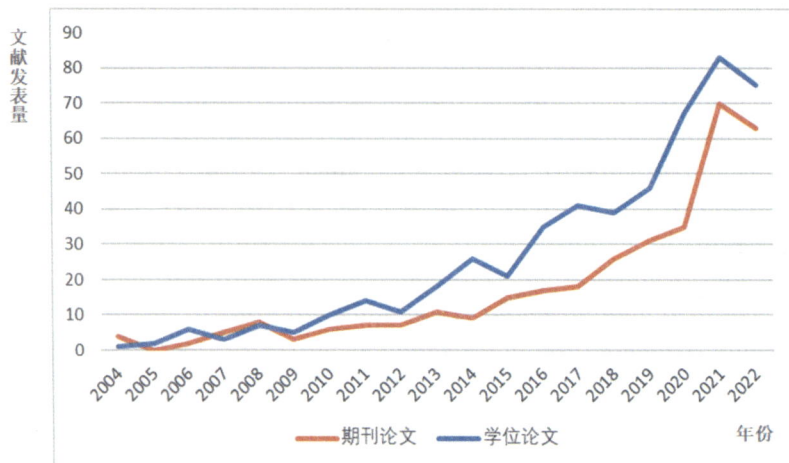

图 4-82 纳入文献发表数量情况

2. 纳入文献中的挖掘算法与特点 通过对纳入文献进行数据挖掘算法统计，发现运用的算法主要有频次分析、关联规则分析、系统聚类分析、熵聚类分析、中药复杂网络分析、因子分析、logistic 回归、决策树、社团分析、复杂网络社区发现算法等，详见表 4-6。

表 4-6 纳入文献挖掘算法使用次数统计结果

算法名称	使用次数	所占比例
频次分析	31	29.8%
关联规则分析	29	27.9%
聚类分析	28	26.9%
复杂网络图	8	7.7%
其他	8	7.7%

3. 数据挖掘应用的糖尿病研究子领域 数据挖掘技术已被广泛运用于中医药治疗糖尿病的研究，为中医药治疗糖尿病提供了新的思路和方法。数据挖掘应用的糖尿病研究子领域主要有：一是用药规律分析。在运用数据挖掘对治疗糖尿病组方的用药规律进行分析的过程中，各个文献在对药物频次进行分析时，还对核心药对或药组、新方分析进行了研究。二是证型/证候分析。证型是对疾病某一阶段所表现出来的一组具有内在联系的症状和体征的高度概括，是辨证施治的主要依据。而证候是疾病过程中表现在整体层次上的机体反应状态，是辨证论治的核心。在对名老中医的医案进行数据挖掘研究中，证型/证候规律分析常结合进行，用于探讨"疾病—证候—治法—中药"之间的关系。

数据挖掘方法在治疗糖尿病及其并发症研究中的运用，可以对大量的医案进行有效整理和分析，从而挖掘出更多有价值的信息，将更好的指导临床对糖尿病及其并发症的治疗。此外，通过数据挖掘对名医治疗糖尿病及其并发症经验的总结和传承，将可为临床医生和研究学者提供重要的参考和借鉴。

随着我国中医药现代化建设的快速发展以及国家在医学领域对人工智能技术的大力支持，数据挖掘在中医药治疗糖尿病领域已得到广泛应用，但仍有较多方面需要改善与发展。首先，由于我国在该领域起步较晚，尚缺少具备中医药知识与数据分析技术的交叉学科型人才，难以开发、完善数据分析软件与技术。其次，通过数据挖掘方法分析得到的核心药对或药组、新方等还需要开展更多的基础和临床试验，以对其有效性进行验证。因此，其临床成果的转化仍然任重而道远。如何实现中医临床成果转化将是数据挖掘在中医药治疗糖尿病领域应用过程中亟待解决的问题。

【链接】

大医精诚，做新时代优秀中医药工作者

中医药学包含着中华民族几千年的健康养生理念及其实践经验，蕴含着丰富的医德文化思想。孙思邈的"大医精诚"强调，医者的职责是以解救病人疾苦为要，具有爱人助人的仁爱精神。要成为一个好的医者，既要有"精"于高超的医技要求，更要有"诚"于高尚的医德修养。要想"普救含灵之苦"，须有"纤毫勿失"的诊治技术，同时更要有"博极医源，精勤不倦"的职业道德操守，广泛地穷尽医学的本领，专心勤奋，毫不懈怠。这是孙思邈为医之道的境界所在，也是新时代优秀中医药工作者岐黄仁术和医德伦理的人生追求。

复习思考题四

1. 解释字段限定、逻辑组配、主题词扩展、主题词加权、副主题词组配、二次检索、精确检索和智能检索的概念。

2. 说明快速检索、高级检索和主题检索各自的特点和区别。

3. 分类检索、期刊检索、作者检索、机构检索、基金检索、引文检索的作用是什么？

4. 检索 2017—2023 年抗高血压药用量的论文，列出三大中文全文数据库的表达式，并分别下载两个题录。

5. 检索近 3 年国家自然科学基金资助的关于老年痴呆证型的研究文献，列出各个数据库的表达式。

第五章
外文中医药文献检索

扫一扫，查阅本章数字资源，含PPT、音视频、图片等

在当今全球化的背景下，中医药领域的研究与发展已经跨越国界，成为全球学术界关注的焦点之一。随着中医药在国际医学领域的影响力不断增强，越来越多的外文中医药文献被引入和涉及我们的研究和学术工作中。因此，了解如何有效地检索和获取外文中医药文献显得至关重要。

本章旨在介绍如何利用各种文献检索工具和数据库，特别是针对外文中医药文献进行检索。我们将重点介绍一些常用的文献检索工具，包括 PubMed、Web of ScienceTM 核心合集、Embase、BIOSIS Previews、SpringerLink、ScienceDirect、OVID 等及它们的特点、使用方法和注意事项。通过学习本章内容，掌握在国际范围内获取外文中医药文献的技巧，为研究和学术工作提供更多的参考和支持。

第一节　PubMed

一、PubMed 概述

（一）PubMed 检索系统

PubMed 检索系统是由美国国立医学图书馆（national library of medicine，NLM）旗下的国立生物技术信息中心（national center for biotechnology information，NCBI）开发的基于互联网的生物医学文献检索系统，是 NCBI Enterz 检索体系中的重要组成部分，同时也是全球范围内最广泛应用和权威性最高的生物医学文献检索系统之一。

追溯至 1964 年，美国国立医学图书馆开发了医学文献分析与检索系统 MEDLARS（medical literature analysis and retrieval system）。1971 年，NLM 推出了 MEDLINE（medlars online）数据库联机检索服务。1983 年，MEDLINE 数据库的光盘版开始发行，在全球范围内得到广泛应用。1997 年，NCBI 在 Entrez 集成检索系统上基于 MEDLINE 数据库开发了 PubMed 网络检索系统，并免费向全球用户开放。

PubMed 收录了大量的生物医学文献，其中包括了许多与中医药相关的研究成果和临床实践经验。涵盖了生物医学领域的多个学科，包括基础医学、临床医学、公共卫生学等，为研究人员提供了全面的信息资源。用户可以通过 PubMed 网站免费进行文献检索和浏览。PubMed 系统的文献库持续更新，保持了文献信息的及时性和全面性，为用户提供了最新的研究进展和科学成果。此外，PubMed 提供了多种检索工具和筛选条件，研究者可以根据关键词、作者、期刊、出版日期等进行检索，以快速定位所需文献。

除了提供 PubMed 数据库的检索与服务，PubMed 检索系统还提供了进入附加相关网点及链接 NCBI 其他分子生物学资源的功能，例如 Biosystems、Gene、Genome、Nucleotide、OMIM、Protein、Structure、Taxonomy 等 40 余个数据库。在 PubMed 主界面下方的 RESOURCES 部分，这些数据资源被分为 14 类，为研究者提供了更多的信息资源和服务。

PubMed 检索系统作为世界上使用最广泛的生物医学文献数据库之一，其提供的检索资源丰富、更新速度快、收录范围广，加之检索功能强大且免费使用，因此成为生物医学领域最受欢迎的检索系统之一。

（二）Pubmed 数据库

1.PubMed 收录来源与范围　PubMed 主要收录自 1946 年以来的生物医学文献，来源包括 MEDLINE 数据库、生命科学杂志以及在线图书。目前，PubMed 数据库中的文献数量已达 2300 万条，并且每周都在不断更新。这些文献涉及 70 多个国家、58 个语种和 5600 多种生物医学期刊，其中一些期刊的历史可追溯至 1809 年。PubMed 与生物医学文献的主要出版商合作，用户可以通过检索结果链接至这些出版商的网站，获取文献的全文数据，部分全文是免费提供的。此外，PubMed 数据中心（PubMed central）也提供了免费的生物医学数字化期刊全文及开放存取（open access，OA）期刊全文。

PubMed 收录的文献主要涉及临床医学、基础医学、公共卫生学、药物研究与开发、生物技术和遗传学、生物信息学等多个方面，涵盖了临床试验、诊断方法、治疗方案、疾病预防、生理学、生化学、分子生物学、流行病学、预防医学、环境卫生学、药理学、药物化学、药物安全性评价、基因组学、蛋白质组学、基因工程、遗传疾病、神经科学、免疫学、肿瘤学等内容。此外，PubMed 还收录了一些非传统的医学文献，如健康政策、医疗经济学、医学伦理学等内容，这些文献反映了医学领域的多样性和复杂性。PubMed 数据库的收录范围涵盖了广泛的医学和生物学领域，为研究人员提供了全面而丰富的信息资源。

2.PubMed 记录形式　PubMed 数据库记录入库主要有 5 种形式：经过主题标引的 MEDLINE 数据，在每条记录后标注［PubMed-indexed for MEDLINE］；仅有简单的题录信息的 OLDMEDLINE 数据，在每条记录后标注［PubMed-OLDMEDLINE］；尚未进行主题标引的 In Process Citations 数据，在每条记录后标注［PubMed-In Process］；出版商在线提供的 Publisher Supplied Citations 数据，在每条记录后标注［PubMed-as supplied by publisher］；生物医学信息中心自己的 PubMed 数据，在每条记录后标注［PubMed］。

3.链接与获取　PubMed 数据库的链接灵活，研究者可以方便地获取全文。文献记录的结构包括 60 多个字段，其中 49 个字段可供检索使用。常用字段的名称、标识及含义可参见数据库结检索字段表（表 5-1）。

表 5-1 PubMed 常用检索字段表

字段名称	字段标识	字段含义
Affiliation	［AD］	第一作者单位、地址（包括 Email 地址）
All Fields	［ALL］	所有可检索的字段
Author	［AU］	作者姓名
Author-Corporate	［CN］	团体作者姓名

字段名称	字段标识	字段含义
Author-First	[1AU]	第一作者姓名
Author-Full	[FAU]	作者全名
Author-Indentifer	[AUID]	作者标识
Author-Last	[LASTAU]	排名最后的作者
Book	[BOOK]	书
Date-Completion	[DCOM]	记录被 NLM 完成的加工日期
Date-Create	[CRDT]	记录创建日期
Date-Entrez	[EDAT]	文献被 PubMed 收录的日期
Date-MeSH	[MHDA]	标引 MeSH 主题词的日期
Date-Modification	[LR]	最后修正日期
Date-Publication	[DP]	文献出版日期
EC/RN Number	[RN]	特定酶的编号或化学物质的 CAS 登记号
Filter	[FILTER]	过滤器
Grant Number	[GR]	获得资助项目的编号或合同号
ISBN	[ISBN]	国际标准书号
Investigator	[IR]	对研究项目有贡献的主要调查者和合作者
Investigator-Full	[FIR]	所有研究人员或合作者姓名
Issue	[IP]	期刊的期号
Journal	[TA]	期刊全称、缩写或 ISSN 号
Language	[LA]	语种
Location ID	[LID]	DOI 或出版社 ID
MeSH Major Topic	[MAJR]	主要 MeSH 主题词，主题词后加 "*" 标记
MeSH Subheadings	[SH]	MeSH 副主题词
MeSH Terms	[MH]	MeSH 主题词
Other Terms	[OT]	其他术语
Pagination	[PG]	文献所在期刊的起始页码
Personal Name as Subject	[PS]	作为文献主题的人名
Pharmacological Action	[PA]	药理作用
Place of Publication	[PL]	期刊的出版国别
PMID	[PMID]	PubMed 的文献唯一识别码
Publisher	[PUBN]	图书出版商
Publication Date	[DP]	文献出版日期
Publication Type	[PT]	文献的出版类型
Secondary Source ID	[SI]	NCBI 其他资源标识
Subset	[SB]	PubMed 数据库的子集，如 MEDLINE、AID 等
Supplementary Concept	[NM]	补充概念
Text Words	[TW]	文本词
Title	[TI]	文献的篇名
Title/Abstract	[TIAB]	文献的篇名 / 摘要
Transliterated Title	[TT]	翻译篇名，用于检索非英语语种文献
Unique Indentifer	[PMID]	PubMed 的文献唯一识别码
Volume	[VI]	期刊卷号

二、PubMed 检索途径与方法

PubMed 提供多种检索方式，包括基本检索（search）、高级检索（advanced）、主题词检索（MeSH database）、期刊检索（journals in NCBI databases）、单篇文献匹配检索（single citation matcher）、批量文献匹配检索（batch citation matcher）、临床查询（clinical queries）、特定专题查询（topic-specific queries）及临床试验（clinical trials）等（图 5-1）。

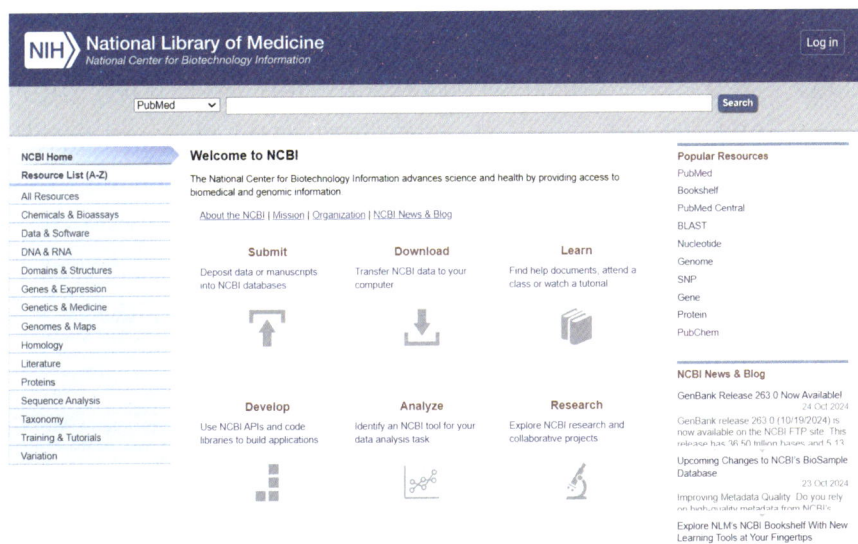

图 5-1 PubMed 主页面

（一）基本检索（search）

PubMed 基本检索包括词语自动匹配检索、主题词检索、字段限定检索、作者检索、期刊检索、逻辑组配检索、截词检索、词组检索、附加筛选检索等检索方式。

1. 词语自动匹配检索 在 PubMed 检索框中输入自由词后，检索系统会自动启用词语自动匹配（automatic terms mapping）功能。该功能会自动在 MeSH 转换表、刊名转换表、短语转换表、作者转换表等进行匹配转换，将自由词在所有字段检索的结果与匹配转换检索的结果以逻辑 OR 的形式结合，形成最终的检索结果。如果输入的是词组，则系统会进行拆分转换。在 Search Details 显示框中，用户可以查看自由词或词组转换及检索的详细过程。例如，在 PubMed 检索框中输入 "liver cancer（肝癌）"，检索系统会按照以下方式进行检索过程返回检索结果：" liver neoplasms" ［MeSH Terms］OR（"liver" ［All Fields］AND "neoplasms" ［All Fields］）OR "liver neoplasms" ［All Fields］OR（"liver" ［All Fields］AND "cancer" ［All Fields］）OR "liver cancer" ［All Fields］。

2. 主题词检索 在基本检索状态下，输入格式为 "检索词［MH］"。系统会自动查找对应的主题词，并按照主题词进行检索。例如，在 PubMed 检索框中输入 "diabetes［MH］"，检索系统会按照 "diabetes mellitus" ［MeSH Terms］OR "diabetes insipidus" ［MeSH Terms］进行检索，并返回相应的检索结果。

3. 字段限定检索 在基本检索状态下，输入格式为 "检索词［字段标识］"，系统会限制检索词在特定的字段内进行匹配。常用的可检索字段的标识详见表 5-1。例如，若要查找文献类型为综述（review）的文献，可以在检索框输入 "review［PT］"，点击 "search" 按钮进行检索。

4. 作者检索　在基本检索状态下进行作者检索，输入作者姓名应遵循"姓前名后"的原则，即姓氏使用全称，名字使用首字母缩写。系统会自动识别输入内容为作者，并在作者转换表中进行检索。若输入作者的全名，可按照"作者姓名［AU］"的格式输入，系统将关闭词语自动匹配功能，并限制在作者转换表中进行检索。若要检索第一作者的文献，可按照"作者姓名［1AU］"的格式输入。若要进行作者的精确检索，可按照"作者姓名 @"的格式输入。例如，在 PubMed 检索框中输入"Scopton A@"，将只检索到作者为"Scopton A"的文献，而不会检索到其他作者名为"Scopton Aa""Scopton Ab"等的文献。

5. 期刊检索　在基本检索状态下进行期刊检索，应按照"刊名全称或刊名缩写或 ISSN 号［TA］"的格式输入。系统将自动关闭词语自动匹配功能，并直接在期刊转换表中进行检索。例如，输入"Journal of Ethnopharmacology［TA］"或"0378-8741［TA］"，均可检索到该期刊的文献。

PubMed 提供多个期刊子集供检索使用。若需要对期刊子集进行检索，应输入格式为"检索词 AND jsubset+ 子集代号"。例如，若需在核心临床杂志中检索有关癌症的文献，可输入"cancer［mh］AND jsubsetaim"。有关期刊子集代码及其含义的详细信息，请参阅表 5-2。

表 5-2　期刊子集代码及含义

子集代号	子集含义
AIM	Core clinical journals
D	Dentistry journals
E	Citations from bioethics journals or selected bioethics citations from other journals
H	Health administration journals
IM	Index Medicus journals
K	Consumer health journals
N	Nursing journals
Q	History of medicine journals and selected citations from other journals
S	Citations from space life sciences journals and selected space life sciences citations from other journals
T	Health technology assessment journals
X	AIDS/HIV journals

6. 逻辑组配检索　在基本检索状态可进行 AND、OR、NOT 布尔逻辑运算检索。逻辑运算符必须大写，运算顺序从左至右。如检索癌症综述文献，输入 cancer［mh］AND review［pt］即可。

7. 截词检索　在输入的词根或词尾加上通配符"*"，可实现截词检索，此时系统会自动关闭词语自动匹配功能。例如，输入"bacter"，可检索到包含"bacteria""bacteraemias""bacterium"等词根的文献。

8. 词组检索　在输入词组时，为了避免系统对词组进行自动匹配并导致误检，应将词组加上双引号。这样系统会将其视为一个整体在所有字段中进行检索，此时词语自动匹配功能关闭。例如，输入"circulatory system"，可检索到包含 circulatory system 词组的文献。

9. 附加筛选检索　在 PubMed 的检索结果页面中，可对检索结果进行进一步的分类筛选。可用的筛选项目包括文献类型（article types）、文本可用性（text availability）、出版日期（publication dates）、研究对象（species）、语种（languages）、性别（sex）、学科（subjects）、期刊种类（journal categories）、年龄（ages）、检索区域（search fields）等。一旦选择了筛选项目，它们将保持激活状态，并对随后的检索结果持续起作用。若需取消筛选，只需点击"Clear all"按钮即可清除所有筛选条件。例如，在检索癌症综述文献的结果页面中，点击"Text availability"下的"free full text available"按钮，即可获得癌症方面综述的免费全文。

【示例】检索国内外有关中医药治疗高血压病的研究文献。

1. 分析课题 本课题涉及"中医药""高血压"两个检索词，中医药这个词表达的概念应包括中医、中药、针灸等。因此将"中医""中药""针灸""高血压"作为检索词。如果强调"国外研究"，可进行语种的附加筛选检索。由于 PubMed 基本检索具有词语自动匹配功能，故在输入检索词或检索表达式时应注意利用此功能，一方面避免无关文献检出，另一方面避免漏检。其中，"中医"（traditional chinese medicine）和"中药"（chinese herbal drugs）由多个单词复合而成，为防止系统自动拆分匹配导致检出大量无关文献，需进行主题词检索限定；而"针灸"（acupuncture）和"高血压"（hypertension）作为单词，可不加限定，利用词语自动匹配功能防止漏检。

2. 检索步骤

第一步：在 PubMed 基本检索输入框中直接输入检索表达式：traditional chinese medicine［mh］OR chinese herbal drugs［mh］or acupuncture and hypertension，然后点击"Search"按钮。

第二步：在检索结果页面点击"Show Additional Filters"，选择添加"Languages"选项，然后在"Languages"中选择所需语种，如 English 等。

第三步：根据需要进行筛选和保存检索结果。

（二）高级检索（advanced）

在 PubMed 主页面点击 Advanced 按钮，进入高级检索构建页面（PubMed Advanced Search Builder）。高级检索构建页面由检索式构建（Builder）和检索历史（History）两部分构成（图5-2）。

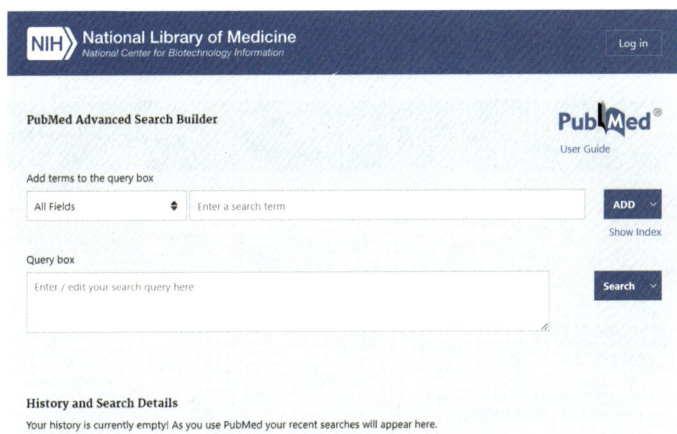

图5-2 PubMed 高级检索页面

1. 检索式构建（builder） 在进行检索时，可以选择限制字段，输入检索词（可借助"Show Indexlist"索引词，轮排表选择输入检索词），选择检索项之间的逻辑关系，然后点击"Search"按钮即可直接进行检索。或者点击"Add to History"，将检索结果直接显示在下方的检索历史中。根据检索结果的记录数，决定是否调整检索策略。在构建检索式时，上方的检索框中会同步显示选择的字段、输入的检索词以及选择的逻辑运算符。点击"Edit"，可按需对检索框中的检索表达式进行编辑，然后再进行检索。

2. 检索历史（history） 检索历史页面既可以查看检索策略和检索结果记录数量，还可以对检索策略进行重新组合及检索。在检索历史列表中，点击检索式序号，即会弹出一个功能窗口，可以利用 AND、OR、NOT 对检索策略进行组合调整检索。还可以从检索历史中删除检索式（delete for history），显示检索结果（show search results），显示详细检索过程（show search details）并将检索式保存在自己的 NCBI 中（save in My NCBI）等操作。检索历史最多保存 100 条检索表达式，超过 100 条时，系统会自动删除最早的检索式。检索历史最多可保留 8 小时。

【示例】检索中医药在美国的有关研究文献。

1. 分析课题 本课题涉及"中医药""美国"两个检索概念。中医药的概念应包括中医（traditional chinese medicine）、中药（chinese herbal drugs）等，因 PubMed 高级检索在 All Fields 字段会进行词语自动匹配，故需将其限定在 MeSH terms 字段比较符合题意；美国（USA）指的是单位地址，应限定在 Affiliation 字段。

2. 检索步骤

第一步：在 PubMed 高级检索状态按图 5-2，在输入框中输入相应的检索词，点击"Add to History"按钮，即可在检索历史中看到文献命中篇数；直接点击"Search"按钮或点击检索历史中文献的篇数，即可返回检索结果。

第二步：在检索结果页面，按需查看、筛选和保存检索结果。

（三）主题词检索（MeSH database）

主题词检索利用医学主题词表（MeSH 词表）进行规范化的医学主题词和副主题词的概念检索。在主题词检索状态下，可以进行主题词的查找和检索，同时也可以进行主题词与副主题词的组合检索及主题词扩展检索和加权检索。这种检索方法能够有效提高文献检索的准确性和全面性。

1. 检索方法 在 PubMed 主页面的"More Resources"栏目下点击"MeSH Database"，即可进入主题词检索页面。也可以在主页面的数据库检索入口选择 MeSH，在检索输入框中输入检索词时，然后点击"Search"直接进入主题词查找结果页面（图 5-3）。

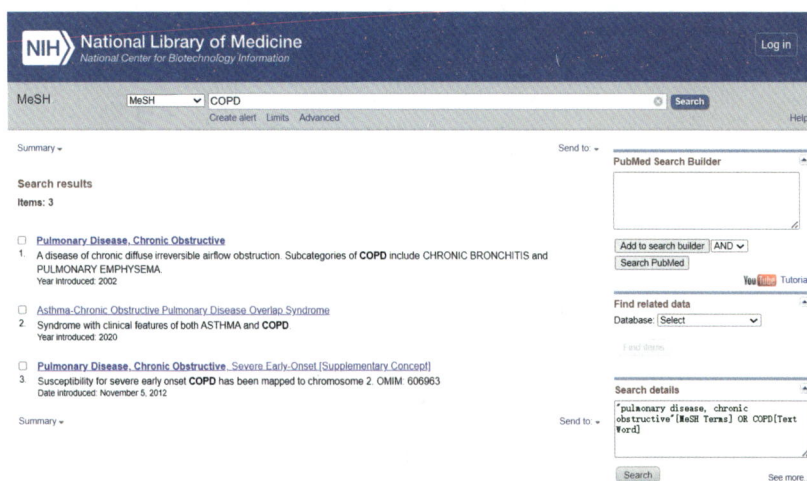

图 5-3　主题词检索结果界面

在主题词检索结果页面，系统按照相关性排序给出与检索词相关的主题词及其说明。勾选欲检索的主题词，然后依次点击"Add to Search Builder"按钮和"Search PubMed"按钮，即可检索该主题词的文献（图 5-4）。另外，点击主题词后还可以进入主题词组配检索页面。在该页面，根据需要勾选要组配的副主题词，并可选择加权（restrict to MeSH major topic）和不扩展（do not include MeSH terms found below this term in the MeSH hierarchy），然后再依次点击"Add to Search Builder"按钮和"Search PubMed"按钮，即可完成检索。

如果检索课题涉及多个主题词，可以在执行"Search PubMed"检索之前，重复上述主题词查找及组配过程，选择 AND、OR、NOT 构建检索表达式，然后再进行检索。

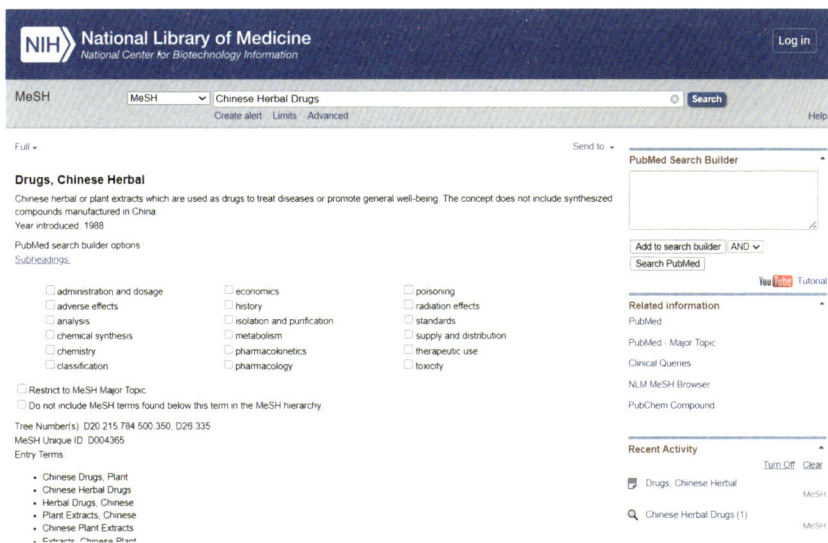

图 5-4　PubMed 主题词组配检索界面

2. 主题词检索说明　①主题词检索仅适用于经过主题词标引的文献记录，即具有"PubMed-Indexed for MEDLINE"标记的文献。对于尚未进行主题词标引的文献，如具有"PubMed-in Process"和"PubMed-as supplied by publisher"等标记的文献，则不支持主题词检索。因此，主题词检索可能会错过一些已经入库但尚未标引主题词的最新文献。②虽然 MeSH 定期更新，但某些新兴主题可能尚未被纳入 MeSH 词表成为主题词。因此，主题词检索不利于检索新兴主题的文献。③尽管 MeSH 词表被认为是当今生物医学界最权威的主题词表，但仍有许多医学概念尚未拥有对应的主题词。例如，表现功能障碍、康复等方面的研究，主题词数量较少。在这种情况下，需要使用自由词进行检索。

为了满足检索需要，提高查全率与查准率，检索时可根据课题要求将主题词检索方式与其他检索方式结合使用。

【示例】检索国外有关中草药临床治疗的研究文献。

1. 分析课题　本课题涉及"中草药""临床治疗""国外"三个检索要求。"中草药""临床治疗"两个概念的词语表达有多个，用主题词表检索只使用一个规范化的主题词即可查全多个词语表达的文献，结果比较准确，故用主题词表检索应为本题首选。"国外"可用语种的附加筛选检索或表达式限定非中文方式解决。

2. 检索步骤

第一步：在 PubMed 主题词表检索状态，MeSH 输入框中输入检索词 Chinese Herbal Drugs，点击"Search"按钮，即可查得中草药的主题词是"Drugs，Chinese Herbal"。

第二步，在 Subheadings 中勾选副主题词 therapeutic use，并点击"Add to search builder"按钮，将检索式发送至检索式构建框中。

第三步，在检索式构建框中手动修改检索策略，即在检索表达式的后面输入 NOT Chinese

［LA］（图 5-4），点击"Search PubMed"按钮，即可返回检索结果。

第四步，在检索结果页面，按需查看、筛选和保存检索结果。

（四）期刊检索（journals in NCBI databases）

在 PubMed 主页面的 More Resources 栏目下点击"NLM Catalog"，即可进入期刊检索页面（图 5-5）。

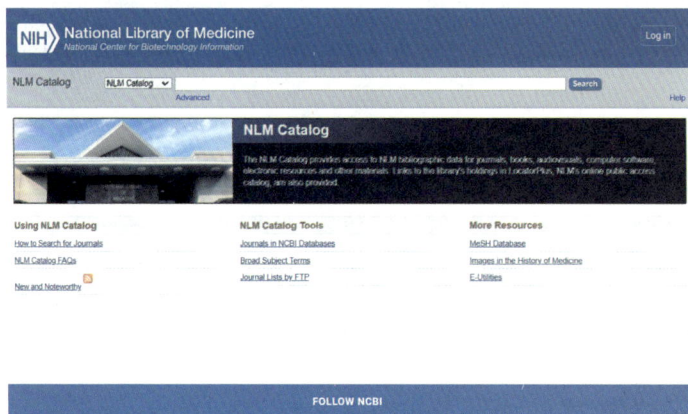

图 5-5　PubMed 期刊检索界面

在期刊检索页面提供的输入框中，按主题（topic）、刊名全称（journal title）、刊名缩写（abbreviation）、ISSN 等输入检索词，点击"Search"按钮，即可查到美国国立生物技术信息中心（NCBI）各数据库收录的期刊的详细信息。点击"Advanced Search"，可进入美国国立医学图书馆书刊目录查找页面，在此页面可进行较为复杂的检索式构建，从各种角度查找所需书刊的信息。

【示例】检索瑞士出版的被 NCBI 各数据库收录的有关药理学的期刊的详细信息。

1. 分析课题　本题涉及对"瑞士出版""NCBI 各数据库收录""药理学""期刊"四个检索要求的需求。显然，单凭上述期刊检索页无法满足需求，因此需要利用高级检索功能进行更为复杂的检索式构建。

2. 检索步骤

第一步：在 PubMed 期刊检索页面点击"Advanced Search"，进入美国国立医学图书馆（NLM）书刊目录检索页面（图 5-6）。

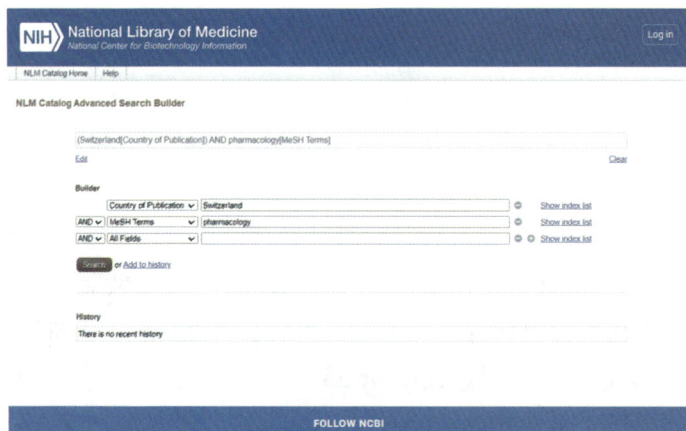

图 5-6　NLM 书刊目录检索界面

第二步：在检索页面输入相应的检索词，并点击"Search"按钮，进入检索结果页面。

第三步：在检索结果页面的左侧，点击"Journal subsets"，然后选择"Referenced in the NCBI DBs"，以检索瑞士出版的被 NCBI 各数据库收录的有关药理学的期刊（图 5-7）。

第四步：点击所需期刊的名称，即可查看该期刊的详细信息。

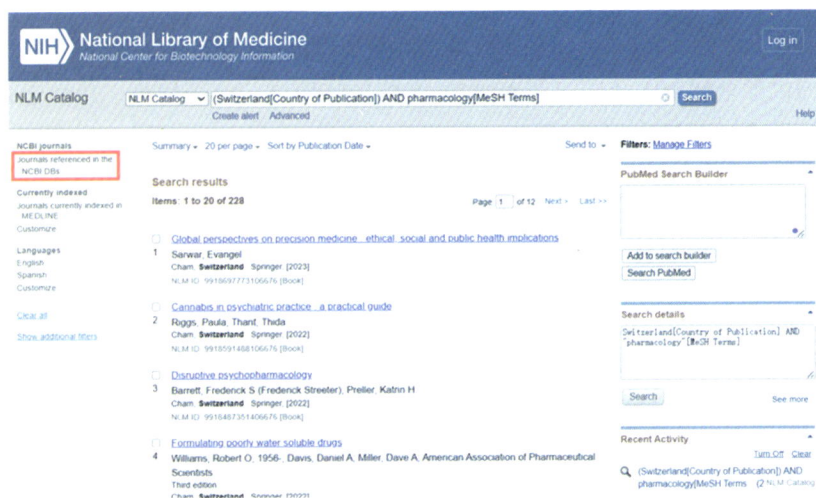

图 5-7　NLM 书刊目录检索结果界面

（五）单篇文献匹配检索（single citation matcher）

在 PubMed 主页面的 PubMed Tools 栏目下点击"Single Citation Matcher"，可进入单篇文献匹配检索页面。输入包括但不限于刊名（全称或标准缩写）、出版年月日、卷号、期号、起始页码、作者姓名、篇名自由词等信息，以查找所需的单篇文献。

（六）批量文献匹配检索（batch citation matcher）

在 PubMed 主页面的 PubMed Tools 栏目下点击"Batch Citation Matcher"，可进入批量文献匹配检索页面。在此页面，按照 PubMed 规定的格式，将需要查找的批量记录信息输入到指定的文本框中，或以文件的形式提交。还可以提供 Email 地址，PubMed 将以电子邮件的形式反馈相关的检索结果。

（七）临床查询（clinical queries）

临床查询是 PubMed 专为临床医生设计的检索服务。在 PubMed 主页面的 PubMed Tools 栏目下点击"Clinical Queries"，即可进入临床查询页面。在此页面的输入框中输入相应的检索词，系统将在特定的临床研究领域（临床研究分类、系统综述、医学遗传学等）进行检索。

临床研究分类（clinical study categories）用于检索疾病的病因、诊断、治疗、预后及临床预报指南等方面的文献；系统综述（systematic reviews）用于检索系统评价、Meta 分析、临床试验综述、临床指南等循证医学文献信息；医学遗传学（medical genetics）用于检索疾病的遗传学方面的文献，包括疾病的临床描述、处理、遗传咨询、分子遗传学、遗传测试等内容。

（八）特定专题查询（topic-specific queries）

特定专题查询（Topic-Specific Queries）：在 PubMed 主页面的 PubMed Tools 栏目下点击

"Topic-Specific Queries"，即可进入特定专题查询页面。在该页面，可进行临床医生和卫生服务人员查询（Clinicians and Health Services Researchers Queries）、主题查询（subjects）、其他搜索查询或接口查询（Additional Search Queries/Interfaces）及期刊子集查询（Journal Collections）等操作。

（九）临床试验（clinical trials）

在 PubMed 主页面的 More Resources 栏目下点击"Clinical Trials"，即可进入 clinicaltrials.gov 页面。该页面提供了全球 191 个国家和美国 50 个州的临床试验详细信息，总计包含 204614 个试验，并且试验数量实时更新。

三、检索结果的处理

（一）检索结果的显示

在 PubMed 的检索结果显示及输出页面，可查看检出文献的总篇数、检索结果中的附加筛选项目、文献年度分布图（results by year）、标题中包含检索词的文献（titles with your search terms）、PubMed 中心提供的免费全文（free full-text articles in PubMed Central）、查找相关数据（find related data）及详细的检索过程（search details）等信息（图 5-8）。

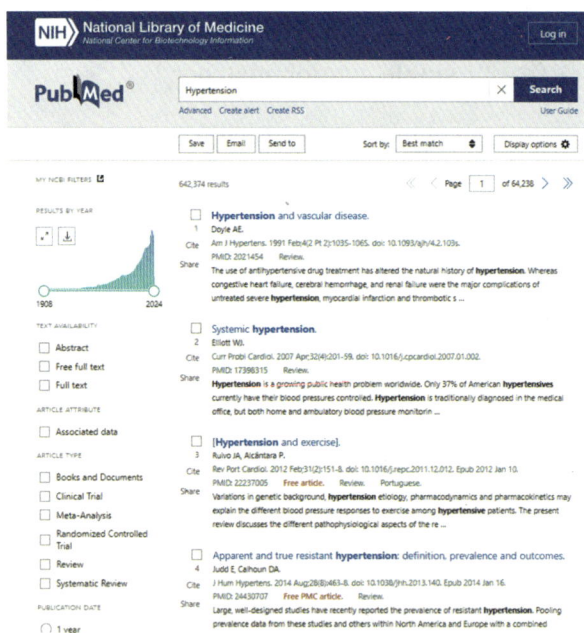

图 5-8　PubMed 检索结果显示界面

PubMed 的检索结果有多种显示格式，点击"Display Options"下拉菜单，选择不同显示格式（Format）、每页显示的条数（Per page）及是否显示摘要片段（Abstract Snippet）。显示格式（Format）包括 Summary、Abstract、PubMed、PMID（图 5-9）。

1. Summary　是系统默认格式，显示每篇文献的篇名、著者、刊名缩写、出版年月及卷期页码、PMID 识别码、出版类型、文章部分概要。

2. Abstracts　在 summary 格式基础上，还显示摘要、MeSH 主题词、全文链接、被引用次数等信息。

3. PubMed　显示 PubMed 数据库中文献的全部字段信息，包括字段标识符，是字段显示最全的格式。

4. PMID 仅显示每篇文献的 PMID 识别码。

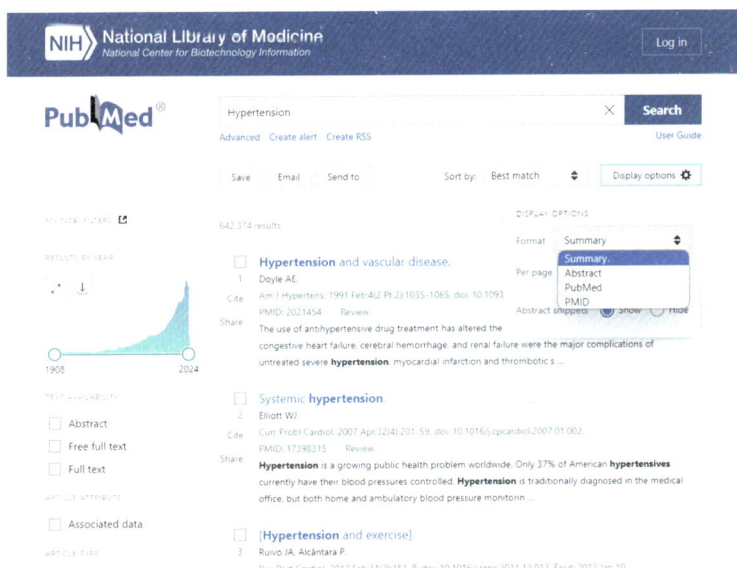

图 5-9 PubMed 检索结果显示格式调整

（二）检索结果排列方式

系统默认按最佳匹配（best match）排序，还可按最新出版（most recent）、出版日期（publication date）、第一作者（first author）、刊名（journal）排序。

（三）检索结果的保存和输出

在 PubMed 结果显示界面，提供了 "Save" "Email" "Send to" 三种方式来输出与保存结果（图 5-10）。

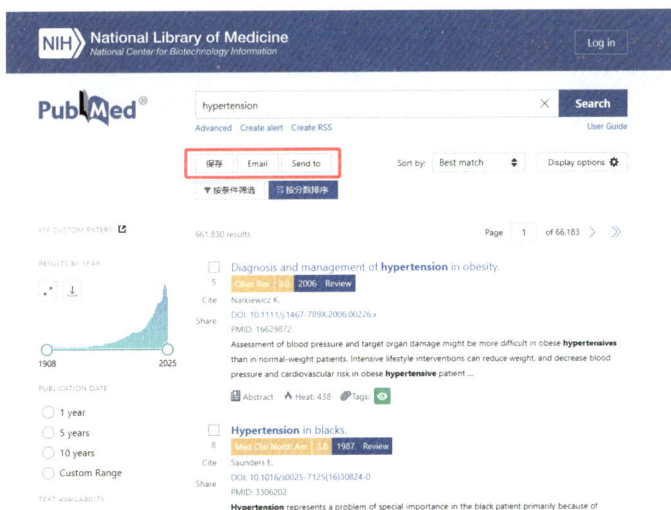

图 5-10 PubMed 检索结果的输出与保存

1. Save（保存） 点击 "Save"，下拉 "Selection" 与 "Format"，选择所需的结果与导出格式，最后点击 "Create File"，即可导出检索结果。

2. Email（邮件） 点击"Email"，输入目标邮箱，下拉"Selection"与"Format"，选择所需的结果与导出格式，最后点击"Send Email"，即可将选中文献发往指定邮箱。

3. Send to（发送到） 点击下拉"Send to"，其中有"Clipboard""My Bibliography""Collections""Citation Manager"四种选择。① Clipboard（剪贴板）将选中文献记录保存到剪贴板中，最多可保存 500 条记录，最长保存时间为 8 小时。② My Bibliography（我的参考书目）注册了 my NCBI 账号的用户，可以选择 My Bibliography，将选中的文献记录保存到 my NCBI——我的参考书目中，最多可保存 500 条记录。③ Collections（集合）注册了 My NCBI 账号的用户，可以选择 Collections，把选中的文献记录保存到 my NCBI 集合中，最多可保存 1000 条记录。④ Citation Manager（引文管理器）将选中的记录按照引文管理软件的格式进行输出，输出的文件可导入至 EndNote 等文献管理软件中进行处理。

四、PubMed 的特点

（一）PubMed 数据库的收录范围决定了它的使用特点

PubMed 数据库的收录范围决定了它的使用特点 PubMed 数据库主要收录 Core clinicaljournals、Dental journals、MEDLINE 和 Nursing journals 四个方面的期刊文献，因此检索临床医学文献、口腔医学、护理学及基础医学、预防医学、兽医学、药理学、药剂学、营养卫生、卫生管理、医疗保健等方面的文献时，以检索 PubMed 数据库为主。如果需要检索中药、中草药、植物药等化学成分的研究文献及药物分析等研究文献时，虽然 PubMed 数据库也收录了 300 余种有关化学的期刊，但不够全面，需检索其他数据库［如美国化学文摘数据库（SCIFinder Scholar）］作为重要补充。

（二）PubMed 与出版商合作决定了利用它获取全文的方式

PubMed 数据库提供生物医学文献的题录和文摘，部分期刊提供全文。获取全文的方式主要有两种：一方面，用户可以通过链接 PubMed 数据中心（PubMed central）获取少量免费全文；另一方面，由于 PubMed 与所收录期刊中的一些出版商合作，用户在检索结果页面可以直接找到与这些出版商网站的链接，因此由出版商提供全文成为 PubMed 获取全文的主要方式，这些全文有免费的，也有收费的。同时，用户还可以利用与出版商的链接，获取或协商获取出版商网站有关所需信息及资料。

（三）PubMed 的词语自动匹配功能决定了它的检索特点

PubMed 数据库的检索系统提供词语自动匹配功能，这种功能能智能检索输入的检索词或短语的所有可能含义，包括主题词、刊名、作者等。在检索文献时，如果不进行有目的、有针对性的限制，这种词语自动匹配功能会既帮助用户查全所需文献，又会产生很多无关文献。因此，在检索时，需要注意充分利用此功能提高查全率，同时避免大量无关文献的产生，可以采用加双引号或限定特定字段等方式关闭词语自动匹配功能，再进行检索。

（四）PubMed 的 MeSH Database 决定了它的选词特点

PubMed 数据库主要收录 MEDLINE 数据，按照 MeSH 词表进行主题标引。用户在检索时进行主题词检索限定，使用 MeSH database 进行检索时，可以检索到经过主题标引的文献。对于未经过主题标引的其他文献或新文献，用户可以选择利用 MeSH Database 中的主题词和入口词（entry terms），将其作为词组在基本检索或高级检索状态进行检索。MeSH Database 提供了各种主题词和入口词，用户可根据需求选择合适的词组进行检索，以确保检索结果的准确性和完整性。

第二节　Web of Science 核心合集

一、资源概述

Web of Science（WOS）是最常用的权威文摘数据库之一。由美国科技信息所（institute for science information，ISI）于 1961 编辑出版。其出版形式历经了印刷版期刊、光盘版（SCI CDE）、联机数据库（SCI Search）和 Web 版数据库（SCI-Expanded）四个阶段，目前以 Web 版数据库形式由科睿唯安（Clarivate）公司提供服务。

Web of Science 核心合集的内容涉及 170 多个学科领域，涵盖了自然科学、工程技术、生物医学等所有科技领域，所收录的文献侧重基础科学学科，以生命科学、医学、化学、物理比重最大。其中 SCI-Expanded 目前收录了全球 9000 多种高质量期刊，数据年代回溯至 1900 年，并提供 1985 年以来的文献摘要。Web of Science 核心合集的 3 个期刊库每年依据严格的选刊标准和评估程序对源期刊做出调整，每年源期刊均略有增减。

Web of Science 核心合集包括三个期刊文献引文数据库 science citation index expanded（SCI-expanded）、social sciences citation index（SSCI）与 arts & humanities citation index（A&HCI），两个会议文献引文数据库 conference proceedings citation index-Science（CPCI-S）与 conference proceedings citation index-social sciences & humanities（CPCI-SSH），两个图书引文数据库 book citation index-science（BKCI-S）与 book citation index-social sciences & humanities（BKCI-SSH），一个新兴资源库 emerging sources citation index（ESCI）及两个化学信息数据库 index chemicus（IC）与 current chemical reactions expanded（CCR-Expanded）。查检者能使用的数据资源与机构购买的子库相关，在生物医学领域最常用的是 Web of Science 核心合集中的 SCI-Expanded。

二、检索途径与方法

（一）Web of Science

支持布尔逻辑检索、截词检索、位置检索等。常用的检索规则有。

1. 检索运算符　Web of Science 支持国内外检索系统通用的布尔检索技术，包括逻辑与、逻辑或、逻辑非等，其运算符号有：AND、OR、NOT、SAME 和 NEAR/x。使用检索运算符时不区分大小写，例如，AND、And 和 and 返回的结果相同。

AND、OR 和 NOT 的用法与 MEDLINE 中的相同。使用位置运算符 SAME 连接两个检索词，可将检索结果限定为凡是同一个句子中或者一个关键词短语里包含这两个检索词（检索词前后顺序不限）的文献为命中文献。

当使用多个运算符时，可用括号决定优先顺序。一个检索式中最多可使用 49 个布尔运算符。当 AND、OR、NOT、SAME 和 NEAR/x 同时出现时，其运算顺序为（　）> NEAR/x > SAME > NOT > AND > OR。但当这些运算符不作为运算符，而作为检索词的一部分时，要用双引号标识检索词，将其作为一个整体进行检索。

需要注意的是：在各个检索字段中，检索运算符（AND、OR、NOT、NEAR 和 SAME）的使用会有所变化。例如，在"主题"字段中，可以使用 AND，但在"出版物名称"或"来源出版物"字段中却不能使用。可以在多数字段中使用 NEAR，但不可在"出版年"字段中使用；在"地址"字段中可以使用 SAME，但不能在其他字段中使用。

2. 截词符 Web of Science 的截词符，包括有限截词符"？""$"和无限截词符"*"。一个有限截词符只代表 0 或 1 个字符，一般用在检索词中间；一个无限截词符可以代表 0 至数个，一般用在检索词末。用 * 号作为截词符，可将一个单词的不同拼写形式检索出来。如用 child*，可检索到 child、children、childhood 等所有词首含有 child 的单词。而有限截词符？与 $ 只能检索出那些包含 0 ～ 1 个字符或汉字的记录（？代表 1 个字符：如 sulf?nyl 可检索到 sulfonyl、sulfinyl 等词语；$ 表示 0 ～ 1 个字符：如 Cell$ 可检索到 Cell，Cells 等词语）。

3. 姓名输入 当采用作者途径进行个人收录检索时，规范第一作者姓名的缩写是一项关键性的工作，但只要掌握了网络版 SCI 对姓名的缩写规则就能保证查全率。Web of Science 系列数据库采用特殊的作者著录形式：无论是外国人还是中国人一律是"姓（全）- 名（简）"的形式，即姓用全部字母拼写，名仅取首字母。对于中国人的名字，有时 Web of Science 的著录人员难以区分出姓与名，或者各种期刊对作者形式的要求也不完全一致。所以检索时要注意使用各种可能的出现形式才会查全。

4. 其他符号 自 1988 年输入的数据开始，非字母数字字符和人姓名的空格都被存储在数据库的不同字段中，如要检索数年的文献，必须要确定所输入的检索词是否能将数据库中以不同方式表达的词汇检索出来。带有"-"连字符的单词或短语的检索，可通过使用运算符"OR"将不带连字符和用空格代替连字符的两种形式连接起来检索，以达到较高的查全率。

（二）检索途径

1. 基本检索 进入 Web of Science 核心合集检索界面默认为基本检索，提供主题、标题、作者、团体作者、编者、出版物名称（包括刊名等）、出版年、地址、会议、语种、文献类型、基金资助机构、授权号等字段供查检者检索时选择（图 5-11）。

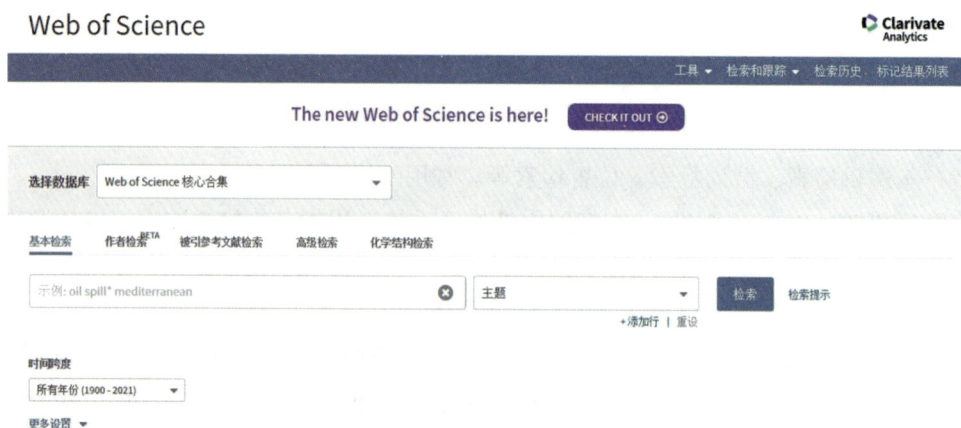

图 5-11 Web of Science 核心合集的基本检索界面

（1）主题（topic） 选主题字段检索时，是表示在文献标题、关键词、摘要、增补关键词四个字段中查询。由于 Web of Science 不设主题词，在检索时要考虑同义词情况。

（2）作者（author）　在 Web of Science 中检索作者姓名的方式：先输入姓，然后输入空格，之后再输入不超过 5 位的名的首字母。也可以利用作者索引（author index）选择并添加到检索框中。对于比较复杂的姓名或者姓名中含有特殊符号情况，应检索该姓名可能的各种写法。

（3）团体作者（group author）　应输入团体作者可能的各种写法。例如应包括作者名的全拼方式和可能的缩写形式。可以通过右侧给出的团体作者索引来锁定团体作者的具体写法。

（4）来源刊名（source title）　用期刊的全称检索，或用期刊刊名的起始部分加上通配符"*"检索，刊名全称列表（full source titles list）列出了 Web of Science 收录的全部期刊，可以通过它粘贴拷贝准确的期刊名称。

（5）地址（address）　按作者所在机构或地理位置检索，包括大学、机构、公司、国家、城市等的名称和邮政编码等。

当通过著者机构进行地址检索时，可以输入机构名称中的单词或短语（经常采用缩写形式）；从机构名称检索时，可输入公司或大学的名称；检索某一地点的机构时，可用"SAME"连接机构及地点；检索某一机构中的某个系或部门时，可用"SAME"连接机构、系或部门名称。

地址检索中可使用逻辑算符（AND、OR、NOT、SAME 或 SENG）。基本检索即利用主题、标题、作者、出版物名称等字段组配检索，这种检索方式适用于检索特定的研究、某个作者或机构发表的文献、特定期刊特定年代发表的文献等。Web of Science 数据库的默认检索界面为基本检索，在此界面可按如下步骤进行检索：①选择检索途径，可供选择的字段包括 topic（主题）、title（标题）、author（作者）、publication name（出版物名称）、year published（出版年）、address（地址）、conference（会议）、editor（编者）、grant number（授权号）、group author（团体作者）和 language（语种）等字段。如选择主题途径，是指在文献的题名、摘要和关键词中检索。②输入检索词，确定检索字段后，在检索词输入框中输入单个检索词或由逻辑运算符连接多个检索词构成的检索表达式。选择出版物名称字段进行检索时，输入的检索词要求是期刊的全称。当还有其他检索词时，可通过增加检索行结合其他检索字段进行组配检索。③确定检索时间范围，默认为 all years，或直接输入时间范围。④点击"检索"。

需要注意的是，当选择作者字段和地址字段进行检索时，相应检索词的输入方法如下：作者字段检索词的输入方法：国内作者，姓的全拼＋空格＋名的拼音首字母；国外作者，姓的全拼＋空格＋名的首字母。多个作者检索时可用 AND 或 OR 连接，利用通配符检索对于查找国内作者发表的文献特别有用。团体作者（group author）检索与人名作者（author）检索相同，只是团体名称使用简称，如 WHO、NIH。地址字段检索词的输入方法：选用地址字段时，要注意查看缩写列表，并优先选用。机构名称经常用缩写，为提高文献的查全率，也要注意机构名的不同表达方式。检索时可用 SAME 连接机构及地点。

（6）出版物名称（publication name）　用期刊的全称检索，或用期刊刊名的起始部分加上通配符"*"检索。出版物名称索引（publication name index）列出了 Web of Science 收录的全部期刊，可以通过它找到准确的期刊名称。

（7）地址（address）　按作者所在机构或地理位置检索，包括大学、机构、公司、国家、城市等的名称和邮政编码等，常采用缩写形式。选择地址检索途径时，页面会提示"查看缩写列表"。系统将缩写的地址检索词映射为已知的完整的地址检索词，反之亦然。检索某一地点的机构时，可用"SAME"连接机构与地点；检索某一机构中的某个系或部门时，可用"SAME"连接机构、系或部门名称。地址检索时可使用逻辑算符（AND、OR、NOT、SAME）。

2. 作者检索　作者检索的步骤是依次输入作者姓名、选择地点、选择组织机构，也可以单独一个部分完成检索。

作者检索途径检索步骤：

在 Web of Science 首页选择"Web of Science 核心合集"数据库，选择作者检索途径，输入作者姓名，点击"查找"，选择地点。选择组织机构，如果没有合适的组织机构可直接点击"查找"。在结果界面对作者姓名进行记录归并，完成检索。作者检索不能对出版时间进行限定，但可以筛选第一作者、通讯作者等（图 5-12）。

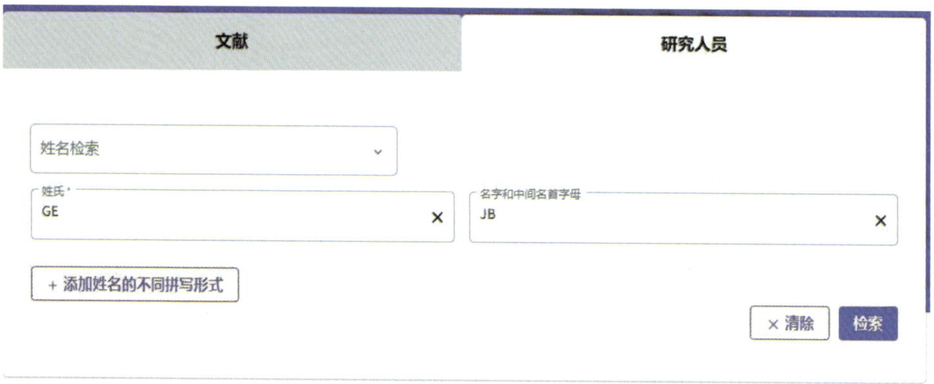

图 5-12　Web of Science 核心合集的作者检索界面

3. 被引参考文献检索　即引文检索，是从被引用文献查到引用（施引）文献的过程。被引参考文献检索是该检索系统特有的检索方式，将一篇文献作为检索对象，检索引用该文献的文献，特别适用于检索一篇文献或一个课题的发展，并了解和掌握研究思路。在利用该种检索方式时，一定要注意查"被引著作"字段提供的"期刊缩写列表"。在检索结果的基础上，可进一步查看"引证关系图"，了解该文献引证与被引证的关系，从而跟踪课题的发展（图 5-13）。

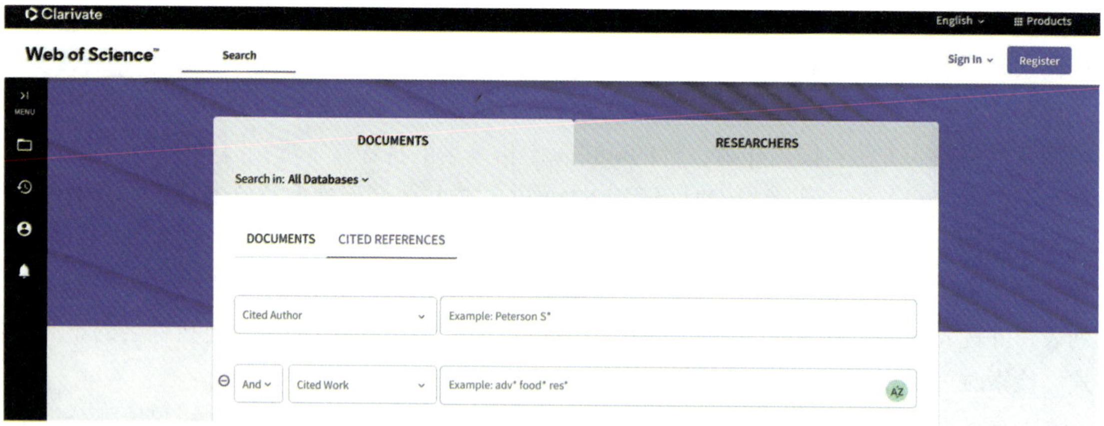

图 5-13　Web of Science 核心合集被引参考文献检索界面

被引参考文献检索界面提供的可检索字段主要有：

（1）被引作者（cited author）　输入格式为第一作者的姓 + 空格 + 名的首字母。

（2）被引著作（cited work）　著作的标题，输入著作标题缩写的部分字符。输入框下方点击"查看缩写列表"可显示 Web of Science 来源期刊的缩写形式。

（3）被引年份（cited year）　该被引用文献的发表年代。另外，被引参考文献检索界面还可以进行被引卷、期、页和标题检索。

被引作者检索是指输入被引作者的姓名进行检索。被引作者的输入规则与作者检索字段中作者检索词的输入相同。检索时，姓前名后、姓用全称，名用缩写。为方便查全，可使用通配符 *，也可使用逻辑运算符。

被引著作检索是指输入期刊或图书名称、专利号等进行检索。因为被检索的期刊或图书书名要求用缩略语，此时可参考被引著作索引（cited work list）或 Web of Science 期刊简称一览表（web of science journal title abbreviations）。如果对刊名的缩写和全称无把握时也可用截词符。

被引年份检索是指输入被引用论文的出版年代或年份跨度进行检索。点击"检索"按钮，获得的检索结果是符合输入条件的被引参考文献，该检索结果以简单记录格式显示，包括被引作者、被引著作、标题、出版年、卷、期、页、标识符、施引文献数（引用文献数）等信息。勾选被引参考文献左侧的复选框，点击"完成检索"，获得所有引用该参考文献的来源文献。

在对某一特定作者进行引文检索时，要注意可能会出现同名同姓不同人的情况。可通过文献主题、期刊名称和作者机构的不同加以鉴别。

被引参考文献检索是 Web of Science 最具特色的检索途径。它直接检索引用某篇文献的参考文献（包括论文、会议文献、著作、专利、技术报告等），不受时间、主题、学科、文献类型的限制。特别适用于发现一篇文献或一个课题的起源和发展，了解和掌握研究思路。即使没有被 Web of Science 收录的期刊所发表的论文、专著、会议文献、专利等，也能够通过被引参考文献检索来了解该文献的被引用情况。能引导检索包括期刊、会议录、图书章节及揭示与研究相关的任何出版物的信息，而且既能越查越旧，也能越查越新。旧是向前了解某个课题的历史发展情况，新是向后跟踪课题的最新研究进展。引文数据可用于分析、追踪热点研究领域，也可用于评估学术论文的影响力、评估国家宏观科研状况及评价学术期刊等。

4. 化学结构检索　化学结构检索包括 CCR–Expanded 和 IC 两个数据库的化学信息，信息来源于期刊、专利、会议录文献等，可缩短项目的研究周期，减少不必要的重复开发，提高工作效率。

CCR–Expanded 和 IC 的主要用途有以下几个方面。

（1）取得分子合成反映的信息，检索某类分子是否已被分离、合成的有关文献资料。

（2）了解最新的催化剂，各类分子的生物活性、天然来源等信息资料。

（3）了解新的有机金属化合物设计、合成与应用的有关文献资料。

（4）了解各种单体分子的合成，催化剂的利用，材料的各种合成途径。

（5）了解化合物、药物分子的生物活性，发现潜在的药物母体及其合成，"组合化学"所必需的固相合成反应。

5. 高级检索　高级检索是指使用字段标识符、运算符来创建检索式进行检索的方法，只适用于有经验的用户。Web of Science 中的高级检索只限于来源文献检索，不用于引文检索。高级检索在检索表达式中可以使用字段标识符、逻辑运算符、括号、截词符等。高级检索界面利用字段标识符、检索词和运算符构建复杂的检索式时，不能在一个检索式中混合使用字段标识符。高级检索界面可使用的检索字段包括：TS ＝主题、TI ＝标题、AU ＝作者、GP ＝团体作者、SO ＝出版物名称、PY ＝出版年、AD ＝地址、OG ＝机构扩展、SG ＝下属机构、SA ＝街道地址、CI ＝城市、PS ＝省 / 州、CU ＝国家 / 地区和 ZP ＝邮政编码等。其中，主题字段包含标题、关键词和文献 3 个字段。可使用的运算符包括：AND、OR、NOT、SAME 和 NEAR。

高级检索页面的下方列出了所有执行过的检索式，称为检索历史。对于复杂的课题，可在检索提问框中一次性输入复合检索式。也可以先分步检索，然后通过检索式序号进行逻辑组配。

使用高级检索有以下 3 个优点：

（1）可在检索提问框内直接输入带有字段标识符的检索词或检索式。

（2）可以保存检索历史，方便日后检索同一课题。

（3）可以对检索历史中先前用过的检索式进行组配检索，这一功能在分离文献他引和自引时更显优势，可避免多次计算的麻烦。

三、检索结果的处理

Web of Science 核心合集具有多种管理分析功能，这些管理分析功能在 WOS 其他数据库中多数也有，但与引文有关的功能只有在 Web of Science 核心合集中才有。

1. 检索结果输出　检索结果以题录格式显示并默认按文献的被引频次排序。点击一条记录的"查看摘要"可在当前页显示该文献的摘要信息。对检索结果还可在检索结果页的顶端选择按日期、使用次数、相关性等方式排序。

要导出检索结果，先勾选所需文献前面的复选框，再点击"导出至选择的选项"，然后点击"导出"。"导出至选择的选项"有 EndNote Desktop、发送电子邮件、打印等。"其他文件格式"选项可将所选文献保存为其他文献管理软件可读取的格式。例如，想保存至 Note Express 文献管理软件，则选择"其他文件格式"。

2. 保存历史 / 创建跟踪　通过高级检索中的保存历史 / 创建跟踪，可以保存检索历史以备日后调用，或者定期获得所检索课题的最新文献。这项服务需免费注册后才能使用。操作步骤：在检索历史页面上点击"保存历史 / 创建跟踪"→登录→完成表单的填写，最后点击"保存"。

检索历史可以选择保存在远地服务器上，也可以选择保存在本地的计算机上。定题跟踪服务创建成功后，所设定的电子邮箱每周或每月会收到与保存的检索式相匹配的新文献。需要注意的是，定题跟踪服务只限于与检索历史中最新一个检索式匹配的文献（检索式序号最大的），而不是与检索历史中所有检索式匹配的文献。如果只需要保存检索历史以供日后检索调用，而不需要创建定题跟踪服务，则不要勾选"电子邮件跟踪"选项。

3. 创建引文跟踪服务　若对某篇文献被人引用的情况感兴趣，可创建引文跟踪服务。创建引文跟踪服务后，将来只要有人引用了所设定的文献，用户的电子邮箱就会接收引用文献的信息。操作步骤：在欲被跟踪文献的全记录显示页面，点击右侧的"创建引文跟踪"→登录→在弹出的新窗口中点击"创建引文跟踪"即可。若要修改或删除已创建的引文跟踪服务，可以点击主页上的"检索和跟踪"下拉菜单中的保存的检索式和跟踪，在新窗口可以修改和删除。

4. 分析 / 精炼检索结果　对检索结果进行分析有助于从宏观上把握检出文献的各种分布情况，通过"分析检索结果"或者"精炼检索结果"。分析检索结果比精炼检索结果功能更强大些，例如会显示每个选项在整个结果中所占的比例，并可以图表格式显示（图 5-14）。

5. 施引文献输出界面　施引文献输出界面包括施引的次数、被引频次统计的来源数据库、分析检索结果、创建引文报告等。施引文献进行检索结果的分析可以了解以下几个方面：①哪一个作者引用了选定文献的次数最多，从而确定谁在延续跟踪并从事这一领域的研究工作。②引用选定文献主要以什么文献类型进行发表。③哪个机构最经常引用哪些研究文献。④引用文献的主要语种。⑤选定文献主要的发表时间，从而显示文献被引用的时间趋势。⑥选定的文献经常被哪些杂志所引用，以便选择未来发表论文的投稿方向。⑦文献被不同领域的研究文献引用的状况，进而了解该课题研究的学科交叉趋势。除了在检索结果列表上方有数据输出按钮，在检索结果列表下方也有输出选项。先勾选需要输出的记录，或将选中的记录添加到标记结果列表，点击标记结果列表；再选择输出方式，进而选择记录内容和文件格式。可供选择的输出方式有打印、电子邮件、Excel 等，或保存到 Endnote Desktop 等文献管理软件。

图 5-14　分析 / 精炼检索结果

6. 全文获取　Web of Science 是引文数据库，并不收录全文，但查检者可以通过 Web of Science 提供的强大的链接功能获取全文。通过每条记录下方的"出版商处的免费全文"按钮直接获取全文；通过基于 OpenURL 协议的链接获取全文线索；通过本地图书馆馆藏链接获取全文；直接联系论文作者获取原文。

第三节　其他外文生物医学文献数据库

随着生物医学领域的不断发展和扩展，越来越多的外文生物医学文献数据库涌现出来，为研究者提供了更多的选择和资源。除了常见的 PubMed，还有许多其他优质的数据库，涵盖了丰富的生物医学文献资源，为科研工作者提供了广阔的研究空间。

其他外文生物医学文献数据库，包括但不限于 Embase、BIOSIS Previews、Scopus、Web of Science 等。这些数据库各具特色，覆盖领域广泛，检索功能强大，为研究者提供了更丰富的文献资源和更便捷的检索工具。

一、Embase

（一）Embase 资源概述

Embase（excerpta medica database，https://www.embase.com/）是由荷兰 Elsevier Science 出版公司建立的数据库，拥有超过 3200 万条记录，覆盖了来自 95 个国家或地区的 8500 多种期刊，包括 MEDLINE 标题在内。Embase 收录了自 1974 年以来的大量生物医学期刊和学术会议摘要信息，其独特之处在于拥有超过 2900 种 Embase 特有的期刊索引，并每年新增超过 150 万条记录，平均每天更新超过 6000 条记录。该数据库的收录范围包括 MEDLINE 数据库，并额外收录了 11500 多条记录，还包括 240 多万篇会议信息。

Embase 的主题词表——Emtree，是其检索功能的核心。Emtree 主题词表包含了 MeSH 词表、5.6 万个检索术语以及 23 万个同义词，使得用户能够更准确、更深入地进行文献检索。此外，Embase 还提供了跨库检索功能，可以同时检索 Embase 和 MEDLINE 数据库，不仅能在 Embase 检索文章，还能检索药物和疾病。

Embase 与 Cochrane 协作网合作，收录了大量循证医学信息，如随机对照试验、临床对照试验、Cochrane 系统评价与 Meta 分析。此外，Embase 还提供了专门的"PICO 检索模块"，为进行 Systematic Review 和循证医学研究的用户提供了便利。

Embase 不仅收录范围广泛、标引加工深入，还具有强大的检索功能和与 Cochrane 协作网的合作关系，是进行医学领域文献检索和循证医学研究的重要工具。

（二）Embase 检索途径与方法

Embase 检索功能主要包括：基本检索、主题词检索、期刊检索和著者检索四种，检索方式有快速检索、高级检索、药物检索、疾病检索及文章检索等。开始检索前需使用邮箱注册账号登录（图 5-15）。

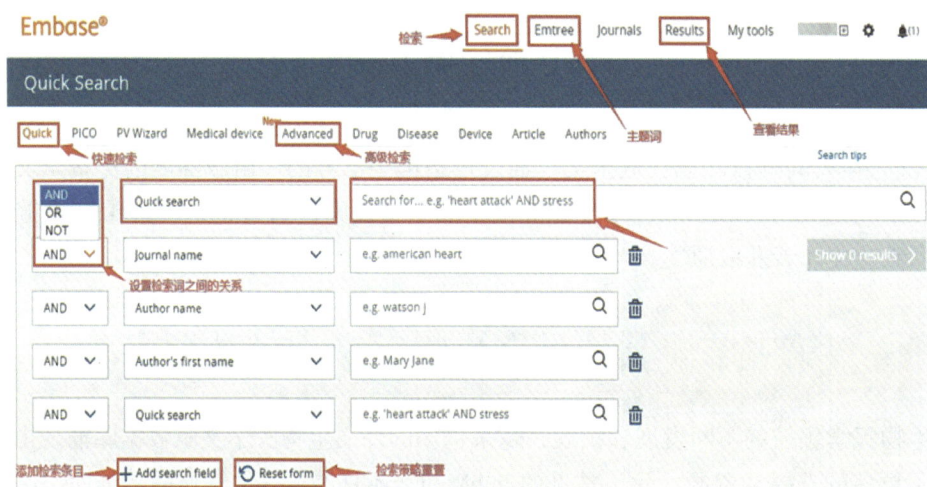

图 5-15　Embase 检索界面

1.Embase 检索规则　Embase 的检索规则与其他数据库相似，可使用①逻辑运算：AND/OR / NOT，运算次序从左到右，可用括号"（ ）"改变次序。②精确检索：加""，''，-，精确算符可与截词算符联用。③截词检索："*"可代任意字符，为右截词；"?"可代 1 个字符（英式美式英文区别），为中截词；"$"可代 0 或 1 个字符，为中截词。④位置运算符：NEAR/n，A，B 概念之间相隔 n 个词，可颠倒位置；NEXT/n，A，B 概念之间相隔 n 个词，不可颠倒位置。⑤字段检索用"："或"/"。⑥作者检索：姓全称在前，名字的首字母在后，再结合机构来查，如 Xu x j 或 Xu x. j。

2. 快速检索　Embase 快速检索可根据需要选择不同的检索字段，如全字段、篇名、摘要、作者关键词、机构、主题词、作者、CAS 注册号、会议名称、设备制造商名、设备商标名、期刊名、MEDLINE、PMID 等 35 个范围，并通过布尔逻辑算符连接每个检索词。在输入了检索词和选择了字段后，可进一步限定检索的出版时间及循证医学类型。点击检索按钮后，系统会即时返回与检索条件匹配的文献列表。通过使用适当的筛选条件，例如日期范围和文献类型，可以进一步缩小检索结果的范围。默认 Quick 检索时可进行自动词语匹配，而下拉选择其他检索字段后不会进行自动词语匹配，需要自行寻找同义词。

3. 主题词检索　Embase 主题词检索是一种利用 Embase 数据库中的自有主题词体系 Emtree 进行文献检索的方法。与 PubMed 的主题词 MeSH 不同，Embase 拥有独立的主题词系统 Emtree。在进行 Embase 主题词检索时，用户可以点击页面上方的 Emtree 选项，然后在检索框内输入关键词，如"奥美拉唑（omeprazole）"，并点击"Find Term"按钮，以检索关键词的主题词。系统会返回与输入关键词相关的主题词列表，此时选择最匹配的主题词，并选择是否对主题词进行扩展。选定主题词后，点击"Add to Query Builder"按钮将主题词添加至检索框内。在检索框内可以查看已选定的主题词，注意到 Embase 主题词使用"exp"进行标注。最后，点击"Search"按钮即可进行 Embase 主题词检索，获取相关文献信息。运用逻辑算符"OR"对可对快速检索和主题词检索的结果进行连接。选中两次的检索记录，在上方的选项中选择 OR，点击 Combine 按钮，得到关于输入关键词的所有文献（图 5-16）。

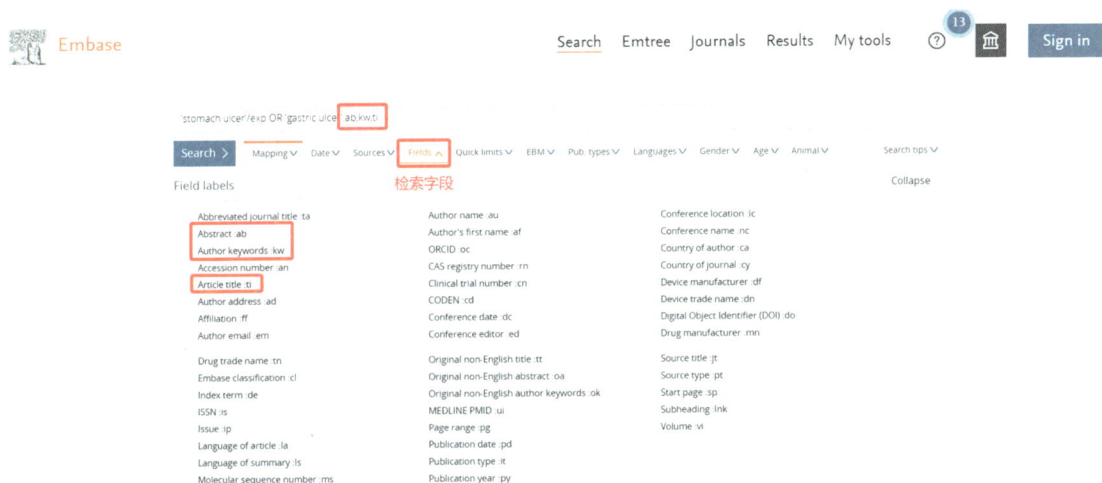

图 5-16 Embase 联合检索界面

4. 高级检索 Embase 高级检索是一种利用 Embase 数据库进行更为精细和灵活的文献检索的方法。首先，在 Search 页面点击 Advanced Search 按钮，进入高级检索界面。在高级检索框内，可以直接输入检索式，检索词要放在单引号里面，并通过逻辑算符连接。点击 Fields 选项对检索字段进行设定，以确保检索的准确性和全面性，Fields 选项包括期刊，摘要，作者关键词，题目，作者单位，作者邮箱，药物名称，ISSN，ORCID、语言、责任编辑，发布日期等 45 种选择。检索式编写完成后，点击 Search 按钮即可获取相应的检索结果。

（三）Embase 检索结果的处理

在进行 Embase 检索后，需要对检索结果进行处理。首先，用户可以在检索历史中编写或修改检索式，如使用 AND、OR、NOT 等逻辑运算符进行检索式的组合。其次，可以对检索结果进行分析，点击 Index Miner 可以将结果进行聚类，按照词频高低或其他标准进行排序。并且可以通过结果过滤器进一步精炼结果。可以按照来源、药物、疾病、研究类型、副主题词等进行结果缩窄。系统会统计相关的关键副主题词及对应的文章数量，例如药物不良反应等。

最后，选择导出结果。点击 Full Record 可以查看完整记录界面，当初次检索结果较少时，可以点击 Similar Records 进行结果扩展。点击 View Full Text 链接可以直接查看出版商提供的全文。在导出结果时，可以选择输出检索式或文献记录。具体操作是先勾选要输出的记录，选择输出的数量，然后点击 Export 进行输出，导出的格式包括 CSV、Plain Text、XML、MS Word、PDF 等 10 种。当导出的格式为 RIS 形式时，可以使用各类文献管理软件打开。

【示例】检索奥美拉唑（omeprazole）治疗胃溃疡（gastric ulcer）疗效研究的详细信息。

1. 分析课题 本课题涉及"奥美拉唑（omeprazole）""胃溃疡（gastric ulcer）"两个关键词

的检索。在检索过程中，需要考虑奥美拉唑作为胃溃疡的治疗药物，研究其疗效的相关文献。针对奥美拉唑治疗胃溃疡的疗效研究，可通过主题词表进行检索。主题词"奥美拉唑"可以用Emtree中相应的主题词进行检索，而"胃溃疡"作为疾病名称，也可以在主题词表中找到相应的主题词。通过在检索框中输入"omeprazole"和"gastric ulcer"并选择合适的检索字段以及适当的逻辑运算符连接，可以检索到奥美拉唑治疗胃溃疡的相关文献。

2. 检索步骤

方法一：快速检索和主题词检索

第一步：采用快速检索方式来获取关于奥美拉唑治疗胃溃疡疗效研究的详细信息。在Embase数据库的检索界面，我们在检索框中输入确定好的自由词"omeprazole"，并设置检索字段为"Title，Abstract，Author keywords"。使用逻辑运算符"OR"将相关的术语连接起来，以获取全面的检索结果。点击搜索按钮后，系统将返回与"omeprazole"相关的文献列表。检索结果将显示在Results界面中，并记录在检索历史中，供后续参考和调整（图5-17）。

图5-17　Embase快速检索界面

第二步：利用Embase的主题词体系Emtree进行主题词检索。点击页面上方的Emtree选项，在检索框内输入"omeprazole"，点击"Find Term"进行主题词检索。系统将显示与"omeprazole"相关的主题词，选择适当的主题词并添加到检索框中。并且可看到omeprazole的主题词树Emtree，在这里可以选择是否对主题词进行扩展，选好之后点击"Add to Query Builder"将选定好的主题词添加到上面的检索框内（图5-18）。点击搜索按钮后，系统将返回与主题词匹配的文献列表。将自由词检索和主题词检索结果使用逻辑运算符"OR"连接起来，得到关于奥美拉唑的所有文献（图5-18）。

第三步：利用与上述同样的方法进行胃溃疡相关文献的检索。在检索框中输入确定好的自由词"gastric ulcer"，并设置检索字段为"Title，Abstract，Author keywords"。使用逻辑运算符"OR"将相关的术语连接起来，以获取全面的检索结果。点击搜索按钮后，系统将返回与"gastric ulcer"相关的文献列表。再次利用Emtree进行主题词检索，并将检索结果与自由词检索结果使用逻辑运算符"OR"连接起来。

第四步：使用逻辑运算符"AND"将奥美拉唑和胃溃疡的检索结果连接起来，得到用奥美拉唑治疗胃溃疡的相关文献（图5-19）。

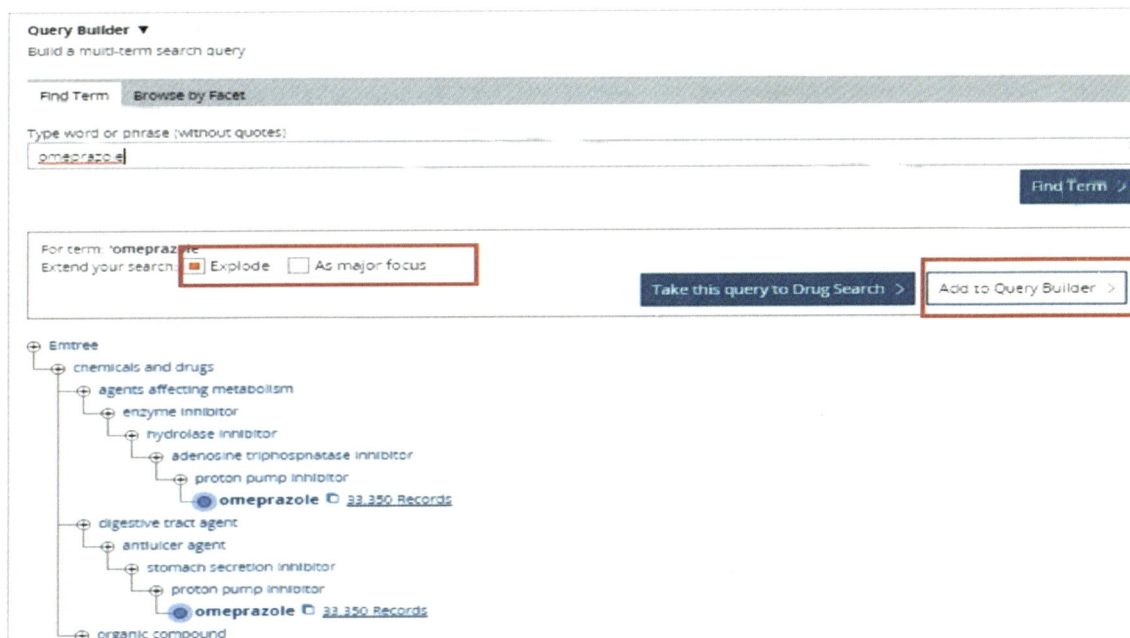

图 5-18　Embase 主题词检索界面

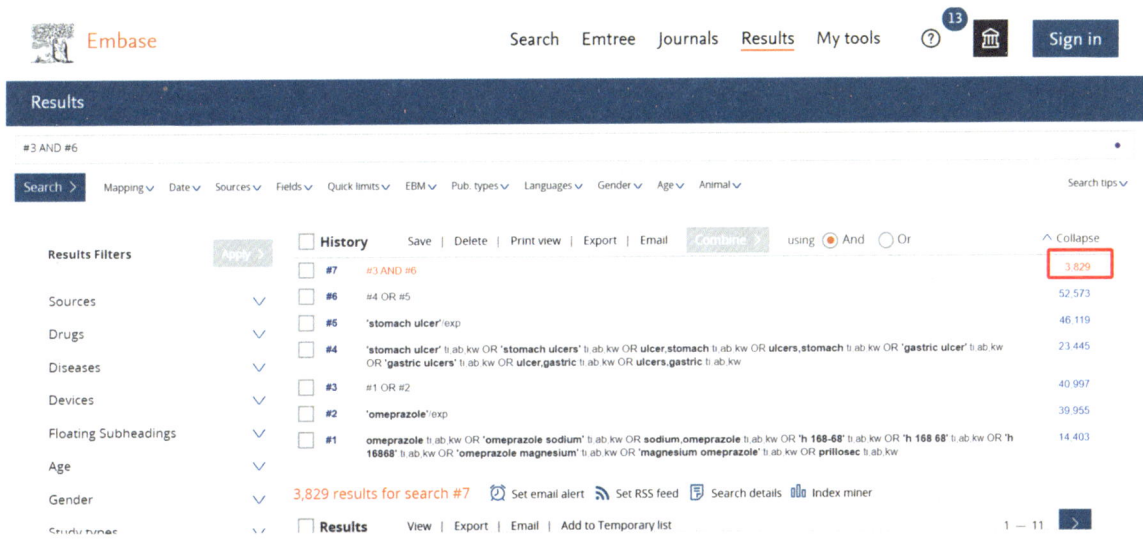

图 5-19　Embase 检索快速检索与主题词检索流程

方法二：高级检索

除了使用快速检索和主题词检索的方式，还可以通过高级检索完成对奥美拉唑治疗胃溃疡疗效研究的检索。

第一步：在进行奥美拉唑治疗胃溃疡疗效研究的详细信息检索时，我们可以选择使用高级检索方法。首先，在 Embase 的 Search 页面点击 Advanced Search 按钮，打开高级检索窗口。在弹出的检索框内，直接输入以下检索式：stomach ulcer/exp "OR" gastric ulcer，ab，kw，ti。在这个检索式中，使用了 Emtree 主题词 "stomach ulcer" 进行了扩展搜索，同时还包括了对 "gastric ulcer" 的标题（ti）、摘要（ab）、关键词（kw）进行搜索。检索词使用了单引号进行标注，并且使用了逻辑算符 "OR" 连接这两个检索词，表示搜索结果将包括其中任一检索词相关的文献（图 5-20）。

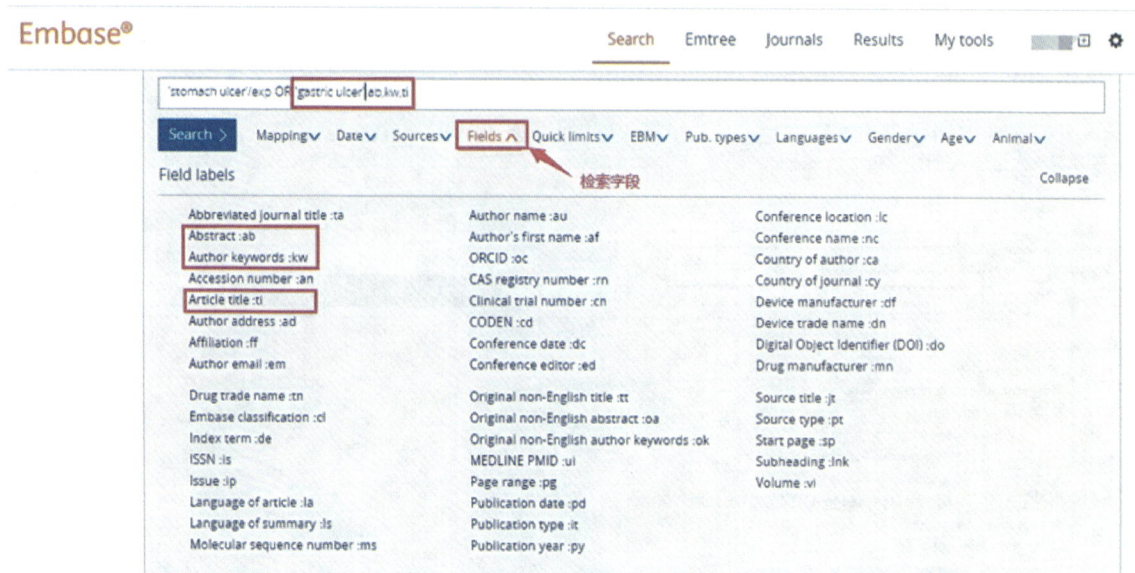

图 5-20　Embase 高级检索界面

第二步：点击 Search 按钮后，系统将根据设定的检索式进行检索，并返回相关的文献列表。

3. 输出结果　检索结束后，选中要导出的结果，点击 Export，选中需要的内容和格式进行导出。

（四）Embase 的特点

1. 收录范围广泛，全面覆盖主题　Embase 数据库的收录范围非常广泛，涵盖了生命科学、医学和药学等多个领域的文献资源。它主要收录了国际期刊中的生物医学文献，包括了生物医学、药学、护理学、生命科学等方面的期刊。

Embase 涵盖了许多主题领域，如临床医学、药学、生物医学、公共卫生、生物科学等。这使得研究者可以在一个平台上获取广泛而深入的文献信息，支持他们在不同领域的科研和学术工作。

2. 丰富的检索功能　Embase 提供了高级检索功能，用户可以利用此功能进行更精确、更复杂的文献检索。通过高级检索，用户可以根据具体需求设置检索条件，包括检索字段、逻辑运算符、日期范围、文献类型等，以获取符合要求的文献结果。

Embase 提供基于 Emtree 的主题词检索功能，Emtree 主题词检索与 PubMed 的 MeSH 主题词类似，Embase 使用了自己的主题词体系，称为 Emtree。利用 Emtree 进行主题词检索可以提高检索的精准度和效率，帮助用户更快地找到所需文献。

3. 灵活的结果处理功能　Embase 提供了丰富的结果处理功能，用户可以根据需要对检索结果进行筛选、排序和分析。例如，可以按照相关性、出版日期、期刊名称等对检索结果进行排序，也可以利用结果筛选器进一步缩小检索范围，以获得更符合需求的文献结果。

4. 与出版商合作　Embase 与多家出版商合作，提供了一定数量的全文文献资源。用户可以通过 Embase 平台直接获取这些合作出版商提供的全文文献，为他们的研究工作提供更多支持。

Embase 作为一款专业的生命科学和医学文献数据库，具有收录范围广泛、主题覆盖全面、检索功能强大、结果处理灵活等特点，为研究者提供了一个重要的文献检索工具，支持学术研究和临床实践。

二、BIOSIS Previews

（一）BIOSIS Previews 资源概述

BIOSIS Previews 是一家重要的生命科学文献数据库，为科研人员提供了全面的生命科学领域的文献信息和研究资源。BIOSIS Previews 的历史可以追溯到 1926 年，由美国费城生物学学会（philadelphia biological society）创建了 BIOSIS（biological abstracts）。最初，BIOSIS 致力于收集和索引生物学领域的文献，旨在为科研人员提供一个系统性的文献资源，帮助他们跟踪生物学领域的最新研究进展。随着时间的推移，BIOSIS 逐渐扩展了其收录范围，涵盖了生物学领域的各个方面，包括植物学、动物学、微生物学、生态学等。1969 年，BIOSIS 推出了 BIOSIS Previews 数据库，成为一个更为全面的生命科学文献数据库，提供了更广泛的文献资源。起初，BIOSIS Previews 是以打印刊物的形式出现，每年出版一卷。随着信息技术的发展，它逐渐转变为电子数据库，并在互联网时代提供了在线检索服务，使得研究者可以更加便捷地访问和检索生命科学文献。克拉里维特分析公司（clarivate analytics）于 2008 年收购了 BIOSIS Previews，并将其纳入其旗下的 Web of Science 平台。如今，BIOSIS Previews 是一家全球性生命科学文献数据库，持续收录并提供着丰富的生命科学领域的文献信息，BIOSIS Previews 涵盖了生命科学领域的各个方面，包括植物学、动物学、微生物学、生态学、分子生物学、遗传学、生物化学、生理学、行为学、病理学、病毒学、免疫学、神经科学、进化生物学、细胞生物学、生物工程学、生物医学。包含了来自全球各种学术期刊、会议论文和专利的信息。BIOSIS Previews 为科研人员提供了重要的信息资源支持，成为了生命科学领域研究的重要工具之一。

（二）BIOSIS Previews 检索途径与方法

在 Web of Knowledge 平台上"选择一个数据库"，在页面上选择"BIOSIS Previews"，即进入数据库检索页面，数据库提供两种语种的检索页面：简体中文、English；提供两种检索途径：检索、高级检索。

1.BIOSIS Previews 检索规则与检索算符　BIOSIS Previews 提供了多种检索算符，通过这些检索算符可精确、高效地进行文献检索。BIOSIS Previews 检索算符包括①布尔逻辑运算符：布尔逻辑运算符 AND、OR、NOT 和 SAME 可用于组配检索词，从而扩大或缩小检索范围。使用 SAME 可查找被该运算符分开的检索词出现在同一个句子中的记录。句子的定义：文献题名；摘要中的句子；或者单个地址。使用 SAME 运算符（而非 AND 运算符）是缩小检索范围的好方法。② 通配符：所有可以使用单词和短语的检索字段均可以使用通配符。它们可在检索式中表示未知字符。其中，星号（*）表示任何字符组，包括空字符；问号（？）表示任意一个字符；美元符号（$）表示零或一个字符。③精确检索：使用引号（""）囊括住短语，以检索精确的短语。

2. 检索　在 BIOSIS Previews 的检索页面，提供了三组检索词输入框，如主题、标题、作者、出版物名称、出版年、地址、分类数据、主要概念、概念代码/主题词、化学和生化会议信息、识别代码（Topic、Title、Author、Publication Name、Year Published、Address、Taxonomic Data、Major Concepts、Concept Code/Heading、Chemical and Biochemical、Meeting Information、Identifying Code）等；通过下拉菜单来限定检索词出现的字段，通过"添加另一字段（Add Another Field）"可以增加检索词输入框。两组检索词之间可选择下拉式布尔逻辑算符"AND、OR、NOT"进行组配，以进一步精细化检索。

除了检索词输入框，BIOSIS Previews 的检索页面还提供了入库时间（timespan）的限制选项。在此处可设置检索结果的时间范围，以限制检索结果的时间跨度，使得检索结果更符合需求。

3. 高级检索（advanced search）　BIOSIS Previews 的高级检索功能提供了更为精细和灵活的检索方式，可快速定位所需的生命科学文献信息。

在高级检索页面，可以利用字段标识（so = phytopathology）、检索式组配（#1 AND #2）或二者的组配（#1 and so = phytopathology）来构建检索查询。还可以使用布尔运算符（AND、OR、NOT）和通配符来进一步细化检索条件，以获取更精确的检索结果。

此外，在高级检索页面的底部，提供了入库时间（timespan）、语种（languages）、文献类型（document types）、文献处理类型（literature types）、分类注释（taxa notes）等限制选项。可以根据需要设置这些限制条件，以进一步筛选和精炼检索结果，使得检索结果更符合需求。

检索历史将显示在页面底部，方便查看已经执行过的检索操作。例如，如果要检索期刊 Phytopathology 上发表的篇名涉及 polymerase chain reaction（PCR）的论文，可以在检索框中输入如下检索式：so = phytopathology and ti =（polymerase chain reaction or PCR）。通过高级检索功能，可更加精确地定位所需的文献信息。

（三）BIOSIS Previews 检索结果的处理

1. 检索结果的浏览　BIOSIS Previews 提供了多种浏览检索结果的方式，可根据需求按照更新日期、相关性、第一作者、来源出版物、会议标题、出版年等进行排序，以便更方便地查看和获取相关文献。

2. 精炼检索结果　在检索结果页面，可以选中复选框以显示从"检索结果"页面的记录中摘录的项目的分级列表。最常出现的项目会显示在列表顶部，可以选择一个或多个复选框，然后单击"精炼"按钮，以便仅显示包含所选项目的记录，从而进一步缩小检索结果的范围。

3. 结果内检索　为了缩小检索结果的范围，可在"结果内检索"文本框中输入主题（topic）检索式，然后单击"检索"，此检索将只返回原始检索式中包含输入的主题词的记录，帮助精确筛选检索结果。

4. 分析检索结果　BIOSIS Previews 可以根据题录中的某些字段（如作者、文献类型、语种、来源出版物、学科类别等）生成一份报告，按分级顺序显示这些值，能更好地了解检索结果的组成和特征。

5. 检索结果标记、输出　BIOSIS Previews 可标记记录（marked records）。在 BIOSIS Previews 中，可以将感兴趣的记录添加到标记结果列表中，以便今后从"标记结果列表"页面中进行打印、保存、通过电子邮件发送、订购或导出记录。BIOSIS Previews 可输出记录（output records）：用户可以根据需求选择要包含在输出中的记录，并选择输出选项，包括打印、电子邮件、保存到 EndNote Web、保存到 EndNote、RefMan、ProCite 等参考文献软件。

6. 检索历史　BIOSIS Previews 可以在高级检索页面和检索历史页面中浏览检索历史，可以进行 AND 或 OR 的检索式逻辑组配，或删除检索式，以便根据需要调整检索条件。

（四）BIOSIS Previews 个性化服务

注册登录 BIOSIS Previews 后，可以访问更多个性化服务，主要包括①自动登录：每次访问 ISI Web of Knowledge 时自动登录。②选择起始页：能够在特定数据库开始会话，而非在 ISI Web of Knowledge 的"所有数据库"选项卡开始。③保存检索式：将检索式保存到 ISI Web of Knowledge 服务器，以便以后继续检索。④检索历史跟踪服务：设置跟踪服务，以便自动检索数据库的最新更新，并通过电子邮件将结果发至目标邮箱。⑤引文跟踪：设置引文跟踪，以便在新文章引用"引文跟踪"列表中的文章时，系统通过电子邮件发送通知。⑥定制期刊列表：创建和维护经常阅读的期刊列表，并设置了目录电子邮件跟踪服务的定制期刊列表。

（五）BIOSIS Previews 的特点

1. 广泛的收录范围 BIOSIS Previews 是一个涵盖生命科学和生物医学领域的综合性数据库，包括生态学、生物化学、分子生物学、遗传学、微生物学、植物学、动物学、生理学等学科领域。该数据库还涵盖了医学和环境科学等相关领域的文献内容，为研究人员提供了丰富的资源。

2. 详细的主题标引和分类注释 每篇文献都经过了详细的主题标引和分类注释，这使得用户可以更准确地了解文献内容并快速定位到所需信息。通过主题标引和分类注释，可更轻松地找到与其研究领域相关的文献，并且可以更加深入地研究特定主题。

3. 全文链接和获取 BIOSIS Previews 提供了部分文献的全文链接，使用户可以直接访问相关的完整文献。这种全文获取方式提供了更全面的信息来源，帮助用户深入研究文献内容，支持其学术和科研工作的进行。

4. 高级检索功能 该数据库具有强大的高级检索功能，可以通过字段标识、检索式组配或布尔运算符等功能，精确地筛选所需的文献。还可以根据文献的入库时间、语种、文献类型、文献处理类型、分类注释等进行进一步的检索限制，以获得更准确和符合需求的检索结果。

5. 个性化服务与定制体验 注册登录后，可以享受到个性化服务和定制体验，如自动登录、选择起始页、保存检索式、设置检索历史跟踪服务和引文跟踪服务等。这些个性化服务和定制体验可以根据需求和偏好，提供更方便、高效的检索和浏览体验，增强满意度和使用体验。

三、Science Direct 全文数据库

（一）资源概况

Science Direct（http://www.sciencedirect.com）是 Elsevier 公司的学术期刊网络数据库，是全球最著名的科技医学全文数据库之一，其直观友好的使用界面，使研究人员可以迅速链接到 Elsevier 出版社丰富的电子资源，包括期刊全文、单行本电子书、参考工具书、手册及图书系列等。涉及四大学科领域：物理学与工程、生命科学、健康科学、社会科学与人文科学，用户可在线访问 24 个学科 2200 多种期刊、数千种图书，查看 900 多万篇全文文献。其中 SCI、SSCI 收录期刊 1221 种，EI 收录期刊 515 种，社科类期刊数量为 255 种（SCI、SSCI 收录期刊 152 种）、科技类期刊数量 1302 种（SCI 收录期刊 1069 种），是科研人员的重要信息源（图 5-21）。

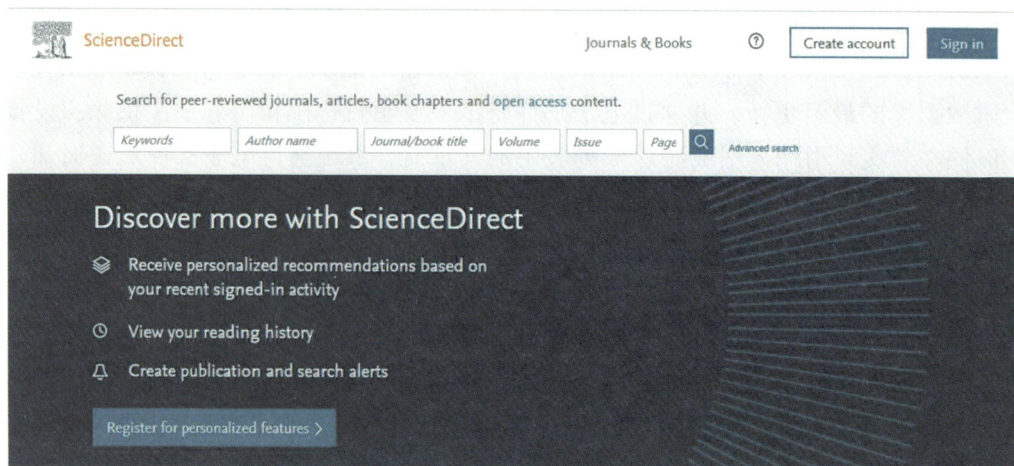

图 5-21　Science Direct 数据库主页

（二）检索途径与方法

1. 简单检索（simple search）　单击页面左侧的"Search"按钮，进入简单检索界面。简单检索界面分为上下两个区，即检索策略输入区和检索结果的限定区。检索策略可在输入区中选择"Search in any Field（所有字段）""Search in Title Only（文章标题）""Search in Abstract Field（文摘）""Author's Name（作者）""Journal Title（期刊名）"等字段输入，再利用限定区，限定检索结果的出版时间、命中结果数及排序方式，而后点击"Search the Collections"按钮，开始检索。

检索结果有两类信息。一类是期刊题名，在题名下有该刊目次页（table of contents）的超链接和搜寻相关文件按钮；另一类是期刊论文题录，排在靠后的部分，显示论文标题、出处、作者、相关性排序分（score）和搜寻相关文件按钮，通过搜寻相关文件按钮可检索到与该文内容类似的文章。

单击期刊题名下的"Table of Contents"按钮，可浏览目次信息；单击论文题录下的"Abstract"，按钮，可浏览该文章的标题、作者、作者单位、关键词、文摘等进一步信息；单击"Article Full Text PDF"按钮，即可看到论文全文（PDF 格式）。

说明：系统默认各检索字段间为"AND（与）"的关系。系统默认的显示结果数为 50 个，且按相关性排列，用户也可以自选。

作者姓名的输入方法：姓，名，例：Smith m。

在论文的文摘页下方，有一个"Get Citation Export"按钮，输出的数据主要供图书馆员参考。

2. 高级检索（expanded search）　如果需要进行更详细的检索，在简单检索的界面或检索结果的界面中，点击左侧的"Expanded"或"Expanded Search Form"进入高级检索界面。

高级检索除增加了"ISSN（国际标准刊号）""PII（published item identifier，出版物识别码）""search in author keywords（作者关键词）""search in text only（正文检索）"等检索字段外，还增加了学科分类、文章类型、语种等限定条件，可进行更精确的检索。

说明："正文检索"字段指的是在正文中检索而不是在参考文献中进行检索。论文类型（article type）的限定中，"Article"表示只显示论文；"Contents"表示只显示期刊题名；"Miscellaneous"表示只显示其他题材的论文。

3. 检索式的构成　在同一检索字段中，可以用布尔逻辑算符 AND（与）、OR（或）、NOT（非）

来确定检索词之间的关系。系统默认各检索词之间的逻辑算符为"AND"。截词符：*，表示检索同输入词起始部分一致的词位置算符："" ，用""标注的检索式表示为完全匹配的检索；ADJ，类似词组检索，表示两词前后顺序固定；NEAR 或 NEAR（n），表示两词间可插入少于或等于 n个单词，且前后顺序任意，系统默认值为 10；同音词检索：用［］括住检索词，可检索到同音词。拼写词 TYPO［ ］：可进行同一词义不同拼写的检索，例：TYPO［fibre］，还可找出 fiber。

4. 分类浏览　用户可以在系统的首页按照学科分类浏览期刊，浏览期刊界面也是系统的分类浏览：默认检索界面。系统提供按字顺和按学科分类排列的期刊目录，从中选中刊名后，单击刊名，进入该刊所有卷期的列表，进而逐期浏览。单击目次页页面右侧的期刊封面图标，可链接到出版公司网站上该期刊的主页。浏览的任何界面上方设有一个快速检索区，系统允许快速检索。在某一学科的期刊目录页面上方，系统允许按单学科快速检索。在某一期刊目次页面上方，系统允许按单一刊物快速检索。

（三）检索结果的处理

1. 打印全文　单击 Acrobat Reader 命令菜单上的打印机图标，可直接打印该文章。

2. 保存全文　若利用 Acrobat 版本浏览全文，可直接使用命令菜单按钮保存该文件（PDF 格式）。否则需返回期刊的目次页，在欲保存的论文题名下，选中"Article Full Text PDF"按钮，单击鼠标右键，从弹出的菜单中选择"目标另存为"，保存该论文（PDF 格式）。

3. 保存检索结果的题录　对欲保存的期刊或论文的题录，选中其题名前的小框，而后单击"Save Checked"按钮，即可生成一个新的题录列表。从浏览器的［文件］菜单，选择［另存为］，可按 .txt 格式或 .html 格式保存题录。

四、SpringerLink 数据库

SpringerLink 是德国施普林格（Springer–Verlag）开发的在线科学、技术和医学（STM）领域学术资源平台（图 5-22）。

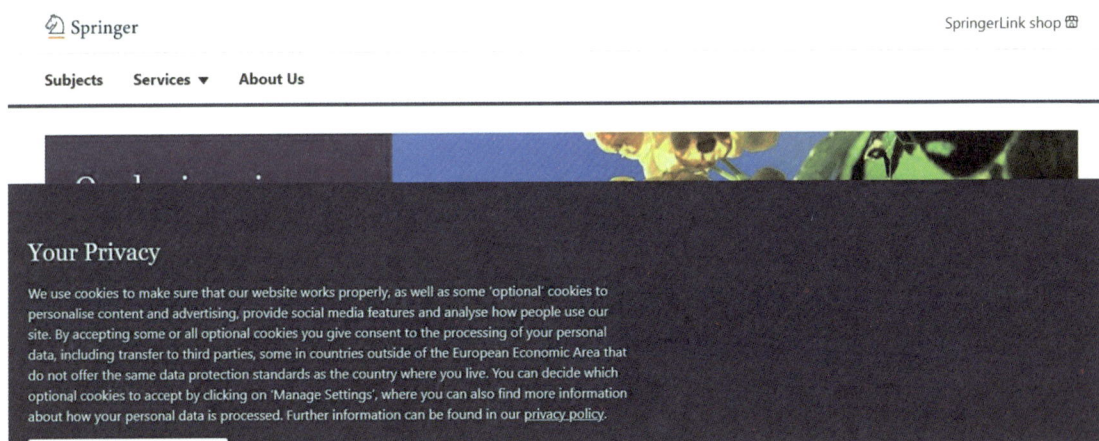

图 5-22　SpringerLink 数据库主页

（一）资源概况

Springer 于 1842 年创立于德国，是科学出版界的领导者，已出版超过 200 余位诺贝尔奖得主的著作，于 1996 年推出，是全球最大的在线科学、技术和医学（STM）领域学术资源平台。

服务范围涵盖各个研究领域，提供超过 1900 种同行评议的学术期刊及不断扩展的电子参考工具书、电子图书、实验室指南、在线回溯数据库以及更多内容。SpringerLink 将所有资源划分为 24 个学科：生物医学、商业和管理、化学、计算机科学、地球科学、经济学、教育学、工程学、环境科学、地理、历史、法律、生命科学、文学、材料科学、数学、医学和公共卫生、药学、哲学、物理、政治和国际关系、心理学、社会学、统计学。

SpringerLink 提供的内容：

1. 电子期刊　Springer 出版的 1900 多种经同行评议的学术期刊，大部分拥有自 1997 年以来已出版的期刊内容。

2. 电子图书　Springer 的各种图书产品，如专著、教科书、手册、地图集、参考工具书、丛书等。

3. 电子参考工具书　均由居于领军地位的科学家和具有全球视角的专家所撰写，并由专家组成的编辑委员会管理。

4. 电子丛书　Springer 的电子丛书是 Springer 电子图书数据库的一部分，这些丛书从第一卷第一期开始提供。

5. 在线回溯数据库　包括 Springer 回溯期刊库和丛书库两个部分，时间从 1854 到 1996 年，跨越了 140 多年，NSTL（国家科技图书文献中心）已购买，提供免费使用。

6.SpringerProtocols 实验室指南　研究人员一直信任由 John M.Walker 所编撰的《分子生物学方法》（Methodsin Molecular Biology）收录的各种实验室指南，内容均受过非常严格的实际检验。

SpringerLink 收录了自然科学、社会科学、医学及建筑等多个学科领域，近 3600 种科技期刊和 28 万余种科技图书及丛书、指南、参考作品等类型的文献。

（二）检索途径与方法

SpringerLink 提供的检索方式简单、易用，主要包括浏览和检索两种方式。该系统还提供限定检索，方便查检者缩小检索范围。

1. 浏览　查检者可通过 SpringerLink 提供的 24 个学科主题进行浏览，或者按照"文献""图书章节""参考工具书""操作指南"等文献资源类型浏览。点击相应的类目即可出现所需学科或所需文献类型的出版物。

2. 检索

（1）简单检索　简单检索是 SpringerLink 默认的检索途径。查检者可输入相应的检索词或检索表达式执行检索。

（2）高级检索　高级检索支持多检索框检索，各检索框之间的逻辑关系为逻辑"与"，其中"with all of the words"表示输入的两个检索词是逻辑"与"的关系，"with the exact phrase"表示强制短语检索，"with at least one of the words"表示输入的两个检索词是逻辑"或"的关系。

（三）检索结果的处理

查检者如果使用浏览功能，在检索结果页面，系统提供资源类型、子学科、语种等筛选条件供用户使用。查检者如果使用检索功能，检索结果页面则列出检索信息和检出文献数。系统提供内容类型、学科、子学科、语种进行分类，命中文献可按相关度、出版时间进行排序。题录下方提供"Download PDF"和"View Article"的链接。

五、OVID 数据库

OVID 隶属于威科（Wolters Kluwer）集团，提供医学、生命科学、自然科学及社会科学等学科领域的电子图书、全文期刊和书目信息等 300 余个数据库的在线服务（图 5-23）。

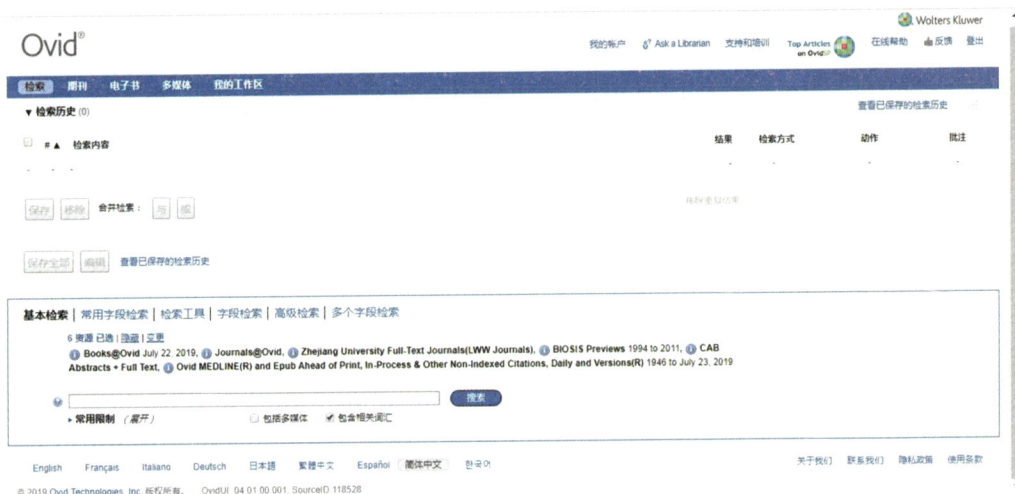

图 5-23　OVID 数据库主页

（一）资源概况

OVID 资源包括 Journals@Ovid Full Text（OVID 全文期刊库）、Books@Ovid（OVID 的电子图书库）、Ovid MEDLINE、OVID EBM Reviews（OVID 的循证医学数据库）、Embase、BIOSIS Previews 等生物医学相关数据库。其中 Journals@Ovid Full Text 收录了 60 余个出版商出版的 1000 余种科技和医学期刊全文，包括世界知名医学出版社 Lippincott Williams&Wilkins（LWW）出版的 246 种医学期刊。

（二）检索途径与方法

选择一个数据库（select a database to search）或选择多个数据库（select more than one database to search）进行检索，若选择多个数据库查询，至多可勾选五个数据库，然后按 "Click to Begin Search"。

1. 关键词检索　在检索画面中的空白方框内输入关键词或词组做检索；可以利用限制功能（limit to）更精确的定义检索，在小方块内点选所要限制的项目，例如，年份限制，按 "Perform Search" 按钮即可进行检索。

2. 其他检索方式　检索画面上方图标您可以选择以作者姓名（author）、篇名（title）、期刊名（journal）作检索，或点选其他检索字段（search fields）图标，可以同时在多个字段方块内勾选进行条件检索。

3. 检索技巧

（1）AND、OR、NOT　关键词检索可应用 AND、OR、NOT 等布尔逻辑操作数（boolean operators）。

（2）词组检索　a.ADJ：例如，coral ADJ reef 表示 coral 与 reef 要相邻且依序出现。b.ADJn：在两个检索字中间至多可以放进 n 个字，而且前后两个检索字可以互相颠倒。例如，physician

ADJ5 relationship 查到的资料有 physician patient relationship，patient physician relationship，relationship of the patient to the physician。

（3）FREQ　freq 是查询检索词出现的频率状况，其指令语法，X.fd./freq＝n，其中 X 是检索词，fd 是二码的检索字段，n 是出现的频率，例如，library.ti./freq＝2，在 title 字段 library 检索词至少出现 2 次以上的所有字段。

（4）切截查询（truncation）

1）无限制的切截字：用在词尾不同变化的同一词根上，通常是用"$"或":"，例如，disease$，可查到的资料是 disease、diseases、diseased 等。

2）有限性的切截字：在词根后输入可接受最大数量字符的数字，例如 dog $1，会找到 dog、dogs 但是不会找到 domga。

（5）其他字符（wild cards）

1）"#"：符号"#"可以放在查询字的中间或后面，如 wom#n，可查到 woman，women，若用在查询字的后面，如 dog#，则会查到 dogs，但不会查到 dog，有一特别需要注意的地方是在使用"#"时，前面至少要两个字符才可以查询。

2）"?"：符号"?"可以放在查询字的中间或后面，对于查询英、美用字的不同有很大帮助，例如，colo?r，可以查到 color，colour，使用"?"时，前面不能只有一个字符，否则会查不到。

（6）其他检索功能

1）主题标题的比对（map to subject heading）：①在检索画面中勾选"Map to Subject Heading"，然后在空白字段键入关键词按"perform search"，系统会自动从树状结构或索引典（tree or thesaurus）找出相关主题标题，自行选择适合的检索词。②当系统呈现出所输入关键词相关的控制词汇在画面上，可以从中选择一个词汇去了解其 tree or thesaurus 的结构。③可以在所要的词汇旁边的方块作勾选（select），或者利用下拉式选单选择两个或更多个词汇作布尔逻辑的组合（combine selections with AND、OR）。④也可以勾选 Explode 或 Focus 下方的方块，两者功能说明如下：a. 延展功能（Explode）：延展功能就是将所有的狭义定义（narrow terms）联集起来，也就是说运用 explode 就可以将完整的 narrow terms 全部都查询，含括主要标题及次要标题，若需要查询较完整的资料时，建议可选择 Explode 功能。b. 聚焦功能（Focus）：若需查询较准确的文献内容时，建议可以选择 focus 功能。⑤按"Contiune"按钮显示检索结果，或点选"Main Search Page"放弃，回到检索主画面。

2）范围定义（scope note）：scope note 是由数据库的制造者所撰写，提供简单的词汇定义及如何应用说明；可以在 scope note 字段下方点选圆形标志，或利用工具列"Tools"，选择"Scope note"查询。

3）索引典（thesaurus）：索引典可以让使用者更容易查询同义字或不同形态的文献资料，索引典词汇的定义如下：①替代词（used for terms）：同义字，帮助使用者了解该词汇的定义及其范围内容。②广义词（broader terms）：指在结构层次中较高层级的词汇或者较没有特定观点的词汇。③狭义词（narrower terms）：指在结构层次中较低层级的词汇或者有较特定观点的词汇。④相关词（related terms）：与主要词汇横向相关的词汇，列出除了主要词汇其他相关的词汇，提供使用者参考。⑤ use references：提供使用者可以参考相关的词汇，方便找到更多的资料文献。查询索引典，可利用工具列"Tools"，选择"Thesaurus"查询。

4）交替索引（permuted index）：提供使用者只要输入一个字就可以查到相关索引词汇，使用交替索引功能，您可利用工具列"Tools"选择"Permuted Index"查询。

（三）检索结果与资料输出

1. 显示检索结果 检索清单显示出符合检索条件的文章，通常一次呈现十篇，点选 "abstract" 呈现一般书目资料，包含资料来源及摘要内容，点选 "Complete Reference" 呈现完整的书目资料，包含书目索引资料及主题、标题和摘要。

2. 检索历史栏 系统会将检索项次在检索清单上方的检索历史栏 "#" 字段中呈现，检索文献结果在 "Result" 位置呈现，"Display" 是查看检索结果的内容。

3. 注记 可以在检索清单的小方框勾选想要浏览的文章篇名，以便在书目管理（citation manager）功能中做资料储存、打印或邮寄。

4. 资料输出 页面下方书目管理功能 action 字段提供浏览资料（display）、预览打印（print preview）、Email、存盘（save）等功能，存盘与 Email 传送每一次不得超过二百篇。

【链接】

网络安全为人民，网络安全靠人民

信息时代，网络空间与实体社会深度交融，数字化程度不断加深，在为经济社会高质量发展增添动能的同时，也带来了许多前所未有的挑战。虽然，多种防火墙技术可用于提升医院药学信息安全，但是具有网络屏障作用的防火墙技术只能保护网络内部，而不能防止内部人员的恶意破坏。因此，我们必须牢记网络信息安全工程建设是一个系统工程，"三分靠技术，七分靠管理"，好的管理制度、好的管理策略才是信息防护系统的重中之重。树立"网络安全为人民，网络安全靠人民"的观念，维护网络安全是全社会的共同责任，需要政府、企业、社会组织、广大网民的共同参与。需要形成各方面齐抓共管的良好局面，进一步筑牢全民网络安全的"防火墙"，亿万人民群众在网络空间才会拥有更多获得感、幸福感、安全感。

复习思考题五

1. PubMed 检索方式主要有哪些？
2. Embase 检索方式主要有哪些？
3. BIOSIS Previews 检索算符有哪些？
4. Web of Science TM 核心合集主要检索方式有哪些？

随着网络信息技术的发展，互联网已经成为常用的信息资源来源，通过网络平台可以高效地浏览、检索、获取中医药信息资源，助力中医药教学和科学研究的开展。目前，常用于获取中医药信息资源的网络检索工具有搜索引擎、医学网站资源、开放获取期刊和开放网络课程平台等。

第一节　网络搜索引擎

搜索引擎是指根据一定的策略、运用特定的计算机程序从互联网上搜集信息，在对信息进行组织和处理后，为用户提供检索服务，将用户检索的相关信息展示给用户的系统。利用搜索引擎检索、获取科技文献资源，是目前比较常用的一种方便、快捷的方法。

一、主要综合性搜索引擎

（一）百度

百度（https://www.baidu.com/）是全球最大的中文搜索引擎，由李彦宏、徐勇于2000年1月创立于北京中关村，主要提供中文网页搜索服务，提供中文（简/繁体）网页搜索服务。百度搜索引擎提供新闻、地图、词典、翻译、文库、学术、百科、图片、直播、视频、贴吧、百度知道、百度云等服务功能。百度搜索框支持图片搜索功能。

1.基本检索　百度搜索引擎的基本检索功能支持布尔逻辑检索技术、精确检索及特殊搜索命令。百度搜索框支持图片搜索功能，可通过粘贴图片网址、拖拽图片、上传图片等方式进行图片检索。

（1）百度搜索引擎支持布尔逻辑检索技术　在百度搜索引擎中，逻辑"与"用"+"或空格表示，例如，检索当归与黄芪同时出现的网页，可在百度搜索框中输入：当归 + 黄芪，或直接输入：当归 + 黄芪；逻辑"或"通常用"|"表示，例如，检索消渴或糖尿病其中任意一词出现的网页，可在百度搜索框中输入：消渴 | 糖尿病；逻辑"非"通常用"-"表示，例如检索出现中风但不出现失语的网页，可在百度搜索框中输入：中风 - 失语，需要注意的是，百度中用"-"表示逻辑"非"时候，第一个检索词和"-"之间须留空格，"-"与第二个检索词间不留空格。

（2）百度搜索引擎支持特殊搜索命令　百度搜索引擎支持"link:""Intitle:""Site:""Inurl:""Filetype:"等特殊搜索命令。百度搜索引擎"link:"语法可以查询对当前所查网页进行链接的网站。"Intitle:"语法可以将检索范围限定在网页标题中。"Filetype:"语法可将检索结果的文件类型进行限定，如 DOC、XLS、PPT、PDF、ALL 格式类型，ALL 表示检索含有检索词的所有文档类型的资源。例如，在检索框中输入检索命令"新型冠状病毒感染 filetype:PDF"即可检索文档中含有检索词"新型冠状病毒感染"的 PDF 文档。百度搜索引擎的特殊搜索命令也可以在高级搜索功能中实现。

（3）百度搜索引擎支持精确检索　在百度搜索引擎中，用""和《》表示检索结果必须与符号中的检索词完全一致。其中，《》表示检索结果的书名与书名号内检索词完全一致。例如，《中西医文献检索》即表示检索该书相关信息。

2. 高级搜索　百度搜索引擎的高级搜索功能在百度右上角"设置"下拉菜单选项"高级搜索"中。在"搜索"结果设置的四个框中，"包含全部关键词"表示检索词间的布尔逻辑关系为逻辑"与"，"包含任意关键词"表示检索词间的布尔逻辑关系为逻辑"或"，"包含完整关键词"表示精确检索，"不包括关键词"表示逻辑"非"，检索结果排除检索框中的检索词。此外，百度高级检索还可以进行检索网页的"时间""文档格式""关键词位置""站内搜索"等条件的限定（图 6-1）。

图 6-1　百度高级搜索界面

3. 学术搜索　百度搜索引擎的学术检索功能支持中英文学术资源检索，资源类型有学术期刊论文、会议论文等资源类型，资源范围涵盖中国知网、万方数据知识服务云平台、维普中文期刊服务平台、IEEE、Springer 等平台。百度学术提供基本检索和高级检索功能，百度学术的检索结果包含免费文献和收费文献。百度学术支持精确检索、DOI 号检索、参考文献检索等功能。其中，参考文献检索功能支持在基本检索框中输入参考文献格式，检索结果可直接命中目标文献。百度学术高级检索与网页检索的高级检索功能类似，支持布尔逻辑检索及"出现检索词的位置""作者""机构""出版物""发表时间""语言检索范围"等条件的限定检索。"包含全部检索词"表示检索词间的布尔逻辑关系为逻辑"与"，"包含精确检索词"表示检索结果与检索词必须完全一致，"包含至少一个检索词"表示检索词间的布尔逻辑关系为逻辑"或"，"不包括检索词"表示逻辑"非"，检索结果排除检索框中的检索词。百度学术的检索结果可按"相关性""被引量""时间降序"三种方式排序，默认按"相关性"进行排序。检索结果还可以按照"时间""领域""核心""获取方式""类型"等进行筛选。在文献详情页面还有"全部来源""求助全文"等功能（图 6-2）。

图 6-2　百度学术高级搜索界面

（二）Bing 必应

Bing（http://www.bing.com/）是微软公司于 2009 年推出的一款搜索引擎，中文名称为必应，提供国内版和国际版两个检索页面。必应提供网页图片、视频、学术、词典、地图、航班等搜索功能。必应搜索框支持语音搜索功能（图 6-3）。

图 6-3　Bing 主页

1. 必应支持布尔逻辑检索和精确检索　布尔逻辑检索中逻辑"与"用空格连接检索词，逻辑"或"用 OR 连接检索词，逻辑非用"–"连接，"–"后不留空格。

2. 必应支持命令搜索　例如，"filetype："命令可限定检索结果的文献类型；"intitle："命令可将检索范围限定在网页标题中；"inbody："命令可将检索范围限定在网页正文中；"location："返回特定国际或地区的网页。

3. 必应检索结果　必应按内容逻辑联系分类展示检索结果。中文网页搜索中，检索结果会展示百度百科、汉典、知乎等相关内容，然后展示相关视频、图片等资源。必应的图片及视频检索结果页面整洁，排列整齐，可在右上角"筛选器"中按相应条件进行筛选。必应学术搜索检索可进行起止时间限定，检索结果可按"相关性""时间倒序""时间顺序""引用数"进行限定（图 6-4）。

图 6-4　Bing 学术检索结果

（三）BASE 比勒费尔德学术搜索

BASE（bieleteld academic search engine，http://www.base-search.net）是由德国比勒费尔德大学图书馆开发和运营的多学科搜索引擎，提供学术网络资源搜索服务，截至 2024 年 3 月 6 日，BASE 收录了 3.5 亿余篇文献（图 6-5）。BASE 通过自动化方法规范元数据，主页提供简单检索、高级检索、浏览、检索历史等服务。BASE 支持对文献全文、题名、作者、关键词进行搜索。此外，BASE 还提供精确检索、同义词检索、多语言搜索、优先考虑开放获取文献等功能。

图 6-5　BASE 主页

BASE 检索结果页面显示文献的题名、作者、摘要、出版者、文献类型、数据提供者等信息，并提供文献详细信息、发送电子邮件、加入收藏夹、输出等功能。BASE 检索结果排序可按相关度、作者字母顺序、标题字母顺序、日期等选项对检索结果进行排序，还可通过作者、关键词、杜威十进分类法、出版年、文献类型等选项缩小检索范围，精炼检索结果（图 6-6）。

图 6-6　BASE 检索结果

（四）其他搜索引擎

1. 搜狗搜索（https://www.sogou.com/）　搜狗搜索支持微信公众号和文章搜索、知乎搜索、英文搜索及翻译等功能，提供网页、微信、知乎、图片、视频、医疗、汉语、翻译、问问、百科、知识等搜索功能。搜狗搜索右上角"设置"中提供网页高级搜索功能，可对搜索检索词选择"拆分"或"不拆分"检索，可指定站点检索，可限定搜索词位置在"网页中任何地方""仅在标题中""仅在正文中""仅在网址中"，可限定文件格式，搜索结果排序方式可"按相关性排序""按时间排序"。

2. 360 搜索（https://www.so.com/） 360 搜索由奇虎 360 于 2012 年推出，提供 360 导航，资讯、视频、图片、良医、地图、百科、文库、问答、翻译等功能和服务。360 搜索右上角"设置"中提供网页高级搜索功能，可限定搜索网页的时间、文档格式、搜索站点。

二、医学专业搜索引擎

医学专业搜索引擎主要提供医学和健康信息的专业资源，汇集医药卫生领域专业文献资源，且不受使用地域的限制，是检索和获取医药文献资源的重要工具，常见的医学搜索引擎有 Medscape、OpenMD 等。

（一）Medscape

Medscape（http://www.medscape.com）于 1995 年 6 月投入使用，免费提供临床医学全文文献和医学继续教育（CME）资源及视频资源的网站，是目前常用的医学专业搜索引擎之一。非注册用户可查看文献题录信息等内容，免费注册用户可查看全文。

Medscape Search 为功能强大的搜索引擎，可检索论文、消息、图像、音频、视频资料等。Medscape News 包括突发新闻、意见、全文期刊文章等。Medscape Reference 包括庞大的临床知识数据库。

1. 主页 Medscape 主页提供 News & Perspective（新闻和观点）、Drugs & Diseases（药物和疾病）、CME & Education（continuing medical education，医学继续教育）、Academy（学院 / 医师商业学院）、Viedo（视频）、Decision Point（决策指引）六部分导航（图 6-7）。

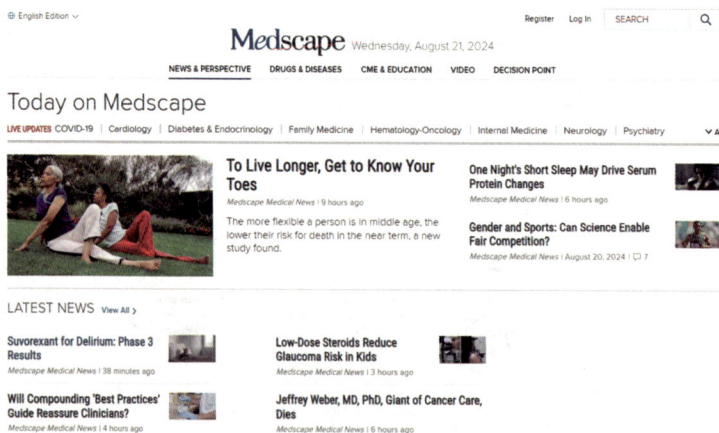

图 6-7　Medscape 主页

2. 检索方法 Medscape 检索功能位于主页右上角"SEARCH"检索框。Medscape 支持逻辑"与"检索，在检索框输入检索词，检索词间的空格默认为逻辑"与"，支持精确检索。系统将检索词在作者、文章标题、文摘和文章正文等字段进行匹配，返回检索结果。结果页面可选择所有资源或所需专题。检索结果精炼可按相关度和出版日期进行排序，还可按时间、分科、内容类型进行精炼（图 6-8）。

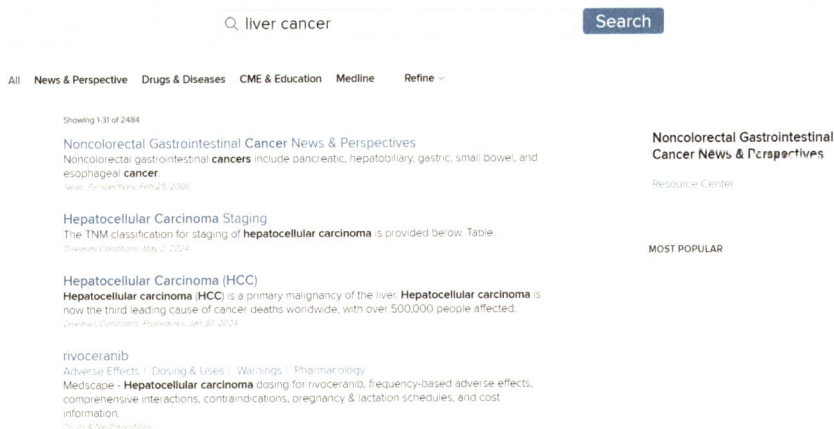

图 6-8　Medscape 检索结果

（二）OpenMD

OpenMD（https://openmd.com/）是一个提供医学资源的搜索引擎，可以搜索来自政府机构、全球卫生组织、医学期刊和参考网站的资源，帮助用户轻松获取高质量的医学文献信息，提供医学网页信息检索、期刊文献检索、专业术语检索，以及提供卫生网站目录、医学词典、健康研究指南等服务。其中，卫生网站目录提供 850 多个卫生领域网站的目录，医学词典提供 12500 个术语和 6000 个缩写的名词术语，健康研究指南提供查找、评估和使用在线卫生信息的指南。

点击检索框上方的"Journals"可实现期刊文献检索，检索结果可按"All results""Journals"显示，"All results"显示含有检索词的相关知识，"Journals"显示含有检索词的期刊论文。期刊论文的检索结果可按相关度、日期进行排序，还可按文献获取方式和文献资源类型进行筛选（图 6-9）。

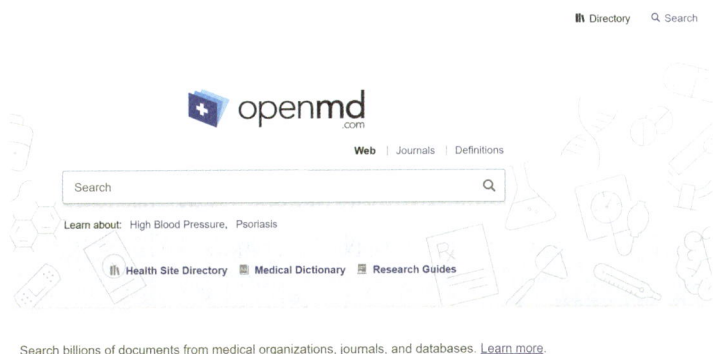

图 6-9　OpenMD 主页

第二节　医学网站资源

一、国内常用医药信息网站

（一）国家中医药管理局（http://www.natcm.gov.cn）

国家中医药管理局是我国政府管理中医药行业的国家机构，主要包含机构设置、信息发布、政策文件（政策文件、法律法规、政策解读）、互动交流及专题专栏几个模块。网页设有《全国中医药统计摘编》专栏，提供这部全面反映中华人民共和国中医药事业发展状况的资料性年刊的网络检索功能，点击进入后可逐年检索全国和各省、自治区、直辖市有关中医药发展的各方面统计数据。可检索5个方面的内容，一是中医资源，主要从中医机构的床位数、人员数、人员构成、增减情况、床位与人员比例及各地区的具体情况等方面，反映我国中医的资源总体状况和资源的利用效率。二是中医医疗机构运营与服务，主要从中医医院在病床使用状况、治疗工作情况及社会和经济效益等方面与综合医院的对比，反映我国中医医院医疗的总体状况以及与综合医院之间存在的差别。三是中医教育，主要从全国高等及中等中医药院校的学生状况、师资力量和固定资产等方面，反映了我国中医药教育的整体状况。四是中医药科研，从中医药科研机构的人员、设备、技术、基本建设、研究课题和经费状况等方面，全面地反映了我国中医药科研力量及发展前景。五是中医药事业财政拨款收入，反映了中医药事业财政拨款收入在财政支出中比重、与医疗卫生财政拨款收入的对比情况及中医药事业财政拨款收入的结构和分配情况。

（二）中华中医药学会（http://www.cacm.org.cn）

中华中医药学会是我国成立最早、规模最大的中医药学术团体，是中国科学技术协会的组成部分。它是全国中医药科学技术工作者和管理工作者及中医药医疗、教育、科研、预防、康复、保健、生产、经营等单位自愿结成并依法登记成立的全国性、学术性、非营利性法人社会团体，是党和政府联系中医药科学技术工作者的纽带，是大力促进发展我国中医药科技事业，提高全民健康素质的重要资源门户。网站发布中医药行业最新动态和学会举办的活动通知、纪要等资讯。通过主要职能栏目（学术园地、科技评审、师承继教、科学普及、标准化、会员服务、国际交流、主办期刊）和专题平台（科技奖励评审系统、继教管理与证书查询、中医期刊网、会员微信综合服务平台、中医师承继教平台、学术会议管理系统、中医药科普传播平台、中国中医药临床案例成果库）传承创新发展中医药，推动中医药知识传播和普及，让中医药走进生活，服务人民群众健康。其中，中医药期刊网是中华中医药学会中医药期刊集群的集中展示平台，该期刊群是我国中医药学领域规模最大，最具学术权威性的品牌期刊群，包括学会系列期刊102本，主办期刊42本，联盟期刊60本；中文类90本，英文类12本；覆盖中医药各个学科领域，形成了凝聚中医药领域中最优秀、最具代表性的最大中医药期刊集群。作者可通过集群网站了解全国权威的中医药期刊，利用网站提供的统一官方投稿入口投稿，排除虚假网站干扰。

二、国外常用医学信息网站

（一）世界卫生组织（http://www.who.int/）

世界卫生组织（world health organization，WHO，以下简称世卫组织）是联合国系统内卫生问题的指导和协调机构，1948年4月7日成立，有194个会员国，是国际上最大的政府间卫生组织，总部设在瑞士的日内瓦。

世卫组织的网站有英文、阿拉伯文、中文、法文、俄文、西班牙文6种语言版本，可以从主页（图6-10）上方点击进入。

世卫组织网站主页有最近新闻、最近突发卫生事件、营养不良、长新冠、总干事讲话、出版物和大事记等栏目，栏目设置时有变化。主页导航栏有健康主题、国家、媒体中心、突发卫生事件、数据等。特色栏目和功能介绍如下。

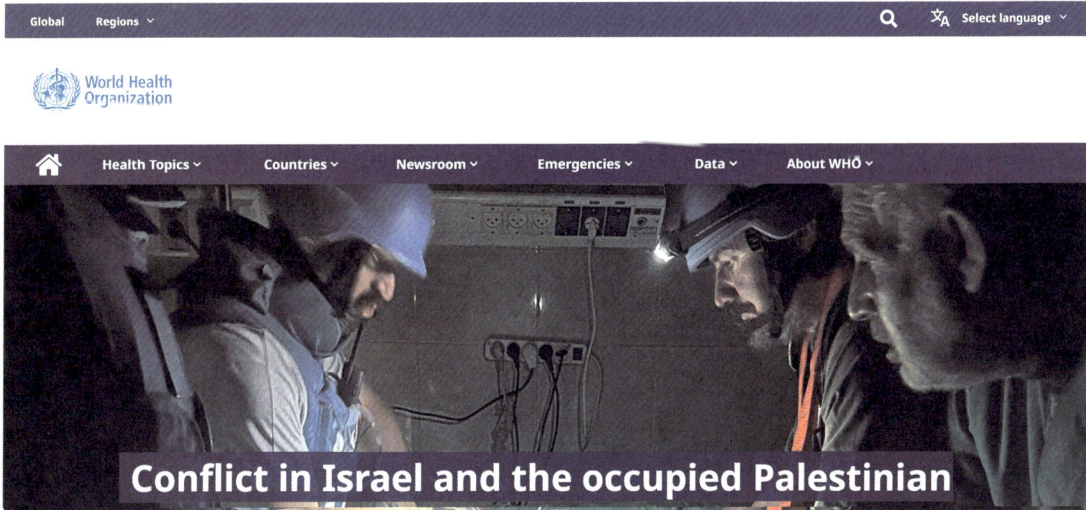

图 6-10　WHO 主页

1. 数据（data） 在导航栏点击"Data"，打开数据平台下拉菜单，按世卫组织数据（data at WHO）、数据仪表盘（dashboards）、亮点（highlights）、报告（reports）4 个部分展示世卫组织的主要数据工具、数据集和数据库，查检者可从多个不同的入口访问这些数据。

世卫组织数据（data at WHO）部分包含分类标准（classifications）、数据集（data collections）、全球健康评估（global health estimates）、死亡率数据库（mortality database）、可持续发展目标（sustainable development goals）等内容，可了解世卫组织的卫生健康术语标准、关键数据工具、数据集和数据库。其中，分类标准（classifications）是一系列疾病和有关健康问题的国际分类家族标准（family of international classifications，FIC），包括国际疾病分类（international classification of diseases，ICD）、国际功能、残疾和健康分类（international classification of functioning，disability and health，ICF）、国际健康干预分类（international classification of health interventions，ICHI）3 个主要分类标准及其他派生和相关分类标准。这些分类术语是健康数据、临床文档和统计汇总的全球标准，是全球卫生从业人员和患者沟通的统一专业语言，是自然语言处理、文本挖掘和文本分析的关键术语标准。在数据集（data collections）界面，呈现世卫组织按照会员国的授权管理和维护与全球健康和福祉相关的广泛数据集，如"艾滋病法律与政策数据库""肺结核数据"等。在数据集页面检索框中输入检索词，则可将与之相关的数据集呈现其下。如输入 HIV，则呈现与 HIV 相关的数据集，点击有关数据集可进一步检索。

亮点（highlights）部分的全球卫生观察站（global health observatory，GHO），是世界卫生数据平台提供的一个重要的世界卫生数据统计网站。GHO 提供多种方式检索世界各国相关卫生数据。点击"Indicators"，进入按字母顺序排列的卫生指标列表，点击某个卫生指标链接即可进入相关指标数据统计界面，提供可视化数据和列表数据两种显示方式。点击"Countries"可按国家首字母顺序检索 WHO 成员国各项卫生指标数据。点击"Map Gallery"可以查询健康主题的数据视图。点击"Publications"，可以查看世卫组织的各类分析统计报告。点击"Data Search"可进入全球卫生观察站数据存储库的检索页面，可以在检索框内输入检索词进行检索。

2. 健康主题（health topics） 健康主题界面按照字母顺序列出了 300 多个健康主题。例如，查找有关衰老（ageing）的信息，按字母顺序找到相关健康主题的单词，通过点击主题的链接，可以获得关于该主题的相关网站、实况报告、重要文件、统计数据、相关链接和特写等信息。

3. 国家（countries） 在导航栏点击"Countries"进入国家界面。该页面按照首字母顺序列出了 194 个世卫组织成员国，通过国名链接，可以获得各成员国的国情、卫生支出、疫苗接种覆盖面、卫生系统的组织和管理，如卫生立法、寿命表、特定疾病的发病率、卫生人力资源、人口数等统计资料。

4. 出版物（publications）　WHO 主页上有 publications 栏目，点击 "Find a Publication" 进入出版物界面。界面上的 "Journals and Series" "Book Orders" "WHO Guidelines" 等栏目分别介绍世卫组织的期刊、图书和指南。点击出版物页面右侧的 "All"，进入检索页面可检索世卫组织网站上的出版物。在该检索页面点击 "Publications Repository"，即可进入世卫组织信息共享数据库（the institutional repository for information sharing，IRIS），亦是世卫组织数字图书馆，可全面检索世卫组织自 1948 年出版的资料和技术信息，提供阿拉伯文、中文、英文、法文、俄文、西班牙文、德文和葡萄牙文 8 种言语免费检索。IRIS 可以按出版日期、作者、标题、主题等方式浏览，还可在右上角的搜索框输入检索词搜索。主题方式使用 MeSH 主题词检索。

（二）美国国立卫生研究院（http://www.nih.gov/）

美国国立卫生研究院（national institutes of health，NIH）创建于 1887 年，隶属于美国卫生部，是国际著名的生物医学科研机构，有 27 个研究所及研究中心。NIH 的使命是寻求有关生命系统的性质和行为的基本知识及应用这些知识来增强健康、延长寿命、减少疾病和残疾。NIH 每年将近 480 亿美元预算中的大部分用于医学研究，主要支持生物医学领域的基础性研究和临床研究，如分子生物学、基因研究、预防、诊断和治疗各种疾病和残障等。NIH 除了大力开展院内科研，还支持国内外各大学、医学院校、医院、研究机构和企业的科研活动，为研究人员提供培训服务和基金。

NIH 主页的导航有卫生信息、科研资助、新闻与事件、科研培训、NIH 下属机构、NIH 介绍等。主页右上侧有一个关键词检索框，可以实现对 NIH 网页信息的检索（图 6-11）。

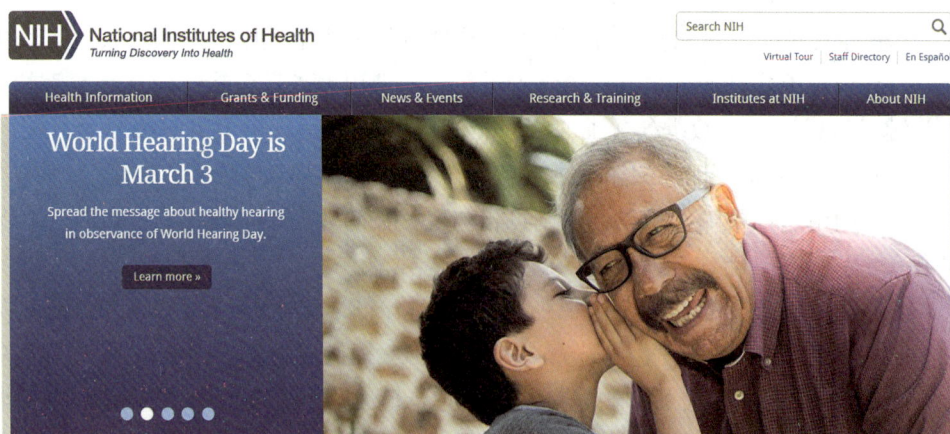

图 6-11　美国国立卫生研究院（NIH）网站主页

1. 卫生信息（health information）　提供 NIH 各种卫生信息资源，可以通过搜索框输入关键词检索 NIH 的各类卫生主题，如新冠病毒、心脏病、癌症等。其中临床试验信息（NIH clinical research trials and you）是 NIH 在美国和全球范围开展许多疾病的临床研究试验，包括癌症、阿尔茨海默病、过敏和感染性疾病、神经失调等。要想了解有什么临床试验，可点击 "Finding a Clinical Trial"，再选择美国临床试验数据库的网站链接 "Clinical trials.gov" 即可进入该数据库（图 6-12）。该数据库向公众、研究人员和医疗保健专业人员提供有关临床研究的信息，包含美国和其他 200 多个国家进行的临床试验。每条信息的内容有试验名称、试验主办单位、试验目的、试验内容、志愿者的条件、是否继续招收志愿者、联系信息等。该数据库提供 4 个固定条件的检索框，可设置多种检索条件（More Filters）。

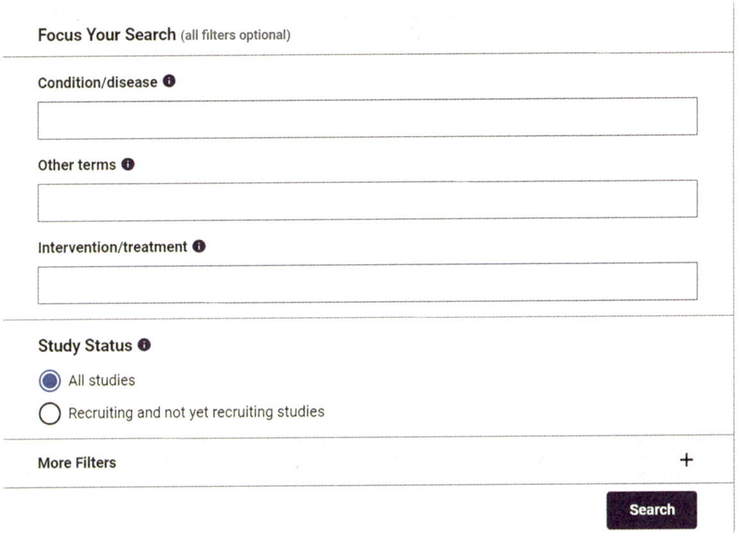

图 6-12 Clinical Trials.gov 临床试验数据库界面

2. 科研资助（grants & funding） NIH 是世界上最大的生物医学研究公共资助机构，每年投入超过 350 亿美元用于改善生活、减少疾病和残疾。NIH 科研资助界面有申请资助的相关信息介绍，点击 "Grants Home Page" 进入资助主页，在 "Funding" 栏目点击 "Find Grand Funding" 可以进入检索页面查找资助政策、资助机会等相关信息。科研资助页面还有一个快速链接 "REPORT"（research portfolio online reporting tools），点击后可进入 NIH 资助项目的在线报告工具页面，其中资助项目的支出和结果报告工具 REPORTER（the report expenditures and results）可以检索 NIH 资助的项目、出版物及专利。

3.NIH 的研究机构（institutes at NIH） 提供 NIH 院长办公室及 NIH 下属 27 个研究所和中心的主页链接。有国立癌症研究所（national cancer institute，NCI）、国立眼科研究所（national eye institute，NEI）、国立心肺血液研究所（national heart lung and blood institute，NHLBI）等，每个下属机构的网页上提供丰富的信息，如相关专业的数据库、最新研究成果新闻、专业研究项目、本专业基础知识、统计数据、学术会议、临床试验信息、出版物及相关链接等。

（三）美国国立医学图书馆（http://www.nlm.gov）

美国国立医学图书馆（national library of medicine，NLM）隶属于美国国立卫生研究院，是世界上最著名、最大的生物医学图书馆，收藏有数百万种印刷和电子资源。NLM 主页导航栏的 "PRODUCTS AND SERVICES" 提供 NLM 的主要产品和服务链接，包括 PubMed/MEDLINE、MeSH（医学主题词表）、UMLS（unified medical language system，一体化医学语言体系）等（图 6-13），以下介绍部分特色资源。

1.MedlinePlus MedlinePlus 由 NLM 创建，为患者及其家人和朋友提供在线健康信息资源，包括有关健康主题、人类遗传学、医学测试、药物、膳食补充剂和健康食谱等信息。信息来源于约 500 个经选择的可靠组织，提供近 22000 个英文权威健康信息链接和超过 13000 个西班牙文信息链接（图 6-14）。

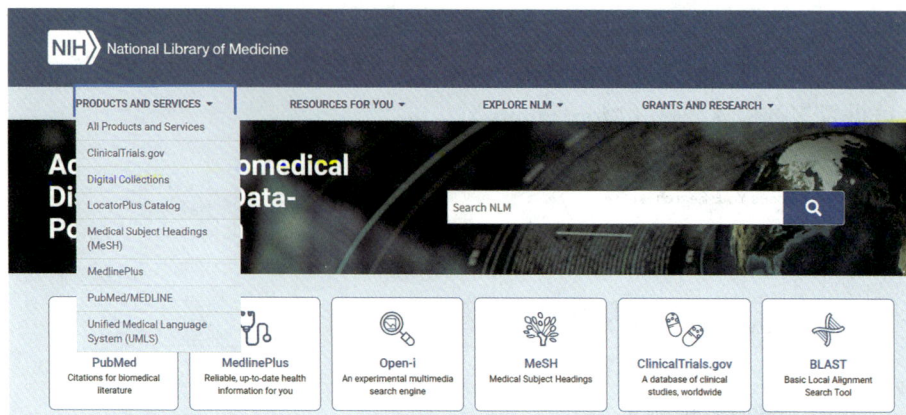

图 6-13　美国国立医学图书馆网站主页

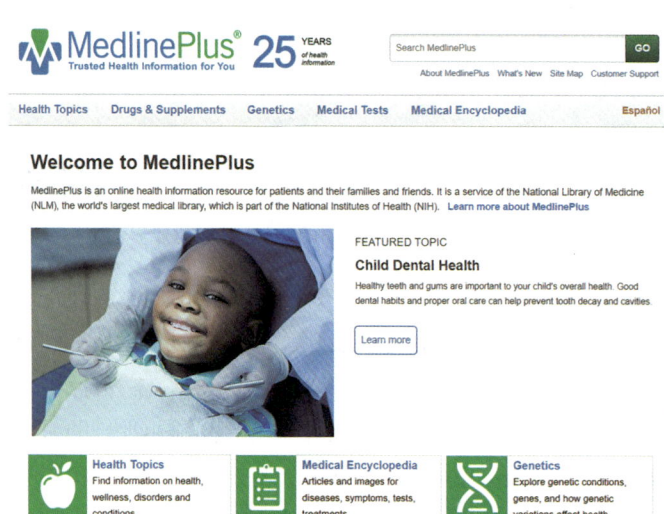

图 6-14　MedlinePlus 主页

（1）健康主题（health topics）　提供 1000 多种疾病和健康问题的症状、病因、治疗和预防等相关知识。健康主题提供按字母顺序排列及分类浏览两种检索功能。

（2）药物信息（drugs，herbs and supplements）　提供处方药、非处方药、膳食补充剂和草药的相关信息。包括美国卫生系统药剂师协会（ASHP）提供的超过 1500 种品牌药和非专利处方药、非处方药和疫苗的广泛信息，可以了解每种药物的副作用、常用剂量、注意事项和储存，可按药物的通用名或商标名字母顺序查找。草药和膳食补充部分提供草药的有效性、剂量、药物相互作用等信息，按字母顺序排列。可检索中草药，如人参（panax ginseng）等。

（3）遗传学（genetics）　提供有关 1300 多种遗传状况、1400 个基因、23 对人类染色体以及线粒体 DNA（mtDNA）的信息。还包括一本名为《帮助我了解遗传学》（*Help me Understanding Genetics*）的教育手册，该手册探讨了人类遗传学的主题，从 DNA 基础知识到基因组研究和个性化医疗。

（4）医学检查（medical tests）　提供近 300 种用于筛查、诊断和指导各种健康状况治疗的医学检查，包括检查的用途、为什么医生要求进行检查、检查的感觉如何以及结果可能意味着什么。

（5）医学百科全书（medical encyclopedia）　医学百科全书包含内容丰富的医学图像和视频库以及 4000 多篇有关疾病、检查、症状、伤害和手术的文章。

2. Open-i 多媒体搜索引擎　Open-i 服务允许从开源文献和生物医学图像集中搜索摘要和图像，包括图表、图形、临床图像等。可以使用文本查询和查询图像来完成搜索。Open-i 提供对来自约 120 万篇 PubMed 文献中超过 370 万张图片的访问。

三、其他网络资源

（一）中国国家数字图书馆（http://www.nlc.cn）

中国国家数字图书馆隶属于中国国家图书馆，中国国家图书馆馆藏宏富，古今中外，集精撷萃。馆藏文献超过 3500 万册，并以每年百万册的速度增长，馆藏总量位居世界国家图书馆第七位，中文文献收藏量位居世界第一，外文文献收藏量位居国内首位。中国国家图书馆建成了中国最大的数字文献资源库和服务基地，数字资源总量超过 1000TB，并以每年 100TB 速度增长。

中国国家数字图书馆工程于 1997 年正式开始启动，经过多年建设，中国国家数字图书馆已经成为一个开放性的，为公众提供个性化、多样化全媒体数字图书馆服务的数字图书馆服务体系。汇聚了国家图书馆自建资源、商购资源及与地方图书馆联合建设和合作建设的资源，内容涵盖图书、古籍、论文、期刊、音视频、少儿资源等。网站不仅提供数字化资源的在线阅读（播放）服务，还提供特色资源检索、文津搜索、OPAC 检索三大检索的一站式访问，此外，还为读者提供了各类专题资源、活动资源、读者指南等服务入口。资源内容有序、规模海量，多种媒体服务、平台高度共享，是一个知识中心和信息服务基地。

读者可以通过办理读者卡、网络实名认证和网络非实名等方式访问中国国家图书馆，不同读者所能访问的资源有所不同。读者卡读者可以访问自建特色资源库 52 个和商业购买数据库 131 个，网络实名认证读者可以访问自建特色资源库 52 个和商业购买数据库 55 个，网络非实名读者可以访问自建特色资源库 52 个和商业购买数据库 19 个。

（二）国家科技图书文献中心（https://www.nstl.gov.cn）

国家科技图书文献中心（国家科技数字图书馆，NSTL）是经国务院批准，于 2000 年 6 月 12 日成立的一个基于网络环境的科技文献信息服务机构，成员单位包括中国科学院文献情报中心、中国科学技术信息研究所、机械工业信息研究院、冶金工业信息标准研究院、中国化工信息中心、中国农业科学院农业信息研究所、中国医学科学院医学信息研究所、中国标准化研究院国家标准馆和中国计量科学研究院文献馆。

NSTL 全面收藏和开发理、工、农、医等四大领域的科技文献，已发展成为集中外文学术期刊、学术会议、学位论文、科技报告、科技文献专著、专利、标准和计量规程等于一体，形成了印本和网络资源互补的保障格局，资源丰富、品种齐全的国家科技文献信息资源保障基地。截至 2024 年，外文印本文献订购品种稳定在 2.4 万余种，其中外文期刊 1.5 万种，外文会议录等文献约 9000 种；面向全国开通网络版外文现刊 400 余种、回溯期刊总量达 3589 种，事实型数据库 3 个，OA 学术期刊 14000 余种等。

（三）PubScholar 公益学术平台

PubScholar 公益学术平台是中国科学院作为国家战略科技力量的主力军，履行学术资源保障"国家队"职责，为满足全国科技界和全社会科技创新的学术资源基础保障需求，建设的提供公益性学术资源的检索发现、内容获取和交流共享等服务的平台。首期平台整合集成了中国科学院的科技成果资源、科技出版资源和学术交流资源；OA 环境下允许集成服务的学术资源；以及通过协议授权或其他合作共建模式获得授权许可的学术资源。平台资源每日持续更新。目前平台可检索的元数据资源量约 1.7 亿条，包括科技论文元数据约 9548 万条，科技专利元数据约 8013 万条，科学数据元数据约 48 万条。可免费获取的全文资源量约 8000 万篇，包括科技论文全文数据约 2122 万篇，专利全文数据约 5878 万篇。

（四）国家哲学社会科学文献中心（https://www.ncpssd.org/）

为贯彻落实习近平总书记 2016 年 5 月 17 日在哲学社会科学工作座谈会上提出"加快国家哲学社会科学文献中心建设，构建方便快捷、资源共享的哲学社会科学研究信息化平台"的讲话精神，中宣部作出了总体部署，由中国社会科学院牵头建设"国家哲学社会科学文献中心"，教育部、新闻出版广电总局配合。"国家哲学社会科学文献中心"立足全国哲学社会科学领域，由国家投入和支持，开展哲学社会科学文献信息资源建设和服务。中心网站现有中文期刊、外文期刊、古籍等资源，收录哲学社会科学相关领域文献超过 2000 万条，提供在线阅读、全文下载等服务；还收录有国内外哲学社会科学领域重要的政府机构、高等院校、学术机构以及数据库的链接，方便查阅、使用。

第三节　开放获取

随着数字化技术和通信技术的飞速发展以及科研学术交流的广泛发展，开放获取是科研文献资源共享和交流的一种有效方式。开放获取（open access，OA），也译作开放存取，是将同行评议过的科学论文或学术文献放到互联网上，供用户免费获取。开放获取通过新的数字技术和网络化通信，任何人都可以及时、免费、不受任何限制地通过网络获取各类文献，包括经过同行评议过的期刊论文，参考文献、技术报告、学位论文等全文信息，用于科研教育及其他活动。开放获取有利于促进学术信息的出版、交流和传播。目前，开放获取的实现途径主要包括开放获取期刊（open access journal）、开放获取仓储（open access archives or repositories）等。

一、开放获取期刊

开放获取期刊（open access journal）是由作者支付论文的同行评议、稿件编辑加工、电子期刊出版等费用，读者则可免费通过互联网获取期刊发表的论文，这种发行形式的期刊称为开放获取期刊。根据期刊的开放程度分为完全开放获取期刊、延时开放获取期刊和部分开放获取期刊。完全开放获取期刊是指期刊在出版的同时即全部免费获取，即全刊免费，如《英国医学杂志》（*British Medical Journal*，BMJ）。延时开放获取期刊是指期刊出版一段时间后再免费开放获取，即过刊免费，如《病毒学杂志》（*Journal of Virology*，JV）。部分开放获取期刊是指同一期期刊中，只有部分文章为用户提供免费服务，如《美国医学会杂志》（*Journal of the American Medical Association*，JAMA）。

开放获取期刊根据出版形式分为纯网络版电子期刊和平行出版两种。纯网络版电子期刊完全通过网络渠道进行发表，不发行印刷本。如 BioMed Central 在线出版的系列期刊。平行出版物是指既发行纸质版期刊，又在网络免费发布该刊的全部或部分论文。相较纸质期刊而言，网络电子期刊提供了便捷的文献检索、文献获取、读者交流等服务，使用更加便捷。许多开放获取期刊为平行开放期刊。

（一）BioMed Central

BioMed Central（简称 BMC, https://www.biomedcentral.com/journals）是英国商业性出版机构，致力于提供生物医学研究成果开放获取期刊论文，目前出版 300 余种生物医学领域期刊，少量期刊同时出版印刷版。BMC 主页提供检索功能、浏览期刊和学科导航等功能。检索框检索功能可在 BMC 所有文献中检索含有所需检索词的文献。浏览期刊和学科导航功能可按学科或期刊字母浏览期刊，找到所需期刊，点击刊名即可进入该刊网站（图 6-15）。

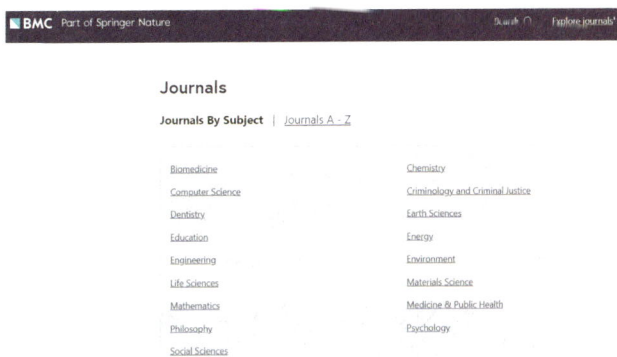

图 6-15　BioMed Central 主页

（二）HighWire Press

HighWire Press（https://www.highwirepress.com）是 1995 年由斯坦福（stanford）大学图书馆创建的提供免费全文的全球最大的学术期刊文献出版商之一，收录资源范围包含生物科学、人文科学、医学、物理学及社会科学等学科领域。收录的学术期刊和专业书籍提供免费全文及付费全文。该网站还提供 PubMed 检索，可浏览题录和文摘，并提供全文链接。

HighWire 官网主页有 "Solutions" "Resources" "Support" "Contact" 等栏目（图 6-16），点击 "Support" 栏目，选择 "Highwire Express Support"，进入网页后切换至 "for Researchers" 页面，左侧导航可按题名、出版商两种方式浏览 HighWire 收录的期刊。"by Title" 可按期刊列表刊名字母顺序浏览，"by Publisher" 可按出版商列表字母顺序浏览，每个出版商下再列出该出版商出版的被收录到该网站的电子期刊。两种期刊列表可自由切换，两种浏览方式均可点击刊名链接进入所选期刊网站，浏览或检索期刊文献。点击刊名后的 "info" 可查看所选期刊的出版社信息、联系方式、ISSN 号、影响因子等信息。"info" 后有 "Free ISSUES" "Free TRIAL" "Free SITE" 标注。"Free ISSUES" 表示过刊免费，"Free TRIAL" 表示可在试用期内获得全文，"Free SITE" 表示可获得该刊所有全文。

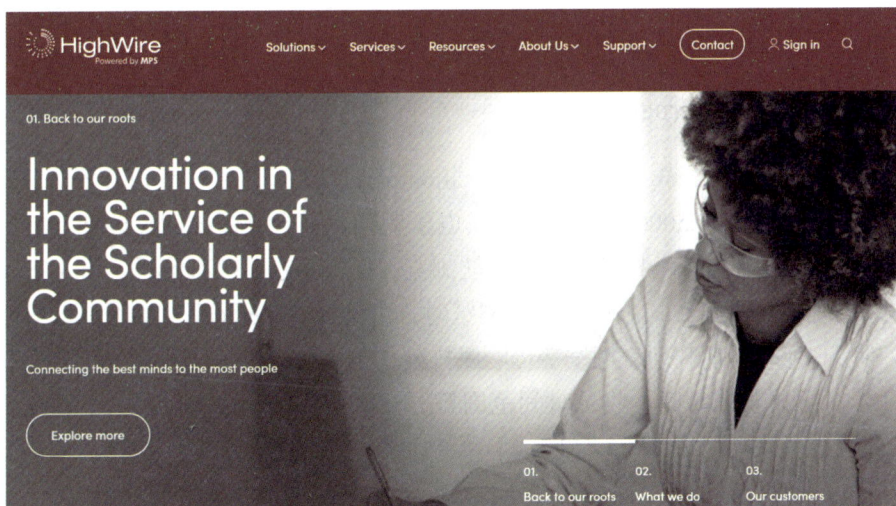

图 6-16　HighWire Press 主页

（三）PMC（PubMed Central）

PMC（PubMed central，https://www.ncbi.nlm.nih.gov/pmc/）是由美国国立医学图书馆（NLM）所属的国家生物技术信息中心（NCBI）于 2000 年创建的平台，提供生物医学领域文献，在全球范围内免费使用，无需注册即可浏览、检索、下载文献。PMC 是 PubMed 数据库中免费全文的重要来源。PMC 提供基本检索、高级检索和期刊浏览等检索方式（图 6-17）。

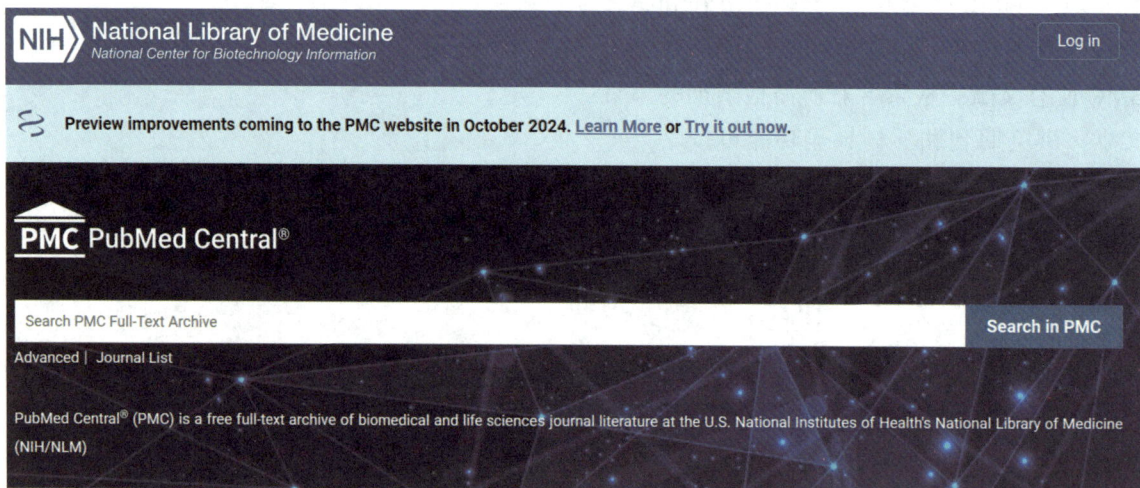

图 6-17　PMC 主页

1. 文献检索　PMC 提供基本检索和高级检索，检索方法与 PubMed 基本相同，主页检索框默认为基本检索，点击检索框下方的"Advanced"可进行高级检索。检出结果显示标题、作者、刊名、出版日期、卷期、页码及 PMCID 信息，检索结果记录下方的"Article"和"PDF"链接可获取文献全文。"Article"以网页（HTML）形式浏览文献全文，"PDF"链接提供 PDF 格式全文。检索结果页面可通过"Display Settings"进行显示设置，通过"Send to"进行检索结果保存。

2. 期刊浏览　PMC 主页点击检索框下方的"Journal List"进行期刊浏览，可依据刊名字母顺序浏览，也可进行期刊检索。"Journal List"提供期刊的 ISSN 号、刊名（若刊名有变动，会标注新旧刊名）、被收入 PMC 的起始卷期、该刊出版多久后免费等信息。用户如需查找某一具体期刊，可通过"Journal List"字母找到所需期刊，也可在"Journal List"检索框中输入刊名检索词进行检索，点击刊名，选择所需卷期，再浏览相应文献全文。

（四）Free Medical Journals

Free Medical Journals（http://www.freemedicaljournals.com/）是一个期刊目录信息网站，提供免费医学期刊全文，收录有 5000 余种医学免费电子期刊。平台可链接到具体期刊网站检索或链接到 PubMed 收录的该刊文献，检索方式为导航浏览，提供主题、FMJ 影响、开放获取时间、刊名字母顺序、语种 5 种浏览方式。按照主题浏览时，可选择"Medica""Biology"等学科，页面显示相应学科期刊列表，期刊列表可按字母顺序排列，也可按影响因子排列。期刊著录信息包括语种、ISSN 号、开放获取时间、收录时间范围等，注明"Free"的期刊表示全刊免费。点击所需期刊刊名即可进入该刊网站（图 6-18）。

图 6-18 Free Medical Journals 主页

（五）中国科技论文在线（http://www.paper.edu.cn/）

中国科技论文在线是经教育部批准，由教育部科技发展中心创建的公益性科技论文网站，快速发表科研人员最新研究成果，可为在网站发表论文的作者提供该论文发表时间的证明，并允许作者同时向其他专业学术刊物投稿，保护原创作者的知识产权。截至 2024 年 3 月 7 日，中国科技论文在线首发论文总数达 10 万余篇，全免费期刊论文库收录文献 129 万余篇，学者成果总数 14 万余篇，资源范围覆盖各学科，网站支持科技论文跨平台检索，提供基本检索、高级检索、学科浏览等检索方式。目前已出版印刷本期刊《中国科技论文在线精品论文》，季刊（图 6-19）。

图 6-19 中国科技论文在线主页

（六）DOAJ

DOAJ（directory of open access journals，https://www.doaj.org/）是由瑞典 Lund University Libraries 创建和维护的一个随时更新开放获取期刊列表的网站，于 2003 年 5 月正式发布。DOAJ 所收录期刊均为高质量的学术性期刊，涵盖农业和食物科学、生物和生命科学、化学、历史和考古学、法律和政治学、语言和文献等学科主题。DOAJ 可提供期刊、论文检索以及期刊浏览功能，检索功能支持检索字段的选择，浏览功能可按学科等内容进行浏览（图 6-20）。

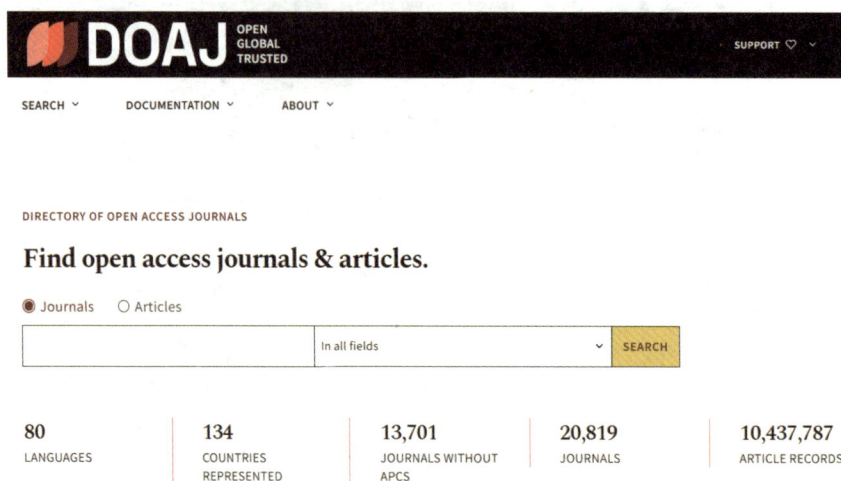

图 6-20　DOAJ 主页

（七）Socolar

Socolar（http://www.socolar.com/）为中国教育图书进出口有限公司开发的"OA 资源的一站式整合服务平台"，旨在为用户提供开放获取资源检索和全文链接服务，为非营利性项目，Socolar 的服务对象主要为研究人员，在校师生等。Socolar 资源范围覆盖全学科，截至 2024 年 3 月 6 日，收录 1700 余万篇外文开放获取文献，5657 余万篇外文付费期刊文献。Socolar 提供文献检索和期刊检索。文献检索有基本检索和高级检索功能，可选择检索字段，检索结果可进行二次检索。期刊检索可通过 ISSN 号、刊名、出版社字段检索，也可根据出版社、期刊首字母顺序进行浏览，点击所需期刊刊名，可按期刊年卷期进行浏览（图 6-21）。

图 6-21　Socolar 主页

（八）其他

1. Open J-Gate（https://jgateplus.com/home/）　Open J-Gate 是 OA 英文期刊门户网站之一，提供基于开放获取期刊的免费检索和全文链接。收录文献的主题包括农业与生物科学、人文艺术、基础科学、工程技术、社会科学与管理科学、图书馆学与信息科学、生物医学等。需注册后才能使用。

2. American Chemical Socicty（ACS，美国化学学会，https://www.acs.org/） ACS 是美国化学学会建立的电子期刊全文资料库，提供化学相关学科电子期刊。

3. *British Medical Journal*（《英国医学杂志》）出版集团期刊（https://www.bmj.com/） 以编辑出版创刊于 1840 年的综合性医学杂志《英国医学杂志》为主体，同时编辑出版 40 余种医学杂志，提供免费电子期刊全文。可通过主页 "Research" 栏目下拉菜单中浏览相应的研究论文、研究方法与研究报告。

4. Wiley Online Library（https://onlinelibrary.wiley.com/） Wiley Online Library 提供期刊论文和在线书籍等资源，学科范围覆盖农业、动物学、经济学、金融学、数学、统计学、工程技术、计算机科学、保健学、人文学、法学、生命和自然科学、医学、社会科学及行为科学等。检索方法有基本检索、高级检索和引文检索，部分期刊文献提供 "Free Access" "Open Access" 获取方式。

5. JOHNS HOPKINS Welch Medical Library 电子期刊专栏（https://www.welch.jhmi.edu/） 韦尔奇在线馆藏提供 5000 余种电子期刊及 400 余种数据库。JOHNS HOPKINS Welch Medical Library 主页提供论文检索、期刊检索、数据库检索等检索服务。其中，期刊专栏提供关键词检索、刊名字母顺序浏览，检索结果中有［free］的检索记录可免费获取全文。

6. 发展中国家联合期刊库（http://www.bioline.org.br/） Bioline International 为非营利的电子出版物服务机构，提供来自发展中国家（巴西、古巴、印度、印尼、肯尼亚、南非、乌干达、津巴布韦等）的开放获取期刊的全文。点击 "All Journals" 即可按国家浏览期刊，点击期刊名即可查看所选期刊的期刊和论文信息。

二、开放获取仓储

开放获取仓储（open access archives or repositories）由研究机构或作者本人将自己的研究成果以电子全文形式存放在中心服务器或 Web 网页上供同行免费利用。开放获取仓储不仅存放学术论文，还存放其他各种学术研究资料，包括实验数据和技术报告等。主要分两种类型：一是由机构创建的机构资料库或者机构知识库（institutional repositories，IR）。二是按照学科创建的学科资料库（disciplinary repositories，DR）。OA 仓储一般不实施内容方面的实质评审工作，只要求作者提交符合一定的学术规范及文档格式的论文。

（一）DigiNole Commons 仓储（https://diginole.lib.fsu.edu/）

DigiNole Commons 为佛罗里达州立大学的各个院系及其研究人员提供的研究成果和教学资料等材料。包括手稿、照片、历史地图、技术报告、教育材料、论文研究数据等资料，提供基本检索、高级检索、学科分类浏览、学院部门浏览、出版类型浏览等多种检索途径（图 6-22）。

（二）arXiv.org（https://arxiv.org/）

arXiv.org 是由美国国家科学基金会和美国能源部资助，在美国洛斯阿拉莫斯（los alamos）国家实验室建立的电子预印本（preprint）文献库，是专门收集物理学、数学、计算机科学和生物学学术论文电子预印本的开放访问典藏库。预印本是指科研工作者的研究成果还未在正式刊物发表，而出于与同行交流的目的自愿通过邮寄或网络等方式传播的科研论文、科技报告等文章。

arXiv 预印本文献库是基于学科的开放获取仓储，旨在促进科学研究成果的交流与共享。arXiv 电子印本文档库没有评审程序，不过同行可以对文档库的论文发表评论，与作者进行双向交流。arXiv.org 主页提供基本检索、高级检索和分类浏览等检索方式。其中，分类浏览提供 Physics、Mathematics、Computer Science、Quantitative Biology、Quantitative Finance、Statistics、Electrical Engineering and Systems Science 及 Economics 八个学科领域的导航（图 6–23 ）。

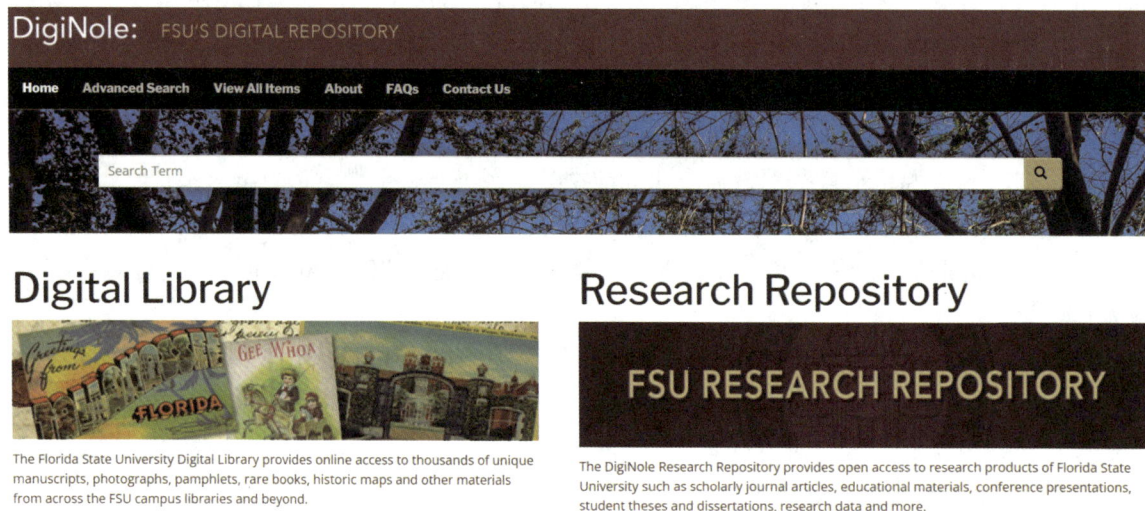

图 6–22　DigiNole Commons 主页

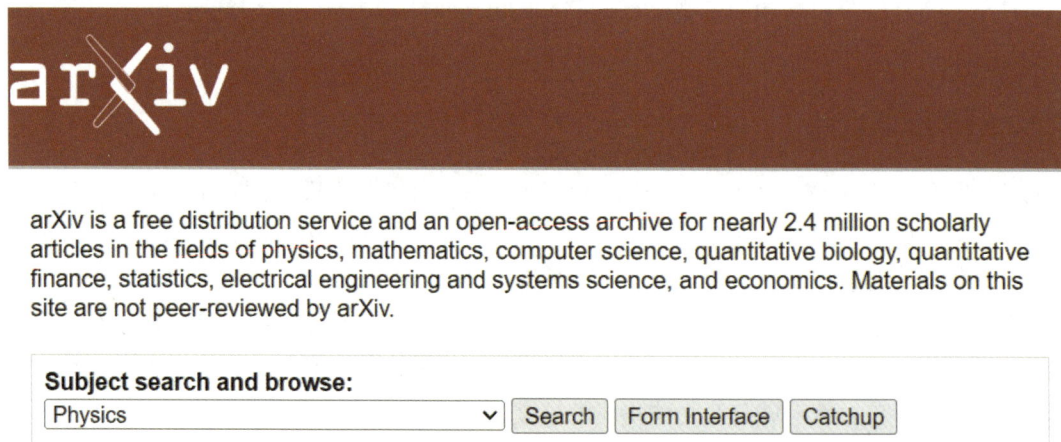

图 6–23　arXiv.org 主页

（三）OpenDOAR（https://v2.sherpa.ac.uk/opendoar/）

OpenDOAR 是由英国的诺丁汉（nottingham）大学和瑞典的隆德（lund）大学图书馆在 OSI、JISC、CURL、SPARC 欧洲部等机构的资助下于 2005 年推出的开放获取机构资源库。用户可通过机构名称、国别、学科主题、资料类型等途径检索和使用这些知识库，包含有期刊文献、会议文献、学位论文、技术报告、专利、预印本等免费资源（图 6–24 ）。

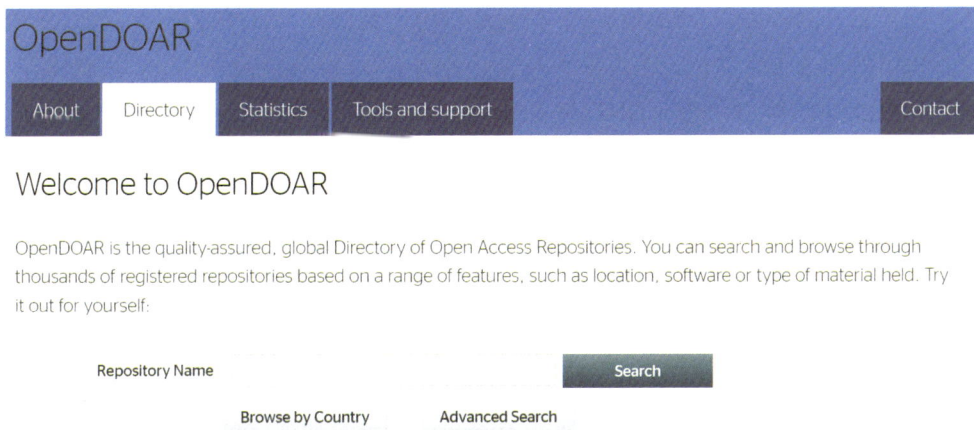

图 6-24　OpenDOAR 主页

（四）OALib

OALib（open access library，https://www.oalib.com/）是开放存取图书馆，为学术研究者提供全面、及时、优质的免费阅读科技论文，同时也作为一个开源论文的发布平台，提供学术网络资源服务。截至 2024 年 3 月 3 日，平台收录文献信息 574 万余篇。OALib 提供简单检索、高级检索和浏览功能，可按出版社、期刊、排名进行浏览。平台中的开放获取论文可免费下载全文。平台还提供 OALib 期刊和 OALib 预印服务（图 6-25）。

图 6-25　OALib 主页

（五）其他

1. Apollo 剑桥大学机知识构库（https://www.repository.cam.ac.uk/） Apollo 由剑桥大学图书馆（cambridge university library open research systems team）维护，保存剑桥大学的研究成果。资源类型包含会议论文集、书籍章节、专著、论文、研究数据等资源。有开放获取权限的文献可点击文献结果页面的 "Files" 下载文献。

2. eSchoralship 加利福尼亚大学机构收藏库（https://escholarship.org/） eSchoralship 提供加利福尼亚大学研究成果，提供期刊、专著、预印本、会议资料等开放获取资源。提供导航浏览和检索服务，可按加利福尼亚大学不同分部、不同院系等导航进行浏览，也可通过关键词、作者途径等检索资源。

3. DSpace@MIT 麻省理工学院机构库（http://dspace.mit.edu/） DSpace@MIT 是麻省理工学院研究的数字存储库，包括同行评审文章、技术报告、工作论文、论文等。DSpace@MIT 检索功能有基本检索和高级检索及浏览功能，大部分文献可以免费下载全文。

4. 武汉大学机构知识库（http://openir.whu.edu.cn/） 武汉大学机构知识库是典藏武汉大学各类知识成果的综合信息服务平台。成果类型包含期刊论文、会议论文、学位论文等资源。截至 2024 年 3 月 3 日，平台收录的成果题录数据包含期刊论文近 44 万余篇，学位论文 15 万余篇。

平台提供基本检索、高级检索、精确检索、导航浏览等检索方式。可选择题名、作者等检索途径进行检索，也可按筛选条件进行论著成果和专家学者浏览。

5. 香港科技大学机构知识库（HKUST SPD | the institutional repository，https://repository. ust.hk/ir/） 香港科技大学机构知识库是由香港科技大学图书馆开发的数字化学术成果存储与交流知识库，收录资源类型有论文、会议论文、预印本、博士学位论文、研究与技术报告等资源。提供基本检索和高级检索，检索字段有全文、题名、刊名、作者、主题、ISSN/ISBN 号、DOI 号等，检索结果可按文献类型、作者、主题、文献来源等精炼检索结果。

6. 香港大学学术库（https://hub.hku.hk/） 香港大学学术库提供 Publications、Researchers、Organizations、Theses、Patents 等栏目以导航方式浏览香港大学的出版物、学者、机构、学位论文、专利等资源。各类型资源均可通过检索词和过滤器进行检索及筛选。香港大学的硕士和博士学位论文，包含艺术、人文、教育及社会科学、自然科学等学科。

第四节　开放教育资源

开放教育资源（open educational resources，OER）指通过信息与传播技术来建立教育资源的开放供给，用户为了非商业的目的可以参考、使用和修改这些资源。在 2002 年联合国教科文组织会议上提出并采纳，意指"希望一起开发一种全人类可以使用的全球性教育资源"和"希望这种未来的开放资源能够动员起全球的教育工作者"。开放教育资源在消除人口、经济和地理因素在教育中所造成的界限、促进终身学习和个性化学习方面具有潜在作用。快速发展的开放教育资源为教和学提供了新的机会，同时也对高等教育中人们关于教和学实践的观念提出了挑战。

一、国内开放网络课程

（一）爱课程网（https://www.icourses.cn/home/）

爱课程网是教育部、财政部"十二五"期间启动实施的"高等学校本科教学质量与教学改革工程"委托高等教育出版社建设的高等教育课程资源共享平台。旨在利用现代信息技术和网络技术，推动高校的教育教学改革，提高高等教育质量，以公益性为本，构建可持续发展机制，为高校、师生和社会学习者提供优质教育资源共享和个性化教学服务。自 2011 年 11 月 9 日开通以来，相继推出三项标志性成果——中国大学视频公开课、中国大学资源共享课和中国大学 MOOC，受到学习者广泛好评，已成为国际领先、国内最具影响力的高等教育在线开放课程平台（图 6-26）。

图 6-26　爱课程主页

1. 课程资源　包括在线开放课程、视频公开课、资源共享课和学校云 4 类课程，并设中国大学 MOOC、一流大学系列课程、教师教育、思政课、考研、AI 专业培养方案、中国职教 MOOC、中国大学先修课 8 个专题。在线开放课程按学科分为计算机、经济管理、心理学、外语、文学历史、艺术设计、工学、理学、医药卫生、农林园艺、哲学、法学、思想政治教育、教育教学、大学先修课、职业教育、创新创业，并可按课程名和学校名搜索课程。视频公开课共 992 门，按学科分为哲学、经济学、法学、教育学、文学、历史学、理学、工学、农学、医学、管理学、艺术学和就业创业课，可按课程名、学校名和教师名搜索课程。资源共享课共 2882 门，分为本科、高职高专、教师教育和网络教育 4 类课程，可按课程名、学校名和教师名搜索课程。学校云是在线课程中心，是为全国高等学校定制的在线开放课程专属云服务，提供在线开放课程的建设、管理和应用服务。中国大学 MOOC 的课程资源分类和使用与爱课程网基本相似。

2. 课程学习　用户可以用手机号或邮箱注册账号，只有注册用户才能参加学习。课程分为在授课程、即将上线和结束课程。登记学习在授课程后，在线上按照课程进度参加实时学习，可以在电脑网页端或者手机 APP 观看教学视频。学习结束后，总成绩合格和优秀者，可自愿申请收费的认证证书。结束课程可以选择自学，但不提供认证证书。需要认证证书的，可以关注即将上线的课程，课程在授开放后及时登记学习。

（二）智慧树（https://www.zhihuishu.com）

网络课程类型包括直播课、大学共享课、研究生共享课、职业教育课、虚拟实验课、社会实践课等。智慧树是大型学分课程运营服务平台，服务会员学校，会员高校之间可实现跨校课程共享和学分互认，大学生通过智慧树完成跨校选课修读并获得学分。

（三）学堂在线（https://www.xuetangx.com/）

学堂在线是清华大学于 2013 年 10 月发起建立的慕课平台，在线运行了来自清华大学、北京大学、复旦大学、中国科学技术大学以及麻省理工学院、斯坦福大学、加州大学伯克利分校等国内外高校的超过 8000 门优质课程，覆盖 14 大学科门类。网络课程包括微学位、直播课、高校认证和训练营 4 类课程。

（四）学银在线（http://www.xueyinonline.com）

学银在线是超星集团与国家开放大学共同发起的基于学分银行理念的开放学习平台，是面向高等教育、职业教育、终身教育的公共慕课平台，整合了各类学校、教育机构的优质数字化学习资源和课程，为学习者提供国家精品在线开放课程。平台按照统一的学习成果框架及标准进行认证、积累与转换，实现"学习无边界、学分可积累、成果可转换、质量可信赖"。网络课程包括学银慕课、学银金课、示范教学包、学银项目、1+X 证书等课程类型，课程总数超过 8000 门。

（五）网易公开课（https://open.163.com）

网易公开课是网易于 2010 年推出的一个免费开放的在线学习平台。网易公开课收集了世界多所知名高等学府的授课视频，并配有中文或中英双语字幕，用户可以在线免费观看来自哈佛大学等世界级名校的公开课课程及可汗学院、TED 等教育性组织的精彩视频，内容涵盖人文、社会、艺术、科学、金融等领域。

（六）新浪公开课（http://open.sina.com.cn）

新浪公开课内容包涵国内外多所名校的公开课视频，将众多课程按照多门学科进行分类整合，提供快捷搜索、播放记录、翻译进度提示等功能，方便使用。新浪公开课拥有耶鲁大学、斯坦福大学、麻省理工学院等多所国际一流名校优质公开课视频，部分课程提供中文字幕。

二、国外开放网络课程

（一）Coursera（https://www.coursera.org）

Coursera 是一个全球在线学习平台（图 6-27）。Coursera 可以让任何人、在任何地方都可以访问来自世界一流大学和公司的在线课程。Coursera 与包括斯坦福大学、密歇根大学、普林斯顿大学、宾夕法尼亚大学、IBM、Google 等超过 300 家领先的大学和公司合作，为全球个人和组织提供灵活、负担得起、与工作相关的在线学习。在 Coursera 可以探索数百门免费课程或免费试用，可以享受高质量的课程、实惠的价格和灵活的日程安排在线学习获得大学学位。通过订阅 Coursera Plus 可以节省学习费用，以全包价格无限制访问 7000 多门课程、指导项目、专业和职业证书的学习内容。

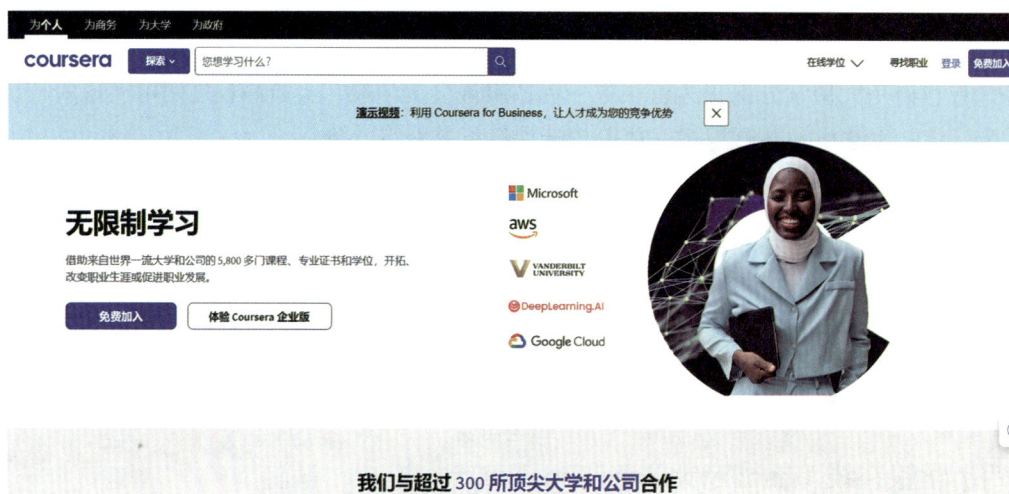

图 6-27　Coursera 主页

（二）Udacity（https://www.udacity.com）

Udacity 成立于 2011 年，是一个在线网络教育平台，教学语言为英语。Udacity 平台不仅提供视频，还有自己的学习管理系统，内置编程接口、论坛和社交元素。课程涉及数据分析、Web 开发、人工智能、产品设计、互联网营销等多个热门领域。Udacity 与 Google、Facebook、亚马逊、IBM、腾讯等全球领先企业合作，推出纳米学位认证项目，致力于将学员培养为世界一流的网站开发者、数据分析师和移动开发者。Udacity 有免费和收费课程，学位认证需要收费。

（三）Open Culture（http://www.openculture.com/）

Open Culture 由美国斯坦福大学 Dan Colman 教授于 2006 年创立，以建立终身学习社区为目标，汇集了全世界高质量的免费文化教育多媒体资源，包括来自世界顶级大学的 1700 门网上公开课、1150 部免费在线电影、1000 本免费音频图书和 800 本电子书。除此之外，还提供 MOOC 课程（部分有证书）、儿童教育资源以及语言学习资料等，学科涉及生物学、化学、计算机科学、经济学、数学、物理、心理等 17 个领域。其中，许多开放文化课程来自世界各地的主要机构，包括耶鲁大学、斯坦福大学、麻省理工学院、哈佛大学等。

（四）Open Learn（https://www.open.edu/openlearn/）

Open Learn 是一个免费的学习平台，由英国的开放大学提供。自 2006 年推出以来，Open Learn 已成为开放大学不可或缺的一部分，提供公开用于教学和学习的优质资源，该网站吸引了超过 1 亿的访问者。提供的课程包括金钱与生意，教育与发展，健康、运动与心理学，历史和艺术，语言，自然与环境，科学、数学与技术，社会、政治与法律，数字化和计算机等 9 个领域。

（五）麻省理工学院开放课程（https://ocw.mit.edu/index.htm）

自 2001 年以来，麻省理工学院开放课程资源（MIT OpenCourseWare，OCW）为数百万学习者和教育工作者创造了新的机会，分享来自麻省理工学院的开放教育资源，并在全球范围内引领免费获取知识的革命。OCW 是一个免费、开放的材料集合，拥有的数千门课程涵盖了麻省理工学院所有课程。用户可以使用这些材料进行自学或教学，但麻省理工学院不提供学分或认证。

【链接】

必须鉴别通过搜索引擎获得的网络信息的真伪

2016 年 4 月 12 日，西安电子科技大学 21 岁某学生因滑膜肉瘤病逝，该生是通过搜索引擎获得的治疗疾病的相关网络信息。有专家指出，该生"治疗的失败，第一，其采用的 DC-CIK 疗法并未获得药监局的上市批准；第二，该疗法在美国临床实验目前全部失败，至今没有获得上市许可"。该事件引发了对公立医院外包科室的整顿和对百度竞价排名、广告推广的整顿。该事件提示大家，对于网络上的信息务必要辨别真伪，不可轻信。

复习思考题六

1. 请归纳可以获取科技文献全文的搜索引擎有哪些？
2. 临床试验数据库（clinical trials.gov）有什么作用？
3. 如何查找美国国立卫生研究院（NIH）资助的科研项目情况？
4. MedlinePlus 有什么作用？
5. 归纳可以获取生物医学期刊论文全文的开放获取平台有哪些？哪些可以浏览期刊，哪些可以进行文献检索？

第一节　中医药专利文献概论

一、专利的基本概念

（一）专利

"专利"一词来源于拉丁语 Litterae patentes，意为公开的信件或公共文献，是中世纪的君主用来颁布某种特权的证明，后来指英国国王亲自签署的独占权利证书。

专利在现代一般是由政府机关或者代表若干国家的区域性组织，根据申请而颁发的一种文件。这种文件记载了发明创造的内容，并且在一定时期内产生这样一种法律状态，即获得专利的发明创造在一般情况下他人只有经专利权人许可才能予以实施。

专利在中国分为发明专利、实用新型专利和外观设计专利三种类型。

（二）专利权

专利权，是指国家根据发明人或设计人的申请，以向社会公开发明创造的内容及发明创造对社会具有符合法律规定的利益为前提，根据法定程序在一定期限内授予发明人或设计人的一种排他性权利。

根据《中华人民共和国专利法》的规定，授予专利权的发明和实用新型，应当具备新颖性、创造性和实用性。

新颖性，是指该发明或者实用新型不属于现有技术；也没有任何单位或者个人就同样的发明或者实用新型在申请日以前向国务院专利行政部门提出过申请，并记载在申请日以后公布的专利申请文件或者公告的专利文件中。

创造性，是指与现有技术相比，该发明具有突出的实质性特点和显著的进步，该实用新型具有实质性特点和进步。

实用性，是指该发明或者实用新型能够制造或者使用，并且能够产生积极效果。

（三）专利组合

专利组合是指为发挥单个专利不能或很难发挥的效应，将相互联系又存在显著区别的多个专利进行有效组合而形成的一个专利集合体，其由单一实体拥有或控制的一组相关主题的专利项目组成。

其相较于单一专利能创造更多直接和间接价值。一方面，专利组合内包含各种不同技术领域的专利，可以促进专利权人的技术开发；另一方面，专利组合可以实现对各类型、各层次创新的支持，实现创新价值，既可以有效提高企业的技术水平和产品竞争力，提高其在市场中的地位，也能有效实现对竞争对手的技术防御。

二、专利文献与作用

（一）专利文献结构

1988 年，世界知识产权组织编写了《知识产权教程》，其中阐述了现代专利文献的概念："文献是包含已经申请或被确认为发现、发明、实用新型和工业品外观设计的研究、设计、开发和试验成果的有关资料及保护发明人、专利所有人及工业品外观设计和实用新型注册证书持有人权利的有关资料的已出版或未出版的文件（或其摘要）的总称。"还进一步指出："专利文献按一般的理解主要是指各国专利局的正式出版物。"专利说明书、专利公报、专利文摘、专利索引、专利分类表等。

（二）专利文献种类标识代码

专利文献种类标识代码是指为标识不同种类的专利文献而规定使用的字母代码，或者字母与数字的组合代码。专利文献种类标识代码有推荐的国际标准，现行的是 WIPO 负责制定的 ST16《用以标识不同种类专利文献的推荐标准代码》。但由于各国或地区对于专利文献的公布内容并不相同，如有的公布专利检索报告、有的不公布等及历史上标识混乱的原因，各国的专利文献种类标识代码仍有必要分别识别。

2004 年 1 月 7 日，我国国家知识产权局发布了《专利文献种类标识代码标准》（ZC 0008-2004）。根据标准规定，专利文献种类标识代码是以一个大写英文字母，或者一个大写英文字母与一位阿拉伯数字的组合表示，单纯数字不能作为专利文献种类标识代码使用。大写英文字母表示相应专利文献的公布或公告，阿拉伯数字用来区别公布或公告阶段中不同的专利文献种类。

专利文献种类标识代码中字母的含义如下：

A 发明专利申请公布；B 发明专利授权公告；C 发明专利权部分无效宣告的公告；U 实用新型专利授权公告；Y 实用新型专利权部分无效宣告的公告；S 外观设计专利授权公告或专利权部分无效宣告的公告。

为了完整、准确地标识不同种类的专利文献，应当将中国国家代码 CN、专利文献号、专利文献种类标识代码联合使用，排列顺序：国家代码 CN、专利文献号、专利文献种类标识代码。

根据国家知识产权局发布的《专利文献号标准》（ZC 0007-2004），专利文献号遵守唯一性原则，由 9 位阿拉伯数字组成，包括申请种类号（首位阿拉伯数字）和流水号（后八位阿拉伯数字）两个部分。首位 1、2、3，分别代表发明专利、实用新型专利和外观设计专利，后 6 位数字按流水顺序编号。专利文献种类标识代码分别用（A/B）、U、S 表示，其中，发明专利申请公开为 A，发明专利申请审定（获得授权）为 B。例如，某专利号码为 CN109988133A。CN代表中国，1 代表该专利为发明专利，09988133 代表该专利是第 9988133 件，A 代表该专利为公开文本。

（三）专利文献作用

专利文献所含的信息对于研发人员、企业家等都非常有用。例如，对专利文献进行分析有助于避免研发工作的重复；改进并完善现有的产品或方法；评估特定技术领域的最新技术，以便了解该领域的最新发展；评价发明的可专利性，特别是发明的新颖性和创造性（这是确定可专利性的重要标准），以便在国内外申请专利保护；识别受专利保护的发明，尤其是为了避免侵权和寻求许可机会等目的；监控潜在合作伙伴和竞争对手在国内外的活动；在技术和产品研发的早期，确定市场定位或发现新趋势。

三、专利分类方法

（一）IPC 分类

IPC 是英文 International Patent Classification 的简称，中文名称为国际专利分类表。《国际专利分类表》（以下简称 IPC 分类）是以 1971 年签订的《国际专利分类斯特拉斯堡协定》为基础编制的，提供了一种由独立于语言的符号构成的分级系统，用于根据专利和实用新型所涉不同技术领域，对专利和实用新型进行分类。IPC 分类是目前国际通用的专利文献分类和检索工具。

IPC 分类属于等级列举式分类法，按部、大类、小类、大组、小组逐级分类。根据不同的技术领域，分为 8 个部类，用 A—H 表示。

A 部——人类生活必需

B 部——作业、运输

C 部——化学、冶金

D 部——纺织、造纸

E 部——固定建筑物

F 部——机械工程

G 部——物理

H 部——电学

每份专利文件上都要标明适当的 IPC 分类号。IPC 分类号由公布专利文件的国家或地区工业产权局分配。对于 PCT 文件，IPC 分类号则由国际检索单位（ISA）分配。

一件发明专利申请或者实用新型专利申请经常会涉及不同类型的技术主题，则应当进行多重分类，给出多个分类号。通常将最能充分代表发明信息的分类号排在第一位，称为主分类号。

例如，某专利号码为 CN102784183B，专利名称为一种红参多糖提取物的制备方法，IPC 分类号码为 A61K36/258；A61P35/00；A61P3/10；A61P37/04；A61P7/00。主分类号码为 A61K36/258，其中，A 代表人类生活必需；A61 代表医学 / 兽医学，卫生学；A61K 代表医用、牙科用或化妆用的配制品；A61K36 代表含有来自藻类、苔藓、真菌或植物或其他生物，例如传统草药的未确定结构的药物制剂；A61K36/258 代表人参属（人参）。

（二）CPC 联合分类

欧洲专利局（EPO）和美国专利商标局（USPTO）于 2010 年 10 月开始联合开发一种新的分类系统，以欧洲专利分类号 ECLA 为基础，同时结合美国专利分类实践经验构建而成的联合专利分类体系，被称为联合专利分类（cooperative patent classification，CPC），于 2013 年 1 月 1 日正式启用。

为实现与 IPC 的兼容，CPC 大体上沿用了 IPC 的分类规则，但是对 IPC 分类号进行了更进一步的细分。CPC 分类表包括主干类号、2000 序列分类号和 Y 部。主干类号采用了与 IPC 相同的分层结构，从高到低分为"部、大类、小类、大组、小组"五个层次，其中有些小组还可以进一步细分为多个 1 点组、2 点组等多点组。CPC 包含关键词信息，并将关键词转换为 CPC 2000 序列，其中大组 2000～2100 这部分的分类条目内嵌到主分类表中，作为对技术主题的进一步细分；另一部分大组数 ≥ 2200，放在主分类表后。

Y 部分类号是 CPC 分类号中新增加的部，作为对现有 CPC 分类号 A"—"H 部的补充。Y 部是可以直接通过输入分类号进行检索的，同时它关注的是跨领域的信息和最新科技信息，因此熟知其每个大类目的具体含义，可以提升专利检索的针对性。Y 部已有的分类号及技术含义见表 7-1。

表 7-1 CPC 分类法中 Y 部的技术含义

类目	技术含义
Y	对新技术发展的总体标记；跨越 IPC 的跨部技术的标记；前 USPC 交叉参考集合［XRAC］和摘要所涵盖的技术主题
Y02	减缓或适应气候变化的技术或应用
Y02A	适应气候变化的技术
Y02B	与建筑物有关的气候变化减缓技术
Y02C	温室气体的捕获，储存，分类或处置
Y02D	信息和通信技术中的气候变化减缓技术
Y02E	减少与能源发电，输电或配电有关的温室气体排放
Y02P	货物生产或加工过程中的气候变化减缓技术
Y02T	与运输有关的气候变化减缓技术
Y02W	与废水处理或废物管理有关的气候变化减缓技术
Y04	对其他技术领域产生影响的信息或通信技术
Y04S	与电力网络运行，通信或信息技术有关的系统集成技术，用于改善电力发电，传输，分配，管理或使用
Y10	前 USPC 所涵盖的技术主题
Y10S	由前 USPC 交叉参考集合所涵盖的技术主题
Y10T	前美国分类所涵盖的技术主题

（三）洛迦诺分类

《国际外观设计分类表》（以下简称洛迦诺分类）是巴黎公约全体成员国于 1968 年 10 月在瑞士洛迦诺召开外交会议缔结的《建立工业品外观设计国际洛迦诺协定》的重要附件，该协定的所有成员国将洛迦诺分类体系作为主要或者辅助的分类体系，采用统一的洛迦诺分类表对外观设计申请进行分类。除了缔约国的主管局，非洲知识产权组织（OAPI）、非洲地区知识产权组织（ARIPO）、比荷卢知识产权局（BOIP）、欧洲联盟知识产权局（EUIPO）和产权组织国际局也在其登记簿和公布的文件上使用洛迦诺分类。

1972 年 1 月 1 日洛迦诺分类正式施行，是目前使用最为广泛的外观设计分类体系。洛迦诺分类使用工业品外观设计的按字母顺序排列的商品目录，采用大类和小类两级结构。大类号和小类号均采用两位阿拉伯数字；大类号和小类号之间用破折号分开。

例如，某外观设计专利号码为 CN308145342S，专利名称为包装盒（安宫牛黄丸），洛迦诺分类号码为 09-03。其中，09 代表用于运输或处理货物的包装和容器；09-03 代表箱、盒、容器、（防腐）罐。

（四）其他专利分类体系

除了应用比较广泛的 IPC 分类、CPC 分类及洛迦诺分类表，还有一些其他的专利分类体系。例如，欧洲专利局分类体系（european classification system，ECLA）、针对日文专利文献的 File Index 体系（FI）和 File Forming Terms 体系（FT）及美国专利分类体系（the USA classification，UC）。

第二节　国内外的专利法规

我国专利保护需要遵守《中华人民共和国专利法》，国外专利制度包括《专利合作条约》、巴黎公约、布达佩斯条约以及斯特拉斯堡协定等。本节主要介绍《中华人民共和国专利法》（以下简称《专利法》）及国内外使用范围最广的《专利合作条约》和巴黎公约。

一、《中华人民共和国专利法》

（一）介绍

我国首部《专利法》于 1985 年 4 月 1 日实施，第一版《专利法》仅保护药品领域的方法类发明创造。1993 年 1 月 1 日我国开始实施第二版《专利法》，扩大了专利保护的范围，对于药品产品开始实施专利保护。

我国现行的《专利法》是根据 2020 年 10 月 17 日第十三届全国人民代表大会常务委员会第二十二次会议《关于修改〈中华人民共和国专利法〉的决定》进行的第四次修正。第四版《专利法》规定了发明，是指对产品、方法或者其改进所提出的新技术方案。实用新型，是指对产品的形状、构造或者其结合所提出的适于实用的新技术方案。外观设计，是指对产品的整体或者局部的形状、图案或者其结合以及色彩与形状、图案的结合所作出的富有美感并适于工业应用的新设计。

（二）《专利法》的具体内容

根据我国现行的《专利法》，我国的中医药专利保护的客体包括发明、实用新型、外观设计。按照具体的保护类型，中药发明专利按其具体的保护类型还可分为产品发明、方法发明和用途发明。中药产品发明专利包括中药复方制剂、新剂型、新药材、从中药材当中提取的有效成分等；方法发明专利包括中药材的种植、养殖方法，中药材的储存、保鲜以及炮制方法，中药活性成分的提取、分离及纯化等方法，中药制剂的制备工艺等；用途发明包括已知中药材或者已知中药材活性成分的新用途、已知中药制剂的新用途等。实用新型专利包括与中药生产加工相关的机器设备、艾灸盒等中药应用装置等。外观设计包括中药产品的外包装设计。

二、《专利合作条约》

（一）介绍

《专利合作条约》（patent cooperation treaty，PCT）是于 1970 年在华盛顿签订的专利领域的国际性条约，于 1978 年生效。截至 2023 年 3 月 15 日，随着毛里求斯的正式加入，PCT 缔约方总数已经达到 157 个，1985 年 3 月 19 日中国成为该公约成员国。1994 年 1 月 1 日，我国正式加入 PCT，同时中国国家知识产权局成为受理局、国际检索单位以及国际初步审查单位。

（二）具体内容

依照 PCT 提出的专利申请被称为专利国际申请或 PCT 国际申请，需要注意的是，PCT 不对"国际专利授权"：授予专利的任务和责任仍然由寻求专利保护的各个国家的专利局或行使其职权的机构掌握。

通过 PCT 途径，申请人可以只提交一份"国际"专利申请，即在许多国家中的每一国家同时为一项发明申请专利保护。PCT 缔约国的任何国民或居民均可提出这种申请。一般可以向申请人为其国民或居民的缔约国的国家专利局提出申请；也可以按申请人的选择，向设在日内瓦的 WIPO 国际局提出申请。

PCT 程序对申请人、专利局和普通公众都有巨大好处。

1. 申请人可于提交国际专利申请日算起 18 个月之后，才开始启动每一个具体专利局的国家阶段程序。这表明，与不使用 PCT 相比，申请人可以至少多 18 个月的时间，考虑是否值得在外国寻求保护、在国外每一个国家指定当地专利代理人、安排必要的翻译以及支付国家费用。

2. 只要国际申请是按 PCT 规定的形式提交的，任何被指定局在处理申请的国家阶段，均不得以形式方面的理由驳回申请。

3. 每一件国际申请都应经过国际检索，目的是发现有关的现有技术。国际检索由有资格的 PCT 国际检索单位进行，并最终给出一份国际检索报告，报告中描述了可能对该国际申请发明能否取得专利权产生影响的已公布的专利文件的目录。此外还发表一份关于从检索报告的结果来看，发明是否符合可专利性标准的初步的不具约束力的书面意见。

对于申请人而言，申请人收到检索报告后，根据内容可以决定撤回申请，尤其是在报告和意见的内容表明授予专利权的可能性不大时；或者申请人可以决定修改申请中的权利要求，以增加授权概率。因此，以国际检索报告和书面意见为依据，申请人可以对其发明有无机会被授予专利权作出有一定把握的评价。

对于各管理局而言，随国际申请一起转送被指定局的国际检索报告、书面意见，关于专利性问题的国际初步报告，可以大大减少甚至免除各专利局的检索和审查工作。

对于公众而言，由于在公布每一件国际申请时，还同时公布国际检索报告，因此可以更加方便第三方对提出权利要求的发明能否被授予专利权的问题发表有充足依据的意见。

4. 若专利申请处于遵守 PCT-专利审查高速路（patent cooperation treaty-patent prosecution highway，PCT-PPH）协议或类似安排的缔约国国家阶段，则申请人能够请求启动快速审查程序。

5. 在国际初步审查阶段，申请人可以对国际申请作出修正，从而在各不同专利局受理申请前使之符合要求，从而提高初审通过的可能性。

三、《保护工业产权巴黎公约》

（一）介绍

《保护工业产权巴黎公约》（以下简称《巴黎公约》）于1883年3月20日在巴黎签订，1884年7月7日生效。后面经过多次修正，目前使用的是1979年9月修正的版本。《巴黎公约》适用对象是工业产权，包括发明专利、商标权、工业品外观设计、实用新型、货物标记、地理标志以及制止不正当竞争等。

截至2024年1月19日，随着斐济的正式加入，《巴黎公约》缔约方总数已经达到180个，1985年3月19日中国成为该公约成员国。

（二）具体内容

《巴黎公约》中关于专利的实质性条款主要有三类：国民待遇、优先权、共同规则。

1.《巴黎公约》规定，在保护工业产权方面，每一缔约国必须同等对待本国国民以及其他缔约国的国民。此外，非缔约国的国民，如果在某缔约国内有住所或真实有效的工商业营业所，同样有权享受本公约规定的国民待遇。

2.《巴黎公约》规定了对专利的优先权。即申请人在首次向缔约国中的一国提出专利申请后，可以在一定期限（专利和实用新型是12个月；外观设计是6个月）内，向任何其他缔约国申请保护。在后申请的日期将视为与首次申请的日期相同。因此，他们将比其他人在上述期限内就同一专利提出的申请优先。此外，这些后提出的专利申请是以首次申请为依据的，因此前后间隔的时间内，该发明的公开或使用该外观设计的物品的销售等事件并不会对该专利造成影响。这意味着，有意在多个国家寻求专利保护的申请人不需要同时向各国提出全部申请，而有6个月或12个月的时间来决定最终的申请范围。

3.《巴黎公约》规定了一些所有缔约国须遵守的规则。其中最重要的规则如下。

第一，不同的缔约国对同一发明授予的专利是相互独立的：一个缔约国授予专利并不意味着其他缔约国也必须授予专利；任何缔约国均不得以某项专利在任何其他缔约方被驳回、撤销或终止为理由，而予以驳回、撤销或终止。

第二，发明人享有在专利证书上被写明为发明人的权利。

第三，不得以一种专利产品或使用某种专利方法取得的产品的销售受本国法律的管制或限制为理由，而拒绝授予专利权或无效该专利。

第四，对于各缔约国而言，在采取立法措施规定可以授予强制许可，以防止出现专利权滥用的情况出现时，可以考虑采用以下办法，但有某些限制：①对于以专利发明未实施或未充分实施为由而要求授予的强制许可（即非由专利权人而由有关国家的公共机关授予的许可），只有在专利授权三年后或从专利申请日计算起四年后，经请求才能授予；如果专利权人能够提出其不实施的正当理由，则必须拒绝强制许可。②除非授予强制许可仍不足以防止滥用，否则不得规定撤销该专利权。如出现不足以防止滥用的情况，可以提出撤销专利权的诉讼程序，但这种程序只有在授予第一个强制许可满两年之后才能提出。

第三节　中医药专利文献检索

中医药专利文献检索以国内专利数据库为主，主要包括两种途径，一种为专利信息检索公共服务平台，这类平台一般可以提供免费的专利文献检索。例如，国家知识产权开发的专利检索与分析系统；另一种为商业数据库，需订购后方可使用，如智慧芽、合享等。

一、专利信息检索公共服务平台

（一）国家知识产权局—专利检索与分析系统

1. 资源介绍（https://pss-system.cponline.cnipa.gov.cn/） 国家知识产权局专利检索与分析系统由国家知识产权局主办，提供中文版、英语版、日语版、法语版等9种语种界面。该网站收录了217个国家、地区和组织的专利数据及引文、同族、法律状态等数据信息，其中涵盖了中国、美国、日本、韩国、英国、法国、德国、瑞士、俄罗斯、欧洲专利局和世界知识产权组织等。国家知识产权局专利检索与分析系统首页（图7-1）。

图7-1　国家知识产权局专利检索与分析系统首页

2. 检索方法 该网站提供常规检索、高级检索、命令行检索、药物检索、导航检索以及专题库检索6种方式。

（1）常规检索　常规检索主要提供了一种方便、快捷的检索模式，帮助用户快速定位检索对象（如一篇专利文献或一个专利申请人等）。如果用户检索目的十分明确，或者初次接触专利检索，可以以常规检索作为检索入口进行检索。

常规检索提供7个检索字段【自动识别、检索要素、申请号、公开号、申请人、发明人和发明名称】的"检索项目"选择和一个"关键字"信息输入框，每次只能进行一个检索字段的选择。常规检索界面（图7-2）。

（2）高级检索　高级检索提供了更丰富、智能的检索入口。用户根据自身检索需求，在相应的检索表格项中输入检索要素，并确定这些检索项目之间的逻辑运算，进而拼成检索式进行检索。高级检索界面（图7-3）。

（3）命令行检索　命令行检索主要包含两部分业务功能：命令行检索和批处理管理。其中，命令行检索提供专业化的检索模式，该检索模式支持以命令的方式进行检索、浏览等操作功能；批处理管理主要为用户提供存储已有固化思路的工具，以便工作时随时使用。命令行检索适用于专利检索技巧掌握比较熟练的用户。命令行检索界面（图 7-4）。

图 7-2　常规检索界面

图 7-3　高级检索界面

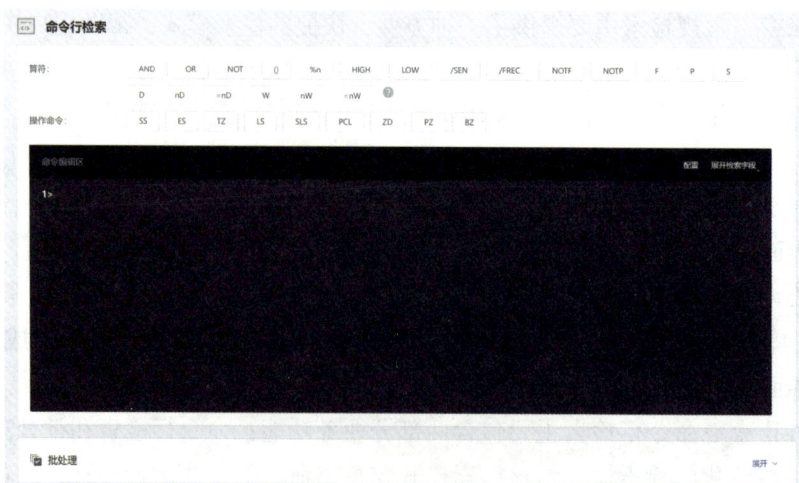

图 7-4　命令行检索界面

（4）药物检索　药物专题检索是基于药物专题库的检索功能，为从事医药化学领域研究的用户提供检索服务。用户可以使用此功能检索出西药化合物和中药方剂等多种药物专利。系统提供高级检索、方剂检索和结构式检索三种检索模式，方便用户快速定位文献。还提供了中药词典和西药词典，便于检索及保存。

需要注意的是，药物数据不能分析药物数据保存在药物专题库中，与专利检索数据库相互独立，所以不能进行分析。药物检索界面（图 7-5）。

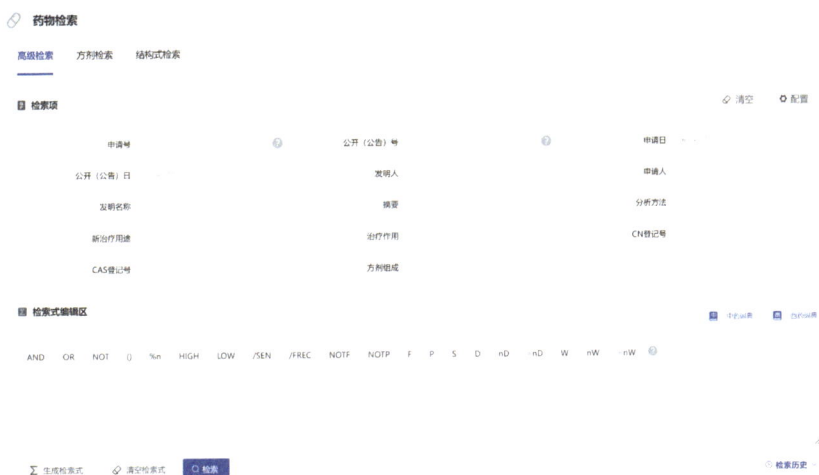

图 7-5　药物检索界面

（5）导航检索　导航检索是基于 IPC 分类、CPC 分类、国民经济分类体系提供便捷导航检索功能，方便用户快速定位专利文献。提供 IPC 导航检索、CPC 导航检索、国民经济分类导航检索三种方式。导航检索界面（图 7-6）。

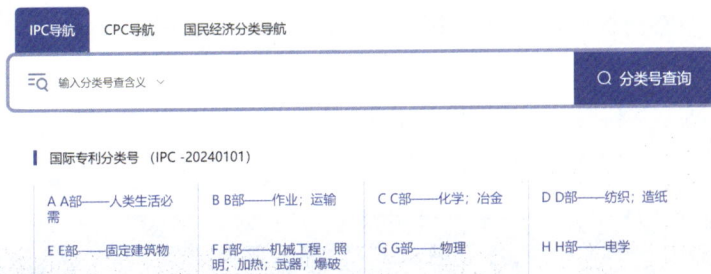

图 7-6　导航检索界面

（6）专题库检索　该系统为用户提供的个性化专题数据库管理工具，用户使用专题库功能方便、快捷创建产业或专属技术领域的专利数据库，推进的专利数据库开放和信息共享。

进入专题库检索页面，在"我的专题库"中点击创建按钮，可以通过构建检索式创建专题库。用户在创建专题库时，专题库名称不能重复，每个用户最多创建 10 个专题库，支持构建多层级的专题库，每个专题库最多支持 5 个层级，用户可以设定自建库多层级间的检索式是否关联，用户可以设置专题库是否对新增专利进行自动更新。专题库检索界面（图 7-7）。

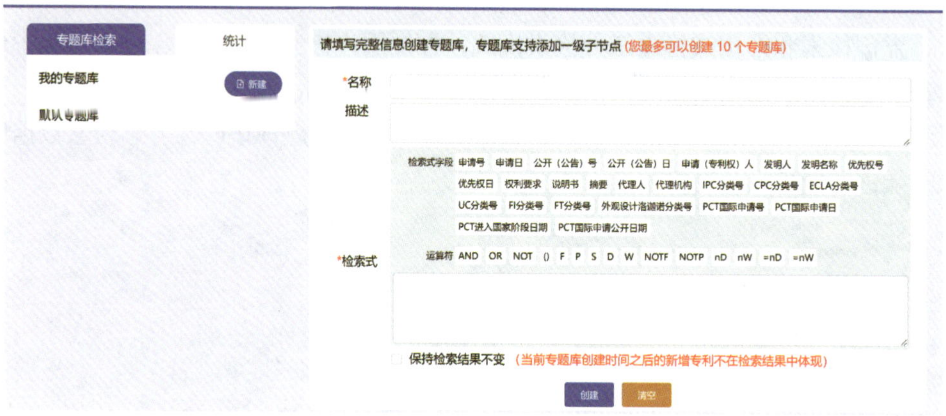

图 7-7　专题库检索界面

3. 检索算符　除了常见的布尔运算符，该数据库还支持临近运算符、同在运算符、位置运算符、频率运算符、时间运算符及截词运算符。

布尔运算符包括 AND、OR、NOT，用于判断多个检索字段之间的交叉、并列或者排除关系；临近运算符包括 D、nD、= nD、W、nW 及 = nW，用于判断检索词之间的顺序关系；同在运算符包括 F、P、S、NOTF、NOTP、NOTS 共 6 个，用于判断检索词是否位于相同的字段、段落或者句子中；位置运算符 \ 频率运算符用于限定检索词的位置和频次；时间运算符包括 >、>=、<、<=、: 共 5 个，主要用于申请日、优先权日等有关日期的检索字段，用来检索处于某一段时期内的专利数据；截词运算符包括 +、?、#，截词运算符的作用类似于占位符，通过占位实现模糊搜索。

4. 热门工具　针对用户常见的检索需求，该系统在主页面设置了 8 项热门工具，包括同族专利查询、引证与被引证查询、法律状态查询、国别 / 地区 / 组织代码查询、关联词查询、双语词典、分类号关联查询以及申请人别名查询，从而简化用户的操作步骤。

（二）中国知识产权网—专利信息服务平台

1. 资源介绍（http://search.cnipr.com/）　专利信息服务平台是知识产权出版社有限责任公司研发的专利平台，专利数据范围包括中国、美国、日本、英国、德国、法国、加拿大、EPO、WIPO、瑞士等 98 个国家和组织。该网站提供法律状态检索、失效专利检索以及运营信息检索等，中国知识产权网（专利信息服务平台首页）（图 7-8）。

图 7-8　中国知识产权网（专利信息服务平台首页）

（1）法律状态检索　法律状态检索仅用于检索中国专利的法律状态，可检索的字段包括：专利申请号、法律状态公告日、法律状态，以及法律状态信息（图7-9）。

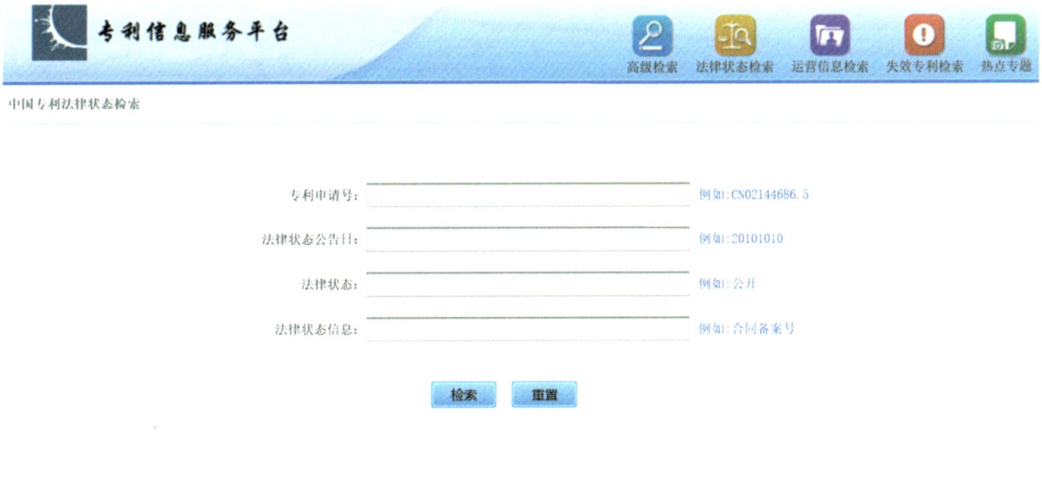

图7-9　专利信息服务平台法律状态检索界面

（2）失效专利检索　失效专利检索页面类似于高级检索页面，它仅针对于已经失效的中国发明申请、中国实用新型和中国外观设计进行检索（图7-10）。

图7-10　专利信息服务平台失效专利检索界面

（3）运营信息检索　运营信息检索包括专利权转移检索、专利质押保全检索，以及专利实施许可检索。

1）专利权转移检索：专利权转移检索可以检索的字段包括转移类型、专利申请号、名称、分类号、摘要、主权项、生效日、变更前权利人、变更后权利人、当前权利人、变更前地址、变更后地址及当前地址。其中，专利权转移的类型包括申请权转移和专利权转移（图7-11）。

2）专利质押保全检索：专利质押保全检索，可以检索的字段包括质押保全类型、专利申请号、名称、分类号、摘要、主权项、合同状态（分为生效、变更和注销）、生效日、变更日、解除日、合同登记号、出质人、质权人及当前质权人（图7-12）。

图 7-11　专利信息服务平台专利实施许可检索界面

图 7-12　专利信息服务平台专利质押保全检索界面

3）专利实施许可检索：专利实施许可检索，可以检索的字段包括专利申请号、名称、分类号、摘要、主权项、许可种类、合同备案阶段（分为生效、变更和注销）、备案日、变更日、解除日、合同备案号、让与人、受让人（图 7-13）。

2. 高级检索　高级检索包括两种免费的检索功能，分别是表格检索和逻辑检索。检索方式除了表格检索、逻辑检索外，还提供二次检索、过滤检索、同义词检索等辅助检索手段。专利信息服务平台高级检索界面（图 7-14）。

（1）表格检索　表格检索字段主要包括"发明名称、摘要、权利要求"，"名称、摘要"，"名称、摘要、权利要求、申请号、公开号、法律状态、优先权号、主分类号、分类号、申请人、发明（设计）人、专利权人、申请（优先权）日、申请日、公开（公告）日"等。

（2）逻辑检索 逻辑检索是用布尔运算符组合连接各个检索选项，构建检索策略。逻辑检索可以通过两种方式完成，第一种是点击表格检索中的检索字段，双击加入检索式撰写框，可以辅助编辑表达式；第二种是在检索式撰写框中自行撰写检索式。

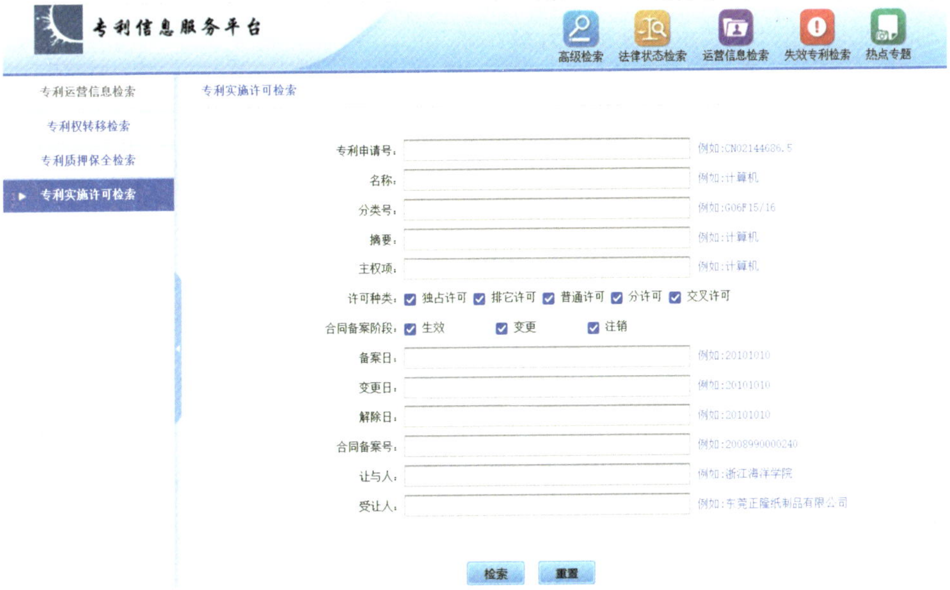

图 7-13 专利信息服务平台专利实施许可检索界面

图 7-14 专利信息服务平台高级检索界面

3. 平台其他功能

（1）机器翻译功能 针对英文专利，特别开发了机器翻译模块，能对检索到的英文专利进行即时翻译，帮助用户理解专利内容，方便用户检索。需要说明的是，平台上集成的机器翻译是由无人工介入的英译中工具软件完成，翻译结果仅供参考，无法与专业人员的翻译相提并论。

（2）分析和预警功能　本平台开发了专利信息分析和预警功能，对专利数据进行深度加工及挖掘，并分析整理出其所蕴含的统计信息或潜在知识，以直观易懂的图或表等形式展现出来。这样，专利数据升值为专利情报，便于用户全面深入地挖掘专利资料的战略信息，制定和实施企业发展的专利战略，促进产业技术的进步和升级。

（3）个性化服务功能　包括用户自建专题库、用户专题库导航检索、用户的专利管理等功能。

（三）中国专利信息中心—专利之星检索系统

1. 资源介绍（http://www.patentstar.com.cn/）　专利之星检索系统基于国内首个自主知识产权检索系统 CPRS 的检索引擎开发，囊括了全球 105 个主要国家 / 地区 / 组织的超 1 亿件专利数据，是集专利文献检索、统计分析、机器翻译、专利专题库、定制预警等功能为一体的多功能综合性专利检索服务平台。专利之星检索系统首页（图 7-15）。

图 7-15　专利之星检索系统首页

2. 检索方法　专利之星检索系统提供智能检索、表格检索、专家检索、号单检索及分类检索 5 种检索方式。用户根据自身的检索需求，选择恰当的检索方式。

（1）智能检索　智能检索支持关键字、词、号码和日期的任意组合检索。多个字词之间用空格表示逻辑与运算。专利之星检索系统智能检索界面（图 7-16）。

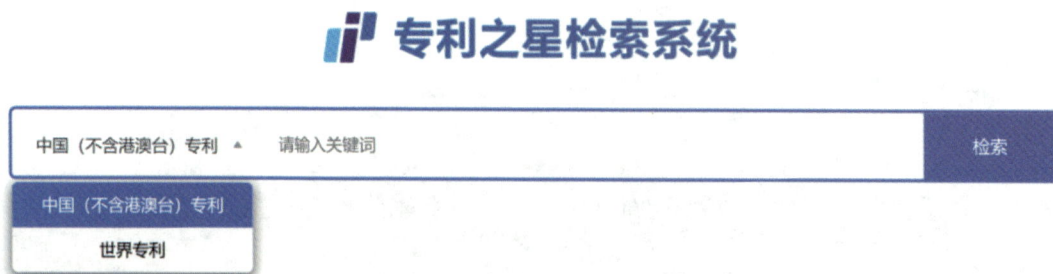

图 7-16　专利之星检索系统智能检索界面

（2）表格检索　表格检索字段主要包括标题、摘要、权利要求、申请号、公开号、优先权号、国省代码、代理机构、关键词、分类号、申请人、发明人、申请日、公开日等 20 个检索字段。

点击检索字段检索框，系统会给出应用示例，因此，用户可以在多个检索字段框内输入对应信息，一键生成检索式完成初步检索。对于专利检索技巧掌握较为熟练的用户，也可以选择直接在检索式框内撰写检索式完成初步检索。专利之星检索系统表格检索界面（图 7-17）。

图 7-17　专利之星检索系统表格检索界面

（3）专家检索　专家检索类似于其他检索平台的高级检索模块，也可以理解为专业检索，适合掌握一定专利检索技巧的用户。专家检索模块申请号、申请日、公开号、分类号、优先权号、国省代码、申请人、发明名称、摘要、关键词、代理人等 22 个检索字段及包含关系、位置符等 6 个检索算符，用户自行采用不同的组合方式进行检索。专利之星检索系统专家检索界面（图 7-18）。

图 7-18　专利之星检索系统专家检索界面

（4）号单检索　号单检索与其他专利检索系统的批量检索含义相似。适用于对已知申请号的多个专利进行检索。检索规则：第一，用户输入的申请号应为标准申请号格式，即"CN+12位申请号＋'.'＋校验位"；第二，每个申请号需要单独成行；第三，单次检索最多可输入3000条申请号。为避免因重复、输入错误等事件影响最终检索结果，提高检索精确度，号单检索模块设置了申请号格式转换功能，除了可以一键去重以外，还可以检测申请号位数，进行补全与删除。专利之星检索系统号单检索界面（图7-19）。

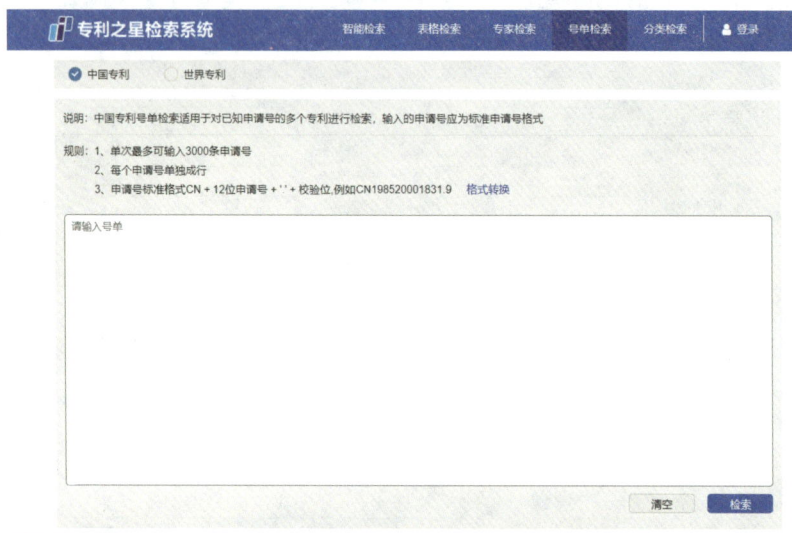

图7-19　专利之星检索系统号单检索界面

（5）分类检索　分类检索模块支持IPC分类查询、外观分类查询及国民经济分类查询3种方式。若已知分类号码，则可以在检索框内直接检索；若不确定分类号码，可以根据该系统提供的分类号及含义进行判断后输入分类号码检索，或者直接输入分类关键词进行检索。专利之星检索系统分类检索界面（图7-20）。

图7-20　专利之星检索系统分类检索界面

3.其他功能　除了专利检索，专利之星检索系统还提供专利分析功能，分为专利趋势分析、技术分析、地域分析、申请人分析及发明人分析5大类，又分别包含专利申请趋势以及公开趋势分析、专利技术构成以及技术国别统计等13个分析项目。

（四）中医药专利智库

1. 资源介绍（http://tcmpatent.cintcm.com/）　中医药专利智库依托奥凯专利大数据中心，从涵盖了包括中国、美国、韩国、日本等105多个国家和地区的1亿余国外专利数据和3000万余国内专利数据中，提取中医药领域的专利数据，为用户提供精准且全面的专利数据。中医药专利智库首页（图7-21）。

图7-21　中医药专利智库首页

2. 检索方法　中医药专利智库包括专题库检索、智能检索、高级检索、分类检索、法律状态检索、批量检索共6种方式。用户可根据需要选择对应的方式，即可快速检索所需的专利。

（1）专题库检索　中医药专利智库中设置了国内外中医药专利专题库、中医机构专题库、中医药特色专题库及国外传统医学专题库。其中，国内外中医药专利专题库是按照中医药专利的用途、治疗疾病、技术、来源及生产加工运输进行分类。例如，技术分类下包括针灸、拔罐、刮痧、骨伤推拿、气功导引、中医微创、中医外治及其他中医技术。中医机构专题库按照机构类型分为医院、大学、科研机构、企业及其他机构。中医药特色专题库包括中成药专题、新型冠状病毒感染专题、经典名方专题及中医基础理论专题。国内外传统医学专题库包括汉方医药及韩医药。

用户在进行专题库检索时，既可以点击专题库分类，浏览该分类下所有专利的题录信息，也可以在左侧搜索框内输入关键字检索。如检索结果依然过多，可选择【筛选】进行二次检索。通过【二次检索】下方搜索框输入检索关键词，并选择【筛选项】下方的内容分类，可进一步缩小检索范围，提高检索精准度。中医药专利智库专题库检索界面（图7-22）。

（2）智能检索　智能检索支持专利公开号、申请号、专利标题、摘要、专利申请人、发明人、专利权人等多个字段的模糊匹配，实现快速简单的检索，也可以直接编辑检索式检索。可启用同义词功能。该功能可在"同义词管理"页面进行。中医药专利智库智能检索界面（图7-23）。

（3）高级检索　高级检索可帮助用户进行复杂检索式的构建，在表格中输入检索词后，下方会自动生成检索式，用户可进行预检索预览结果数量或直接检索。中医药专利智库高级检索界面（图7-24）。

图 7-22　中医药专利智库专题库检索界面

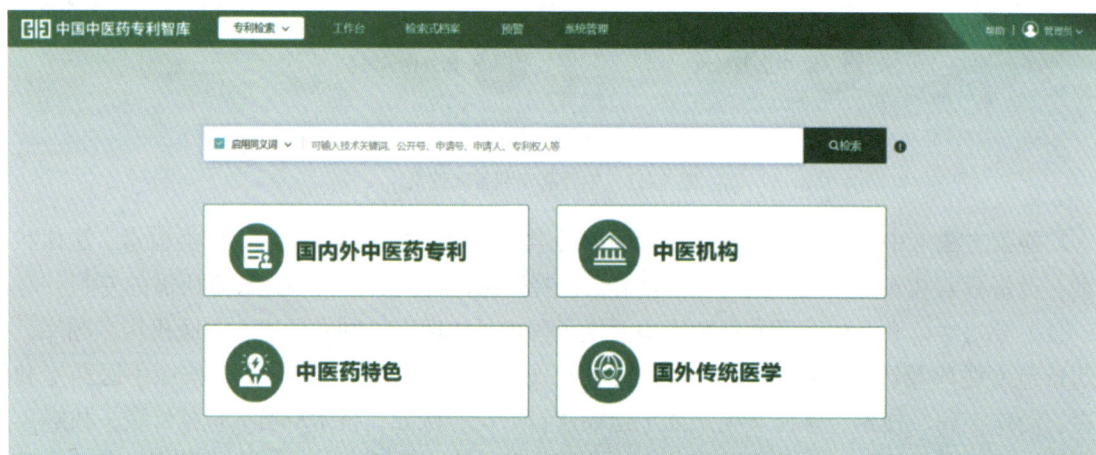

图 7-23　中医药专利智库智能检索界面

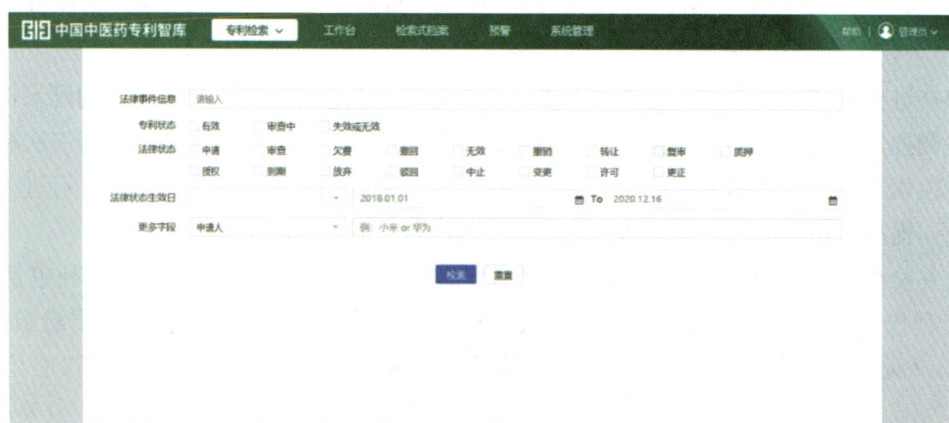

图 7-24　中医药专利智库高级检索界面

（4）分类检索　中医药专利智库支持 IPC、CPC、国民经济分类检索三种分类号的检索。同时可直接搜索对应的关键字来匹配对应的分类信息。中医药专利智库分类检索界面（图 7-25）。

（5）法律状态检索　用户需要了解专利申请、审查、许可、转让、质押的法律信息时，可以通过法律状态检索来检索并获取对应信息。专利申请、审查、专利许可、专利转让及专利质押均支持检索，方便统计以及查阅涉诉专利相关情况。同时还能根据法律事件信息进行关键词搜索。中医药专利智库法律状态检索界面（图 7-26）。

（6）批量检索 批量检索可批量导入申请号、公开号或申请人进行批量检索。导入文件支持TXT、EXCEL 格式，导入或者直接输入信息后，点击提交得到结果，点击检索跳转至检索结果页面。中医药专利智库批量检索界面（图 7-27）。

图 7-25 中医药专利智库分类检索界面

图 7-26 中医药专利智库法律状态检索界面

图 7-27 中医药专利智库批量检索界面

3.平台其他功能

（1）专利预警　专利预警可以对系统中特殊的专利信息变化进行预警和提示，分为检索式预警及单篇专利预警。在预警管理页面可以进行管理。检索式预警，可以直接在检索结果页面添加，也可以在预警管理页面添加。当预警的检索出现专利更新时，会以系统消息或邮件方式通知用户。

（2）专利分析　从多维度查看专利分布情况、技术发展趋势等内容时，可使用专利分析功能，通过多维度可视化的分析图表进行查看。专利分析提供了7种分析模式，包括年份分析、申请人分析、发明人分析、地域分析、代理人及机构分析、产业分析、技术生命周期以及标引分析。用户可以根据需要选择具体的分析图表进行查看。此外，专题库的分析功能提供强大的实时数据反馈功能，数据的变动能即时反映到图表上。

二、商业化专利信息检索系统

（一）智慧芽—智慧芽全球专利数据库

1. 资源介绍（https://www.zhihuiya.com/analytics）　智慧芽全球专利数据库（以下简称智慧芽）是智慧芽公司的核心产品之一。智慧芽收录了170个国家/地区，总数超过1.8亿余条专利数据，专利数据每日更新一次。智慧芽全球专利数据库首页（图7-28）。

图7-28　智慧芽全球专利数据库首页

2. 检索方法　智慧芽提供了10种专利搜索方式，包括简单搜索、高级搜索、专家搜索、批量搜索、语义搜索、图像搜索、扩展搜索、分类号搜索、法律搜索及文献搜索。

（1）简单搜索　简单搜索支持搜索关键词、公司名、人民、专利号等，范围包括标题、摘要、权利要求、说明书、公开号、申请号、申请人、发明人和IPC/UPC/LOC分类号。智慧芽简单搜索界面（图7-29）。

（2）高级搜索　高级搜索模块支持表格检索及自行撰写检索式检索，用户通过自由搭配字段与语法实现精准检索。检索字段包括号码类字段、文本类字段、诉讼、许可、专利状态、专利引用、同族专利等百余个字段；语法包括逻辑运算符、通配符、位置符、频率运算符等。智慧芽高级检索界面（图7-30）。

图 7-29　智慧芽简单搜索界面

图 7-30　智慧芽高级搜索界面

（3）专家搜索　专家搜索曾为"编辑组合检索式"，适用于专利检索技巧掌握较为熟练的用户。专家搜索支持将同一个项目的多条检索式，有序保存在账号中，用户在编辑检索式时，调取历史的搜索语句，直接选择插入历史语句或搜索某关键词。智慧芽专家搜索界面（图 7-31）。

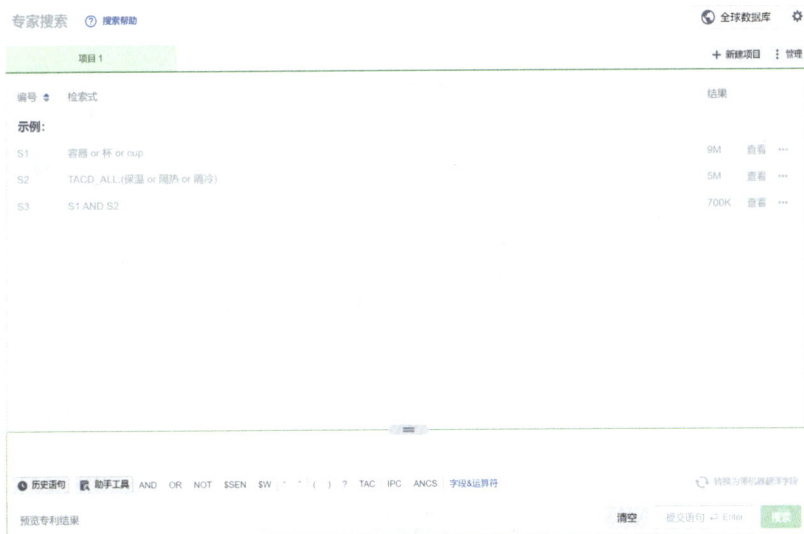

图 7-31　智慧芽专家搜索界面

（4）批量搜索　批量搜索模块支持号码批量搜索以及申请人批量搜索。号码包括公开号或者申请号，且智慧芽支持同时匹配公开号和申请号。用户通过输入一批专利申请号或公开号，系统识别号码后返回匹配专利，如有无法识别的号码也会区分标示。批量搜索的输入框支持最高85000字符的内容，且单次输入号码上限为5000个。对于批量搜索配出的结果，用户可以进行搜索、保存到工作空间、导出、分析以及生成检索报告。智慧芽批量搜索界面（图7-32）。

图7-32　智慧芽批量搜索界面

（5）语义搜索　语义搜索通过在Web页面上输入待检索的文本（权利要求）或者公开（公告）号，系统结合输入内容，挖掘文本的语义信息，通过智慧芽自主开发的语义相似度AI模型，与智慧芽专利数据库中的专利全文做全面的相似性匹配，从而得到与其最相关的检索结果。其中，输入语义相似度模型的文本，主要涉及权利要求、发明内容、摘要、标题等。智慧芽语义搜索界面（7-33）。

图7-33　智慧芽语义搜索界面

（6）图像搜索　用户使用专利附图或者上传图片直接搜索与目标图片相似的外观设计图或实用新型说明书附图，并且可以结合表格检索相应字段限定检索结果。智慧芽图像搜索界面（图7-34）。

图 7-34　智慧芽图像搜索界面

（7）扩展搜索　在输入的文本中提取关键词作为技术主题，然后分别对每一个技术主题进行关键词的同义词、近义词以及关键词相关延展词汇进行扩展，用户在扩展后的关键词中自由选择，并在对应字段中进行检索。智慧芽扩展搜索界面（图 7-35）。

图 7-35　智慧芽扩展搜索界面

（8）分类号搜索　用户通过搜索关键词查找分类号，或者通过分类号查找对应解释完成专利检索。智慧芽分类号搜索模块支持 10 种专利分类号搜索，分别为 IPC 分类、CPC 分类、UPC 分类、LOC 分类、FI 分类、FTERM 分类、GBC 分类、应用领域分类、技术主题分类及战略新兴产业分类，智慧芽分类号搜索界面（图 7-36）。

（9）法律搜索　用户想了解专利诉讼、复审无效、专利许可、专利转让、专利质押的法律信息时，可以通过法律搜索来检索并获取对应信息。专利诉讼、复审无效、专利许可、专利转让及专利质押均支持按"专利维度"进行检索，方便统计以及查阅涉诉专利相关情况。同时，专利诉讼检索还支持按"诉讼案件维度"来统计以及查阅诉讼案件信息，并且可以通过案件链接涉诉专利进行更多信息的查阅。智慧芽法律搜索界面（图 7-37）。

图 7-36 智慧芽分类号搜索界面

图 7-37 智慧芽法律搜索界面

（10）文献搜索　若用户需要了解某行业或技术历史、发展现状时可以使用文献搜索模块进行检索、查阅。文献检索支持检索标题、摘要、作者、期刊等字段，用户可同时阅读专利 / 非专利文献，提升阅读体验，快速获取有效信息。智慧芽文献搜索界面（图 7-38）。

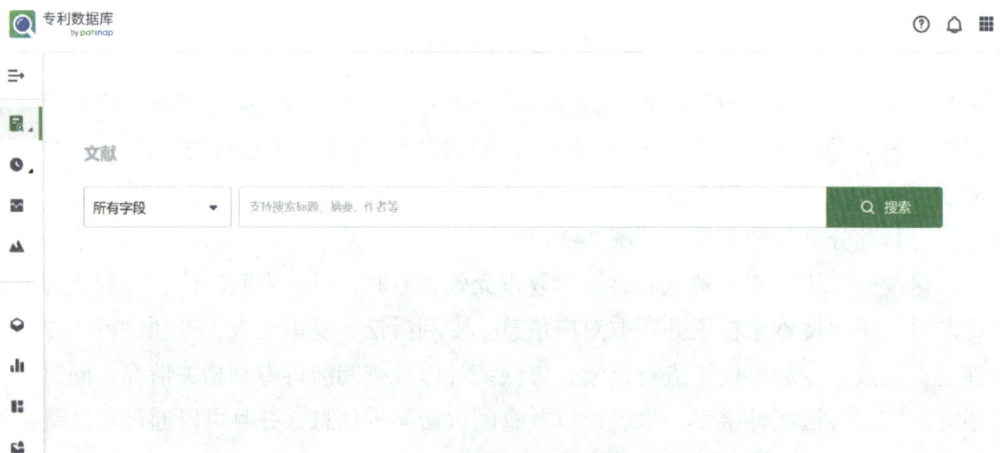

图 7-38 智慧芽文献搜索界面

3. 平台其他功能 除了强大的专利检索功能以外，智慧芽还具备其他的功能。例如，公司树功能、监控提醒功能、同族战略布局分析功能等。公司树主要涵盖上市公司及其集团有发表过专利的公司树。用户搜索一家跨国企业时，可聚合该企业覆盖的国内外穿透的所有子孙企业关系及其相关数据。例如，专利数据、投融资数据、战新分类等企业库。此外，公司树还支持搜索和展示曾用名。

创建对目标公司的监控提醒可以定时监控竞争对手的专利动向和更新，尽早制定应对策略。智慧芽将专利的申请号、优先权、PCT 申请、EP 专利，进入指定国、分案、母案、一案双申等数据进行标准化，基于专利语义分析、挖掘和修正关联错误，形成智慧芽独有的超高质量专利同族。智慧芽以树状图的形式，通过时间和地区两个维度，对全部同族专利的关系进行梳理，便于了解技术的发源国和时间及全球布局的速度和范围。用户可在世界地图上标注出同族专利的分布国家/地区及累计数量。

（二）incoPat 全球专利数据库

1. 资源介绍（https://www.incopat.com/） incoPat 目前收录了全球 170 个国家、组织或地区，共计超过 1.7 亿件的专利文献，其数据采购自官方和商业数据提供商，并且对专利著录信息、法律、运营、同族、引证等信息进行了深度加工及整合，可实现数据的 24 小时动态更新。incoPat 全球专利数据库首页（图 7–39）。

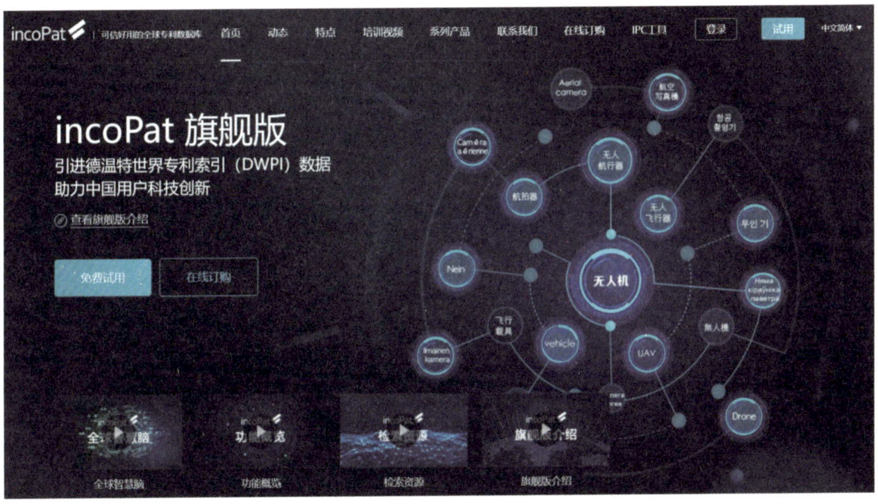

图 7–39 incoPat 全球专利数据库首页

2. 检索方法 incoPat 提供了 9 种检索入口，包括简单检索、高级检索、批量检索、引证检索、法律检索、AI 检索、语义检索、扩展检索和图形检索。

（1）简单检索 简单检索是一种较模糊的检索方式，在检索框中输入任意信息即可实现同时对标题、号码、公司名称和人名、技术功效等多个字段的检索，也会有相应的关联检索推荐。另外，默认检索字段可自行选择是否需要在说明书字段中进行检索。incoPat 简单检索界面（图 7–40）。

（2）高级检索 高级检索是一种精准的检索方式。在检索区域选择检索字段，输入对应的检索要素就可检索，而且字段内部以及多个字段之间可以进行逻辑运算。另外，还可自行编辑逻辑关系复杂的检索式进行指令检索。incoPat 高级检索（表格检索界面）（图 7–41），incoPat 高级检索（指令检索界面）（图 7–42）。

图 7-40　incoPat 简单检索界面

图 7-41　incoPat 高级检索（表格检索界面）

图 7-42　incoPat 高级检索（指令检索界面）

（3）批量检索　批量检索模块可以批量输入公开（公告）号、申请号、优先权号和申请人，或从本地导入 txt 文件，检索对应的专利文献，还可以直接批量下载 PDF 全文。批量号码检索时，最多可输入 5000 个号码；批量下载 PDF 时，单次最多支持 100 条专利的下载。

批量检索界面还可查看号码的匹配情况，包括重复号码的提示，而且对未查到的号码可以通过模糊匹配检索是否有其他公开版本。目前，可同时查看 2000 个号码的匹配情况，未匹配到的号码详情还可以下载到本地。incoPat 批量检索界面（图 7-43）。

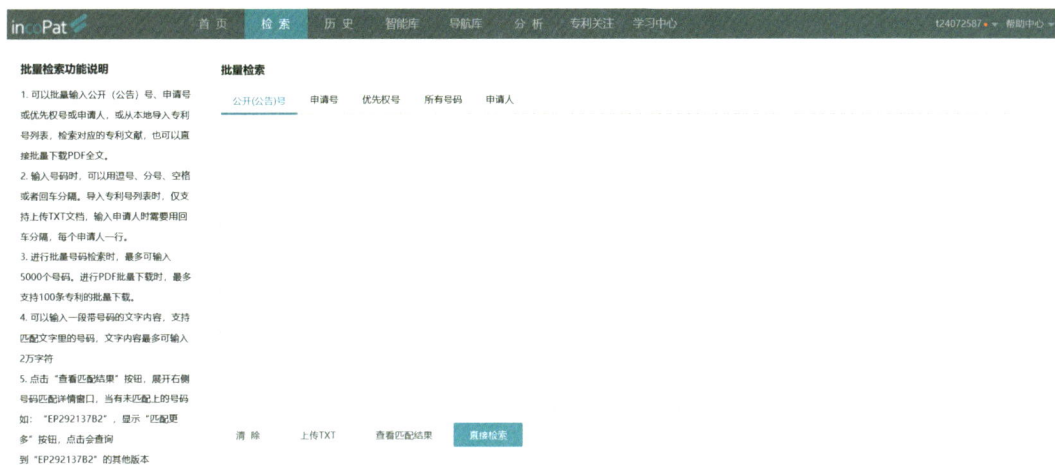

图 7-43　incoPat 批量检索界面

（4）引证检索　"引证"信息对应该专利引证的相关专利，"被引证"信息对应该专利被引证的相关专利。在引证检索入口，可以通过表格检索和指令检索的方式来实现多种引证相关信息的检索。增加自引和他引信息、被自引和被他引信息等，用户可以检索并查看是由申请人自己引证的专利还是由其他申请人所引证的专利，满足用户不同的使用场景。incoPat 引证检索界面（图 7-44）。

图 7-44　incoPat 引证检索界面

（5）法律检索　法律检索入口包含 6 个子入口，分别为"法律状态检索""专利诉讼检索""中国专利许可检索""专利转让检索""中国专利质押检索"和"中国复审无效检索"。

在"法律状态检索"入口可检索三种不同细致程度的法律状态信息：①检索法律状态全文中所包含的文字信息。②检索专利的有效性，包含有效（获得授权且法律状态全文中未公布失效）、失效、审中等状态。③检索专利当前的详细法律状态。incoPat 法律检索—法律状态检索界面（图 7-45）。

图 7-45　incoPat 法律检索—法律状态检索界面

在"专利诉讼检索"入口可以利用表格检索中国（包括台湾地区）和美国、日本的诉讼信息，也可将诉讼当事人、法律文书内容、裁决发生地等信息与专利基本著录信息进行联合检索。incoPat 法律检索—专利诉讼检索界面（图 7-46）。

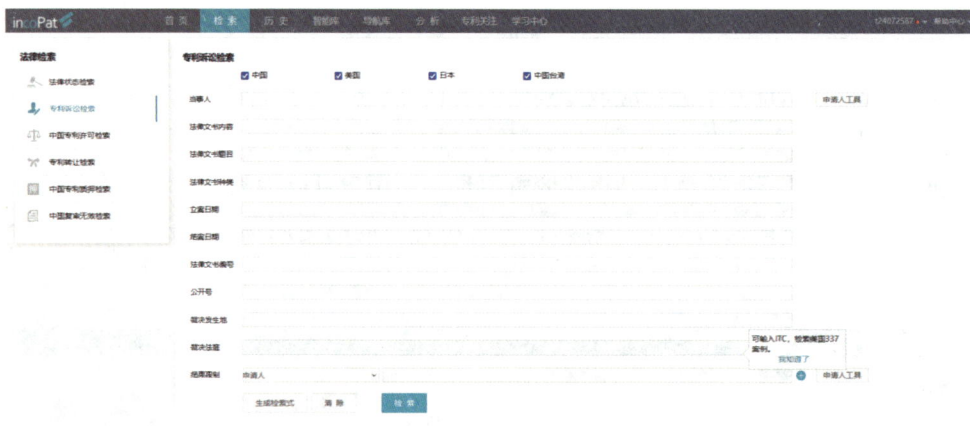

图 7-46　incoPat 法律检索—专利诉讼检索界面

在"中国专利许可检索"入口可以利用表格检索在国家知识产权局进行许可备案的数据，也可将许可人、被许可人与专利基本著录信息进行联合检索。incoPat 法律检索—中国专利许可检索界面（图 7-47）。

图 7-47　incoPat 法律检索—中国专利许可检索界面

在"专利转让检索"入口可以利用表格检索中国和美国专利的转让数据，也可将转让人、受让人与专利基本著录信息进行联合检索。incoPat 法律检索—专利转让检索界面（图 7-48）。

图 7-48 incoPat 法律检索—专利转让检索界面

在"中国专利质押检索"入口，可以检索出国家知识产权局登记的质押信息，也可结合出质人、质权人等信息与专利基本著录信息进行联合检索。incoPat 法律检索—中国专利质押检索界面（图 7-49）。

图 7-49 incoPat 法律检索—中国专利质押检索界面

在"中国复审无效检索"入口，incoPat 将复审申请和无效宣告申请进行了区分，并增加了相关口审的检索，可以通过表格检索的方式将请求人、决定全文等信息与专利基本著录信息进行联合检索。incoPat 法律检索—中国复审无效检索界面（图 7-50）。

图 7-50 incoPat 法律检索—中国复审无效检索界面

（6）AI 检索 AI 检索利用知识图谱及人工智能技术，可实现发明内容的精准识别、精准匹配。AI 检索有三个子入口，分别为"查新检索""无效检索"和"侵权风险检索"。

在"查新检索"入口，在"技术描述"栏输入一段文字，可匹配出一些可能会影响新颖性、创造性的对比文件，当输入的技术描述为中文，数据范围为中国时，可进入第二步进行绘制 DNA 图谱（图 7-51）；在"无效检索"入口，通过输入无效对象的专利号进行检索，检索结果将自动排除申请日之后的专利，当输入的号码为中国专利号且数据范围选择中国时，则点击"下一步"进入 DNA 图谱绘制界面（图 7-52）；在"侵权风险检索"入口，输入一段技术描述的文字，可自动检索出可能存在一定侵权风险的相关专利（图 7-53）。

图 7-51　incoPat AI 检索—查新检索界面

图 7-52　incoPat AI 检索—无效检索界面

图 7-53　incoPat AI 检索—侵权风险检索界面

（7）语义检索　在语义检索界面输入专利公开（公告）号或一段文字，则可根据语义算法模型自动匹配出一些相关度较高的专利，无需花费较多时间选择检索关键词及编写检索式，是查新和无效宣告检索的一种较好辅助手段（图7-54）。

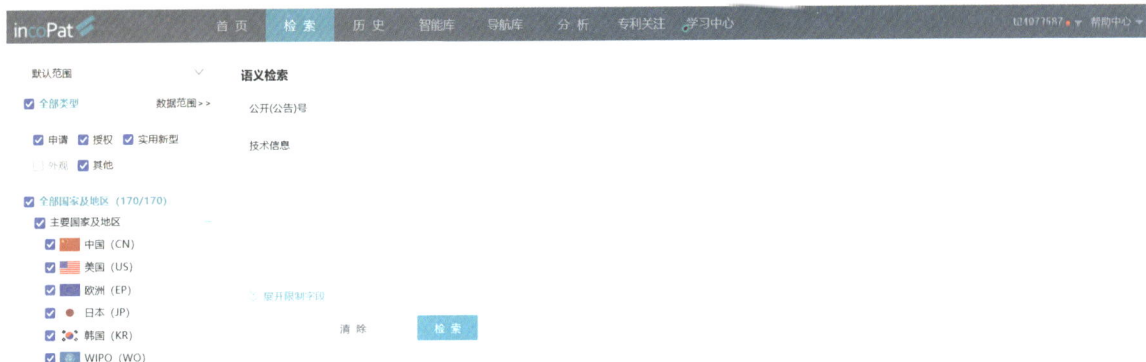

图 7-54　incoPat 语义检索界面

（8）扩展检索　在扩展检索界面输入专利公开（公告）号或一段文字，系统会提取出一批关键词，并列出这些关键词的扩展相关词（包含同义词、近义词、关联概念、上下位概念等）。将系统自动生成的相关词添加到选中区，选择检索字段点击"添加到检索式"按钮，便可自动生成检索式。对于生成的检索式，可进一步进行编辑或者直接检索。incoPat扩展检索界面（图7-55）。

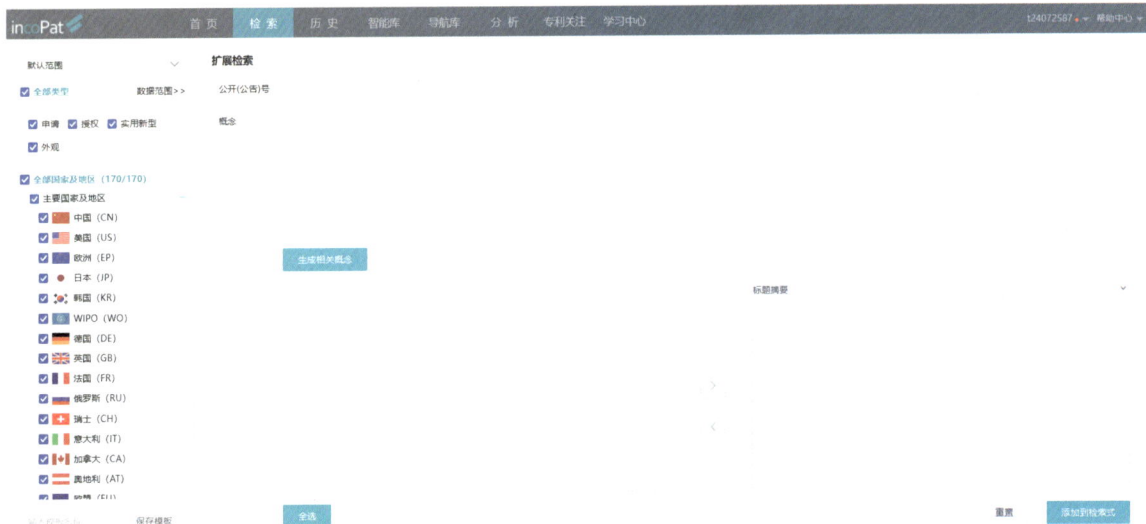

图 7-55　incoPat 扩展检索界面

（9）图形检索　在图形检索界面支持上传的图片单独检索，或与其他条件结合检索。即在图形检索时可同时限定"关键词（标题摘要）、申请人、洛迦诺分类号、公开国别和日期"等条件，系统会根据输入的内容，在外观设计专利数据中进行匹配，提供相似的结果。通过点击、拖拽图片或者复制图片到对应区域即可上传图片。

在保留原有检索入口的前提下，增加图形检索增强版，图形检索增强版可以对上传的图片进行"套索剪裁"，裁剪出图片中杂乱背景或者圈选出关注细节点进行检索，并增加了多图片检索功能（最多可同时上传7张图片），可以将同一产品的不同视角的图片同时上传检索，使检索结果更精准（图7-56）。

图 7-56　incoPat 图形检索界面

3. 平台其他功能　除了丰富的专利检索功能，incoPat 还提供强大的分析功能，包括 60 余种统计分析、引证分析、同族分析、技术聚类、3D 专利沙盘、标引分析、专利关注预警、导航库等。

三、中医药专利检索实例

本节以"科研人员想全面了解各企业关于经典中医方剂生脉散的专利申请情况"为应用情景示例，在中医药专利智库中进行专利检索。

第一步，确定检索关键词。对于经典中医方剂的检索，检索式需要考虑方剂名称以及组成。生脉散来自金代医家张元素撰写的《医学启源》，组成药物为人参、麦冬、五味子。因此，对于生脉散的专利检索关键词：生脉散、人参、麦冬、五味子。

第二步，确定检索范围。常见的检索范围按照由小而大的顺序：标题、标题/摘要、标题/摘要/权利要求、标题/摘要/权利要求/说明书。仅在标题范围下检索，可能会造成检索结果不全，遗漏重要专利数据的现象。若在标题/摘要/权利要求/说明书范围下检索，可能会造成检索结果不精准，杂质专利过多的现象。因此，检索范围要根据检索需求确定。根据前文假定的"全面了解生脉散专利"的情景，检索范围确定为专利原文。

第三步，撰写检索式。方剂组成"人参、麦冬、五味子"需要同时存在，用"AND"连接；方剂组成"人参、麦冬、五味子"与"生脉散"两者存在其一即可，用"OR"连接；检索式：（TACD ＝（麦冬）AND TACD ＝（五味子）AND TACD ＝（人参）OR TACD ＝（生脉散））AND 省份 ＝（天津）。共检索 189 件生脉散相关专利（图 7-57）。

第四步，专利筛选。专利筛选需要按照拟定的纳入排除标准进行。纳入排除标准的制定需要根据检索需求制定。根据前文假定的"了解各企业关于生脉散的专利申请"情景，本次专利检索纳入标准可以设置为①申请人类型为企业。②同一专利仅纳入一篇专利文本。③生脉散相关专利。

前两条筛选标准较为简单，数据库界面提供了选项。①②筛选完成后剩余 996 件专利（图 7-58）。

第五步，专利导出。第③条筛选标准需要阅读 996 件专利的篇名、摘要、权利要求等字段后判断，如还无法判定，再阅读专利原文（图 7-59）。

第六步，确定最终检索结果。按照纳入排除标准，从 996 件专利中最终确定了 111 件专利（图 7-60）。

图 7-57　生脉散专利检索结果展示图

图 7-58　生脉散专利初步筛选结果展示图

图 7-59　生脉散专利导出界面

图 7-60　111 件生脉散专利展示界面

第四节　中医药专利信息分析

一、中医药专利信息分析概述

（一）中医药专利信息分析概念

专利分析是指对来自专利说明书、专利公报中大量的、个别的专利信息进行筛选、加工、组合，并利用统计、自然语言处理、文本挖掘、可视化等分析方法，使这些信息具有纵览全局及预测的功能，并通过分析将原始的专利信息从量变到质变，使它们由普通的信息上升为企业经营活动中有价值的情报。

中医药专利信息分析即运用专利分析的常规方法，对中医药领域的专利文献进行分析。

（二）中医药专利信息分析的意义

专利文献数量庞大、内容博杂，无法直接得出有价值的信息，运用恰当的专利信息分析方法，有助于将隐藏在专利文献中有价值的信息挖掘出来，能够为专利运用提供准确性和针对性的情报支撑，是专利竞争性利用和专利情报利用中不可或缺的环节。例如，通过专利情报分析可以将不同时期的技术发明创造活动整合，形成一条清晰的技术发展路线图，反映出技术在不同国家或企业的发展轨迹；通过专利情报分析可以揭示技术领域的发展趋势、技术创新热点，揭示技术活动最新动向和战略布局，为国家制定产业政策及企业把握技术投资方向和制定专利战略等提供依据；借助专利情报分析可以帮助企业识别竞争对手，对于企业决定采取何种专利布局以实现市场最大化等都有极其重要的参考价值。

对于中医药而言，分析专利信息有助于正确地把握中医药发展的科研方向，节约科技资源，认识到我们在知识产权保护中存在的问题。通过中医药专利信息分析，可以预测未来技术的发展方向，判断产业的竞争态势，确认主要竞争对手，并正确地认识到我们的优势与不足，从而为我们正确制订中医药专利战略提供科学依据。通过分析中医药专利信息，反过来又能够更进一步加强我们的中医药知识产权保护。

二、中医药专利信息分析内容

中医药专利信息分析内容通常包括对专利申请趋势、地域、类型、申请人、发明人、专利族大小、引文、团队、技术路线、功效矩阵、侵权风险及价值的分析。

（一）专利申请趋势分析

专利申请趋势分析通过统计年专利申请量，可以了解一个国家、中医药产业或者企业专利的年度变化趋势，并以此判断主体的研发投入情况，从而推测该主体的市场布局与发展。

（二）专利地域分析

专利地域分析是指在专利分析样本中按照专利优先国家或区域（如国内省市代码等），对专利申请量、授权量或数量占比进行统计和分析，分析主体在主要目标市场的技术布局趋势，帮助了解主体在不同时期、不同目标市场的技术动向。

地域性是专利保护重要的特质之一。对中医药专利进行地域分析，有助于了解中医药的专利分布，有针对性地进行专利布局。

（三）专利引文分析

专利引文分析是指利用各种数学和统计学方法及比较、归纳、抽象概括等逻辑方法，对专利文献的引用或被引用现象进行分析，以揭示专利文献之间、专利文献与科学论文之间相互关联的一种方法。一般可以认为，一件引用文献次数越多，表示吸收现有技术越多，在一定程度可以反映专利的技术成熟度；一件专利被引证次数越多，在一定程度可反映出该专利对后续专利的技术影响力，越有可能代表着该技术领域的发展趋势，具有更大的应用价值。

利用中医药专利引文数据，构建专利引文指标，可以推算中医药领域技术关联程度等。此外，运用专利引文分析了解中医药专利之间的关系，构建中医药技术网络，有助于了解专利技术的热点及空白点。

（四）专利研发团队分析

研发团队分析是指在分析样本中，按照专利发明人拥有的专利数量（专利申请量或授权量）进行统计和排序，或者通过对专利发明人的合作研究（共同发明人分析）进行分析，以此研究相关技术领域中最具研发能力的发明团队或个人。

对研发团队的分析可以判断竞争对手研发的实力，通过研发团队人员的流动可对竞争对手的发展方向进行预判。此外，分析发明团队中各个发明人之间的配合关系和传承关系等，推测并借鉴优秀发明团队的搭建思路。

（五）专利竞争对手分析

竞争对手是指与本企业有共同的目标市场，已有或可能有利益冲突的经济组织包括直接竞争对手和潜在竞争对手。专利竞争对手分析有助于了解竞争对手近期研发方向，了解竞争对手的研发能力分布的强势区域和弱势区域，为后续专利布局方式的选择提供参考。

（六）专利价值分析

专利价值分析是指使用反映专利价值特征的因素，对专利价值进行分析评估的过程。对中医药专利而言，是指通过规范、系统化的评价方法，使用反映中医药专利价值特征的法律、市场、技术、临床、内容维度，进行定性和定量的分析评估的过程。

三、中医药专利信息分析实例

本节以第三节中生脉散相关专利拥有量最多的申请人为例，运用中医药专利智库自带的分析工具及中国中医科学院中医药信息研究所研制的"中成药专利价值评价系统"进行专利信息分析。

根据图 7-61 可知，生脉散相关专利拥有量最多的申请人为天津天士力之骄药业有限公司（以下简称天士力之骄），共计 43 件。根据检索得知，天士力之骄以生脉散为原材料，生产出中成药注射用益气复脉（冻干），用于冠心病劳累型心绞痛气阴两虚证。

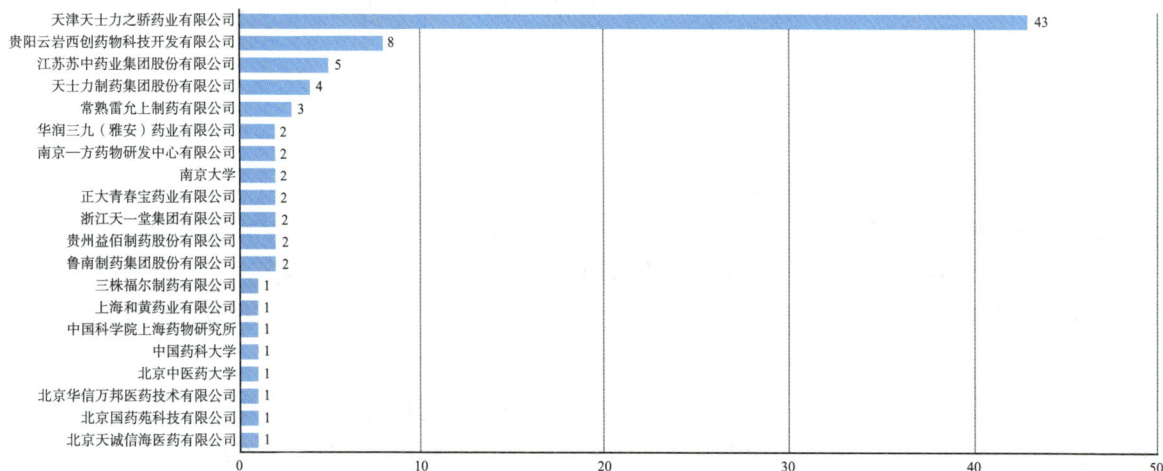

图 7-61   生脉散专利申请人排序图

（一）专利申请趋势分析

根据图 7-62 可知，天士力之骄从 2004 年起逐步申请生脉散专利，2008 年专利申请数量达到顶峰，之后对生脉散的专利布局逐步放缓。

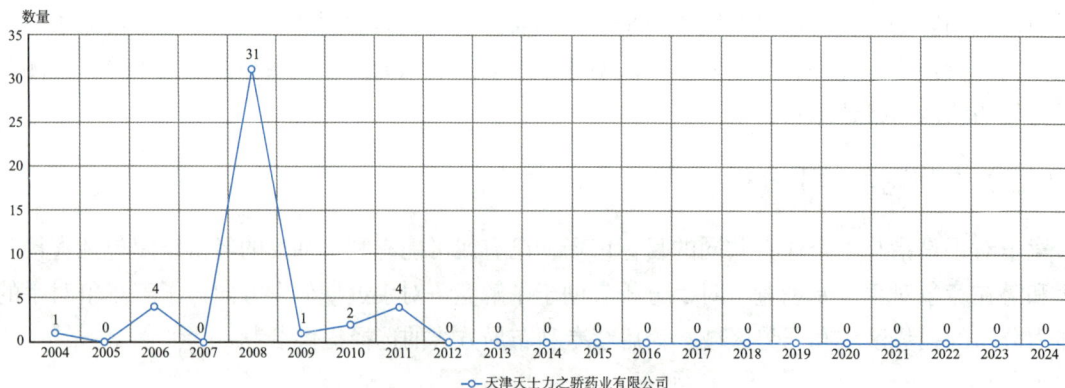

图 7-62   天士力之骄生脉散专利申请趋势图

（二）专利地域分析

根据图7-63可知，天士力之骄生脉散专利布局均在中国大陆，并未对生脉散进行国际化专利布局。这表明天士力之骄的主要目标市场为国内。

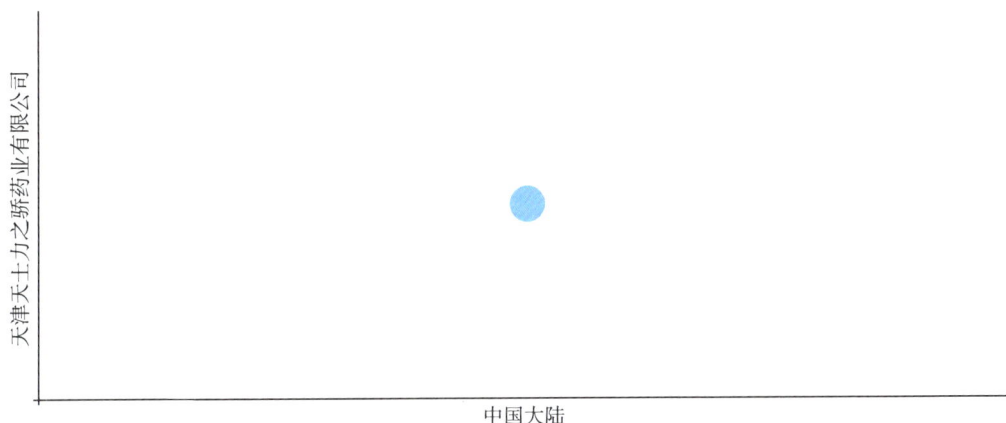

图7-63 天士力之骄生脉散专利地域分布图

（三）专利引文分析

天士力之骄生脉散专利引用文献以及被引证情况见表7-2。

表7-2 天士力之骄生脉散专利引用文献以及被引证情况统计表

引用文献数量/个	专利数量/个	被引证数量/次	专利数量/个
0	2	0	9
1	1	1	14
3	6	2	9
4	1	3	4
5	1	4	1
13	1	5	2
14	5	6	2
15	10	9	2
16	6		
17	4		
18	4		
19	2		

根据表7-2可知，天士力之骄申请的43件专利中，仅2件专利没有引用文献，其中，绝大多数专利引用文献数量超过10个，其中，16个专利引用文献超过15个，一定程度反映了天士力之骄生脉散专利的成熟度。

天士力之骄申请的43件专利中，34件专利均被其他专利引证过，被引证过1次的专利数量最多，共14件，有2件专利被引证过9次，在一定程度可反映出天士力之骄生脉散专利对后续专利具有一定的技术影响力。

（四）专利研发团队分析

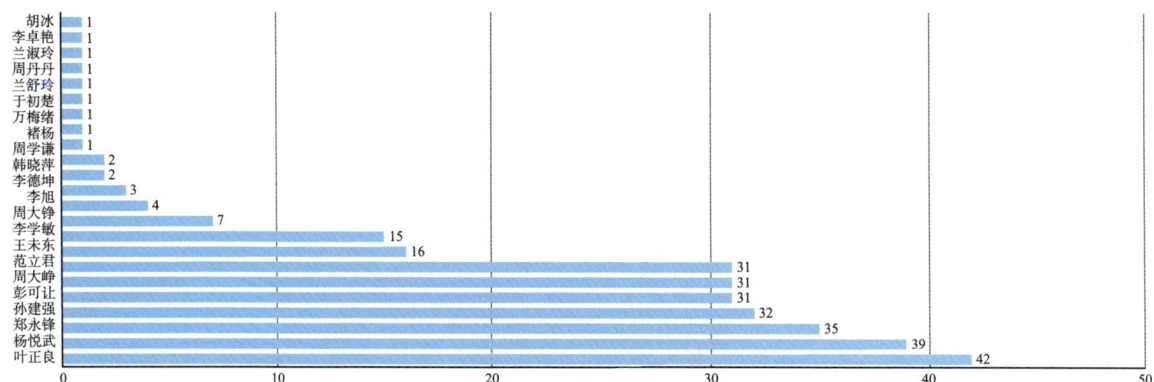

图 7-64　天士力之骄生脉散专利研发团队排序图

　　根据图 7-64 可知，天士力之骄申请的 43 件生脉散专利中，叶正良参与申请了 42 件，可以认为，叶正良是天士力之骄生脉散专利的主要研发人员。为了解发明团队的合作情况，制作了发明人合作关系图（图 7-65）。

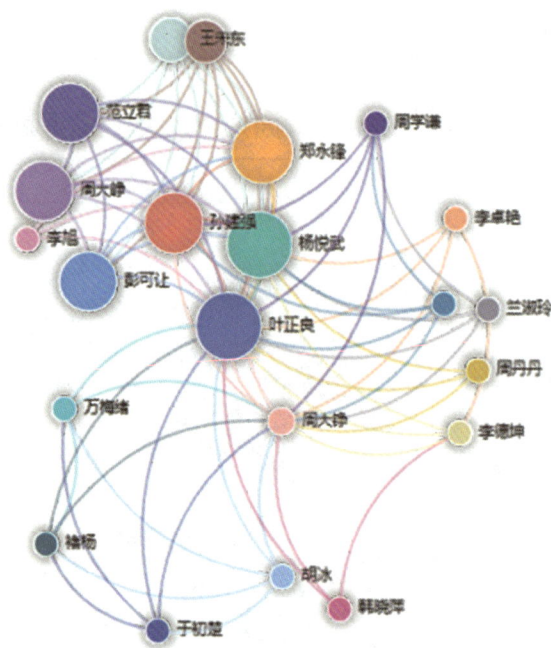

图 7-65　天士力之骄生脉散专利研发人员合作关系图

　　根据图 7-65 可知，天士力之骄生脉散专利研发团队中，合作发明伙伴最多的发明人是叶正良，达到 20 人，其中，叶正良、杨悦武、郑永锋等研发人员合作关系最为密切。

（五）专利竞争对手分析

　　根据图 7-61 还可知，除了天士力之骄，生脉散专利拥有数量较多的申请人为贵阳云岗西创药物科技开发有限公司（以下简称西创药业）。对西创药业生脉散专利的授权率、有效性等进行分析，见表 7-3。

表 7-3　天士力之骄与西创药业生脉散专利信息对比分析表

药企	专利总数/件	授权专利数量/件	授权率	转让专利数量/件	转让率	有效专利数量/件	有效专利比例
西创药业	8	2	25.00%	2	25.00%	0	0
天士力之骄	43	42	97.70%	0	0	42	97.70%

由表 7-3 可见，西创药业 8 件生脉散专利申请时间集中在 2004 至 2005 年，仅 2 件专利获得授权，授权率较低，仅为 25.0%，且现均已失效。天士力之骄 43 件生脉散专利中，42 件获得授权，授权率高达 97.7%，且全部有效。因此，可以认为在如今的生脉散专利竞争中，对于天士力之骄而言，西创药业不存在较大竞争力。

（六）专利价值分析

本节选取两个天士力之骄生脉散专利在中成药专利价值评价系统中进行专利价值分析，专利名称及公开号：一种注射用益气复脉制剂的用途（CN102772643B），以及一种中药粉针及其质量控制方法（CN101879270B）。分析结果（图 7-66、图 7-67）。

图 7-66　"一种注射用益气复脉制剂的用途"专利价值分析

图 7-67　"一种中药粉针及其质量控制方法"专利价值分析

根据图 7-66 和图 7-67 可知，"一种中药粉针及其质量控制方法"专利价值比"一种注射用益气复脉制剂的用途"专利价值高。

第五节　中医药专利价值评价

一、专利价值概述

专利价值是指专利在现实市场条件下的使用价值。对专利价值评价有利于解决专利纠纷案中的专利估值问题，进一步规范市场；有利于促进企业的科技创新；有利于开展专利权质押融资，从而解决科技型中小企业融资难的问题；有助于企业重视专利资产，树立知识产权与反侵权意识。

（一）高价值专利

高价值专利是指符合国家重点产业发展方向、专利质量较高、价值较高的有效发明专利，主要包括：战略性新兴产业的发明专利；在海外有同族专利权的发明专利；维持年限超过 10 年的发明专利；实现较高质押融资金额的发明专利；获得国家科学技术奖或中国专利奖的发明专利。

（二）中成药高价值专利

符合高价值专利的条件或者在法律、市场、技术、临床及内容五个维度中至少一个维度可以定为高价值的专利。具体而言，专利具有较强的稳定性 / 较好的应用前景 / 高技术含量 / 高质量的专利申请文件 / 临床疗效确切且安全性良好。

（三）专利价值评价

专利价值评价是指使用反映专利价值特征的因素，对专利价值进行分析评估的过程。

（四）中成药专利价值评价

中成药高价值专利评价是指通过规范、系统化的评价方法，使用反映中成药专利价值特征的因素，包括法律价值、市场价值、技术价值、临床价值以及内容价值要素，进行定性和定量分析评估的过程。

二、专利价值评价标准

我国现行标准体系是一个由政府颁布标准和市场自主制定标准构成的二元结构体系。在二元结构中，政府颁布标准包括国家标准、行业标准和地方标准；市场自主制定标准包括团体标准和企业标准。根据检索结果，我国共发布过 16 个与专利价值评价相关的标准。下文对各标准的基本信息及主要内容进行介绍。

（一）国家标准

国家标准是由国家标准化管理委员会组织制定，具有强制性的标准，包括基本标准、安全标准、质量标准、环境标准等多个领域的标准。我国共发布过 2 个与专利价值评价相关的国家标准。

1.《专利价值分析指标体系》

标准编号：DB34/T 2877-2017

归口单位：全国知识管理标准化技术委员会

发布年份：2014 年

标准状态：终止

主要内容：通过法律、技术及经济三个层面对专利进行分析，每个层面具体细分为内含的二级评价指标，由专业人员进行分析和评价，披露相关信息。

2.《专利评估指引》

标准编号：GB/T 42748-2023

归口单位：全国知识管理标准化技术委员会

发布年份：2023 年

标准状态：现行

主要内容：将评估对象分为单个专利及专利组合，提出专利价值分析评估指标体系应用场景。

（二）地方标准

地方标准是由各省、自治区、直辖市或地级市制定的标准，用于本地区特定的产品、技术和服务质量的评定。共检索到 5 个与专利价值评价相关的地方标准。

1.《专利质量评价技术规范》

标准编号：DB34/T 2877-2017

归口单位：安徽省知识产权局

发布年份：2017 年

标准状态：现行

主要内容：构建了专利质量评估指标体系，由基础指标和附加指标构成。基础指标应能够反映专利的权利要求布局设置水平、专利的保护范围、技术适用范围、确权滞后情况和技术方案描述的详尽全面程度，其对应的指标名称：权项布局度、主权范围度、技术综合度、确权滞后度、详尽全面度；附加指标应能够从技术原创性水平、技术基础程度、经济效益水平、重要程度和运用程度等至少其中一个方面反映专利的法律保护水平、技术水平和经济水平，其对应的指标名称：技术原创度、技术被引度、专利族大小、专利维持度、专利应用度。

2.《专利价值评估技术规范》

标准编号：DB34/T 3582-2020

归口单位：安徽省市场监督管理局

发布年份：2020 年

标准状态：现行

主要内容：明确了专利权转移转化价值的评估程序、专利权投融资价值的评估程序，以收益法、市场法以及成本法为基础提出了专利权转移转化价值及专利权投融资价值评估方法。

3.《专利价值评价规范》

标准编号：DB37/T 4455-2021

归口单位：山东省市场监督管理局

发布年份：2022 年

标准状态：现行

主要内容：提出专利价值评价机构的基本要求、评价程序，并提出了评价维度及指标：法律维度包括专利保护可靠度、专利权转让度；技术维度包括专利技术先进度、专利技术实施度，并细化了评价标准。给出了单项指标模块平均分值计算公式以及专利价值综合评价计算公式。

4.《专利价值评估技术规范》

标准编号：DB1304/T 432–2023

归口单位：邯郸市知识产权局

发布年份：2023 年

标准状态：现行

主要内容：提出了发明和实用新型专利在专利权转移转化和专利权投融资过程中的专利价值评估程序，包括明确评估基本事项、签订评估业务约定书、评价专利质量、调查搜集资料、评估测算以及编制并提交评估报告。此外，基于收益法和市场法提出了发明和实用新型专利在专利权转移转化和专利权投融资过程中的专利价值评估方法。

5.《专利质量评价技术规范》

标准编号：DB1304/T 433–2023

归口单位：邯郸市知识产权局

发布年份：2023 年

标准状态：现行

主要内容：构建了专利质量评价模型，并提供了专利质量评价指标的获取方法及分值分配。评价程序以下步骤：专利数据库选择、确定技术领域和评价基准日、专利检索、专利指标赋分、确定权重和计算评价得分、专利质量评价报告。此外，还说明了专利质量评价的应用：用于事前专利价值评估（专利质押融资等）、用于事后专利价值评估（专利侵权赔偿、专利评奖）、用于专利技术评价（专利技术评审、评奖）、用于专利法律效力评鉴（专利司法鉴定）、用于宏观区域统计评价（专利管理）。

（三）行业标准

行业标准是由各行业组织或相关部门制定的标准，主要针对某个具体领域的技术规范、质量要求、测试方法等，参照国家标准。共检索到 1 个与专利价值评价相关的行业标准。

《电力专利价值评估规范》

标准编号：DL/T 2138–2020

归口单位：中国电力企业联合会

发布年份：2020 年

标准状态：现行

主要内容：规定了电力行业专利的价评估指标构成、信息收集与核实、专利价值评估及价值度、综合价值评估。

（四）团体标准

团体标准是指由团体按照自行规定的标准制定程序制定并发布，供团体成员或社会自愿采用的标准。共检索到 2 个与专利价值评价相关的团体标准。

1.《专利价值度评估规范》

标准编号：T/FSZSCQ 3-2021

归口单位：佛山市知识产权保护促进会

发布年份：2021 年

标准状态：现行

主要内容：提出专利价值度评估模型及计算方法，包括法律、技术及经济三个维度。法律维度指标：稳定性、可维权性、专利有效期、专利族、许可状况；技术维度指标：技术先进性、行业发展趋势以及成熟度；经济维度指标：政策适应性、市场应用、竞争以及前景。

2.《中成药专利价值评价指南》

标准编号：T/CACM 1565-2024

归口单位：中华中医药学会

发布年份：2024 年

标准状态：现行

主要内容：首先，提出了中成药专利价值评价步骤，包括明确评价基本事项、采集评价信息、分析汇总信息、专家评议以及编制评价报告。对中成药专利而言，需要采集法律、市场、技术、临床、内容五个维度的信息。对于中成药专利组合，采集信息步骤为首先确定专利组合切入点，可以分为保护经典方剂、占据先发优势以及对抗行业竞争对手三类；其次，搜集可反映专利组合保护力的指标，包括专利组合内高价值专利占比、专利类型完善情况、专利组合的构建手段、发明专利占比以及专利授权率；最后，采集可反映专利组合布局合理性的信息，包括中成药市场应用情况、关键技术更新换代、中成药产业链覆盖情况、全方位差异化的专利布局以及专利布局缺陷。

（五）企业标准

企业标准是由企业自行制定的标准或规范，用于自身产品、技术和服务的设计、制造和服务标准。企业标准不具有强制性，但可以作为企业内部管理的标准。共检索到 5 个与专利价值评价相关的企业标准。

1.《高价值专利（组合）培育和评价标准》

标准编号：Q/JHZZC 0001-2019

归口单位：华智众创（北京）投资管理有限责任公司

发布年份：2019 年

标准状态：现行

主要内容：提出单个专利与专利组合应分开评价，专利组合分为保护核心技术、获取先发优势、对抗竞争对手三个类型，专利评价包括经济、法律、技术、市场、战略五个维度。

2.《专利撰写质量评价》

标准编号：Q/320621ND 002-2021

归口单位：海安南京大学高新技术研究院

发布年份：2021 年

标准状态：现行

主要内容：提出评价工作流程，包括评价对象解析、信息检索评价、权利要求书及说明书撰写质量评价、摘要及附图撰写评价。提出专利文本撰写质量的评价指标，包括：职业道德与职业素养、权利要求书实体及形式问题、说明书实体及形式问题、说明书及摘要附图问题。

3.《专利价值评估标准》

标准编号：Q/430104HNIPX001-202

归口单位：湖南省知识产权交易中心有限公司

发布年份：2021年

标准状态：现行

主要内容：提出专利价值评估的基本程序，包括明确评估基本事项、签订评估合同、评估测算及编制并提交评估报告。提出法律、技术、经济三个评价维度，其中，法律维度包括2个指标：专利保护范围及专利稳定性；技术维度包括5个指标：专利技术关键性、专利应用情况、团队技术层次、团队专利产出、团队专利诉讼情况；经济维度包括3个指标：市场情况、竞争情况以及政策支持度。

4.《专利价值评估标准》

标准编号：Q/GJPG 002-2022

归口单位：新疆国鉴价格评估中心

发布年份：2022年

标准状态：现行

主要内容：提出法律、技术及经济三个维度。法律维度包括2个指标：专利保护范围、专利稳定性；技术维度包括6个指标：专利技术关键性、专利应用情况、团队技术层次、团队专利产出、团队专利转化情况、团队专利诉讼情况；经济维度包括3个指标：市场情况、竞争情况、政策支持度。提出专利价值评估的基本程序，包括明确评估基本事项、签订评估合同、评估测算以及编制并提交评估报告。

5.《专利价值度评估规范》

标准编号：Q/GJPG 003-2022

归口单位：新疆国鉴价格评估中心

发布年份：2022年

标准状态：现行

主要内容：提出专利价值度评估模型及计算方法；法律、技术及经济三个维度。法律维度包括5个指标：稳定性、可维权性、有效期、专利族、许可状况；技术维度包括3个指标：先进性、产业类别以及成熟度；经济维度包括4个指标：市场应用、市场规模前景、竞争情况以及政策适应性。此外，还提出专利奖可以获得附加分值。

三、专利价值评价指标体系

（一）专利价值评价指标体系介绍

20世纪40年代，国外专家学者就开始广泛地研究高价值专利评价指标的问题，并将其运用到国家/地区和企业的创新力与竞争力评价等领域。例如，美国知识产权咨询公司（CHI）研发的专利评价指标，美国OCEAN TOMO公司发布的知识产权质量指标（IPQ报告），丹麦专利商标局与哥本哈根商学院合作开发的IPScore软件，韩国知识产权局下属机构研发的SMART3（system to measure，analyze and rate patent technology）专利分析评估系统。近年来，国内高价值专利研究热也成就了非常优秀的高价值专利评价指标体系。例如，国家知识产权局与中国技术交易所联合推出的"专利价值分析指标体系",北京合享智慧科技有限公司研发的合享价值度评估指标体系,知识产权出版社研发的P2I(patent to intelligence)专利价值评估系统,中国中医科学院中医药信息研究所制定的中成药高价值专利评价指标体系。下文对国内外知名专利价值评价指标体系进行详细介绍。

(一)CHI专利评价指标

CHI Research, Inc.成立于1968年,是一家世界知名的知识产权咨询公司。该公司以科技创新指标的研究与分析为主要内容,开创了专利引文指标分析与研究的先河,成为该领域的领军企业。CHI专利评价指标是以某个专利申请人为研究对象,分析其申请的专利整体情况。

CHI专利评价指标包含专利数量、专利平均被引用数、当前影响指数、技术实力、技术生命周期、科学关联性及科学强度7个指标。计算方式及具体指标含义见表7-4。

表7-4　CHI专利评价指标含义及与专利价值的关系

指标名称	计算方式	指标含义
专利数量	目标公司年度专利总数	专利数量可以评估公司的技术活动程度。一定程度可以认为,专利数量与专利价值呈正比
专利平均被引用数	目标公司持有专利的平均引用次数	平均值越高*,说明公司专利申请水平高、影响力大,技术实力强
当前影响指数	目标公司前5年的专利在当前年份的平均被引用数／所有美国专利在当前年份中的平均被引用数	反映专利质量和实际技术影响力。当前影响指数＝1,代表该企业专利的影响程度处于平均水平;当前影响指数＞1,目标公司专利的技术影响力较大,当前影响指数＜1,目标公司专利的技术影响力较小
技术实力	技术实力＝专利数量×当前影响指数	技术实力通过对专利数量规模进行质量加权来描述
技术生命周期	技术生命周期有一定的行业依赖性,不同技术领域差别明显	反映了技术创新的速度。如果企业的技术生命周期相对较短,一定程度可以认为,其技术和产品的更新速度比竞争对手快
科学关联性	该公司持有专利的平均引用数量	可以用来评估该公司专利技术的科学前沿程度。一定程度可以认为,科学关联性与专利价值成正比
科学强度	该公司专利数目与科学关联性的乘积	评估目标公司的科学活跃程度

*由于不同技术领域的专利被引用频次差异较大,且专利被引用频次随时间变化,故不同年份之间的可比性不强。因此,应当对同一技术领域同一年度的专利平均被引用数量进行比较。

(二)专利价值度

自2010年起,国家知识产权局委托中国技术交易所开展"专利价值分析体系"的研究和设计工作,并经过了广泛的意见征求、吸收完善和案例检测,形成目前相对完善和较具社会共识的指标体系。该专利价值分析指标体系创造性地提出并定义了表征专利自身价值大小的度量单位,即专利价值度(patent value degree,PVD),构建了专利价值分析指标体系,对专利进行定性与定量分析。

PVD可以划分为两层指标:第一层,从专利自身属性的角度,将指标分为法律、技术和经济三个指标;第二层,即从专利功能的角度,将第一层指标分别分解为若干项支撑指标。备选专家为第二层指标逐个打分,这些分数经加权汇总之后,形成PVD。

PVD的计算公式:$PVD = \alpha \times LVD + \beta \times TVD + \gamma \times EVD$,其中,$\alpha + \beta + \gamma = 100\%$。各指标定义及评判标准见表7-5,专利价值度各指标分值及权重见表7-6。

表 7-5　专利价值度评价指标定义及评判标准

一级指标	二级指标	定义	评判标准
法律	稳定性	一项被授权的专利在行使权利的过程中被无效的可能性	权利要求特征多少、上位下位；同族专利授权；本专利及同族专利经过复审、无效程序，或涉及诉讼的结果等
	不可规避性	一项专利是否容易被他人进行规避设计，从而在不侵犯该项专利权的情况下仍然能够达到与本专利相似的技术效果，即权利要求的保护范围是否合适	将独立权利要求的每个特征分解出来，对每个分解特征进行分析，然后再对该权利要求的所有特征的不可规避性的评分求平均
	依赖性	一项专利的实施是否依赖于现有授权专利许可及本专利是否作为后续申请专利的基础	通常可以由权利人提供或通过检索确定在先专利以及衍生专利
	专利侵权可判定性	基于一项专利的权利要求，是否容易发现和判断侵权行为的发生，是否容易取证，进而行使诉讼的权利	可以将独立权利要求的每个特征分解出来，对每个分解特征进行分析，然后再对该权利要求的所有特征的专利侵权可判定性的评分求平均，以获得该权利要求的专利侵权可判定性分值
	有效期	基于一项授权的专利从当前算起还有多长时间的保护期	根据检索报告
	多国申请	本专利是否在除本国之外的其他国家提交过申请	根据检索报告
	专利许可状态	本专利权人是否将本专利许可他人使用或者经历侵权诉讼	根据检索报告
技术	先进性	专利技术在当前进行分析的时间点上与本领域的其他技术相比是否处于领先地位	根据以下几个方面进行分析：所解决的问题、技术手段、技术效果
	行业发展趋势	专利技术所在的技术领域目前的发展方向	行业发展报告；该专利国际分类号的小类或大组的专利数量的时间分布情况
	适用范围	专利技术可以应用的范围	专利说明书的背景技术对技术问题的描述以及独立权利要求
	配套技术依存度	专利技术可以独立应用到产品，还是经过组合才能应用，即是否依赖于其他技术才可实施	专利说明书的背景技术和技术方案部分的描述，结合现有技术发展状况
	可替代性	在当前时间点，是否存在解决相同或类似问题的替代技术方案	对相关专利的问题描述；检索解决相同问题或类似问题的其他技术方案；检索该专利引用的背景技术；以及引用本专利的后续专利
	成熟度	专利技术在分析时所处的发展阶段	根据国家标准《科学技术研究项目评价通则》（GB/T 22900—2009）
市场	市场应用情况	专利技术目前是否已经在市场上投入使用；如果还没有投入市场，则将来在市场上应用的前景	市场上有没有与该专利对应的产品或者基于专利技术生产出来的产品；行业专家判断
	市场规模情况	专利技术经过充分的市场推广后，在未来其对应专利产品或工艺总共有可能实现的销售收益	理想情况下同类产品的市场规模乘以专利产品可能占到的份额
	市场占有率	专利技术经过充分的市场推广后可能在市场上占有的份额	专利产品在其他类似产品中市场占有的数量比例；如果专利产品还没有投入市场，则根据功能和效果最接近的成熟产品所占有的比例进行估计
	竞争情况	市场上是否存在与目标专利技术的持有人形成竞争关系的竞争对手及竞争对手的规模	与本专利技术构成直接竞争关系的产品或技术的持有者、实施者与本专利的持有人之间的实力对比，例如公司的总体营业额
	政策适应性	国家与地方政策对应用一项专利技术的相关规定，包括专利技术是否是政策所鼓励和扶持的技术，是否有各种优惠政策	高新技术产业和技术指导目录

表 7-6　专利价值度评价指标定义及评判标准

一级指标	二级指标	分值	权重（100%）
法律	稳定性	非常稳定：10分；比较稳定：8分；稳定：6分；不太稳定：4分；很不稳定：2分	30
	不可规避性	很难规避：10分；较难规避：6分；可以规避：2分	15
	依赖性	无依赖性：10分；不好判断：6分；有依赖性：2分	20
	专利侵权可判定性	非常易于判定：10分；比较易于判定：8分；难以判定：6分；比较难以判定：4分；非常难以判定：2分	
	有效期	16年以上：10分；12～15年：8分；8～11年：6分；4～7年：4分；3年以内：2分	15
	多国申请	4个国家以上：9～10分；1～3个国家：8～5分；仅本国申请：4分	15
	专利许可状态	有许可：7～10分；有诉讼：5～10分；无许可：4分	5
技术	先进性	非常先进：10分；先进：8分；一般：6分；落后：4分；非常落后：2分	15
	行业发展趋势	朝阳产业：10分；成长产业：8分；成熟产业：6分；夕阳产业：4分；衰退产业：2分	10
	适用范围	广泛：10分；较宽：8分；一般：6分；较窄：4分；受很大约束：2分	20
	配套技术依存度	独立应用：10分；依赖个别几项技术：8分；依赖较少其他技术：6分；比较依赖其他技术：4分；非常依赖其他技术：2分	15
	可替代性	不存在替代技术：10分；存在替代技术，但本技术占优势：8分；存在替代技术，但与本技术优劣相当：5分；存在替代技术，但比本技术有优势：2分	20
	成熟度	产业级：10分；系统级：9分；产品级：8分；环境级：7分；正样级：6分；初样级：5分；仿真级：4分；功能级：3分；方案级：2分；报告级：1分	20
市场	市场应用情况	已经应用：10分；未应用，但易于应用：6分；未应用，且难于应用：2分	25
	市场规模情况	很大（100亿元以上）：10分；较大（10亿～100亿元）：8分；中等（1亿～10亿元）：6分；较小（1千万～1亿元）：4分；很小（1千万元以下）：2分	20
	市场占有率	很大：10分；较大：8分；中等：6分；较小：4分；很小：2分	20
	竞争情况	几乎没有竞争对手：10分；竞争对手较弱：8分；竞争对手一般：6分；竞争对手较强：4分；竞争对手很强：2分	20
	政策适应性	政策鼓励：10分；无明确要求：6分；与政策导向不一致：2分	15

（三）中成药专利价值评价指标体系

中成药专利价值评价指标体系是中国中医科学院中医药信息研究所以甲类医保中成药为例进行研究，运用问卷调查、专家咨询等研究方法于2020年研制，并于2024年更新。该指标体系确定了法律、市场、技术、临床及内容五个评价维度，共包含18个评价指标，以150分为中成药高价值专利的评判标准。各维度指标的含义及权重设置见表7-7、表7-8。

表 7-7　各维度指标在评价专利价值中的含义

维度名称	指标名称	指标解释
法律维度	专利维持时间	一定程度反映专利技术对申请人的重要程度
	权利要求数量	一定程度反映权利稳定性、保护范围和保护的技术方案的数量
	发明创造类型	一般认为，发明专利的综合价值大于实用新型专利以及外观设计专利
	失效原因	一定程度反映专利技术的稳定性以及专利持有人的重视程度
市场维度	海外同族专利数量	一定程度反映专利应用地域的布局情况
	专利诉讼	一定程度反映专利的市场竞争情况
	专利转化状态	一定程度反映技术的市场应用情况
	专利许可状态	一定程度反映技术的市场应用价值
	专利质押状态	一定程度反映技术的先进性和市场应用价值
技术维度	被引用次数	一定程度反映专利技术对后续技术或者市场的影响力
	引用文献数量	一定程度反映专利技术与现有技术的关联情况
	对比文件数量	一定程度反映专利技术的新颖性
	分类号数量	一定程度反映专利技术的应用范围
	共同申请人数量	一定程度反映专利的技术投入与对市场的影响力
	说明书页数	一定程度反映技术方案的复杂程度和权力稳定性
临床维度	有效性 安全性	安全性和有效性一定程度反映中成药专利的临床应用价值
内容维度	专利保护类型	一般认为，产品专利的保护力度最大

表 7-8　专利价值评价指标及表示

维度	指标名称	指标表示	分值	权重
法律维度	专利维持时间	≥0 年	> 0：1 分；≥6：3 分；≥21：5 分	7
	权利要求数量	≥0 个	> 0：1 分；≥16：3 分；≥20：5 分	6
	发明创造类型	发明、实用新型、外观设计	发明：5 分；实用新型：3 分；外观设计：1 分	5
	失效原因	专利届满终止、专利权人放弃专利、未及时缴费、其他原因	专利届满终止：5 分；专利权人放弃专利：3 分；未及时缴费：2 分；其他原因：1 分	5
市场维度	海外同族专利数量	≥0 个	> 0：1 分；≥2：3 分；≥7：5 分	8
	专利诉讼	≥0 次	> 0：5 分	6
	专利许可状态	内部许可、外部许可	内部许可：3 分；外部许可：5 分	7
	专利质押状态	≥0 次	> 0：5 分	8
	专利转让状态	内部转让、外部转让	内部转让：3 分；外部转让：5 分	8

续表

维度	指标名称	指标表示	分值	权重
技术维度	被引用次数	≥0次	>0: 1分；>1: 3分；>2: 5分	6
	引用文献数量	≥0个	>0: 1分；>1: 3分；>3: 5分	4
	说明书页数	>0页	>0: 1分；≥12: 3分；≥38: 5分	4
	分类号数量	≥0个	>0: 1分；≥6: 3分；≥21: 5分	4
	共同申请人数量	≥0个	>0: 1分；>1: 3分；>2: 5分	4
	对比文件数量	≥0个	≥4: 1分；≥2: 3分；≥0: 5分	4
临床维度	有效性	有效率	≥80%: 1分；≥90%: 3分；≥95%: 5分	6
	安全性	无不良反应、轻度不良反应	无不良反应: 5分、轻度不良反应: 3分	5
内容维度	专利保护类型	产品专利、方法专利、用途专利、其他	产品专利: 5分；方法专利: 3分；用途专利: 3分；其他: 1分	3

【链接】

我国首个治疗新冠病毒感染的中药复方制剂专利

中医药是我国历史瑰宝，凝聚着中国人民和中华民族的博大智慧，为中华民族乃至全世界人民的健康作出了重要贡献。国务院办公厅在印发的《"十四五"中医药发展规划》中明确提出，推动中医药海外本土化发展，促进产业协作和国际贸易，逐步完善中医药"走出去"相关措施。中医药专利保护是促进中医药"走出去"的重要保障。作为中药应用的主要形式，复方方剂构成了我国中药专利申请量的最大部分。然而，中医药复方具有公开性、流传性、无主性的特点，不属于我国《专利法》的保护对象。但是，如果科研人员在方剂组成、制备方法、提取方法、功能功效等方面结合现代医学进行再次创新，从而提升原有古方的疗效甚至产生新的疗效，那么这些改进后的经典名方仍然可以被赋予新颖性的法律特征，获得专利保护。例如，2020年7月，我国的清肺排毒汤组方获得国家知识产权局颁发的发明专利证书，成为我国首个治疗新冠病毒感染的中药复方制剂专利，并于2022年7月荣获第二十三届中国专利奖银奖。

复习思考题七

1. 专利文献一般有哪些？
2. 对于申请人而言，PCT合作条约的好处有哪些？
3. 中医药专利信息分析的意义是什么？
4. 常见的中医药专利信息分析的内容包括什么？
5. CHI专利评价指标包含哪些内容？

第八章
中医药其他文献检索

第一节　循证医学与文献检索

一、循证医学概述

（一）循证医学的基本概念

20世纪中叶以来，因社会的发展、人们生活方式的转变及医疗技术的进步，人类疾病谱从传染性疾病、营养缺乏性疾病等单因素疾病向与心理和社会因素相关的肿瘤、心脑血管疾病、糖尿病等多因素疾病转变，不仅使临床诊疗面临巨大挑战，也促使了医疗模式从"以疾病为中心"的传统医学模式向"以患者为中心"的生物－心理－社会医学模式转变。新技术与新药物的应用、人类健康需求层次的提高使得医疗费用不堪重负，如何在提高医疗服务的前提下合理配置和高效应用现有的医疗技术与药物，给临床医疗决策带来了挑战。随着流行病学、生物统计学等研究方法不断兴起，具有说服力的各类新证据不断出现，使得传统医学诸多局限性不断被发现，而临床研究活动的积极开展导致了信息爆炸，如何利用有限的精力与时间，快速、高效地在海量信息中获取高质量的证据并做出合理的临床决策，实现知识的及时更新是临床医生所面临的新挑战。与此同时，快速发展的信息与网络技术，使得证据的生产、加工、使用、传播、共享的效率大大提升，循证医学在以上多重背景下孕育而生。

循证医学（evidence-based medicine，EBM）不同于以经验医学为主的传统医学，它强调任何医疗决策应建立在最佳科学研究证据基础上，是遵循证据的医学。循证医学的创始人之一David Sackett将其定义为"慎重、准确、明确地应用当前可得最佳研究证据，同时结合临床医师个人的专业技能和长期临床经验，考虑患者的价值观和意愿，完美地将三者结合起来，制定出具体的治疗方案"。此定义概括出了循证医学的三个基本要素：临床医生的技能与经验、最佳临床研究证据、患者的期望与价值观（图8-1）。

临床医生的技能与经验是开展循证医学实践的必要条件。循证医学与传统医学同样重视医生的临床技能与经验积累，以此为基础医生才可能对患者的疾病状态、诊疗措施的利弊及患者的价值观等作出迅速的判断，如若忽视临床技能与经验，即使获得了最佳临床证据也可能会用错，因为最佳临床证据的应用需结合临床实际并因人而异。

最佳临床研究证据是循证医学的核心要素。循证医学的目的是利用高质量的研究证据来优化临床决策，强调依据科学标准严格评价与系统考量，获取具有真实性、科学性、可靠性、适用性的最佳证据，同时强调最佳证据的动态性和及时更新，随着医学发展和研究的深入，原有的最佳证据将被更新、更强、更准确的新证据所替代。循证医学要求临床医生必须掌握寻找、评价和利用医学证据的技能以获取最佳临床研究证据的能力，若缺乏最新、最佳的外部证据指导，仅靠医生的经验，可能将过时的，甚至有害的方法应用于患者，给患者造成严重的损害。

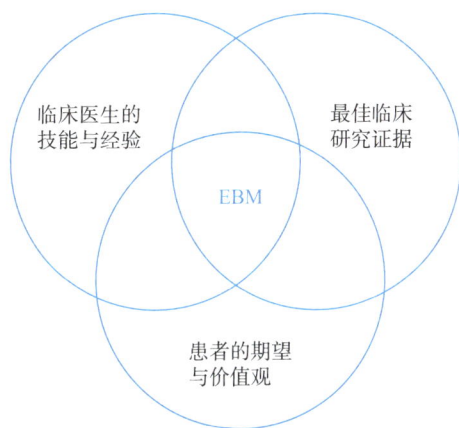

图 8-1 循证医学的三要素

患者的期望与价值观是循证医学的关键要素。患者对自身疾病状况的关心程度、心理状态及对治疗方案、措施的态度和期望直接影响着临床决策。循证医学提倡医生在重视疾病诊疗的同时，应从患者的角度出发，了解并尊重患者的感受与权利，鼓励患者参与临床决策，建立良好医患合作关系，让患者获得最佳的诊疗与预后效果。

循证医学是在临床医学实践中发展起来的一门交叉学科，整合了临床流行病学、统计学、信息科学、经济学等学科的技术与方法，为临床问题的解决提供了一种创新理论与思维模式。其理念与方法已逐渐从临床医疗的应用扩展到医疗卫生的各个领域，在临床医疗、预防、护理、公共卫生决策、卫生技术评价、药物研究与应用、中医药等领域发挥越来越重要的作用。

（二）实践循证医学的步骤

实践循证医学的主要目的是寻找最佳证据并将其应用于临床决策，通常包括提出临床问题、系统的文献检索、严格评价证据、综合分析与应用证据、后效性评价 5 个步骤，具体而言如下。

1. 提出临床问题 在临床实践中根据患者的病史、体格检查、检验结果，提出需要解决的问题，是实践循证医学的关键一步。从病因、治疗、诊断、预防与预后 5 个方面对所面临的具体临床问题做一个归类与梳理，可以更容易确定问题的要素，构建检索文献的策略。

2. 系统的文献检索 根据所提出临床问题的类型，选择适合的数据库、制定完善的检索策略，全面、系统地寻找解决临床问题的最佳证据。为高效、准确获取最佳证据，应优先检索经过科学论证与甄别的二次循证证据，再检索原始研究证据。

3. 严格评价证据 严格评价所获得的证据是循证医学的重要内容，因为只有通过评价才能判断这些证据所提供的决策依据是否可靠，或可靠程度，能否用于指导临床实践。通常所检索到的证据可分为已经过评价和未经过评价的证据。如果检索到证据是经过筛选与严格评价的数据库，可不必再进行证据评价；如果检索的是未经过评价的证据则需要应用流行病学与循证医学证据评价的方法，对证据的真实性、可靠性以及对临床问题的适用性做出具体的评价。

4. 综合分析与应用证据 真实、可靠并有应用价值的最佳证据不一定可以直接应用于临床决策，因为研究证据并不能取代临床判断，医务人员必须基于自己的专业技能与经验、综合考虑患者的实际情况和意愿以及现有的医疗条件，合理地评价最佳证据运用的效果，作出相应调整指导临床决策。

经过医务人员的综合分析，可能将最佳证据推荐应用于临床实践，也可能建议重新考虑或淘汰有害与无效的临床措施，也可能因尚无定论需要进一步研究，需在以后的选题、立项、研究过程中遵循循证医学的原则与方法开展研究，产生可用的循证医学证据。

5. 后效性评价　最后一个步骤是对最佳证据的应用效果进行评价，如果成功可进一步实践，反之，则应分析具体原因，找出问题，再针对问题进行新一轮的循证研究与实践，以不断地去伪存真，止于至善。

（三）循证医学实践的类别

循证医学实践的类别可分为证据提供者与证据应用者 2 个类别，两者在实践任务、参与者、参与方式等方面有所不同，见表 8-1。证据提供者的实践通常是由一批具有相当学术造诣的临床流行病学家、临床专家、临床统计学家、卫生统计学家及医学科学、信息工作者等，针对临床医学实践中存在的某些问题，通过共同协作收集、分析、评价、综合全球生物医学文献而形成的最佳研究证据，为实践循证医学提供依据。证据应用者的实践则是从事临床医学的医务人员和医疗管理、卫生政策的决策者，为优化诊疗、卫生管理、政策制定等决策，开展寻找与应用最佳证据的实践。两者都是围绕临床问题开展收集、查找证据的实践，只是侧重点不同，二者可以互相转换，临床实践中部分医务工作者既是证据的应用者也是证据提供者。

表 8-1　循证医学实践的类别

类别	证据提供者	证据应用者
任务	收集与评价文献 提供最佳证据	应用证据
参与者	临床流行病学家、临床专家、临床统计专家、卫生统计专家、医学科学、信息工作者	医务人员、医疗管理与卫生政策的决策者
参与方式	团体协作	个体

二、循证医学证据

（一）证据的概念

证据及其质量是循证医学的基石，但目前国内外对临床证据尚无统一定义。循证医学的奠基人 David Sackett 将临床证据定义为"以患者为研究对象的各种临床研究（包括防治措施、诊断、病因、预后、经济学研究与评价等）所得到的结果和结论"，认定证据是由研究得出的结论。循证医学创始人 Gordon Guyatt 则将证据定义为"任何经验性的观察都可以构成潜在的证据，无论其是否被系统或不系统地收集"，提出无论是研究得出的结论还是经验皆为证据。2005 年，加拿大卫生服务研究基金资助的一项研究应用系统评价的方法将证据定义："证据是最接近事实本身的一种信息，其形式取决于具体情况；高质量、方法恰当的研究结果是最佳证据。由于研究常常不充分、自相矛盾或不可用，其他种类的信息就成为研究的必要补充或替代。"该定义强调了证据质量的等级性。2008 年我国学者陈耀龙等提出"证据是经过系统评价后的信息，可分为基于研究的证据与基于非研究的证据两类"，该定义区分了证据与信息，强调了证据不仅源自于医学研究，当研究证据缺乏或无法开展研究时，专家意见、个人经验、民间偏方等非研究证据亦发挥重要作用。

随着医学研究的迅速发展产生了海量的证据，而这些证据并不能直接作为"最佳证据"应用于临床决策，证据的质量直接决定着证据的应用与推广，此外不同人群应用证据的目的与需求不同。如何在海量信息中快速获取具有真实性与适用性的证据，已成为医务人员与决策者特别关注的问题。证据分类与分级的原理和方法为处理海量证据提供了有力的支撑。根据循证医学的理念，将证据按照研究者和使用者关注的问题等先分类，再在同类证据中按科学的标准严格评价与分级，是筛选和甄别海量证据的重要手段和方法，有效助力科学决策。

（二）证据的分类

证据分类的目的在于更好的使用证据，医生、研究人员、决策者、患者等不同人群对证据的需求不同，对同一证据的理解也不同。目前根据研究与应用需求的差异，证据的分类方法众多，主要包括根据研究方法、研究问题、用户需求、获取渠道等分类方法。

1. 按研究方法分类 根据研究方法不同可将临床证据分为原始研究证据与二次研究证据（图 8-2）。

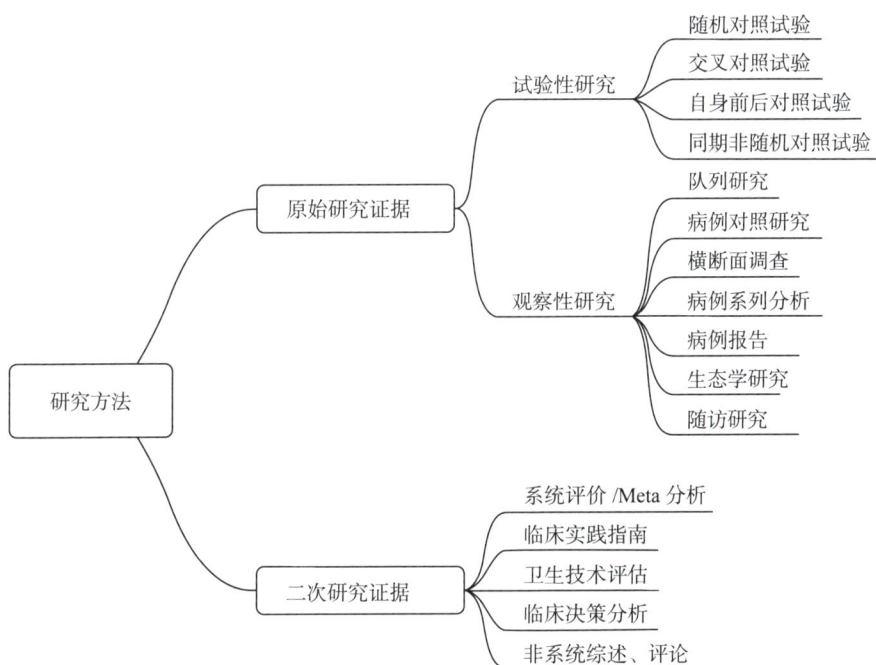

图 8-2 按研究方法分类的证据

（1）原始研究证据 直接以人群，即患者群体和（或）健康人群为研究对象，围绕临床相关问题开展研究所获得的第一手数据，再经统计、分析、总结而形成的研究报告。根据是否给予受试者一定的干预措施，原始研究可分为试验性研究和观察性研究。给予受试者一定干预措施的试验性研究包括随机对照试验、自身前后对照试验、交叉对照试验、同期非随机对照试验；未向受试者施加干预措施的观察性研究包括队列研究、病例对照研究、横断面调查、病例报告、病例系列分析、生态学研究、随访研究等。以下为各类常用原始研究证据的定义及应用范围，见表 8-2。

表 8-2　各类原始研究证据定义与应用

名称	定义	应用范围
随机对照试验（randomized controlled trial，RCT）	按照正确随机化方法，使对象有同等机会被分入试验组或对照组，试验组给予干预措施，对照组给予对照措施（如标准疗法、安慰剂或空白对照等），在相同条件下追踪并比较试验组与对照组的结果，从而确定某项干预措施结果的一种前瞻性研究	主要用于干预措施效果的比较，往往被认为是评价干预措施的"金标准"。随机对照试验也可用于病因学因果关系的研究，但需要特别注意伦理学问题
队列研究（cohort study）	又称定群研究、组群研究，是在"自然状态"下，将特定范围的人群按是否暴露于某可疑因素分成两个队列（暴露组与非暴露组）或按不同暴露水平分为若干个队列，随访一定时间后，比较两组或多组间的疾病与预后结局，如发病、治愈、药物反应、死亡等差异，以判定暴露因素与结局之间有无因果关联及关联程度大小的观察性研究方法	主要用于检验病因假设；研究疾病自然史；评价自发的预防效果；新药的上市监测
病例对照研究（case-control study）	又称回顾性研究，是选择已具有所研究结局的人群为病例组，选择不具这种（些）结局而具有可比性的人群为对照组，通过比较病例组与对照组既往可能的危险因素暴露史，探讨暴露因素与该研究结局之间可能存在的因果关系	主要用于疾病病因的探索；其他临床问题与公共卫生方面（如评价干预措施的效果、疾病的预后、不良结局事件等）；特别适用于罕见疾病的研究，有时甚至是识别罕见病危险因素的唯一可行的办法；也特别适用于研究分析多种危险因素与所研究疾病的联系以及它们之间相互作用等
横断面调查（cross-sectional study）	又称现况研究或患病率研究，是在某特定的时间和范围内调查某个目标人群某个（些）疾病的发病或健康状况的分布及与其有关因素的关系	主要应用于描述疾病或健康水平的状况及其影响因素，为查明某种疾病的病因及影响因素奠定基础，可为疾病防治提出重点地区、时间及对象，为制订合理的卫生保健计划提供依据；在人群中筛查患者，以达到早发现、早诊断、早治疗的目的；评价疾病防治措施的效果；监测疾病，研究其发展趋势
病例报告（case report）	又称个案例报告，是针对临床实践中发现的某一个或某几个特殊病例或个别现象进行的报告，系对罕见病、特殊现象进行临床研究的主要方法，涉及患者病情、诊断、治疗、预后、影响因素等方面的特殊情况	主要应用于前所未见或罕见的特殊病例；两处以上的少见病症发生于同一病例；创新性的诊疗方法用于临床病例；常见疾病的异常现象，出现特殊临床表现及病程发展特殊的病例；不典型或罕见复杂疾病的临床误诊或误治病例

（2）二次研究证据　是针对某一具体问题，系统、全面地收集原始研究证据，进行严格评价、综合、分析、总结后所得出的结论，是对多个原始研究证据进行二次加工后得到更高层次的研究证据。按综合证据的方法，可分为系统评价/Meta 分析、临床实践指南、卫生技术评估等。以下为各类常见二次研究证据的定义与特点，见表 8-3。各类二次研究证据均基于原始研究并对其进行系统检索与评价和综合分析而形成的，但又各有侧重点：系统评价更注重对文献的质量评价，只做质量分级，不做推荐；卫生技术评估更注重对卫生技术的安全性、经济性和社会适用性的评价，附带推荐意见，多数可被卫生政策直接采纳；指南则是基于系统评价和卫生技术评估的结果，以推荐意见为主，对临床实践具有指导和规范作用。

表 8-3　各类二次研究证据的定义与特点

名称	定义	特点
系统评价/Meta 分析（systematic review/Meta-analysis）	指针对某一具体问题（如临床、卫生决策、基础医学、医学教育等问题），系统、全面收集已发表或未发表的相关研究，采用严格评价文献的原则和方法，筛选出符合质量标准的文献，进行定性或定量合成，得出当前最佳的综合结论。定量评价通常指 Meta 分析	全面检索和纳入现有相关文献，避免发表偏倚，严格评价纳入研究质量，得出客观结论。小样本合成大样本，提高检测检验效能，解决原始研究间的矛盾，其质量受限于原始研究的质量

续表

名称	定义	特点
临床实践指南（clinical practice guidelines）	针对特定临床问题，系统地制定出指导性意见，帮助临床医生和患者做出恰当决策的指导性文件	由主题相关的多学科专家组共同制定，在综合当前可得最佳证据的基础上，充分考虑患者的价值观，将证据按公认标准分类分级，平衡不同干预措施的利弊，最终形成推荐意见，具有很高的权威性和参考价值
卫生技术评估（health technology assessment）	对卫生技术的技术特性、安全性、有效性（效能、效果和生存质量）、经济学特性（成本效果）和社会适应性（法律、伦理）进行评价，为决策者提供合理选择卫生技术的证据	对卫生技术的开发、应用、推广与淘汰实行政策干预，从而合理配置卫生资源，提高有限卫生资源的利用质量和效率

2. 按研究问题分类　根据研究问题的不同可将证据分为病因、诊断、治疗、预防、预后及危害等研究证据。

3. 按照用户需求分类　根据临床医生、卫生政策制定者、普通民众等不同用户需求，可将证据分为临床证据手册、临床实践指南、临床决策分析、系统评价、卫生技术评估、健康教育材料等。

4. 按获取渠道分类　根据证据的获得渠道可将证据分为公开发表的、灰色的、在研的和网络信息等。公开获取的证据指的是发表在期刊、专著、手册等文献的证据；灰色文献指已完成，但未公开发表的证据；在研的证据指的是正在进行的原始研究与二次研究，如完成注册正在进行的临床试验；网络信息则包括了各组织或机构所发布的研究信息。

（三）证据的分级

证据分级是指应用临床流行病学原则和方法以及有关质量评价标准，评价证据的真实性、可靠性与临床应用价值。证据经过科学合理评价与分级后，有助于医务人员、决策者将科学、可靠、有支撑力度的证据应于临床、教学、科研和政策法规中，提高临床诊疗和医疗卫生服务水平。随着循证医学的发展，证据分级从简单按试验设计，到综合考虑研究设计、研究质量、研究结果的一致性和证据的直接性，拓展了证据的应用范围和领域。以下介绍牛津循证医学中心证据分级、"新九级"证据分级、GRADE 等几种目前常用的证据分级标准。

1. 牛津循证医学中心证据分级　在证据质量分级发展历程中最初是以随机对照试验为最高质量证据的，2001 年牛津循证医学中心（oxcford centre for evidence based medicine，OCEBM）首次在证据分级的基础上引入分类的概念，按照研究类型分别制定了详细的分级，涉及治疗、预防、病因、危害、预后、诊断和经济学七个方面。以治疗类证据分级为例 OCEBM-2001 版将其分为 5 级 10 个水平，证据设计越严谨、偏差越小，证据等级就越高，见表 8-4。

表 8-4　OCEBM-2001 版治疗类证据分级

级别	水平	治疗类临床问题
1 级	1a	同质随机对照试验的系统评价
	1b	结果置信区间小的随机对照试验
	1c	显示"全或无效应"的病例系列分析
2 级	2a	队列研究的系统评价
	2b	单个队列研究（包括低质量的 RCT，如失访率 > 20% 者）
	2c	基于患者的结局研究

续表

级别	水平	治疗类临床问题
3级	3a	病例对照研究的系统评价
	3b	单个病例对照研究
4级	4	病例系列分析、低质量队列研究和低质量病例对照研究
5级	5	专家意见（即无临床研究支持的仅依据基础研究或临床经验的推测）

2011年牛津循证医学中心对OCEBM标准进行了修订，见表8-5。OCEBM-2011修订版只将证据分为5个级别不再对证据水平进行细化，将系统评价证据等级提升。随机对照试验普遍被认为证据等级较高，但在很多实际情况下，随机对照试验的开展需要耗费大量的时间、人力、物力甚至有时无法实行，而观察性研究则比随机对照试验更适合解决研究问题。OCEBM-2011修订版对随机对照试验和观察性证据的等级作了适当的调整。

表8-5　OCEBM-2011修订版治疗类证据分级

级别	治疗类临床问题
1级	随机对照试验或单个病例随机对照试验（N-of-1试验）的系统评价
2级	具有显著效果的随机对照试验或观察性研究
3级	非随机对照研究、有对照的队列研究／随访研究
4级	病例系统分析，病例对照研究或历史对照研究
5级	基于机制研究的临床推论

OCEBM证据分级标准将研究设计、研究结果评价和临床适用性等作为证据分级的依据，使得证据质量的评估更具针对性与适应性，已经成为循证医学教学和循证临床实践中公认的经典标准之一。

2."新九级"证据分级　2001年，美国纽约州立大学医学中心首次将动物研究和体外研究纳入证据分级体系，推出了"证据金字塔"，也被称为"新九级"证据分级，见图8-3。该证据分级将系统评价/Meta分析作为证据最高级别置于塔顶，往下证据等级依次往下降，位于塔基的实验室研究级别最低、可靠性最差。"证据金字塔"简洁明了、形象直观、传播广泛，特别适用于对证据级别的早期判断。

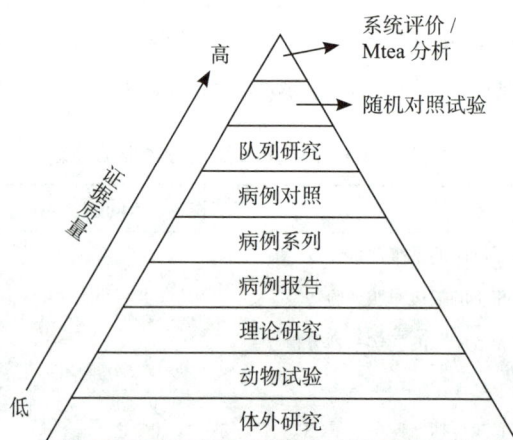

图8-3　证据金字塔

3.GRADE 证据分级　针对之前不同证据分级标准存在的不足，来自 WHO 的 19 个国家和国际组织 60 多位循证医学专家、指南制定专家、医务工作者和期刊编辑等，共同参与、创建的推荐、评估、制定与评价分级工作组（the grading of recommendations，assessment，development and evaluations working group，GRADE），于 2004 年推出了一套证据质量分级和推荐意见评级系统，简称 GRADE 证据分级。GRADE 对证据质量的判断始于研究设计，一般情况下，没有严重缺陷的随机对照试验得出的证据为高质量证据，但其等级可能因为研究的局限性、结果不一致、间接性、结果不精确及存在偏倚等因素而降低；观察性研究的证据起始被归为低质量的证据，但若方法学严谨且疗效显著、存在导致疗效被低估的偏倚（负偏倚）、证据显示存在剂量 – 效应关系时，观察性研究的证据质量将会提高。GRADE 依据未来对目前疗效评价结果可信度的影响大小，将证据分为高、中等、低、极低四个等级，推荐强度分为强、弱两个等级，见表 8–6。

表 8–6　GRADE 证据分级

证据级别	具体描述
高质量	进一步研究不可能改变该疗效评估结果的可信度；非常确信真实的效应值接近效应估计值
中等质量	进一步研究很可能改变该疗效结果的可信度，对效应估计值有中等的信心，真实值有可能接近估计值，但仍存在二者很不同的可能性
低质量	进一步研究极有可能改变该疗效评估结果的可信度，对效应估计值的确信程度有限，真实值可能与估计值大小不相同
极低质量	任何疗效评估结果都很不确信，对效应估计值几乎没有信心，真实值很可能与估计值大不相同

GRADE 证据分级由于其方法科学、程序严密、过程透明等优点，目前已被包括 WHO 和 Cochrane 协作网等国际组织所采纳。适用于制作系统评价、卫生技术评估及医学实践指南。

三、文献检索与循证医学

文献检索是循证医学实践过程必不可少的基本步骤，循证医学实践的开展需要根据临床问题对文献进行全面、系统的检索，收集密切相关文献，整合临床诊疗证据，然后对初筛的证据进行真实性、可靠性、适用性及临床价值等方面进行严格评价与系统考量，以获得"最佳证据"应用于临床实践。循证医学不仅强调对文献系统检索，更加注重对文献的综合分析与评价，培养运用批判性思维获取"最佳证据"解决临床实际问题的"求证"能力，这与文献检索所强调的信息能力一致。基于循证医学的文献检索能为解决临床问题与开展临床决策等提供高效资源，并及时跟进最新研究进展，体现了循证医学对于文献检索的意义，更是完善医药学研究生信息素养教育的有利契机。将文献检索的"查找"与循证医学的"求证"有机结合起来，既可以提高研究生的信息素养，同时也可以促进研究生循证能力的提升。

（一）循证医学证据检索与传统文献检索的区别

循证医学证据检索的目的是为临床实践查找此前所有的研究证据以获取最佳临床证据，因此其检索范围、数据库选择、检索策略制定以及对检索结果的关注必然有别于传统的文献检索，见表 8–7。

表 8–7 循证医学证据检索与传统文献检索

方式	循证医学证据检索	传统文献检索
检索范围	强调全面、系统地检索当前全球所有的生物医学文献，包括正在进行和未发表的临床研究文献（灰色文献）	不强调全部相关文献，也很少对正在进行的研究和未发表的文献（灰色文献）进行检索
数据库选择	检索所有相关的临床证据数据库、临床实践指南数据库和书目数据库	以书目数据库为主
检索策略制定	严谨、科学，特别是制作系统评价的检索策略要求严格	无严格要求
对检索结果关注	关注临床证据级别，尤其重视系统评价和随机对照试验的研究结果，重视对文献的真实性、方法学的评价	关注与自己研究契合的文献，同时较多关注述评文献或综述文献，不涉及文献真实性和方法学的评价

（二）用证检索与创证检索的区别

循证医学证据检索根据检索目的不同分为用证检索与创证检索，前者主要目的是通过检索获取最佳证据，应用于临床问题的解决或指导临床决策，强调查准率，主要检索二次证据数据库，而后者主要目的是创建证据，强调应尽可能搜集目前所有的相关研究以期创建出客观全面的循证证据，对查全率要求高，既要查原始临床证据也要查二次临床证据，两者在所检索证据类型、数据库选择、检索策略制定、检索方式、对检索结果关注等方面均有所区别，见表 8–8。

表 8–8 用证检索与创证检索的区别

方式	用证检索	创证检索（如系统评价制作）
证据类型	以二次临床证据为主，原始临床证据作为补充	必须包括原始临床证据并查询二次临床证据
数据库选择	可遵循"6S"循证信息资源模型，重点检索临床指南数据库、循证医学数据库，补充综合性文献数据库	先检索原始研究主要数据库，再扩展检索其他相关来源还应包括在研临床试验数据库、灰色文献（药企、会议论文）
检索策略制定	注重查准率，可以利用主题词提高查准率	注重查全率，确保最大限度地查找相关研究
检索方式	以计算机检索为主，人工检索不做强制要求	除计算机检索外须辅以人工检索
对检索结果关注	关注证据级别高和推荐意见强的报告，如 GRADE 系统推荐的高质量证据	关注高质量原始研究

（三）循证医学证据检索

1. 循证医学证据资源 近年来，循证医学的证据量不断增加，随着信息技术的发展，循证医学信息资源的整理也日趋成熟。加拿大 McMaster 大学临床流行病学与生物统计学教授 R.Brian Haynes 于 2001 年、2006 年、2009 年分别提出了"4S""5S""6S"金字塔模型对循证医学证据资源进行了分类。"6S"金字塔模型见图 8-4，模型中每一个"S"代表一类循证医学资源，在循证检索实践中，最优选择检索"Systems（计算机决策支持系统）"，其次是"Summaries（证据总结）"，若无法使用这两类检索资源或不能检索到相关证据，再逐级往下查找"Synopses of syntheses（证据摘要）""Syntheses（系统评价）""Synopses of studies（原始研究摘要）"，最后考虑"Studies（原始研究）"。

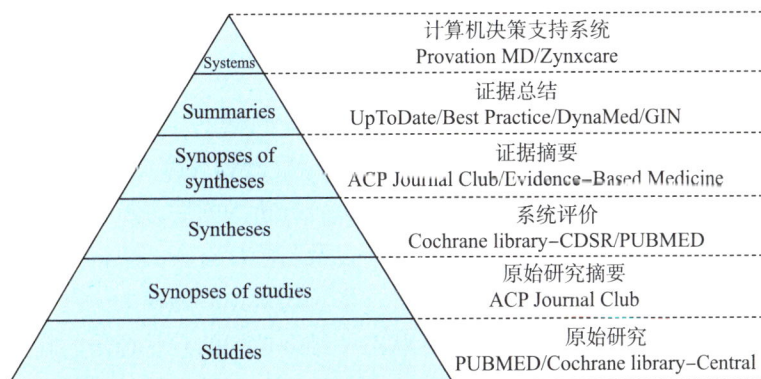

图 8-4　循证医学证据资源的 "6S" 金字塔模型

（1）计算机决策支持系统　计算机决策支持系统是指针对某个临床问题，概括总结所有相关文献的研究证据，并通过电子病例系统与特定患者的个体情况结合，为医生提供决策的信息支持系统。此类数据库整合度高，主动推送信息，如 Provation MD、ZynxCare 等，但目前功能还不完善，未能广泛应用。

（2）证据总结　证据总结指的是整合来自此级以下的最佳证据，并为某个特定的疾病相关选项提供全面的证据。这类资源既有像教科书一样的背景知识介绍，又有相关的最新证据总结，还结合专家经验针对不同临床主题和患者人群给出相应的推荐意见、推荐强度和证据级别，如 DynaMed、UptoDate、Best Practice、GIN 等数据库，目前进行循证医学实践检索临床证据主要应用此类数据库。

（3）证据摘要　证据摘要即循证期刊摘要。为了帮助临床医生快速、有效地查找文献，临床专家和方法学家一起对主要医学期刊上发表的原始研究和二次研究证据进行严格评估后，对所收集整理的文献作出综合、简述，附上专家推荐意见，并以摘要形式再次出版。常用的资源有 ACP Journal Club、Evidence-Based Medicine、InfoPOEM、Bandolie 和《中国循证医学杂志》。

（4）系统评价　系统评价是针对某一具体的临床问题（如疾病的病因、诊断、治疗、预后），系统、全面收集已完成或正在开展的研究，经严格评价后，筛选出符合质量标准的文献，进行定性或定量分析（Meta 分析）后得出可靠的综合结论。系统评价可以分为 Cochrane 系统评价和非 Cochrane 系统评价，前者由 Cochrane 协作网制作并发表在 Cochrane 图书馆，后者发表在杂志上。最常用数据库资源是 Cochrane 系统评价数据库与 PubMed。

（5）原始研究摘要　对原始临床研究数据进行评价和总结，如 ACP Journal Club。

（6）原始研究　原始研究数据库主要包括前面各个章节所述的各种全文、文摘型的数据库。通常只有在上述几种数据库资源中未能实现检索需求时，才检索原始研究数据库。具有一定特色的原始资料库有 PubMed Clinical Queries（http://www.ncbi.nlm.nih.gov/Pubmed）和 Cochrane 临床对照实验中心注册库（cochrane central Register of controlled trials，CENTRAL）。

2. 循证医学证据检索的步骤　循证医学证据检索与传统文献检索步骤基本一致，主要包括分析需求，明晰检索要素；选择合适的检索工具；制定检索策略、实施检索；筛选、阅读相关文献；评估检索结果、调整检索策略共五个步骤。循证医学证据检索与传统文献检索的区别在于分析需求、明晰检索要素时，通常可以借助 PICO 的模式；其次是选择检索工具，筛选、阅读文献时需要借助循证医学证据的分类与分级作为指导。以下简要介绍证据检索的流程与步骤。

（1）分析需求，构建 PICO　在进行检索之前，首先需要对检索的需求进行有效地分析，析出其中涉及的核心概念及其内涵与外延，确定这些概念之间的关系；明确检索内容、目的与要求，以确定检索范围、年限及证据类型等。

根据临床实际情况，通常临床问题大致可分为一般性问题、特殊性问题及患者关心的问题三种类型。一般性问题又称背景问题，如某一疾病常用治疗药物有哪些、影响发病因素有哪些等。特殊性问题又称前景问题，是诊治患者过程中通过综合分析判断后，从专业角度提出的问题，涉及疾病诊断、治疗、预后、病因和预防等各种环节以及与治疗有关的患者生物、心理及社会因素等，如不同诊断方法的敏感性、干预措施的利弊、影响疾病预后的相关因素、危险因素的暴露与干预等；患者关心的问题就是根据患者的实际状态，结合他们的意愿提出的临床问题，如年轻与年老的女性患者对乳腺癌采取何种手术方式关注不一样，年轻女性更关注对以后生活的影响，而年老者则更关注复发率。另外根据临床问题的来源不同，又可分为诊断、治疗、预后、病因、预防、不良反应和成本经济学等类型。

如何把以上临床问题转化成可检索的内容，即从实际问题出发将问题拆分成简要、可查询的词组组合进行检索（构建检索策略），目前通常依据 PICO 原则来转化临床问题，它能快速析出临床问题的核心要素，找到关键词。PICO 包括四个要素：P 表示 patient/population——指特定患者或人群；I 表示 intervention/exposure——干预措施 / 暴露因素，包括各种诊治措施或有关因素；C 表示 comparison——对照措施，O 表示 outcome——指由干预导致的包括死亡率、患病率、生活质量等临床结局。PICO 构成了临床问题的基本要素，在检索实践中可根据具体临床问题选择最重要的要素，一般可以选择 P 和 I 其中一个或两个检索要素，若检索结果太多则加入 C、O 进行限定以缩小检索范围。此外还应注意判断临床问题分属于诊断、治疗、预后、病因、预防、不良反应和成本经济学哪一类问题，因为不同类型临床问题对应的最佳证据的类型不一样，明确临床问题的类型有利于数据库选择与精确检索。

（2）选择数据库　证据检索一般根据临床问题的类型、检索需求及循证资源数据库的特点并考虑数据库的可及性（是否有条件使用这些数据库），先检索密切相关的数据库，如果检索结果不能满足需求，再检索其他数据库。若通过需求分析明确是寻找背景问题的答案，则选择教材、百科、参考书、指南等证据类型集中的数据库如在线百科、UptoDate、Best Practice、GIN 等或纸质版教材等；若需要解决的是前景问题，则选择原始研究、系统评价、临床指南、循证知识库等证据类型对应的数据库如 PubMed、Cochrane Library、UptoDate、Best Practice 等。也可以按"6S"模型来选择数据库，理论上选择数据库的方法：①优先选择 Systems 类数据库，如所在单位没有此类数据库或不能解决问题时，再依次逐级选择 Summaries，Synopses，Syntheses，Synopses of studies 和 Studies 类数据库。②按"6S"模型逐级使用数据库检索，一旦在某一级数据库获得临床证据，就不需要去检索其他级别的数据库。③临床证据检索之前首先需明确临床问题及类型，合理选择相对应的数据库。

实际检索中"6S"模型太复杂，且 Systems 类数据库极少，功能也不够完善，很少能用到，一般是在其他 5S 中进行检索。实际检索中具有分水岭意义的是 Summaries 类数据库与其他 4S 的区别，因为 Summaries 类数据库是高度整合的知识库，提供一站式服务平台，囊括与临床问题相关的所有证据及背景信息，检索简单易上手，数据更新及时。Summaries 以下级别的数据库包含的内容通常零散发表在期刊上，如 Synopses 中的 ACP Journal Club、Evidence-Based Medicine 期刊；Syntheses 中 Cochrane Library 系统综述以及 Studies，均可通过 PubMed、Embase 等数据库检索到。因此，选择循证医学数据库可分为 Summaries 和非 Summaries，Summaries 数据库不能解决问题时，直接检索 PubMed、Embase、Web of Science、Scopus、中国知网、万方、维普、

Sinomed 数据库。在实际检索时，一些跨数据库检索平台也可选择，这些跨数据库检索平台可以同时提供原始研究、系统综述、临床实践指南等内容且检索结果更加精准，如 Trip database、深圳市迈特思创科技有限公司临床循证医学检索系统（EBM）等。创证检索如系统评价的制作强调尽可能系统全面收集原始研究证据，因此在数据库选择方面有所差别，这部分内容将在本章第三节进行阐述。

（3）制定检索策略、实施检索　检索策略的构建主要包括选定检索词、编写检索式、选择检索途径、平衡查全与查准率等。Summaries 类数据库是高度整合的知识库，检索趋于智能化和人性化，只需输入简单的检索词或通过分类导航的浏览即可获取答案及相应证据。如果通过 Summaries 类数据库的检索无法解决问题，需要检索其他类型数据库时，就必须列出核心概念所对应的检索词，借助 PICO 模式来理清检索词之间的逻辑关系编写检索式，并根据数据库提供的途径与功能，合理构建检索策略进行检索。证据利用的检索是为快速获取解决临床问题的答案和最相关的高质量证据，要求构建"查准"的检索策略；证据制作的检索是最大限度地获取临床问题的所有证据，需要构建"查全"的检索策略。

检索词应包括主题词与关键词，为保证查全率还应尽量选全同义词、词根相同时可以用截词符等。检索词选定可以参考以下方法：①检索已发表的系统评价/Meta 分析的文献查看文中所用检索词作为参考。②利用 PubMed 的 MeSH database 检索相应主题词查看 Entry Terms 辅助检索词的选择，注意多数外文数据对于名词的单复数检索并无区分，因此只需选定其中一个即可，另外 Entry Terms 中带","的先组词一般在其他数据库并不适用可以舍弃；还可以利用树状结构的上位概念与下位概念来辅助选择检索词。③利用中文数据库提供的同义词功能辅助选择；利用词典、药典、药物数据库查找药品商品名及近义词。④对相关核心概念进行尝试检索，通过浏览检索结果与阅读相关文献，补充扩展检索词。

编写检索式则是运用各种运算符（如布尔逻辑运算符、截词符、通配符等）组合所选定的检索词，形成数据库可以执行的检索表达式进行检索。PICO 四要素是逻辑"与"的关系用"AND"连接，而各要素对应析出的检索词是逻辑"或"的关系用"OR"连接。然后再根据数据库提供的检索途径与功能对检索式进行细化：如 PubMed、Cochrane Library、Embase 等数据库提供主题词检索可选择主题词途径使用更简洁的检索式进行检索，而未提供主题词检索的数据库则只能构建较完备的检索式以避免漏检；循证医学资源相关数据库包括专门查找某些类型证据的数据库如 Cochrane Library、GIN 等和综合性数据库，如 Web of Science、中国知网、万方、维普等；有的数据库具备证据类型过滤功能可以根据证据类型对检索结果进行筛选，如 PubMed、Embase、Trip database 等，有的数据库没有此类功能，在检索时应考虑将证据类型对应的检索词中加入检索式中，以便快速筛选与获取高质量的证据文献，如 Web of Science、中国知网、万方、维普等。检索策略的制定涉及专业背景知识、检索语言、检索技术、数据库原理、逻辑思维等多领域知识与技能的综合运用，是一个系统又复杂的过程，需要在实践中不断训练与积累。

（4）筛选与阅读检索结果　临床问题能否解决取决于能否获取质量高且相关度好的证据，因此对检索结果的筛选与阅读是循证医学证据检索中非常重要的步骤，一般可以遵循以下原则。

1）筛选证据类型：按照证据的强弱级别，优先选择证据级别高的文献。实际上有关诊断、治疗、预后、病因、预防、不良反应和成本经济学等临床问题，每一类问题均有对应的最佳研究设计，见表 8-9，相应也会产生其对应的最佳证据类型和证据分级。如治疗、预防类的临床问题，特别关注随机对照试验（RCT），而有关 RCT 的系统评价研究则为最佳研究证据，然后证据的优先级别依次是 RCT、队列研究、病例系列研究；有关诊断检验准确性的证据，特别重视横断面研究，而不是随机对照试验。因此在检索到相关证据时可以首先筛选、阅读二次临床证据、再依次按证据优先级别往下阅读，寻找到最适合解决该类问题的最佳临床研究证据类型。

表 8-9　不同问题类型对应的最佳研究设计

问题类型	最佳研究设计
治疗类问题	随机对照试验＞队列研究＞病例对照＞病例报告
预防类问题	随机对照试验＞队列研究＞病例对照＞病例报告
病因/危害类问题	随机对照试验＞队列研究＞病例对照＞病例报告
诊断类问题	盲法、与金标准对照的前瞻性队列研究
预后类问题	队列研究＞病例对照＞病例报告
成本/经济学问题	经济学分析

2）筛选相关文献：通过题名、摘要初步判断文献与临床问题的相关性，用证检索主要判断文献是否涉及临床问题的相关要素（干预手段、暴露因素），是否适合临床问题的患者情况等，而创证检索，需判断文献是否符合事先制定好的纳入和排除标准。

3）阅读文献全文：对相关度与质量等级高的文献需展开全文阅读，以获取证据支撑；如为证据制作的检索，当筛选到潜在的有可能符合纳入标准及不能确定是否需要纳入或排除的检索结果，应当阅读全文，以进一步判断或评估。

4）注意文献时间：筛选与阅读检索结果时，应当注意查看证据文献的时间，随着新研究的推进，需要不断更新证据；若新证据与已有证据结论不一致，应当注意比较证据的级别与质量。

（5）评估检索结果　对检索结果的评估主要是看检索的结果是否能解决之前提出的临床问题，如果问题解决可以结束检索。临床用证检索对检索结果质量的判断主要依据证据的级别和临床适用性；科研创证检索对检索结果的评价主要判断所构建的检索策略是否最大限度地网罗相关研究。

如果经评估后检索结果不能解决临床问题则需要分析原因，调整检索策略再检索：若因数据库收录范围的问题，则更换其他数据库再进行检索；若获得的高级别的临床证据年代太过久远，则应依次往下检索低级别数据库以补充最新证据；若因检索词提炼或检索策略不当导致检索结果的偏差，则需分析检索结果，调整检索词与策略重新检索。如此反复直到获得解决问题的答案或明确就目前证据暂时无法解决问题。一般来说，高级别的循证资源数据库因证据充分、经整合后具有高度浓缩和结构化的特点，反复的次数少或无需反复，而级别较低的循证资源数据库因证据数据庞大、质量参差不齐，需要反复进行分析，调整检索策略，才能获取满足需求的信息。

四、常用循证医学资源检索

"6S"金字塔模型包括循证医学数据库、临床指南数据库、生物医学数据库、循证医学期刊等数据库资源，每类循证资源均涉及多个数据库，在实际检索中针对不同类型的证据可选择一个或多个进行检索，以下介绍 UptoDate、指南数据库、Cochrane library、PubMed Clinical Queries、循证医学综合检索系统（EBM、Trip）等数据库的检索。

（一）UptoDate

1. 概况　UptoDate（http://www.uptodate.com）数据库采用统一的结构提出问题，较全面收集相关的循证医学文献，采用分级评价证据的质量，并提出推荐意见。UptoDate 覆盖了常见的 25

个临床专科，涵盖了诊疗全流程和生命全周期的绝大多数疾病及其相关问题。全部临床主题都是由世界知名医生撰写和编辑，他们通过浏览同行评审的期刊再加专业经验和意见形成相关主题内容，并根据研究进展随时对专题内容进行更新。UptoDate 整合研究证据的基础上，采用 GRADE 对证据进行分级与推荐。目前已收录 12400 多篇临床专题、9800 多条分级推荐意见、37000 多张图像资料、7600 多篇英文药物专论、544000 多条 Medline 参考文献等内容。

2. 检索　UptoDate 支持中英文检索，可以在首页检索框输入疾病名称、临床表现、检验检查结果、药物名称等所对应的检索词，尽量不采用复杂的检索式，可以针对一个或多个检索词以空格隔开进行检索。使用"指南 检索词"可查找国际、欧洲、美国、加拿大、澳大利亚、日本等地区权威学会发布的指南和共识意见。在检索结果界面检索框下可选择成人、儿童、患者、图表对检索结果进行筛选和排序，此外系统会利用自动联想功能推荐相应的检索词，可根据实际情况进行有效利用（图 8-5）。点击检索结果的标题查看专题正文（图 8-6），专题正文上方提供了"专题正文内检索"的功能，专题标题下方是专题作者及翻译专家团队介绍与专题更新时间，点击相应作者可以查看更详细的信息。左侧为专题的提纲区，点击相应的标题可以跳转到相关内容。

图 8-5　UptoDate 检索结果界面

图 8-6　UptoDate 专题正文

（二）指南数据库

1.GIN

（1）概况 国际指南协作网（Guidelines International Network，GIN）成立于 2002 年，是一个全球性的协作网络，至今已有自 61 个国家的 111 名组织成员和 135 名个人成员，旨在促进国际或国家之间的协作，通过使用证据和实施循证指南来改善医疗保健，是目前全球最大的指南数据库之一。通过 GIN international guideline library（https://guidelines.ebmportal.com/）可检索到大量指南，还可通过作者、国别、语言、所属领域等对指南进行聚类查看。

（2）检索 GIN 希望访问者可以通过免费、轻松、一站式访问全球已发布的指南和开发指南，2020 年 9 月对检索界面进行了改版，采用简洁的一框式检索方式。检索不支持使用布尔逻辑运算符与通配符，只需在搜索框输入感兴趣的术语。可以通过左侧蓝色框选择过滤器（作者、认可组织名称、申请国家、语言、出版范围、出版年份等）限制检索（图 8-7）。

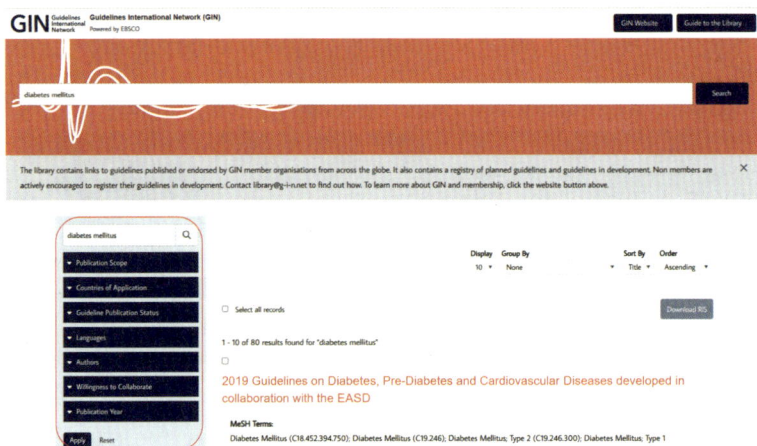

图 8-7　国际指南协作网

2.NICE

（1）概况 英国国家卫生和临床技术优化研究所（National Institute for Health and Clinical Excellence，NICE）（https://www.nice.org.uk/）创建于 1999 年，是英国国家医疗卫生服务体系重要组成部分，通过制定国家层面的指导、建议、质量标准和相关信息以促进英国卫生和社会保健。目前收录了 1760 份指南、335 份建议、200 份质量标准等相关循证资源。

（2）检索 在 NICE 首页上方提供基本检索，左侧可从疾病、健康和社会服务、保健、生活方式和幸福、群体等领域分类浏览相关指南（图 8-8）。点击"View all guidance"，可以浏览全部指南也可以通过标题或关键词进行检索（图 8-9）。

（3）BIGG International database of GRADE guidelines　BIGG（https://bigg.bvsalud.org/en/home-en/）是由泛美卫生组织（Pan American Health Organization，PAHO）建立的一个国际性公共卫生机构，成立于 1902 年，既是美洲的专门卫生机构也是世界卫生组织的美洲区办事处，总部设在华盛顿，在 27 个国家设有办事处和 3 个专业中心，致力于在美洲地区各成员国开展技术合作推动循证决策，以改善和促进健康。BIGG 主要提供检索使用 GRADE 制定的指南，目前收录来自世界卫生组织、泛美卫生组织以及其他国家与国际卫生机构的 2000 多份指南（图 8-10）。检索支持布尔逻辑运算检索，检索结果提供主题、机构、文献类型、语言、年代等过滤条件的筛选。

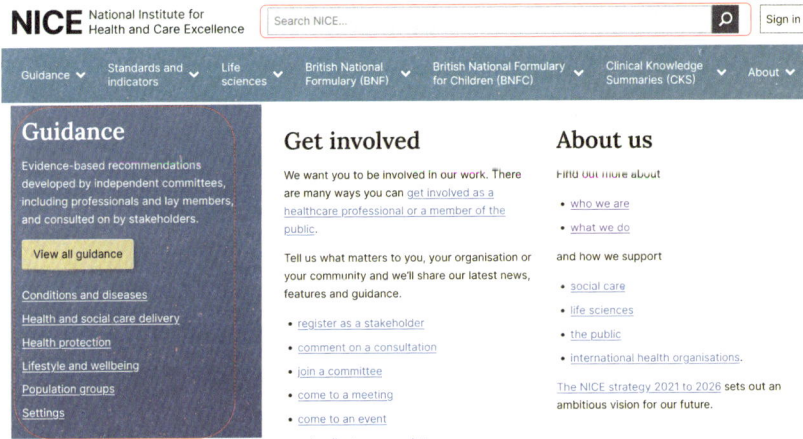

图 8-8　NICE 首页

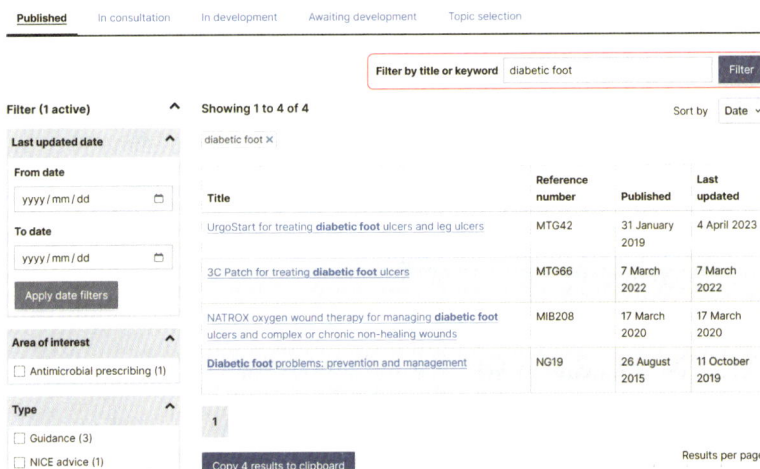

图 8-9　NICE 浏览与检索界面

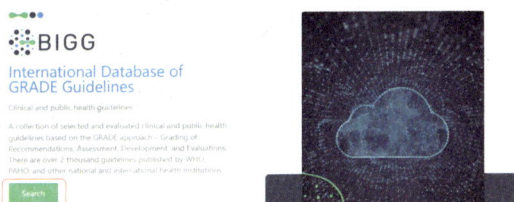

图 8-10　BIGG 主界面

（三）Cochrane library

1. 概况 Cochrane 协作网是 1993 年于英国成立的非营利组织，目前已超过 190 个国家参与者，旨在通过收集、总结研究中的最佳证据助力健康决策。Cochrane 协作网通过 Cochrane library（https://www.cochranelibrary.com/）为开展医疗保健决策的人员提供循证资源。Cochrane library 是临床证据的重要来源，主要包括 Cochrane Reviews、Trials、Clinical Answers 三部分内容。

（1）Cochrane Reviews　Cochrane 系统评价数据库（Cochrane Database of Systematic Reviews，CDSR）是医疗保健领域系统综述的主要资源，收录了由 Cochrane 协作网系统评价小组在统一工作手册指导下完成的系统综述，这个工作手册系统详细、方法科学严谨，主要是针对特定疾病或其他医疗保健问题的医疗介入方式，并摘述随机对照试验的研究结果，判断该医疗介入方式是否有效。因此通过阅读这个系统综述可以迅速了解医疗介入方式的现状及其有效性。Cochrane 系统评价是现有的各种系统评价中撰写最规范、学术审核最严格、质量保证措施最完善的评价。如顶尖医学杂志《柳叶刀》、《新英格兰杂志》、《英国医学杂志》、《美国医学会杂志》等一致认为 Cochrane 系统评价是最具参考价值的系统评价并称其为"金标准"。除收录已完成的系统评价外 Cochrane library 还收录了其正在进行或即将开展的系统评价方案（protocols）、述评（editorials）及 Cochrane 学术讨论会和相关会议的摘要等补充资源。

（2）Trials　Cochrane 临床对照试验中心注册数据库（Cochrane Central Register of Controlled Trials，CENTRAL）汇集了 Cochrane 通过计算检索、手工检索及系统评价小组特别注册等方式收集到的大量随机对照试验和准随机临床对照试验（quasi-RCT，q-RCT）。其中大部分记录来自 PubMed 和 Embase 等书目数据库，还包含了其他已发布和未发布的资源，如 ClinicalTrials.gov 和 WHO 的国际临床试验注册平台的相关临床试验。

（3）Clinical Answers　Cochrane 临床答案（Cochrane Clinical Answers，CCA）是 Cochrane 和 Wiley 合作开发的，基于 Cochrane 系统评价的结果为严谨的研究者提供可读性强、易于理解及注重临床意义的循证答案。每个 Cochrane 临床答案都包含一个临床问题、一个简短答案及相关 Cochrane 系统评价结果的数据。证据以表格形式显示，包括描述、数据和图形链接，为临床问题提供有据可循的答案，帮助相关医务人员完成临床决策。

2. 检索 Cochrane library 提供了分类浏览、基本检索与高级检索三种检索方式（图 8-11）。在 Cochrane library 主页面最下方还可以按主题（by topic）、按 PICO 要素（by PICOs）分类浏览相应的 Cochrane 系统评价（图 8-12）。以下主要介绍基本检索与高级检索。

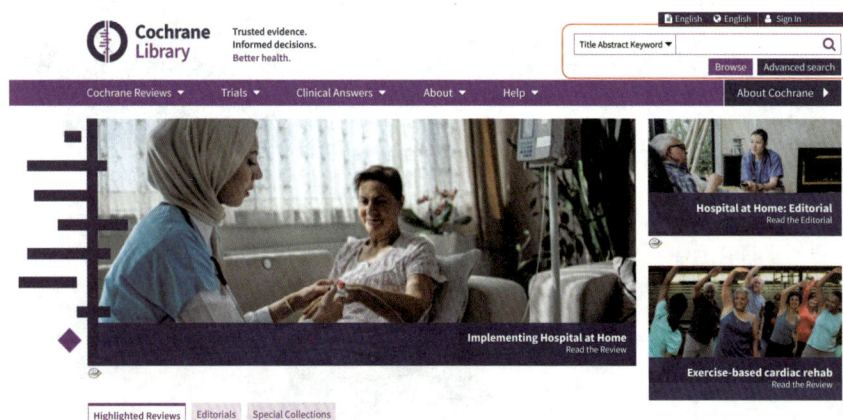

图 8-11　Cochrane library 主页面

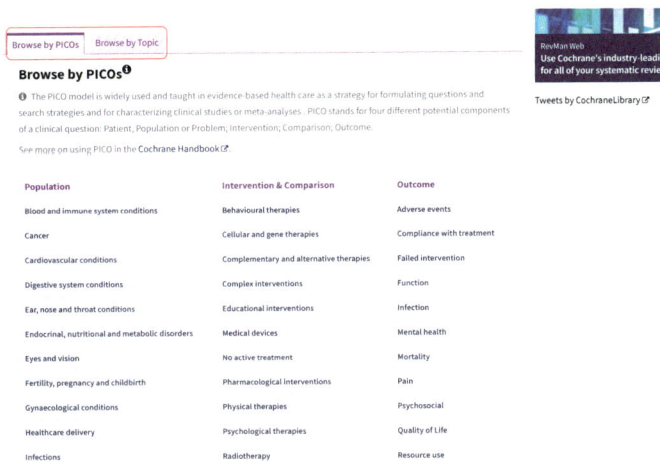

图 8-12 Cochrane library 分类浏览

（1）基本检索 基本检索只需在 Cochrane library 主页面上方检索框选择检索字段（如标题、作者、摘要、关键词等）然后输入检索词或检索式，点击检索即可。基本检索支持逻辑运算符（AND、OR、NOT）、通配符（？）、截词符（*）、短语检索（""）、位置运算符（NEAR、NEAR/x、NEXT）等。例如，在检索房颤的抗凝治疗的相关证据，在基本检索框输入 "atrial fibrillation AND antithrombotic therapy"，在检索结果界面可以总览 Cochrane Reviews、Cochrane Protocols、Trials、Clinical Answers 等资源的命中数量、查看所使用的检索式、导出文献，文献概览界面还可以查看文献的 PICO 各要素，右侧提供了时间、翻译语言、系统综述类型、主题等过滤条件（图 8-13）。

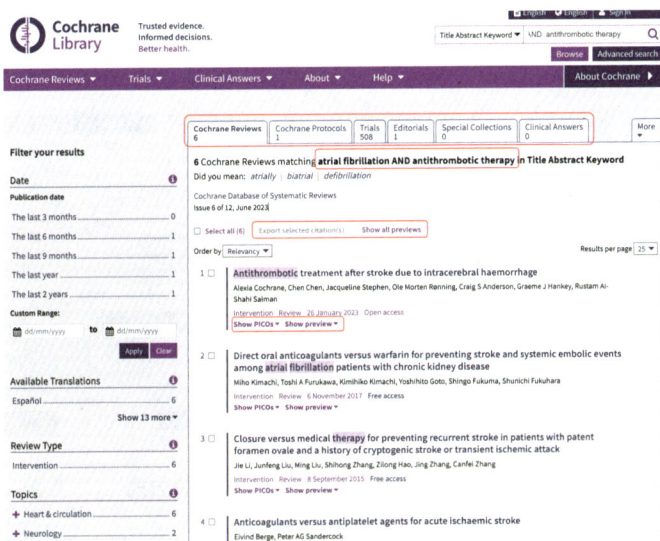

图 8-13 Cochrane library 基本检索

（2）高级检索 高级检索通过 Cochrane library 主页面上方选择 "Advanced search" 进入，高级检索提供了 Search、MeSH、PICOsearch 三种检索方式及检索管理器（Search manager）。

1）Search 检索方式：Search 检索方式的检索规则与基本检索一致，检索时可以在检索框中输入检索词或检索式。也可通过下方的 "+" 来增加检索框，通过检索框右侧的下拉菜单选择检索字段与逻辑运算符。此外通过 "Search limits" 可对检索结果的内容类型、出版时间、临床试验时间、Cochrane 系统评价小组等进行限制检索（图 8-14）。

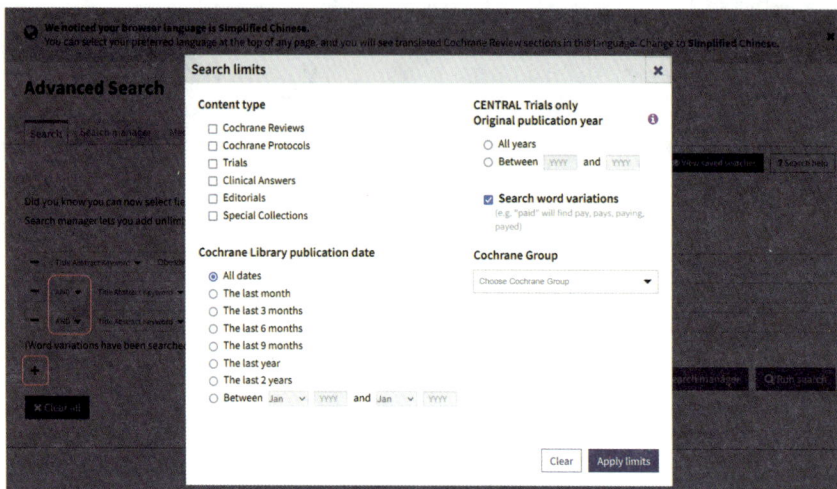

图 8-14　Cochrane library Search 检索方式

2）MeSH 检索方式：单击"Medical terms（MeSH）"即可进入 MeSH 检索页面，在检索框输入检索词，自动完成功能将显示常见的检索词，当选择输入的词为 MeSH 术语时则可在右侧使用 MeSH 副主题词检索，点击"Look up"，在检索框下会显示与检索词精确匹配的主题词、主题词注释信息、主题词树状结构等信息，右侧则显示命中结果数，通过"Save search"单独保存一个 MeSH 检索以备再进行组配检索；点击下方"View results"可以跳转到结果界面（图 8-15）。通过 MeSH 检索可以检索到 Cochrane Reviews、来源于 PubMed、Ct.gov、ICTRP 的临床试验，而来源于 Cochrane、Embase 和手工检索的临床试验及 Clinical Answers 无法通过 MeSH 检索。

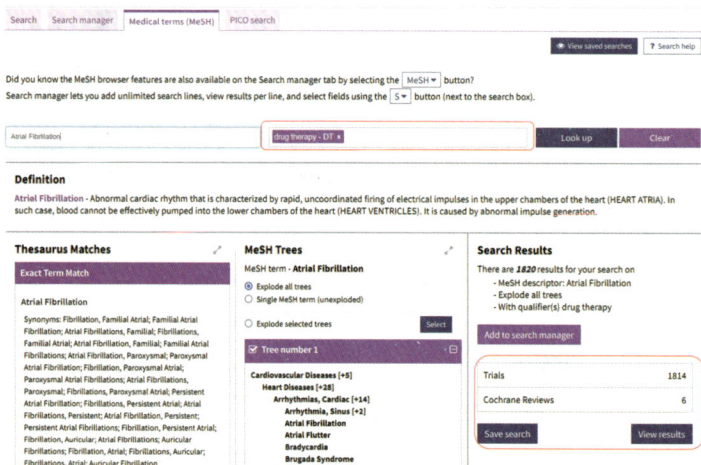

图 8-15　Cochrane library MeSH 检索方式

3）PICO 检索方式：单击"PICO search"即可进入 PICO 检索页面，在检索框输入检索词，然后从下拉菜单中选择相应的术语，选择术语后检索框右侧将显示该术语对应 PICO 的要素。点击"Run Search"，检索结果界面左侧可以对 PICO 要素进行过滤条件的选择，右侧是检索结果的具体显示（图 8-16）。

4）检索管理器：单击"Search manager"即可进入 Search manager 检索页面，可以查看通过 Search 检索与 MeSH 检索的检索历史，可对先前的检索策略进行逻辑组配，构建更复杂的检索表达式进行新的检索。将主题词检索与关键词检索结合起来制定检索策略，可以获得更好的检索结果。检索管理器功能只有 Cochrane library 的注册用户才可能使用。

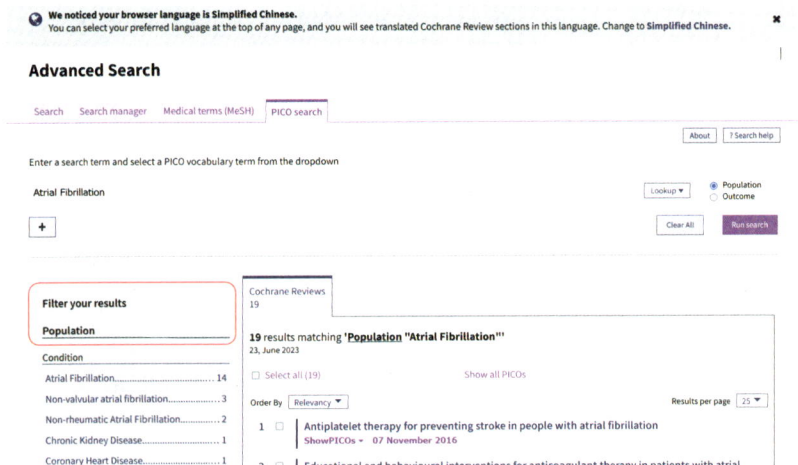

图 8-16　Cochrane library PICO 检索方式

（四）PubMed Clinical Queries

1. 概况　PubMed Clinical Queries（https://pubmed.ncbi.nlm.nih.gov/clinical/）是专门为临床医生设计的查找循证医学资源的检索方式。Clinical Queries 将临床问题分为治疗（therapy）、诊断（diagnosis）、病因（etiology）、预后（prognosis）和临床预测指南（clinical prediction guides）等5个方面进行检索。

2. 检索　采用 Clinical Queries 检索只需在检索框内输入检索词或检索式，然后对治疗、诊断、病因、预后、临床预测指南进行限制，同时可以选择"broad"（灵敏度—强调查全可以检出文献多）和"narrow"（专指度—强调查准可以检出的文献少些）来调整查全率与查准率（图 8-17）。检索后跳转到 PubMed 检索结果界面，再通过 PubMed 文献类型过滤器来筛选出相关循证医学证据。

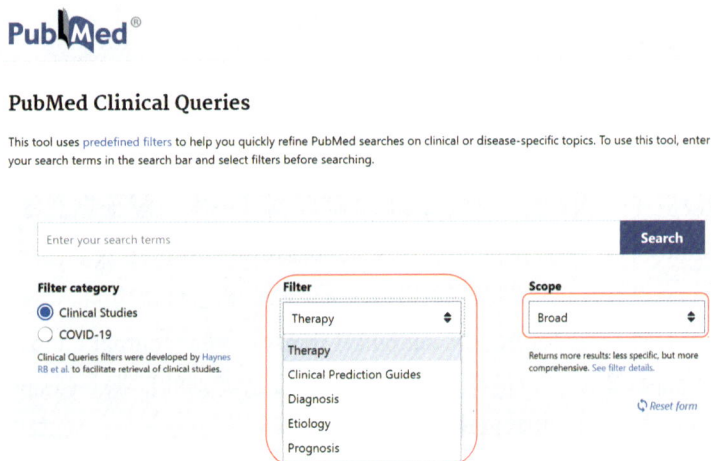

图 8-17　PubMed Clinical Queries 检索界面

（五）临床循证医学检索系统（EBM）

1. 概况　临床循证医学检索系统（Clinical Evidence Based Medicine retrieval system，EBM）是由深圳市迈特思创科技有限公司开发的循证医学检索集成平台，平台的集成性主要体现在资源与功能上的整合：在资源方面该系统整合了 PubMed、Cochrane Library、ACP Journal Club、POEMS 等循证医学资源以及国际临床试验注册资源；功能上采用 PICO、临床查询、主题词检索等多种特色的检索方式，还以国际权威的证据评价系统为标准设置二次研究证据、二次文献证据、一次文献证据、零次文献证据等多种证据评价与过滤功能，帮助临床研究人员迅速定位高质量与可靠性强的文献。此外，平台还设置了多种实用功能。例如，检索结果的多维度聚类与可视化、中文翻译（划词翻译、机器翻译、主题词汉化）、证据强度揭示、多途径全文获取通道等，方便快捷获取循证资源。

2. 检索 EBM 设置了专业检索、导航检索、二次资源检索 3 种检索方式，帮助临床人员快速检索精确获取临床问题答案，同时在检索过程中获取掌握临床诊疗证据知识，以满足不同的检索需求。

（1）专业检索 专业检索提供了文本词检索、主题词检索、PICO 检索、临床查询、检索历史等不同的检索方法（图 8-18），它们具有不同的特点，用户可以根据需求以及对临床问题认知与分析来选择不同的检索方法。例如，文本词检索可以使用布尔逻辑运算符、通配符、截词符等检索技术编写完整的检索表达式进行检索，也可对字段、出版年进行限定检索；主题词检索可以检索相应的主题词，可通过副主题词组配检索、限定主要主题词检索来提高查准率；PICO 检索可以将临床问题对应的 PICO 四个要素分别填入相应的检索框中，且每一检索框均支持布尔逻辑运算符等检索技术；临床查询将临床问题分为治疗、诊断、病因、预后治疗效果、临床预测指南5 种类型，用户可以根据需求快速、准备寻找到不同类型临床问题的相关证据。检索历史可以查看之前作过的检索，并对不同的检索式进行 AND/OR/NOT 组配重新再检索以获得更完善的检索结果。

图 8-18 EBM 专业检索

EBM 检索结果设置了二次研究证据、二次文献证据、一次文献证据、零次文献证据多项过滤功能，并在每篇文献下标注了证据强度、全文获取通道等，为快速获取高质量循证医学证据的提供了便捷途径（图 8-19）。以下简要介绍 EBM 的检索结果过滤器功能。

1）二次研究证据：可以筛选 Cochrane Library、ACP Journal Club、Clinical Evidence、POEMS 等重要的二次证据资源，以便临床人员及时获取高级别的证据。Cochrane Library 的重要性在上个资源已经阐述过了，这里不再赘述。

Clinical Evidence 是一个不断更新的、权威的有关常见临床干预影响证据的最佳循证资源，涵盖了治疗和护理中最常见的病症，强调支持特定干预手段的最佳证据。

ACP Journal Club 是一个证据概要，曾经是美国内科医师学会主办的双月刊，2008 年 5 月以后，ACP Journal Club 融入 *Annals of Internal Medicine* 以月刊发表，旨在通过筛选和提供已出版的研究报道和文献综述的详细文摘，让医护人员快速掌握治疗、预防、诊断、病因、预后和卫生经济学等方面的重要进展。ACP Journal Club 从 120 多份临床期刊中筛选出方法学严格、涉及临床问题、报告了重要临床结局指标的高质量原始研究和系统评价，再让临床医生从中选择对临床有重要价值和影响的文献，以结构摘要形式进行总结，并由 1 名临床专家评估文献的方法和提出临床应用的建议。

图 8-19　EBM 检索结果

POEMS 的证据更加关注是患者的终点指标（发病率、死亡率、致残率、生命质量等），而这部分文献相当少，收录的是与临床决策高度相关的文献。

2）二次文献证据：主要是 PUBMED 数据库中的 Guideline、Meta 分析、系统评价、会议共识 4 类证据资源。

3）一次文献证据：可选择队列研究、病例对照试验、临床试验、多中心研究、横断面研究、对比研究、血清流行病学研究、病例报告等一次文献证据。

4）零次文献证据：过滤出 Clinical Trials 所及的证据文献，包括正在进行的临床试验。

（2）导航检索　EBM 导航检索提供了 ICD-10 疾病导航、MeSH 疾病导航和药物导航 3 种，无需进行检索词析出以及构建检索策略来检索相关证据，而是直接根据疾病或药物的树状结构选择浏览相关证据（图 8-20）。MeSH 疾病导航可以从学科角度选择相应的主题，同时可以在主题词的详情界面查看主题词的定义、同义词、树状结构等内容，进一步了解该疾病，如果已知疾病所对应的主题词，则可以通过检索或字母导航快速找到相应的证据。药物导航是根据 MeSH 中的药物类树状结构进行编排的，可以通过上下位类来了解和查看相应的证据。

图 8-20　EBM 导航检索

（3）二次资源检索 二次资源检索则是针对 Cochrane Library、ACP Journal Club、Clinical Evidence、POEMS、临床指南等重要循证资源提供的独立检索入口，以满足临床医生与研究人员的特定检索需求。

（六）Trip

1. 概况 Trip（turning research into practice）（https://www.tripdatabase.com）是由 Jon Brassey 和 Chris Price 博士于 1997 年开发的一站式循证医学搜索引擎。Trip 以"快速找到证据"为宗旨，汇集整合互联网上的循证医学资源，以期让用户快速、轻松地找到并使用高质量研究证据来支持临床实践。Trip 收录来源于 Cochrane、NICE、PubMed、EBM、BestBETS、主要医学期刊（NEJM、JAMA、Lancet、BMJ 等）等高质量的医学信息资源，整合系统评价、证据摘要、临床指南及原始研究等证据资源及图像、视频、患者信息档案等。通过 Trip 可检索二次临床证据与原始循证医学证据。Trip Pro 在免费版上显示更多的检索结果（系统评价、图像、视频等）、全文链接及更多的功能。

2. 检索 Trip 提供了简单检索、PICO、高级检索等多种检索方法（图 8-21）。支持布尔逻辑运算（AND/OR/NOT）、截词（*）、短语搜索（""）等，高级检索仅 Trip Pro 用户才可使用。

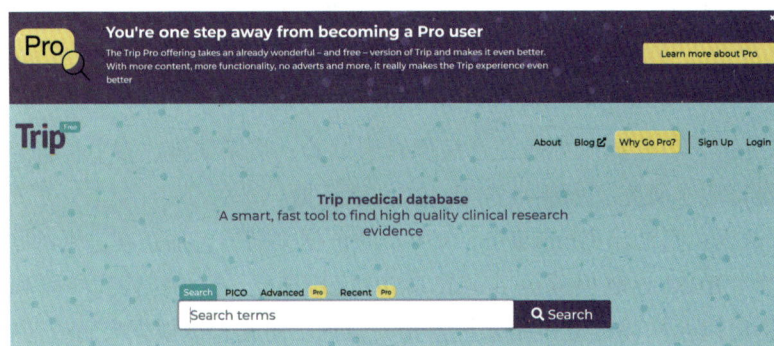

图 8-21 Trip 检索界面

Trip 检索结果界面提供了系统评价、证据概要、指南、临床试验等证据级别的过滤条件并以不同的颜色标识，在文献概览中应用证据金字塔来表示证据级别，对应过滤条件列表中的相同颜色（图 8-22）。

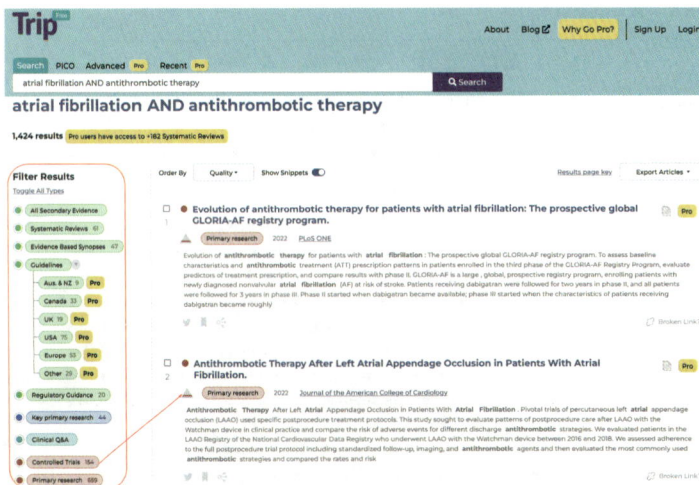

图 8-22 Trip 检索结果界面

五、文献检索与系统评价

（一）系统评价的基本概念

系统评价（systematic review），又称系统综述，它不仅是一种二次研究证据，更是一种文献综合评价的方法。"系统"与"评价"是其突出的特点，正如开篇所述系统评价是通过系统收集某一具体问题已发表或未发表的相关研究，采用循证医学的原则与方法对研究进行严格评价，筛选出符合纳入标准的研究，进行定性或定量合成，从而得出可靠的结论。

Meta 分析是一种统计学方法，既可对单个研究结果进行统计分析，又可对结果相似的多个研究合并统计分析，从而得到一个更精确、统计效能更高的定量结果。并非所有系统评价都能够进行 Meta 分析，若纳入的研究不具同质性，无法进行 Meta 分析，则仅进行描述性分析的系统评价，称为定性系统评价；若纳入的研究具有足够相似性，则进行合并分析，含有 Meta 分析的系统评价称为定量系统评价。

（二）系统评价与传统综述

系统评价与传统综述虽然都是对研究文献的分析与总结，但两者存在明显的区别。传统综述也称为叙述性综述，是根据作者对某一领域或学科知识的了解，通过检索、整理、分析该领域某一时间段的研究文献，总结研究的价值和意义，发现存在的问题，为后续的研究方向提出建议，使读者能在短时间内了解该领域研究的历史、现状和发展趋势。传统综述具有主观性，其质量受到作者专业水平的影响较大，同时极少对纳入的研究、质量的评价以及结论的取得作出说明，易导致偏倚和错误。系统评价与传统综述相比更加客观，采用设计更为严谨的科学研究方法，减少各种偏倚的出现，结论更加可信和精确。但由于系统评价是对原始研究文献的二次加工，其质量受到原始研究文献质量、系统评价方法、评价者专业水平等因素的制约，在阅读与利用系统评价结论时仍需保持谨慎的态度，以下为高质量系统评价与传统综述的主要区别，见表 8-10。

表 8-10　系统评价与传统综述的区别

比较项	高质量系统评价	传统文献综述
研究目的	解决某一特定临床或公共卫生问题	了解某一问题研究历史、现状及趋势
检索方法	有明确且完整的检索策略	通常未说明详细的检索策略
原始文献的来源	系统全面无偏差地收集所有发表或未发表的研究，尽量减少遗漏	通常未查全相关的所有文献
原始文献的选择	有明确的纳入与排除标准，常采用多人评审和盲审，以降低选择性偏倚	通常未说明纳入与排除标准
原始文献质量的评价	有严格的评价方法，并探讨潜在的偏倚及纳入研究间异质性来源	通常无统一评价方法，具有很强的主观性，与作者的知识结构相关
研究结果的合成	定性与定量的结合	多采用定性方法
研究结果的更新	根据新的试验结果定期更新	不要求
可重复性	透明、可重复	较差

（三）系统评价的作用与意义

1. 增强客观性、提升统计效能　系统评价采用严谨、科学的评价标准对现有质量参差不齐的原始研究进行筛选与评价，尽量实施减少各种偏倚影响的措施，以提高研究结果的可靠性与准确性，结论更客观；通过对同一主题多个小样本的原始研究结果进行综合统计，可以提高原结果的统计效能，解决研究结果间的不致性，改善效应估计值。

2. 助力临床决策、提高知识更新的效率　高质量的系统评价通过系统的文献检索、严格的文献筛选与评价，对已有的研究进行合成与分析，得出真实、可靠、综合性结论，可为各层次的临床决策提供科学依据。系统评价对大量原始研究文献进行二次综合分析和评价，可为某一领域或临床问题提供大量的新信息和新知识，为临床医生节省了大量查找、阅读、评价、分析文献的时间与精力，在信息爆炸性增长的时代有效提高了知识更新的效率。

3. 促进研究成果的及时转化与应用　开展多中心大样本的随机对试验需要耗费大量的人力、物力与时间，常受到多种因素的限制，可行性受到限制，而现有的临床研究虽然数量多但大多样本量较少，单个试验结果不足以提供较为全面、准确和推广应用价值大的研究结果。系统评价方法将多个高质量的同质临床试验进行合成，可将其综合评价的有效措施及时转化与应用于临床实践与决策。

（四）系统评价与文献检索

系统评价的制作必须遵循一系列严谨、规范的方法与步骤，通常包括确定临床问题、制定研究方案、文献检索、文献筛选、文献质量评价、提取数据、数据处理、解释结果、撰写报告、完善与更新。其中文献检索是最费时费力的工作，也是关系系统评价成败的关键步骤。系统评价文献检索的原则是尽量全面收集可能纳入的全部文献，包括已发表、在研及灰色文献，避免遗漏，因此对数据库选择与检索策略制定要求相当严谨，除了参见前文"循证医学证据检索的步骤"的相关内容，还应注意把握以下几点。

1. 数据库选择　原则上凡可能查找到原始研究证据的数据库均应纳入数据库的选择范围，制作系统评价必须检索 Cochrane Library、PubMed、EMBASE 三个最重要数据库，补充检索 Web of Science、Scopus 等综合性数据库。此外，根据系统评价研究者所在国家 / 地区，还应增加本国家 / 地区数据库，如对国内研究者来说，中文至少包括中国知网、维普数据库、万方数据库、中国生物医学数据库四个数据库。由于不同数据库所收录的资源存在交叉重叠，没有一个可以包罗万象的数据库，为保证检索的全面性，应同时检索多个数据库后对检索结果进行合并，再利用文献管理工具进行去重。

为了尽可能减少选择偏倚以获取更加全面、合理的证据，除上述数据库外，根据研究题目，还需考虑对专题数据库、专著、会议论文及未发表和在研的临床研究开展检索。其中对在研临床研究进行检索有利于纳入最新的临床研究结果，主要可以通过世界卫生组织（WHO）国际临床试验注册平台及其授权的一级注册平台进行检索。如：WHO 国际临床试验注册平台（http://www.who.int/ictrp）、中国临床试验注册平台（http://www.chictr.org）、美国临床试验注册平台（http://www.clinicaltrials.gov）、澳大利亚 – 新西兰临床试验注册中心（http://www.anzctr.org.au）、印度临床试验注册中心（http://www.ctri.in）等。此外还可通过网络搜索引擎，已发表的系统评价、指南、叙述性综述等文后的参考文献等途径查找补充相关临床研究证据。

2. 系统评价的检索　强调查全率，因此检索策略的制定以全面、可重复性为原则。首先注意检索词是否能够覆盖所检索问题的相关概念，是否具有较高的查全率和查准率，检索词不宜过于宽泛否则大幅增加工作量，降低文献检索的准确性，亦不能过于局限，以免漏掉高质量文献。其次应尽量采用主题词与关键词组合检索，充分运用各种算符，尽量不对语种和时间进行限定。检索策略制定完成后开展尝试性检索，根据检索结果与检索需求对比，不断对检索方式、检索词、限制范围等内容进行修正，优化检索策略，以达到全面检索原始研究文献的目的。

3. 手工检索　系统评价除了计算机检索外还应注意适当补充手工检索的内容，例如，有些相关领域重要的期刊电子版更新落后于纸质版或期刊虽然被数据库收录，但未收录该期刊所有发表的文献或数据库在收录、加工文献时遗漏了一些数据项，就需要采用手工检索以纳入相关文献。

第二节　标准文献与检索

一、标准文献概述

（一）标准文献的概念

标准文献是按照规定程序编制并经过公认的权威机构批准的，供在一定范围内广泛而多次使用，包括一整套在特定活动领域必须执行的规格、定额、规划、要求的技术文件所组成的特种科技文献体系。

标准文献有助于了解各国的经济、技术政策、生产等方面的发展水平，采用先进的标准可以改进产品质量，提高工艺水平与技术。标准文献往往附有大量的数据、工艺参数或图表，实用性强，从技术的角度来说具有较高的参考价值，能有效克服科研、工程设计、工业生产、技术转让、企业管理、商品流通中的交流障碍，亦可作为鉴定工程质量、校验产品、控制指标和统一试验方法的技术依据。利用标准文献，可以有效简化设计、缩短时间、节省人力及减少不必要的试验、计算等。

（二）标准文献的类型

标准文献的类型可根据适用范围、研究内容、约束程度等不同标准进行划分，如按适用范围可分为国际标准、区域标准、国家标准、行业标准；按研究内容可分为基础标准、产品标准、方法标准；按约束程度可分为强制性标准、推荐性标准。

我国 2018 年 1 月 1 日施行的《中华人民共和国标准化法》将标准分为国家标准、行业标准、地方标准、团体标准和企业标准。国家标准分为强制性标准、推荐性标准，行业标准、地方标准是推荐性标准。强制性国家标准由国务院标准化行政主管部门制定，必须执行，标准文本免费向社会公开；推荐性国家标准由国务院标准化行政化行政主管部门制定，鼓励采用。

（三）标准文献的特点

1. 规范性　标准文献编写具有统一格式要求，一个完整的标准一般包括标准编号、标准名称、分类号、标准提出单位、审批单位、批准年月、实施日期、具体内容等项目。其中标准编号与分类号是检索标准文献的重要途径：标准编号通常由"国别（组织）代号＋顺序号＋年代号"组成，如 GB/T 41915–2022 为 2022 颁布的中国国家推荐标准、ISO 17168–5:2018 为 2018 年颁布的国际标准，–5 是分标准号；分类号目前主要依据《中国标准文献分类法》（CCS）、《国际标准分类法》（ICS）进行编制。

2. 约束性　标准是从事生产、设计、管理、产品检验、商品流通和科学研究的共同依据，在一定条件下具有某种法律效力与约束力。如强制性标准具有法律约束力，必须执行；推荐性标准国家鼓励自愿采用，但一旦采用应严格执行，不得随意改动。

3. 动态性　标准文献内容必须随着科学技术进步与社会经济发展不断修订更新，修订后的新标准将替代旧标准，而对于与实际要求不符，又没有修改价值的标准则会被废止。我国强制性标准采用实施情况统计分析报告制度，根据反馈和评估情况对相应的标准进行复审，复审周期一般不超过五年。

4. 针对性　每一个标准均有其具体对象与适用范围，一般一个标准只解决一个问题，内容针对性强、文字简洁、篇幅小。

二、标准文献检索

（一）中国标准文献数据库（万方数据标准库）

该数据库收录了所有中国国家标准（GB）、中国行业标准（HB），以及中外标准题录摘要数据，其中中国国家标准全文数据库内容来源于中国质检出版社，中国行业标准全文数据库收录了机械、建材、地震、通信标准以及由中国质检出版社授权的部分行业标准。

（二）CNKI 中外标准数据库

该数据库包括国家标准全文、行业标准全文以及国内外标准题录数据库。其中国家标准全文数据库收录了由中国标准出版社出版的，国家标准化管理委员会发布的所有国家标准；行业标准全文数据库收录了现行、废止、被代替、即将实施的行业标准；国内外标准题录数据库收录了中国及世界上先进国家、标准化组织制定与发布的标准题录数据。

（三）国家标准化管理委员会网站

国家标准化管理委员会（https://www.sac.gov.cn/）设有标准化动态、国家标准公告、国家标准全文公开系统、全国标准信息公共服务平台、标准化业务协同系统等栏目。国家标准全文公开系统包括现行有效强制性国家标准、推荐性国家标准、指导性技术文件三个部分，提供普通检索、标准分类、高级检索三种检索方式进行检索，部分标准可阅读全文（图 8–23）；全国标准信息公共服务平台提供国家标准、行业标准、地方标准、团体标准、企业标准、国际标准、国外标准等检索（图 8–24）。

（四）国际标准化组织

国际标准化组织（International Organization for Standardization，ISO）是一个全球性非政府组织，拥有 170 个国家标准机构的成员，由其成员共同制定国际标准。通过 ISO 网站（https://www.iso.org）可获取颁布（published）、即将实施（under development）、撤销（withdrawn）、废除（deleted last 12 months）的标准文献，可查看摘要，全文则需要付费。

ISO 网站提供快速检索与高级检索两种检索方式，通过主页左上角进入快速检索，在检索框中输入检索词或标准编号点击检索即可（图 8–25）。

图 8-23　国家标准全文公开系统检索界面

图 8-24　全国标准信息公共服务平台检索界面

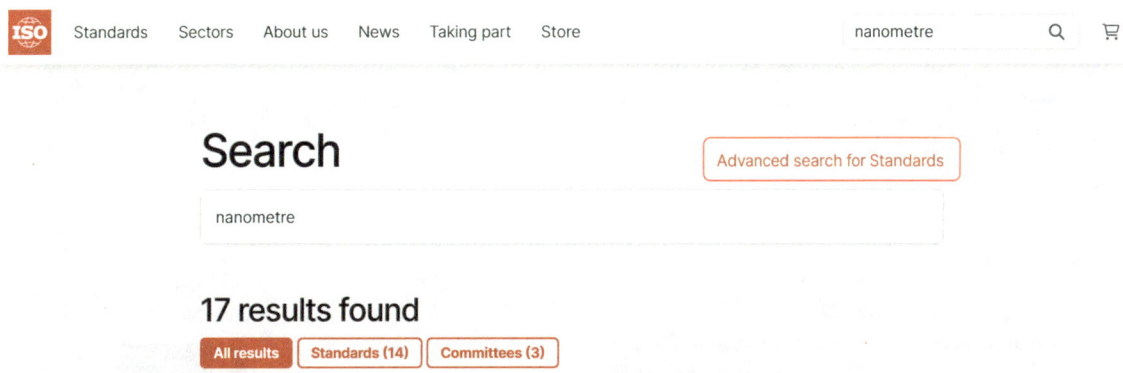

图 8-25　ISO 快速检索结果界面

在快速检索的结果界面，点击"Adavanced Search"可进入高级检索界面，提供关键词或短语（keyword or phrase）、ISO 标准编号（ISO number）、ISO 分标准号（part number），并可从文献类型（document type）、语言（Language）、国际标准分类号（ICS）、阶段代码（Stage）、阶段日期（Stage date）、委员会（Committee）等进行限定。通过点击标准编号可查看该标准的摘要、格式等详细内容。

（五）美国国家标准学会网站

美国国家标准学会（American National Standards Institute，ANSI）是成立于 1918 年的非营利组织，本身并不制定标准，而是为标准的公平制定和质量评估提供框架，并不断维护其完整性。

通过美国国家标准学会网站（https://www.ansi.org/）可查询来自各专业的标准，点击其主页上 "ACCESS STANDARDS" 通过下拉菜单 "ANSI Webstore" 进入美国国家标准检索界面（图 8-26），可以通过输入标准编号（document number）、关键词（keywords）进行检索，并可以通过内容类型（Content Type）、文件状态（Document Status）、内容提供者（Content Providers）对检索结果进行筛选，而获取标准全文需要付费（图 8-27）。

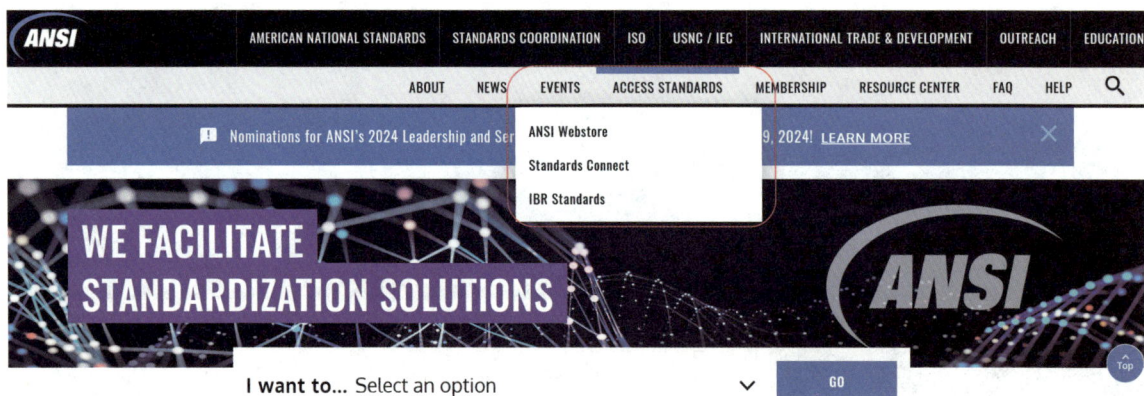

图 8-26　美国国家标准检索界面

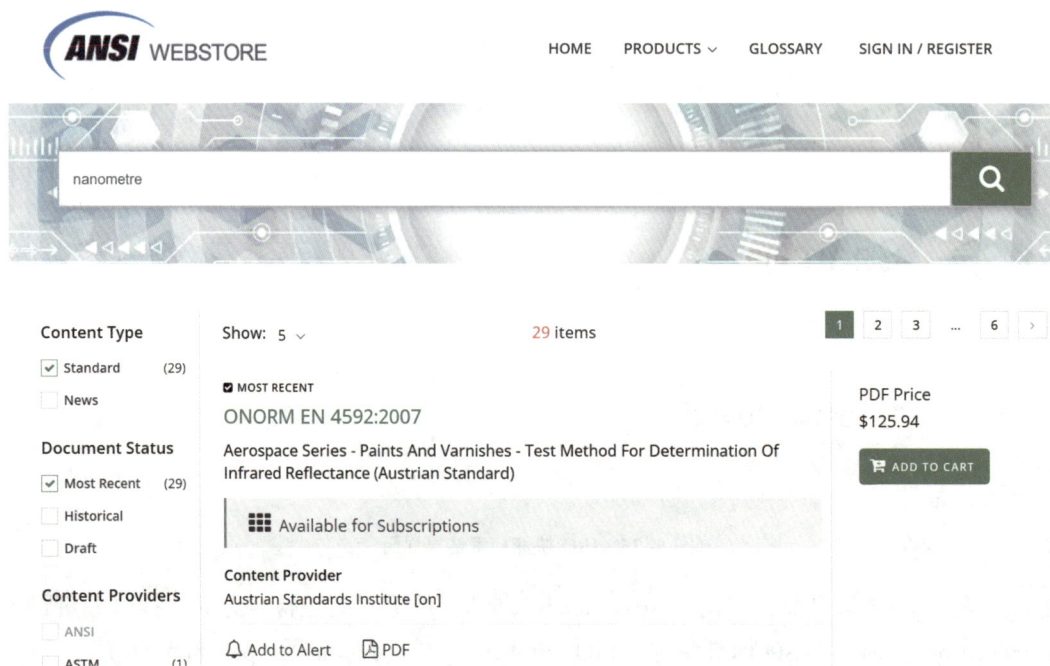

图 8-27　美国国家标准检索结果界面

第三节　会议文献与会议信息检索

一、会议文献检索

（一）概述

会议文献通常是指国内外召开的各类专业会议产生的文献，包括会议前参加会议者预先提交的论文文摘，在会议上宣读或散发的论文，会上讨论的问题、交流的经验和情况等，经整理编辑加工而成的正式出版物等。广义的会议文献是与会议有关的一系列文件的总称，包括会议通知、论文、会议期间的有关文件、讨论稿、报告、征求意见稿及会议纪要等，而狭义的会议文献仅指会议发表的或提交给会议的论文。会议是交流学术研究成果的重要场地，许多科学中的最新发现，有很大一部分是通过会议首次公布的，所以会议文献成为集中了解一个研究领域或研究主题重要信息源。在科技信息源中其重要性和利用率仅次于期刊。

（二）会议文献的类型

会议文献按照不同的标准可划分为多种类型，不同类型的会议文献，其情报价值也各不相同。

1. 按内容发布时间划分

（1）会前文献（preconference literature）　一般指在会议进行之前，预先印发给代表的论文、论文摘要或论文目录。会前文献分为四种：①会议论文预印本（preprints），在会议召开时分发给与会者。②会议论文摘要（advanced abstract），字数一般限制在 500 字左右。③议程和发言提要（program and summary），只在事先或会上发给与会者。④会议近期通讯或预告（current program or forthcoming conference or future meeting），专门报道会议日程的文摘刊物，预告 1～3 年将要召开的学术会议。部分会议只出版预印本，会后不再出版会议录，40% 会前文献不对外出版。

（2）会间文献（literature generated during the conference）　会议期间产生的临时性材料、交流论文及报告等，包括会议议程、开幕词、讲演词、闭幕词、讨论记录、会议简报、会议决议等。

（3）会后文献（post conference literature）　主要指会议结束后正式发表的会议论文集等，它是会议文献的主要组成部分。会后文献经过会议的讨论和作者的修改、补充，其内容比会前文献更准确成熟。会后文献通常以会议录（proceedings）、会议论文集（symposium）、学术讨论论文集（councils）、会议论文汇编（transactions）、会议记录（records）、会议报告集（reports）、会议论文集（papers）等多种名称出版。

2. 按出版形式划分（主要指会后文献）

（1）图书　以图书形式出版的会议文献，通常称为会议录，多数以会议名称作为书名，也有以文集名作为书名，将会议名称作为副书名。一般按会议届次编号，定期或不定期出版。

（2）期刊　除以图书形式出版的会议录以外，相当部分的会后文献在有关学术期刊上发表，主要是有关学会、协会主办的学术刊物，以特辑、专刊和增刊专栏等形式发表。

（3）科技报告　部分会后文献被编入科技报告，如美国四大科技报告（Aaccession Document, AD；Publication Board Reports, PB；National Aeronautics and Space Administraction, NASA；Department of Energy, DOE）常编入会议文献，且都有会议文献的专门编号。

（4）视听资料　由于会议录等出版较慢，国外有些学术会议直接将开会期间的录音、录像等视听资料在会后发售。

（5）在线会议　许多学术会议都在因特网上开设会议网站，或者是在会议主办者的网站上设会议专页，利用网站报道会议情况和论文。

（三）会议文献的特点

1. 专深性　各种学术会议，通常只有一个或多个主要议题，参会者大多是该议题的专家，或者正在从事该项工作的科技人员。他们对本届议题的历史及现状都有较深的了解，可以在较专深的水平上进行对话。入选的会议论文，绝大多数是在这个专题上最高水平的代表作。因此，会议文献比其他类型的文献资源，内容更专深，针对性更强。

2. 连续性　会议文献是随着会议的召开而出版的，而大多数会议又都是连续性的，一届会议，一版文集，连续发行。只要会议逐届开下去，会议文献就会逐期出版下去。

3. 新颖性　在科技会议上，会议论文传递新产生的但未必成熟的科研信息，对学科领域中最新发现、新成果等重大事件的首次报道率最高，是人们及时了解有关学科领域发展状况的重要渠道。许多学科中的最新发现都是利用科技会议首次公布的。因此，会议文献代表着本领域的最新水平，反映着本领域的最新动态。

会议文献存在"好用不好找"的特点，数量多，全世界每年召开的学术会议超一万次以上，发表的会议论文超几十万篇。但是，会议文献传递新产生的但未必成熟的科研信息，另外，目前没有一种数据库或者检索工具能检索到比较全面的会议文献，全文更是分散在不同的数据库中。

（四）会议文献检索

1. 国内外重要会议论文全文数据库　由中国知网提供，包括中国重要会议论文全文数据库与国际会议论文全文数据库。中国重要会议论文全文数据库（China Important Conference Papers Database，CICPD）重点收录 1999 年以来，中国科协、社科联系统及省级以上的学会、协会，高校、科研机构，政府机关等举办的重要会议上发表的文献。其中，全国性会议文献超过总量的 80%，部分连续召开的重要会议论文回溯至 1953 年。国际会议论文全文数据库重点收录 1999 年以来，中国科协系统及其他重要会议主办单位举办的在国内或国外召开的国际会议上发表的文献，部分重点会议文献回溯至 1981 年。

2. 中国学术会议文献数据库（China Conference Proceedings Database，CCPD）　由万方数据知识服务平台提供，会议资源包括中文会议和外文会议，中文会议收录始于 1982 年，年收集约 2000 个重要学术会议，年增 15 万篇论文，每月更新。外文会议主要来源于国家科技图书文献中心（National Science and Technology Library，NSTL）外文文献数据库，收录了 1985 年以来世界各主要学协会、出版机构出版的学术会议论文共计 1100 万篇全文（部分文献有少量回溯），每年增加论文约 20 余万篇，每月更新。

3. 国家科技图书文献中心会议论文数据库　包括中文会议论文数据库与外文会议论文数据库两个部分。NSTL 会议论文数据库提供了快速检索、高级检索、中图分类导航等功能，可以检索会议论文也可以仅检索会议录（图 8-28）。会议录收录了国外学协会及出版机构等出版的会议录文献总量近 20 万册。

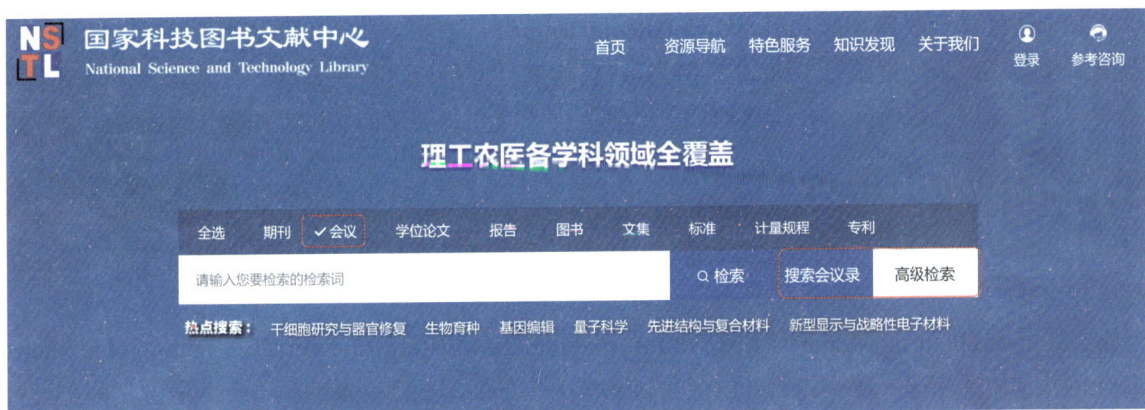

图 8-28　国家科技图书文献中心检索界面

4. 会议论文引文索引（Conference Proceedings Citation Index，CPCI）　收录自 1990 年以来全球超过 20 万种国际会议的会议文献，涵盖了 250 余个学科领域的 1200 多万条记录，包括科学技术会议索引（Conference Proceedings Citation Index-Science，CPCI-S）与社会科学及人文科学会议索引（Conference Proceedings Citation Index-Social Science & Humanities，CPCI-SSH）两个部分。CPCI 可以通过 Web of Science 核心合集下拉选择数据库后直接访问。

5.OCLC FirstSearch 中的会议论文数据库　OCLC FirstSearch 中的会议论文数据库包括 PapersFirst 会议论文索引数据库和 ProceedingsFirst 会议录索引数据库两个子库。PapersFirst 收录自 1993 年以来世界范围召开的大会、座谈会、博览会、研讨会、专业会、学术报告会上发表的论文，目前包括 967 万多条记录，每月更新两次。ProceedingsFirst 是 PapersFirst 关联数据库收录世界各地举行学术会议上发表的会议录，共 50 多万条，每周更新两次。

二、会议信息检索

随着科学技术的迅猛发展，各个国家的学会、协会、研究机构及国际学术组织越来越多。为了加强同行科学家之间的信息交流，各学术组织每年都定期或不定期地召开各种类型的学术会议。参加学术会议对于促进学术交流、共享科研成果、掌握专业发展动态具有积极的意义，科研人员欲参加学术会议或向学术会议投稿需及时获取相关学术会议召开的时间、地点、主题、会议征文通知等会议信息。

（一）会议信息网站

1. 中国学术会议在线（https://www.meeting.edu.cn/zh）　中国学术会议在线是经教育部批准，由教育部科技发展中心主办，面向全国学术群体，最具权威性、公益性、互动性的国家级学术会议交流平台。该平台提供国际国内学术会议预报及在线服务、视频直播、点播、交互式会议系统等功能，是依托于全国高校，得到政府强力支持，采用先进网络技术、多媒体通信技术、流媒体技术，为科研人员打造优质学术资源共享平台。它致力于优秀学术资源的充分共享和交流，为用户提供学术会议信息预报、会议分类搜索、会议在线报名、会议论文征集、会议资料发布、会议视频点播、会议同步直播等服务。

2. 所有会议通知网（https://allconferencealert.net/）　所有会议通知网收集了医学、社会科学、生命科学、教育学、工程学等多领域即将举办的国际会议。可通过国家、城市、主题进行会议信息的检索，也可以通过学科主题、城市等进行浏览。

3. 全球医学会议网（http://www.globalconfs.com/） 全球医学会议网收集了来自世界各地的各类医学会议，可通过国家、科室、关键词进行检索，亦可通过科室分类进行浏览。检索结果可查看会议名称、会议时间、会议地点、主办方、会议简介、会议论文提交和截止时间等，并提供会议资料下载。

4. 医学会议网（http://www.yixuehuiyi.net/） 医学会议网网站提供了中国及其他国家即将召开的各类医学学术会议，可以通过关键词进行检索也可以通过会议导航、日程导航进行浏览，获取会议名称、主办方、组织单位、会议时间、会议地点等信息。

5.hum-molgen news alert（http://hum-molgen.org/meetings/meetings/） hum-molgen news alert 网站提供了未来一年半内召开的生物科学与医学方面的国际会议的预告。可通过日期与学科主题浏览会议信息，也可以通过关键词检索具体的会议信息。

（二）医学学会网站

1. 中华医学会 中华医学会是我国医学科技工作者自愿组成并依法登记的学术性、非营利性社会组织，是发展我国医学科学技术和卫生事业的重要社会力量。通过中华医学会网站（https://www.cma.org.cn/）主页的"学术交流"栏目下"会议计划"可以查看下载当年中华医学会下属的所有专科分会及中华医学会相关业务部门报送的会议计划，包括国际学术会议、一类学术会议、中青年学术会议、二类学术会议及中华医学会杂志社等举办的各种学术会议。

2. 中国药学会 中国药学会（https://www.cpa.org.cn/）是我国近代成立最早的学术团体之一，是全国药学工作者自愿组成并依法登记成立，具有法人资格的全国性、学术性、非营利性社会组织。通过其官网首页"学术活动"可以查看中国药学会每年的会议计划及各种学术会议的通知。

会议信息除以上两种途径可以获取外，还可以通过搜索引擎的关键词检索相关会议信息，也可以关注梅斯医学与医脉通等医学网站、医学机构网站、医学期刊网站、医学院校网站等来获取会议信息。

第四节　学位论文与检索

一、学位论文概述

学位论文是高等院校和科研院所的学生为获得学位资格而撰写的学术性研究论文，是反映高校教学科研水平的一个重要的内容，是不同于期刊或图书的一种高水平的文献资料。学位论文对于研究和跟踪最新学科前沿具有不可替代的作用，具有很高的科研价值和文献价值，因此也越来越受到科研人员和高校图书馆的重视。

根据我国教育制度的规定，学位论文主要分为学士学位论文、硕士学位论文、博士学位论文，学位论文检索的对象通常指硕士和博士学位论文。

（一）学位论文的特点

1. 论文质量较高 首先在学位论文研究课题开题立项及撰写过程中需对其先进性、创新性、实用性及可行性等方面进行论证；其次，论文是在指导老师的直接指导和审核下用 2～3 年时间完成的；最后，还必须通过院校或研究所的专家审核答辩后才得以通过。

2. 具有一定的独创性 学位论文的选题一般都是某一学科需要解决的、比较重要的、具有前沿性的理论或应用方面的课题，代表了专业的发展方向，探讨了前人较少甚至尚未涉足的领域。研究生导师一般从事或指导着较高水平的科研工作，因此，在其指导下的学位论文专业性强，阐述问题比较系统详细，具有一定的独创性。

3. 参考文献多且全面　研究生在撰写论文时往往需要查阅大量国内外文献资料，有助于对相关学科文献进行追踪检索。在某种意义上，学位论文是很好用的三次文献，所附参考文献更是不可忽视的。

4. 一般不公开出版　由于学位论文是向学校或科研机构提供的，通常以打印本或抄本的形式保存在学位授予单位，不会像其他公开出版物那样广泛流传，只有少部分学位论文日后能在期刊或会议上发表或以专著的形式出版。随着网络的发展和普及，各数据库商纷纷推出网络版学位论文数据库，许多授予学位论文的院校和机构也把学位论文提供在自己的网站上，提供检索和利用。

（二）学位论文的收藏与管理

学位论文除少数在答辩通过后发表或出版外，多数不公开发行，只在授予学位的院校或研究机构的图书馆和按国家规定接受呈缴的图书馆保存。

1. 高校和研究院所等科研机构　为发挥学位论文的参考作用，一些国家的大学图书馆将其编制成目录、索引，并形成专门的学位论文数据库。如美国，在二次世界大战前就由图书馆界和大学共同进行部分论文的复制、缩微、编制索引等活动。1938 年后，美国的大学缩微制品公司（University Microfilms International，UMI）进行学位论文的复制、发行、辑录、文摘等业务。

2. 国务院学位办指定的全国学位论文收藏单位　国家图书馆学位论文收藏中心是国务院学位委员会指定的全国唯一负责全面收藏和整理我国学位论文的专门机构。自 1979 年我国恢复学位制度以来，国务院学位委员会指定北京图书馆（现中国国家图书馆）、中国科技情报所（现中国科学技术信息研究所）和中国社科院情报所（现中国社会科学院文献信息中心）为学位论文的法定收藏单位。

（1）国家图书馆　收藏全国所有文理科硕博士学位论文及博士后科技报告。

（2）中国科学技术信息研究所（简称中信所）　收藏全国自然科学领域的硕士、博士和博士后的公开、秘密和绝密的学位论文，公开的学位论文可借阅复印，秘密和绝密的学位论文收藏于该所保密室，一般不阅览。

（3）中国社会科学院文献信息中心　收藏全国的文科及语言学科的博硕士论文。

二、学位论文检索

1. 中国知网学位论文库（CDMD）　包括中国博士学位论文全文数据库和中国优秀硕士学位论文全文数据库两个子库，收录了 1984 年以来全国 496 家培养单位的博士学位论文和 777 家硕士培养单位的优秀硕士学位论文，覆盖基础科学、工程技术、农业、医学、哲学、人文、社会科学等各个领域。累计博硕士学位论文全文文献 400 万篇。检索方法与中国知网的检索方法一致，与其他子库区别在于，学位论文数据库的检索字段还涉及导师、第一导师、学位授予单位、学科专业名称。

2. 中国学位论文全文数据库（万方）　收录了中国科技信息研究所提供的自 1980 年以来我国自然科学和社会科学各领域的博硕士学位论文，收录我国近 800 家学位授予单位，涉及全国"211 工程"重点高校、中国科学院、中国工程院、中国农业科学院、中国医学科学院、中国林业科学研究院等机构的重点精选博士、硕士论文。该数据库收录年限跨度长，重点收录 2000 年以来的学位论文，逐年回溯并月度追加，依托丰富的馆藏，可提供 1977 年以来的学位论文全文传递服务。年增 42 万余篇，涵盖基础科学、理学、工业技术、人文科学、社会科学、医药卫生、农业科学、交通运输、航空航天和环境科学等学科专业领域。

3. 国家科技图书文献中心（NSTL，https://www.nstl.gov.cn/） 提供中外学位论文与全文传递服务（注册后可使用）。中文学位论文收录 1984 年至今我国高校、科研院所授予的硕士、博士和博士后学位论文 220 多万篇，每年增加论文近 30 万篇。学科涉及自然科学各专业领域，涵盖全国 1400 所高校及科研机构。外文学位论文收藏 ProQuest 公司出版的 2001 年以来的电子版优秀硕博士论文 70 多万篇，每年新增约 4 万篇，涉及自然科学和社会科学领域，涵盖 924 所国外高校及科研机构。

4. 中国高等教育文献保障系统学位论文库（CALIS，http://etd.calis.edu.cn） 面向全国高校师生提供学位论文的检索，并通过 CALIS 的馆际互借系统提供全文服务，收集了国内高校学位论文、高校从 2002 年开始联合采购的 PQDT 学位论文数据及 NDLTD 学位论文数据，涉及文、理、工、农、医等多个领域。

5.PQDT 学位论文数据库（Pro Quest Dissertations & Theses Global，PQDT Global，https://www.proquest.com/） 是目前世界上规模最大、使用最广泛的博硕士论文数据库。收录 1637 年至今全球 60 多个国家超过 4100 余所高校、科研机构逾 500 万篇博硕士论文信息，其中全文逾 300 万篇。内容覆盖科学、工程学、经济与管理科学、健康与医学、历史学、人文及社会科学等领域。PQDT 学位论文数据库有基本检索、高级检索和分类导航，检索字段包括论文名称、作者、摘要、学校、学科、指导老师、学位等。

6.Networked Digital Library of Theses and Dissertations 学位论文数据库（NDLTD，http://search.ndltd.org/） 由美国国家自然科学基金支持的一个网上学位论文共建共享项目。论文库的主要特点就是学校共建共享，为用户提供免费的学位论文文摘，及部分可获取的免费学位论文全文，目前已有百万条记录。

7.WorldCat Dissertations and Theses 学位论文数据库 收集 OCLC WorldCat 中所有的博硕士论文和已出版的 OCLC 成员编目的论文，主要来自欧美几千所大学，如美国的哈佛、耶鲁、斯坦福、麻省理工、哥伦比亚、杜克、西北及欧洲的剑桥、牛津、帝国理工、欧洲工商管理学院、巴黎大学、柏林大学等。收录范围涵盖文学、理学、工学、医学、农学等领域的硕博士论文 2992 万多条记录，其中 100 多万篇有免费全文链接，可免费下载。数据库每天更新。

【链接】

求真务实，止于至善

循证医学的奠基人之一，David Sackett 将循证医学定义为"慎重、准确、明确地应用当前可得最佳研究证据，同时结合临床医师个人的专业技能和长期临床经验，考虑患者的价值观和意愿，完美地将三者结合起来，制定出具体的治疗方案"，指明了医学实践中科学精神与人文精神相统一的必要性。医务人员在查证、用证的过程必须始终坚持"求真务实、止于至善"信念，从临床实践中发现需要解决的问题、围绕问题开展"最佳证据"的查找，力求将最佳证据应用于每一临床决策中，确保医疗决策的科学性和有效性；运用"最佳证据"时遵循以人为本的原则，从患者的角度出发，了解并尊重患者的感受与权利，鼓励患者参与临床决策，建立良好医患关系，寻求最优的治疗方案，以期让患者获得最佳的诊疗与预后效果。医务人员也在查证、用证过程中不断学习新知识、累积经验、更新医学技术，持续提升医疗水平，止于至善。

复习思考题八

1. 根据研究方法分类循证医学的二次临床证据类型有哪些？
2. 简述用证检索与创证检索的区别。
3. 循证医学证据检索的具体步骤包括哪些？
4. 循证医学证据检索的检索策略的制定需要注意哪些方面？
5. 有哪些途径可以获取会议信息？
6. 学位论文有什么特点？主要的检索工具有哪些？

第一节　文献管理软件应用

文献管理软件是一种用于帮助用户获取、组织、管理与研究相关文献资料，建立个人参考文献数据库，并进行论文写作的软件。目前的文献管理软件主要分两大类，一种是常见的单机版，也称桌面版，如 NoteExpress、EndNote、NoteFirst、医学文献王、CNKI 知网研学等；另一种是在线版，也称网络版，如 EndNote Web、RefWorks、Zetero、新科学等。这些管理软件在功能上各有特色。

1. 构建个人文献库　可将零散文献资料或网上不易获得的文献信息集中管理，也可将网络数据库（如 CNKI、PubMed、维普等）的检索结果批量导入，建立自己的资源库。它是文献管理软件最基本的功能，也是实现文献信息的组织和管理功能的基础。

2. 文献管理功能　可对新建数据库中的文献进行任意添加、删除、编辑、排序、去重等一般性管理，也可进行自动分组、库内检索、统计分析、形成统计图表等智能化管理。

3. 笔记、注释、标识和全面的附件管理功能　可为题录添加笔记和注释，将研究想法、科研心得、重点摘抄等瞬间产生的隐性知识与题录直接关联在一起，方便以后阅读。可在文献条目中插入特有的标识，方便管理自己的文献数据。文献全文、参考文献全文、网址、影像资料等均可以通过添加附件统一组织和管理。

4. 协助论文写作功能　可在文字处理软件（如 Word）中插入引文标记，文后自动生成参考文献列表；论文中插入新的引文时，自动更新参考文献列表；可根据提供的期刊样式自动转换参考文献的格式。

一、NoteExpress

【示例】某老师进行文献调研后准备撰写一篇论文。在撰写过程中发现，引用他人文献或观点进行标注时，稍有一点改动就需从头修改，非常繁琐且费时间，还容易出错。投稿时不同的期刊，格式还不同。有人向他推荐 NoteExpress 文献管理软件，但这个软件如何下载、安装？使用是否方便呢？

NoteExpress（NE）是国内通用的一款参考文献管理软件，由北京爱琴海软件公司研制开发。它能够进行文献信息的检索与下载，同时管理参考文献的题录，并以附件方式管理参考文献全文或者其他格式的文件、文档，提供近 500 种中文期刊参考文献编辑样式，方便中文期刊投稿。NE 还提供对获取文献进行分析统计的功能。

（一）NE下载与安装

下载网址：http://www.inoteexpress.com/，提供个人版和集团版两种试用版的免费下载。下载安装后（图9-1），可对文献进行导入、管理、分析等一系列操作，同时在计算机的 Mircrosoft Word（支持2007及以上版本）里安装论文写作插件。以 NoteExpress 4.0.0.9746 版本为例。

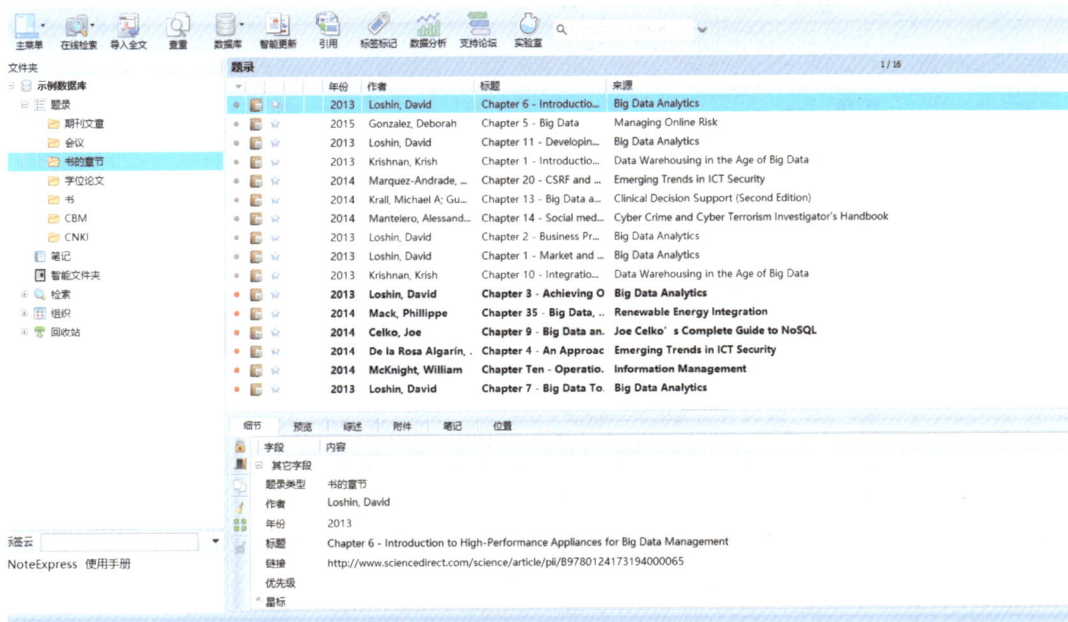

图 9-1　NE 的主界面

1. 工具栏　汇集了 NE 所有常用的功能按钮以及快速搜索框，包括主菜单、在线检索、导入全文、查重和数据库等栏目，每个栏目下有具体的子栏目，如主菜单栏目下包含文件、文件栏、题录、检索、工具和帮助等子栏目，具体操作时可选择对应的子栏目。

2. 文件夹　展示当前打开数据库的目录结构，NE 支持建立多级文件夹结构，以树形结构显示打开的数据库目录和各个数据库结构目录，支持同时打开多个数据库，点击目录前的加号或减号可展开或收起子目录。

3. 题录列表　展示当前选中文件夹内存储的题录，题录是 NE 管理文献的基本单位，由文献的元数据信息、笔记和附件三部分构成。可以根据个人需求选择显示的题录字段，让信息一目了然。点击表头题录字段可根据该字段自动排序。

4. 题录预览　用来查看每一条题录的相关信息，如细节、预览、综述、附件、笔记、位置等。细节显示题录的详细内容；预览显示当前输出样式下该题录生成的参考文献索引样式；综述显示该题录的摘要信息；附件显示该题录关联的所有附件；笔记显示为该题录所做笔记的内容，可以根据需要进行修改编辑；位置显示该题录在题录文件夹的位置。

5. 标签云　展示当前数据库中题录含有的所有标签，并可以通过标签组合进行快速筛选。

（二）NE 文献导入方法

1. 在线检索导入

【示例】某学生在进行"中草药治疗艾滋病的相关研究"文献调研，他选择 CNKI、CBM、PubMed、Web of Science 等几个数据库进行文献查找。但如何将收集的文献导入 NoteExpress 中呢？可利用各数据库的检索页面进行简单检索，无需过滤器。就示例中的课题，如果选择在线检索 PubMed 数据库，具体操作如下。

（1）建立数据库　点击工具栏上的"数据库"，选择"新建数据库"，然后选择文件存放位置，赋予文件名称"PubMed"。

（2）选择数据库　点击工具栏上的"在线检索"，选择"检索'PubMed'"。

（3）检索　在 NE 提供的 PubMed 数据库检索页面检索完后，可以进行所需题录的选择。可选择批量获取，也可获取勾选的题录（图 9-2）。

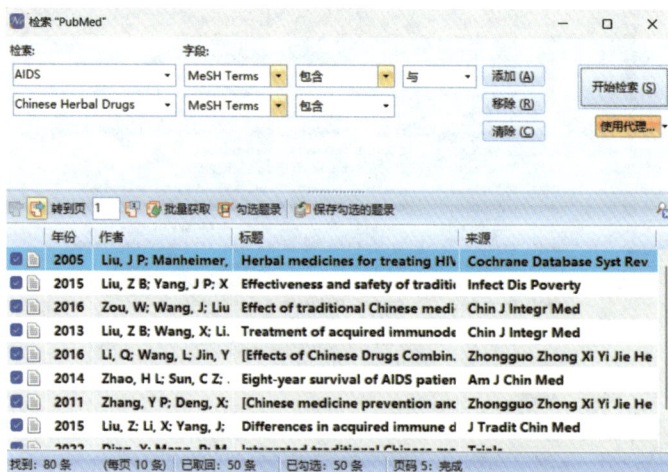

图 9-2　NE 提供的 PubMed 检索界面

（4）导入题录　在检索结果页面通过保存题录，即可保存在新建的 PubMed 数据库的"题录"文件夹中（图 9-3）。

图 9-3　NE 的在线导入题录界面

2. 过滤器批量导入　从网上数据库获取文献题录，导入 NE 时，需选对过滤器，NE 过滤器管理器中有部分数据库的批量导入指南。就示例中的课题，以 CNKI 为例进行过滤器批量导入文献，具体操作如下。

（1）过滤器管理器　点击工具栏上的"主菜单"，选择"工具""过滤器""过滤器管理器"，找到 CNKI 期刊全文（网络版）的导入指南，检索出结果后，点"全选"，然后再点"存盘"。在随后新弹出的窗口中，"输出字段"选"自定义"，然后在下一行中"自定义"后面所有的选择框勾上，点"预览"。最后，全选当前网页，复制到剪贴板，即可在导入时，以"来自剪贴板"为"导入数据"进行导入。

（2）检索后题录保存　使用CNKI检索后勾选需导出的文献，然后点击"导出与分析""导出文献"，选择"NoteExpress"，最后单击"导出"，保存文件（图9-4）。

图9-4　CNKI的导出题录界面

（3）打开NE导入题录　点击工具栏上的"主菜单"，选择"文件""导入题录"，在对话框内选择相应的选项（图9-5）。

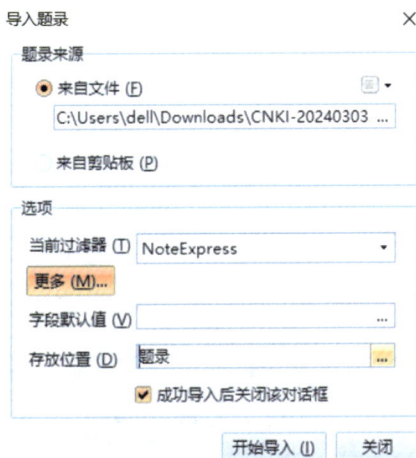

图9-5　NE的导入题录对话框

CNKI、维普数据库的题录只能每页勾选，不能全部题录一起选择，且有数量限制（CNKI为500条，维普为50条），因此，过滤器批量导入不如在线检索导入方便。例如，CBM、PubMed支持题录全选导出，过滤器批量导入非常方便。

3. 手工录入　用户根据题录字段将文献内容对应输入。点击工具栏上的"主菜单"，选择"题录""新建题录"，在新建题录页面进行具体字段内容的编辑，完成后可进行保存。

（三）NE文献管理与分析

1. 查重与去重　NE具有强大的文献管理和分析功能，就示例的课题，具体操作如下。

【示例】某研究生的论文题目是"柴胡桂枝汤方证研究"，使用CNKI、CBM各检索出1341篇、817篇题录，其中有一部分是相同的文献题录，如何将这些重复的题录进行去重，具体操作如下。

（1）选择查重的文件　将 CNKI、CBM 中检索出的文献题录使用过滤器批量导入至"CNKI""CBM"文件夹，点击工具栏上的"查重"，在弹出的对话框内选择待去重的文件"CNKI""CBM"及查重的字段（标题、作者），点击"查找"即可（图 9-6）。

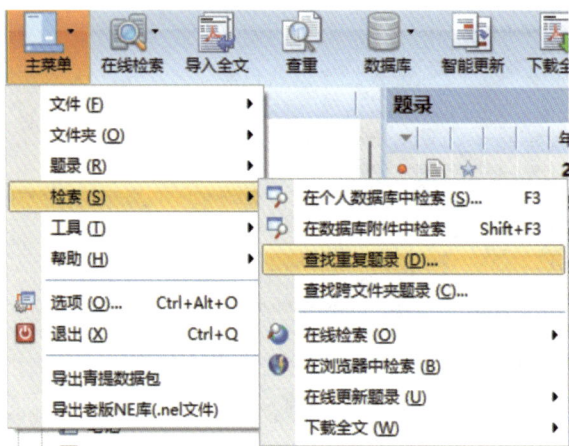

图 9-6　NE 的查找重复题录界面

（2）删除重复题录　NE 将查重后的结果放入"检索"中以"查重结果"命名的文件夹里。重复题录并排在一起，点击一条重复题录，按鼠标右键，可将重复题录从所有文件夹或指定文件夹中删除（图 9-7）。

图 9-7　NE 的删除重复题录界面

2. 题录与文献全文关联

（1）添加附件　适合单篇文献全文添加。选中一条题录，单击该题录，选择添加附件进行对应全文的添加。

（2）批量链接　可以进行多篇文献全文的批量添加。选择"工具"菜单的批量链接附件，进行题录文件夹和目标全文文件夹的全文匹配，进行批量链接全文。

（3）下载全文　在线链接全文数据库进行全文下载，可以单篇题录下载，也可以选中多条题录批量下载，如将 CNKI 文件夹中的一条题录进行全文下载，可以选择链接对应的全文数据库全文下载成功后，该题录将会有附件文件的标记。

3. 笔记　可将一些简要信息（如研究想法、研究思路、解释等）通过 NE 自带的笔记功能给对应的题录记下笔记，所做笔记需要及时保存。笔记不仅可与相关的题录链接，还可单独管理，供其他题录使用；在撰写论文时，还可方便地直接插入笔记内容。

4. 编辑 可对题录字段内容进行修改、保存。

5. 检索 检索导入 NE 的所有文献，既可检索 NE 中的所有数据库，也可以检索特定的文件夹。

6. 文件夹统计分析 可对文件夹内的文献进行信息统计，并根据题录字段，如作者、年份、出版社等进行文献归类和排序；可以分析哪些作者发表文献最多、文献发表的趋势及哪些机构发表文献最多。

（四）NE 写作

NE 可以将参考文献题录作为文中注释插入文章中，并且在文章末尾按照各个期刊的格式要求自动生成参考文献列表。

安装 NE 软件后，Word 文档工具栏中会自动增加一个 NE 插件，功能包括转到 NE、插入引文、插入注释、插入笔记、格式化、编辑引文、同步、样式、去除格式化、检索、定位、查找、设置、窗口、帮助等（图 9-8）。

图 9-8 NE 在 WPS Word 中的常用插件界面

1. 插入引文 在 Word 文档中选中插入引文的位置，单击"转到 NoteExpress"按钮，在 NoteExpress 数据库中选择要插入的题录；回到 Word 文档，单击"插入引文"按钮，在插入处就会出现引文标注序号。

2. 格式化参考文献 插入引文后，论文后面会自动生成对应的参考文献，如果要进行更改，单击"格式化"按钮，在弹出的格式化对话框中单击"浏览"，在众多的期刊名称中选择输出样式。

3. 编辑引文 将光标停留在需要编辑引文处，单击"编辑引文"按钮，在弹出的对话框中根据需要进行设置。

4. 定位引文 将光标停留在待查找的引文处，单击"定位"按钮，系统会自动跳转到其对应的参考文献。

二、EndNote

EndNote（EN）是由 Thomson Corporation 下属的 Thomson ResearchSoft 公司开发的一款文献管理软件，它的主要功能可以分为文献管理和论文撰写。针对文献管理，EN 可以在本地建立个人数据库，随时查找收集到的文献记录；通过检索结果，准确调阅所需 PDF 全文、图片和表格；将数据库与他人共享，对文献进行分组，分析和查重，自动下载全文。针对论文撰写，EN 可以随时调阅、检索相关文献，将其按照期刊要求的格式插入文后的参考文献；迅速找到所需图片和表格，将其插入论文相应的位置；在转投其他期刊时，可迅速完成论文及参考文献格式的转换。

此外，EndNote 还推出了网络版本的 EndNote Web，只要订购了 Web of Science 数据库的院校就有权使用 EndNote Web 进行文献管理工作。EndNote Web 相当于将个人图书馆建立在网络上，只要登录 EndNote Web 就可以使用最新版本的功能，无须担心版本升级的问题。同时，使用他人的计算机也可以处理自己的研究数据。尽管 EndNote Web 的使用较为便利，但是相比于软件版，功能有一定的限制。

（一）EN 下载与安装

1.下载网址：http://endnote.com/，购买后下载，也可以下载免费试用版本，如果院校购买了 EndNote，可直接从学校图书馆免费下载。下载安装后（图9-9），可对文献进行导入、管理、分析等一系列操作，同时在计算机的 Mircrosoft Word（支持2003及以上版本）里安装论文写作插件。以 EndNote20 版本为例。

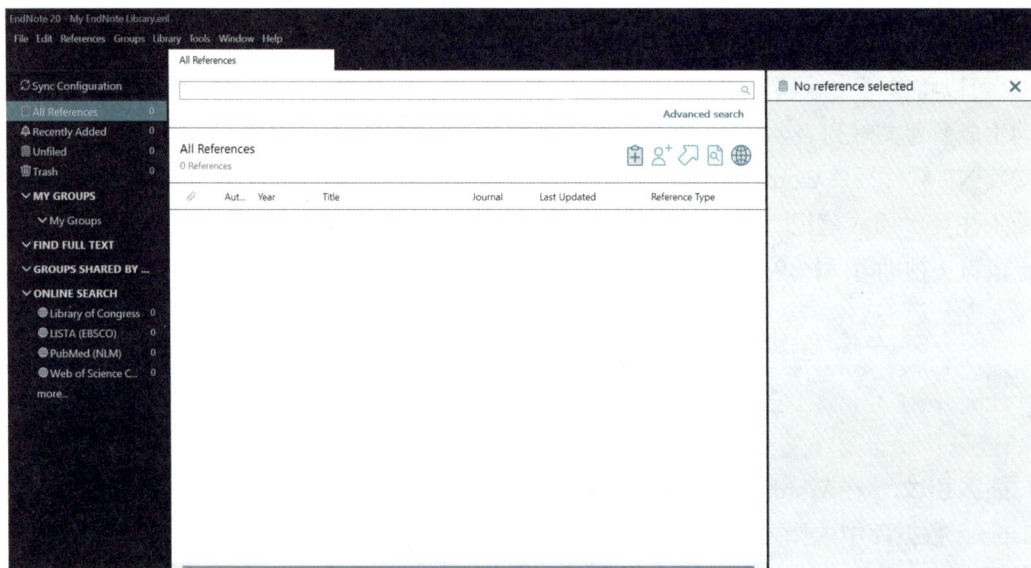

图 9-9　EN 的主界面

2.安装完成后，需要创建个人的文献数据库即 EndNote Library，以便在后续使用中对检索、使用的文献进行存储和查阅。点击菜单栏上的"File"，选择"New"，然后选择文件存放位置并保存图9-10。

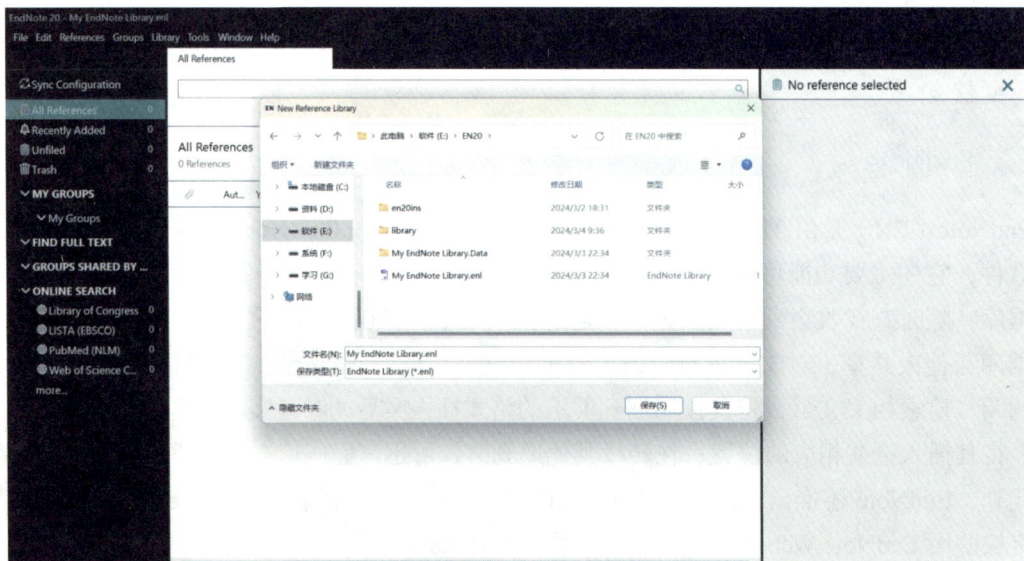

图 9-10　EN 的新建个人数据库界面

（1）菜单栏　汇集了 EN 所有常用的功能按钮，包括 File、Edit、Reference、Groups 和 Library 等栏目，每个栏目下有具体的子栏目，具体操作时可选择对应的子栏目，提供了丰富的文献管理、编辑和导出等功能，方便用户进行各种操作。

（2）导航栏　界面左侧导航栏包含个人 Library 同步、个人文献分组、查找全文和在线检索等功能，为用户提供了便捷的文献管理和浏览功能，使得用户可以快速定位到所需的文献分组和文献信息，支持分层分组，用户可以根据自身需求对文献信息进行分组管理。

（3）搜索栏与快捷工具栏　搜索栏支持多种搜索方式，如全文搜索、标题搜索、作者搜索等，用户可以根据自己的需求选择合适的搜索方式，输入关键词来搜索数据库中的文献，搜索结果会实时显示在文献列表窗口中，方便用户快速找到所需的文献。快捷工具栏包含了 5 种常用功能的按钮，用户只需点击相应的按钮，即可快速完成相应的操作。

（4）文献列表　文献列表位于主界面的中间部分，是在界面中展示的所有文献条目的集合，这些文献条目通常以列表的形式呈现，包含了文献的标题、作者、出版年份、期刊名称等关键信息，用户可以通过滚动列表或搜索功能来查找特定的文献条目，以便浏览和管理导入到 EN 中的文献。

（5）文献面板　界面右侧的文献面板是用于展示文献详细信息的区域，当用户选中文献列表中的某个文献条目时，文献面板会显示该文献的详细信息，如摘要、关键词、引文等。文献面板为用户提供了便捷的方式来查看和编辑文献的详细信息。

（二）EN 文献导入

1.PDF 文件导入

（1）点击菜单栏"File"，选择"Import File"，就可以导入单个 PDF 文件（图 9-11）。

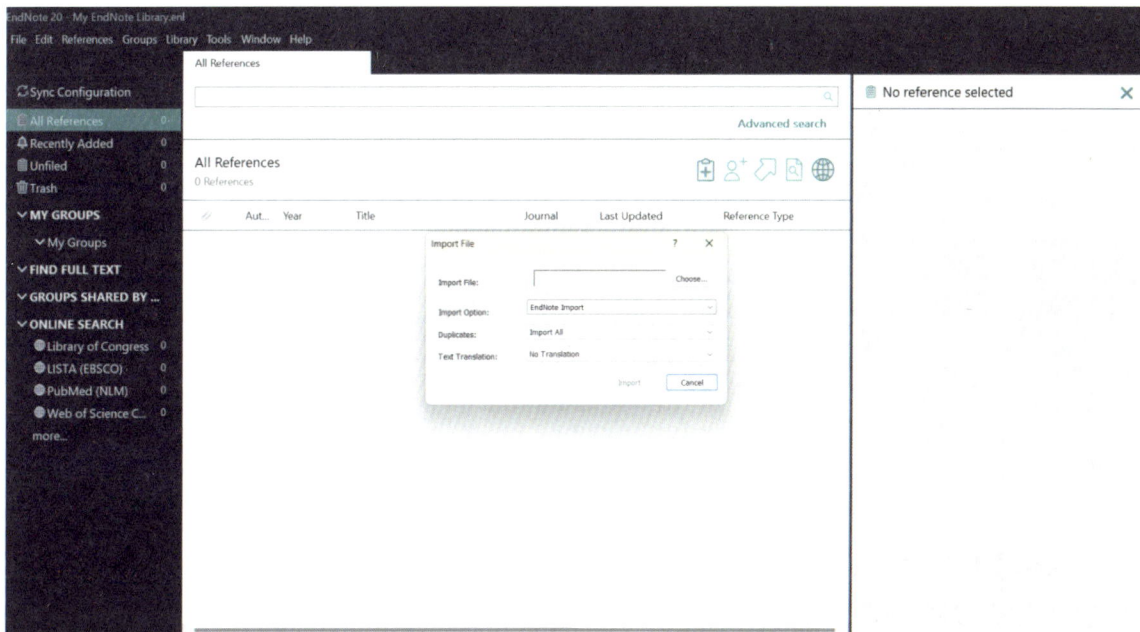

图 9-11　EN 的文件导入详情页

（2）如果想要导入整个文件夹内的 PDF 文件，则点击菜单栏"File"，选择"Import Folder"，勾选"Include files in subfolders"，就可以将子文件夹内的 PDF 文件一并导入图 9-12。

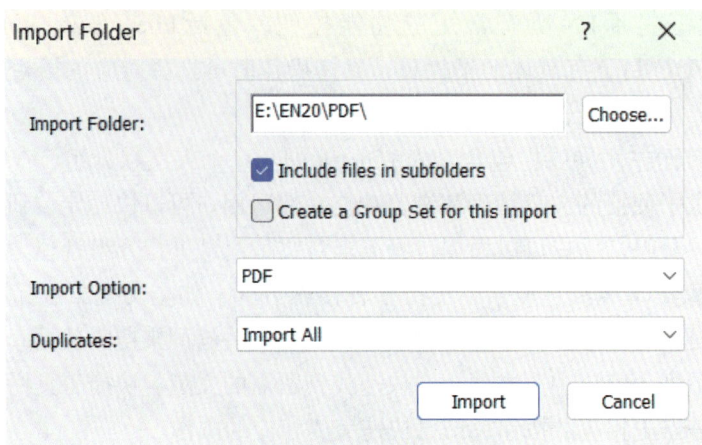

图 9-12　EN 的文件夹导入详情页

2. 数据库检索文件导入

【示例】某学生在进行"中草药治疗癌症的相关研究"文献调研，他选择 Web of Science 数据库进行文献查找。但如何将收集的批量文献信息导入 EndNote 中呢？如果选择在线检索 Web of Science 数据库，具体操作如下。

（1）检索　在 Web of Science 数据库中根据研究内容进行检索，检索完成后勾选需要导出的文献。

（2）导出　勾选文献后，点击"Export"，选择"Endnote desktop"及需要的信息范围，就可以在 EndNote 中查看已导入的文献信息，见图 9-13、图 9-14。

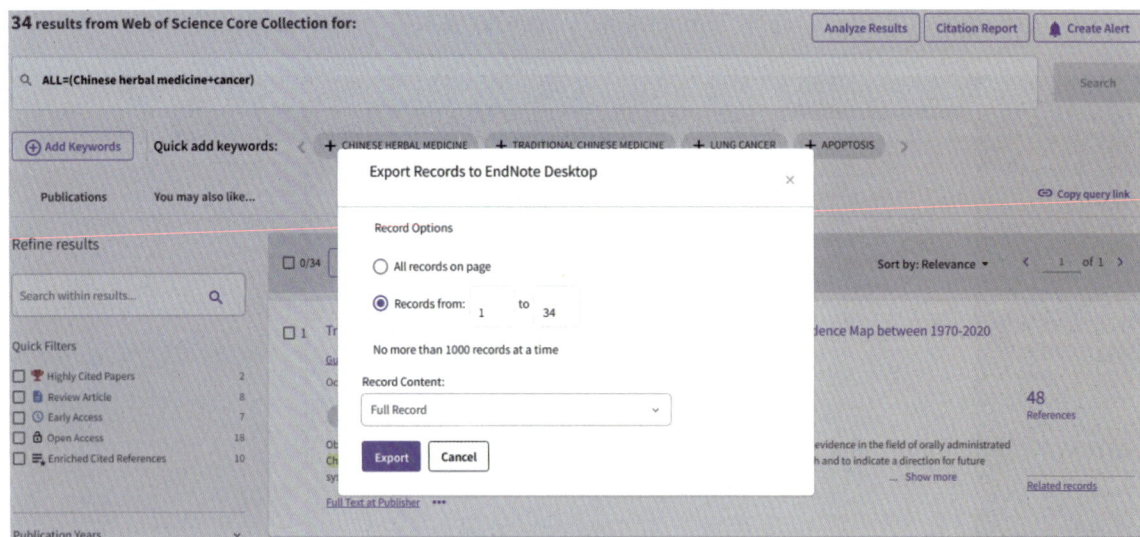

图 9-13　在 Web of Science 数据库检索文献信息导出到 EN

【示例】如果选择 CNKI 数据库进行文献查找，如何将收集的批量中文文献信息导入 EndNote 中呢？具体转换导入操作如下。

（1）检索　在 CNKI 数据库中根据研究内容进行检索，检索完成后勾选需要导出的文献。

（2）导出　勾选文献后，点击"导出与分析"，选择"导出文献""Endnote""导出"，见图 9-15、图 9-16。

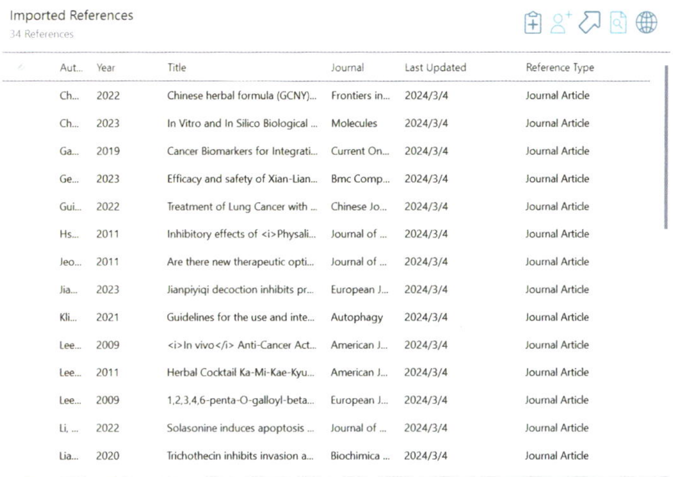
Imported References
34 References
Aut... Year Title Journal Last Updated Reference Type
Ch... 2022 Chinese herbal formula (GCNY)... Frontiers in... 2024/3/4 Journal Article
Ch... 2023 In Vitro and In Silico Biological ... Molecules 2024/3/4 Journal Article
Ga... 2019 Cancer Biomarkers for Integrati... Current On... 2024/3/4 Journal Article
Ge... 2023 Efficacy and safety of Xian-Lian... Bmc Comp... 2024/3/4 Journal Article
Gui... 2022 Treatment of Lung Cancer with ... Chinese Jo... 2024/3/4 Journal Article
Hs... 2011 Inhibitory effects of <i>Physali... Journal of ... 2024/3/4 Journal Article
Jeo... 2011 Are there new therapeutic opti... Journal of ... 2024/3/4 Journal Article
Jia... 2023 Jianpiyiqi decoction inhibits pr... European J... 2024/3/4 Journal Article
Kli... 2021 Guidelines for the use and inte... Autophagy 2024/3/4 Journal Article
Lee... 2009 <i>In vivo</i> Anti-Cancer Act... American J... 2024/3/4 Journal Article
Lee... 2011 Herbal Cocktail Ka-Mi-Kae-Kyu... American J... 2024/3/4 Journal Article
Lee... 2009 1,2,3,4,6-penta-O-galloyl-beta... European J... 2024/3/4 Journal Article
Li, ... 2022 Solasonine induces apoptosis ... Journal of ... 2024/3/4 Journal Article
Lia... 2020 Trichothecin inhibits invasion a... Biochimica ... 2024/3/4 Journal Article

图 9–14　EN 导入的 Web of Science 数据库文献信息详情页

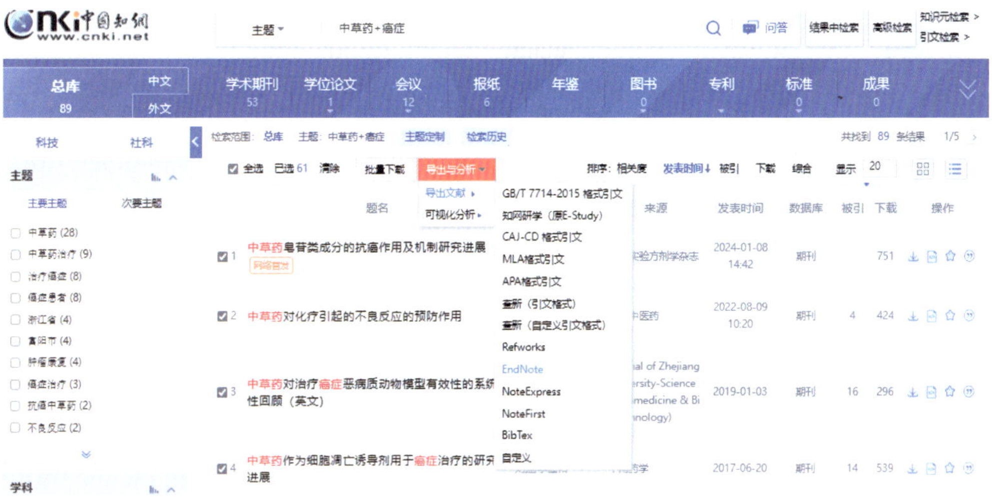
www.cnki.net
主题
中草药+癌症
总库 89
中文
外文
学术期刊 53
学位论文 1
会议 12
报纸 6
年鉴
图书 0
专利
标准 0
成果 0
科技
社科
主题
主要主题
次要主题
全选 已选 61 清除 批量下载 导出与分析
导出文献
可视化分析
GB/T 7714-2015 格式引文
知网研学（原E-Study）
CAJ-CD 格式引文
MLA格式引文
APA格式引文
查新（引文格式）
查新（自定义引文格式）
Refworks
EndNote
NoteExpress
NoteFirst
BibTex
自定义
中草药皂苷类成分的抗癌作用及机制研究进展
中草药对化疗引起的不良反应的预防作用
中草药对治疗癌症恶病质动物模型有效性的系统性回顾（英文）
中草药作为细胞凋亡诱导剂用于癌症治疗的研究进展
学科

图 9–15　在 CNKI 数据库检索文献信息导出到 EN

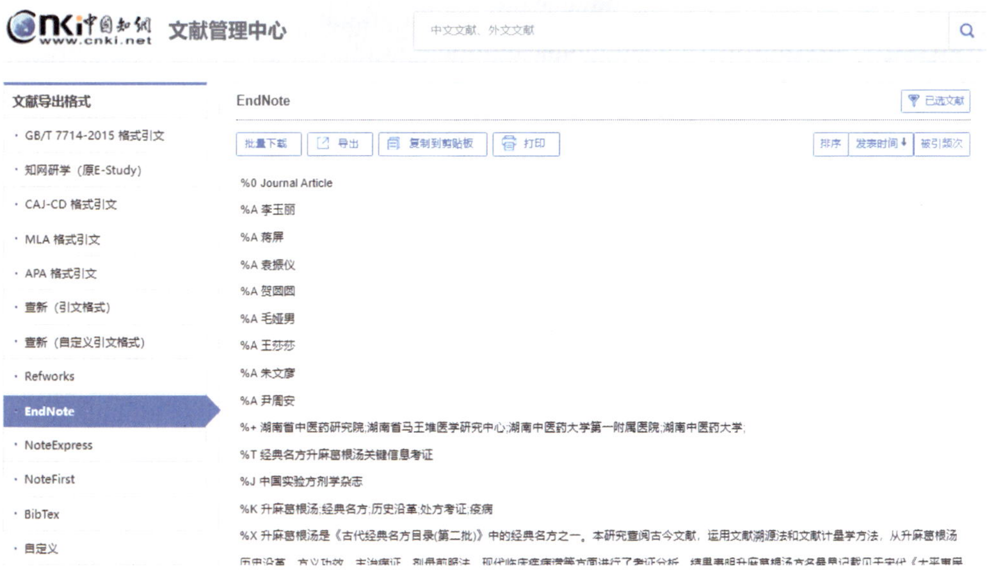
www.cnki.net 文献管理中心
中文文献、外文文献
文献导出格式
GB/T 7714-2015 格式引文
知网研学（原E-Study）
CAJ-CD 格式引文
MLA 格式引文
APA 格式引文
查新（引文格式）
查新（自定义引文格式）
Refworks
EndNote
NoteExpress
NoteFirst
BibTex
自定义
EndNote
批量下载 导出 复制到剪贴板 打印
%0 Journal Article
%T 经典名方升麻葛根汤关键信息考证
%J 中国实验方剂学杂志
%K 升麻葛根汤;经典名方;历史沿革;处方考证;疫病

图 9–16　CNKI 导出详情页

（3）导入　文件导出后，在 EndNote 中将文件导入，就可以查看已导入的文献信息，见图 9-17、图 9-18。

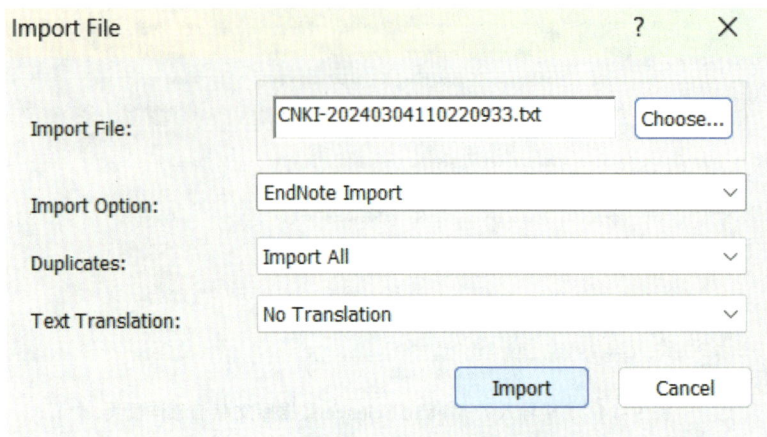

图 9-17　EN 导入 CNKI 数据库文献页面

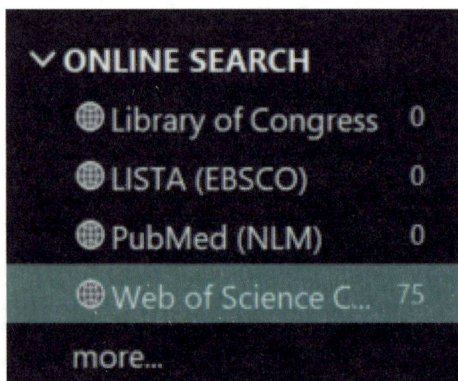

图 9-18　EN 导入的 CNKI 数据库文献信息详情页

3.EN 的在线检索与导入

选择在线检索源，以 Web of Science 为例。点击"ONLINE SEARCH"，选择"Web of Science Core Collection（clarivate）"，在上方搜索框中设定检索条件后，点击"Search"，即可获得检索文献信息，见图 9-19、图 9-20。

图 9-19　EN 的在线检索

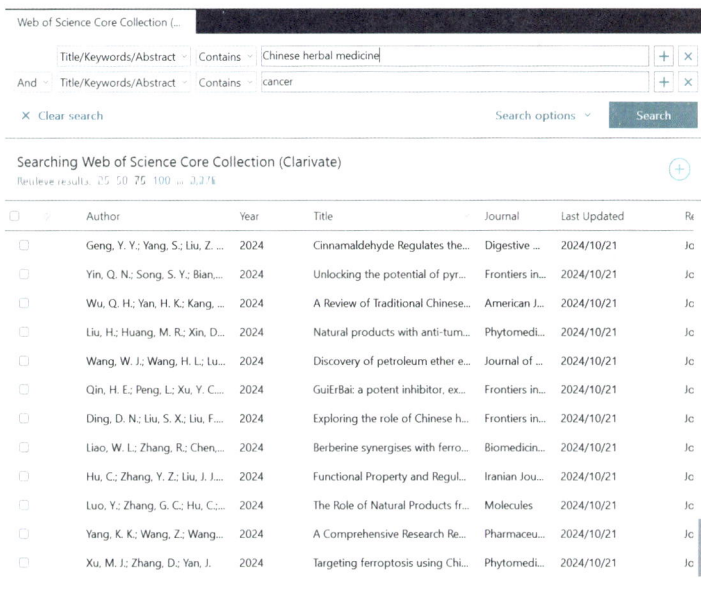

图 9-20　EN 的在线检索 Web of Science 数据库结果详情页

4. 手动添加文献信息

点击菜单栏上的"References"，选择"New References"，在详情页中手动输入文献信息，以便在文章中引用，其中已有 57 种预设信息，见图 9-21。

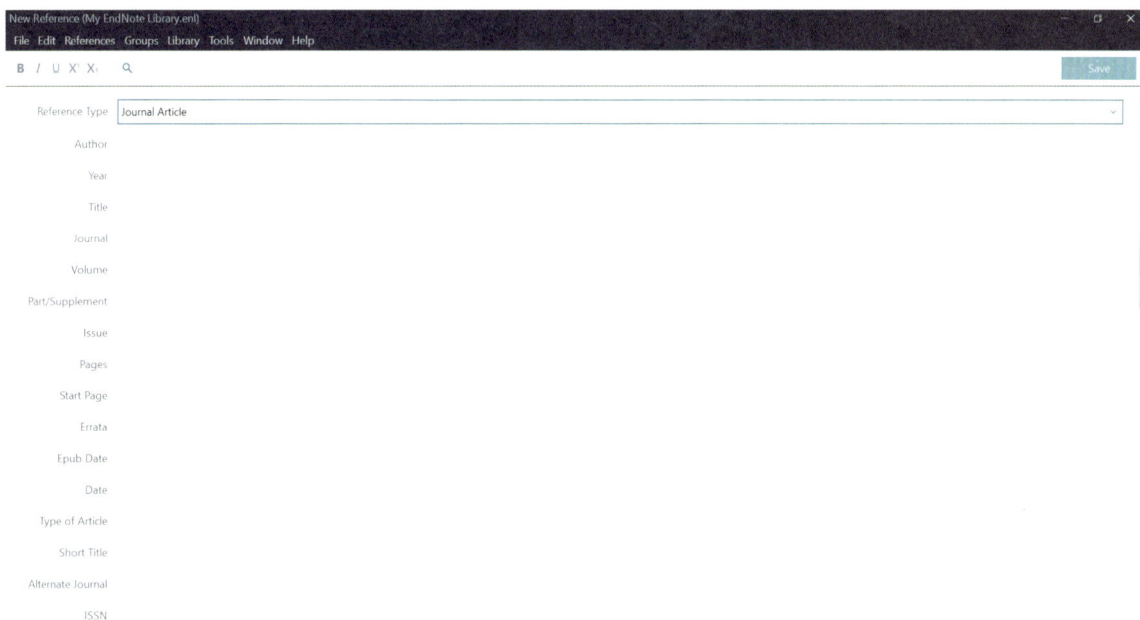

图 9-21　EN 手动输入文献信息详情页

（三）EN 的文献信息分组管理与共享

1. 分组管理

（1）分组设置　点击菜单栏上的"Groups"，选择"Create Group"。EN 支持多种分组方式管理个人文献数据库。可以选中所需文献并拖拽至分组中。同一篇文献可保存在不同分组中，且不会存在重复保存的情况，见图 9-22。

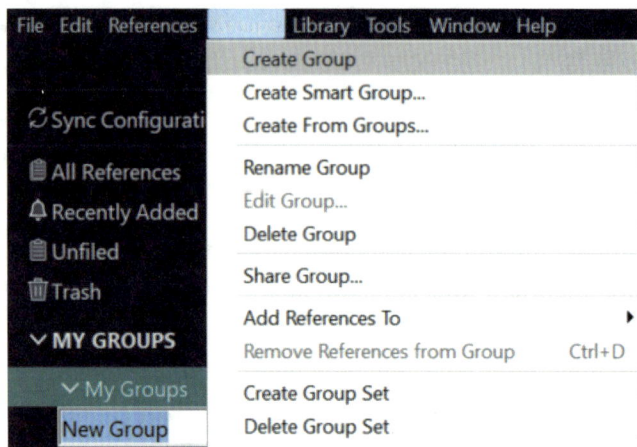

图 9-22　EN 创建分组菜单栏

（2）智能分组　点击菜单栏上的"Groups"，选择"Create Smart Group"按照设置条件自动挑选符合条件的记录，在有新记录收入时自动将符合条件的记录放入 Smart Group，见图 9-23。

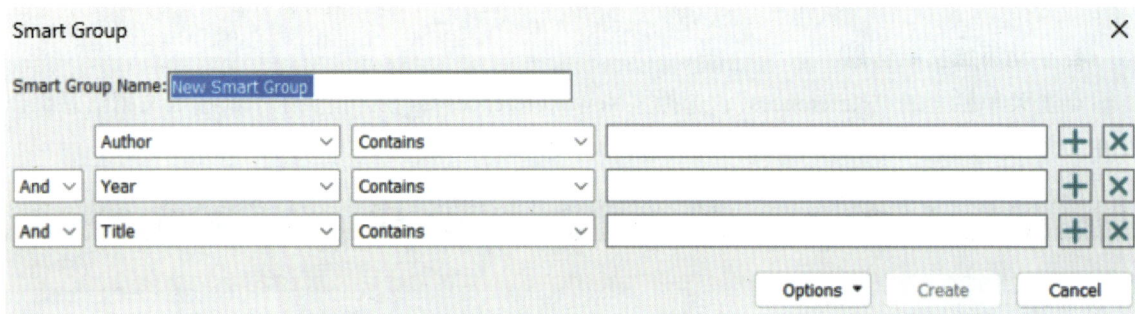

图 9-23　EN 智能分组详情页

（3）组合分组　点击菜单栏上的"Groups"，选择"Create From Groups"，挖掘已建组间的关系，EN 将已经设置好的组用 AND、OR 和 NOT 进行组与组之间的匹配。如寻找组与组之间的交集或并集等，在有新记录收入时自动将符合条件的记录放入组中，见图 9-24。

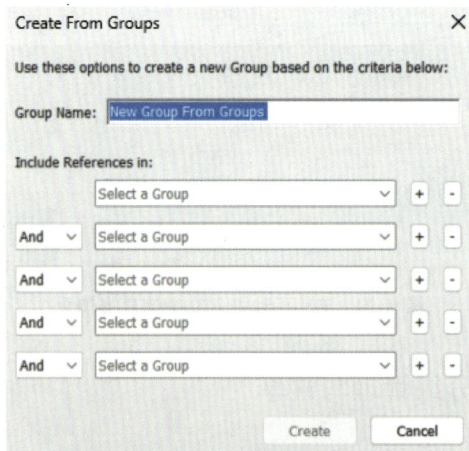

图 9-24　EN 组合分组详情页

2. 分组共享

（1）点击菜单栏上的"Groups"，选择"Share this group"，注意创建的 smart groups 不能分

组共享。

（2）输入分享人的邮箱，设置共享权限"只读或读写"，即可分享文献。

（3）对方可通过邮箱的链接进入到 EndNote Online 登录界面，登录即可查看分组共享的文献，见图 9–25。

3. 个人 Library 共享

（1）个人共享　点击菜单栏上的"File"，选择"Share"即可开始共享个人文献 Library，见图 9–26。

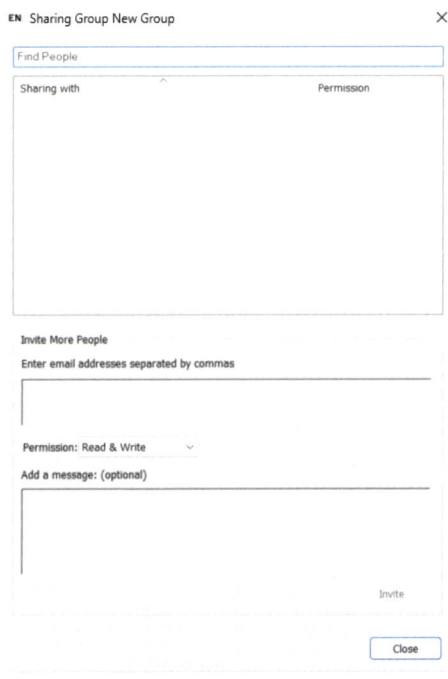

图 9–25　EN 分组共享详情页　　　图 9–26　EN 个人文献 Library 共享详情页

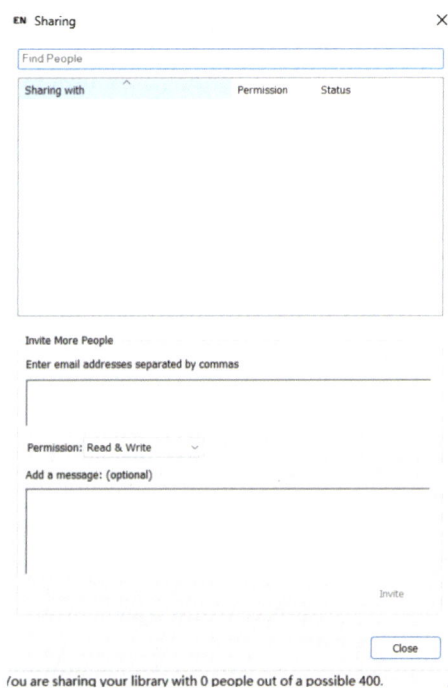

（2）个人邀请　可以通过输入 EN 用户的 Email 地址来邀请其他成员共享 Library，同时可附留言给共享成员。

（3）邀请人数提升至 400 位　最多可邀请 400 位用户来共享 Library，同时可通过设置"只读或读写"权限进行 Library 共享，有读写权限的共享成员可对 Library 进行文献共享、修改、增加、删除、新建组、添加附件、做笔记等任意编辑，并且可在活动日志里面查看共享成员的活动记录。只读权限的共享成员则仅可查看 Library 中的文献信息不得删改。

（4）管理合作团队　可以提醒合作团队成员接受共享 Library 邀请，或在项目完成后移除共享成员。

（5）Library 数量共享无上限　能够与其他 EN 用户共享无限数量的 Library，也可接受来自其他用户的共享邀请，点击菜单栏上的"File"，选择"Open Shared Library"。

（四）EN 写作

EN 软件安装完成后可以实现与 Microsoft Word 之间的对接，将会出现在 Word 工具栏条中，见图 9–27。在撰写论文时，可对论文中的参考文献进行插入、编辑和调整等。

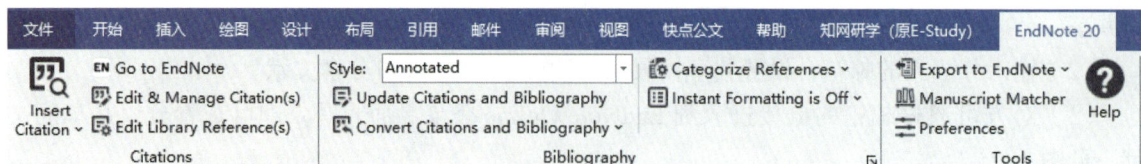

图 9-27　EN 在 Microsoft Word 中的常用插件界面

1. 插入参考文献

（1）插入参考文献　在需要插入参考文献的位置，点击 EN20 工具栏中的"Insert Citation"，在弹出窗口中搜索需要插入的目标参考文献，选中参考文献后，单击"Insert"，即可在论文中以及文末出现目标参考，见图 9-28。

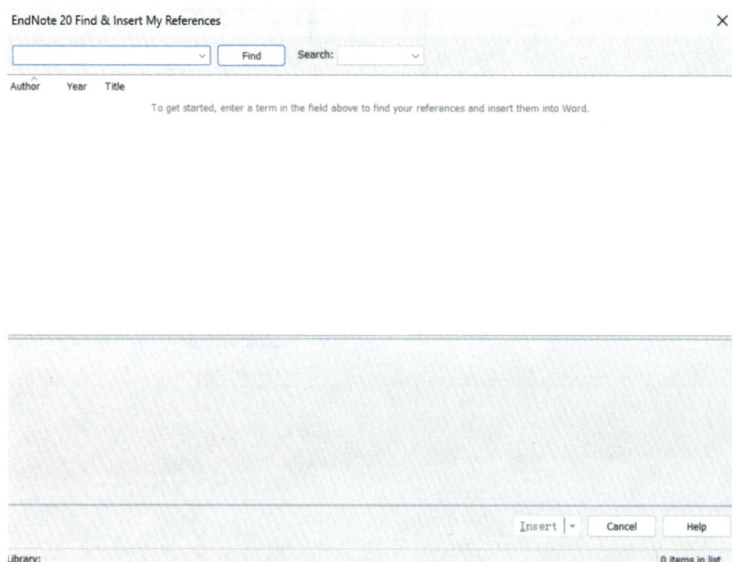

图 9-28　EN 插入文献详情页

（2）选择参考文献格式　EN 通过"Style"功能为用户提供超过 7000 种期刊的参考文献格式。在下拉菜单栏选择"Select Another Style"查看更多格式，见图 9-29。

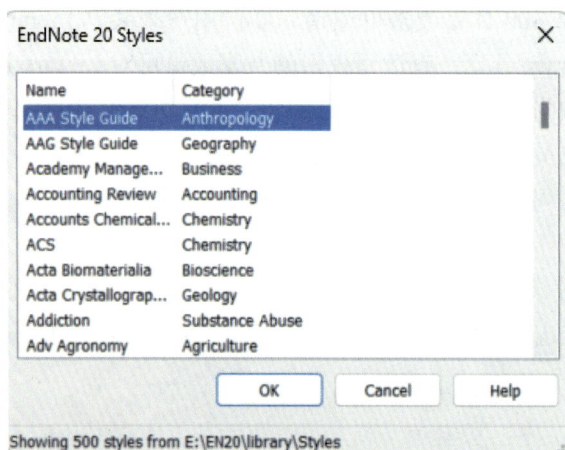

图 9-29　EN 选择参考文献格式详情页

（3）编辑论文参考文献　点击"Edit & Manage Citations"可以编辑调整论文中的参考文献；如删减文献，调整文献顺序，修改文献信息等。

2. 匹配投稿期刊功能

（1）在某个分组上方点击右键，选择"Manuscript Matcher"，即可链接到 EN 投稿期刊匹配页面。

（2）通过输入文章标题、摘要，导入本组参考文献，即可匹配适合投稿的期刊，见图 9–30。

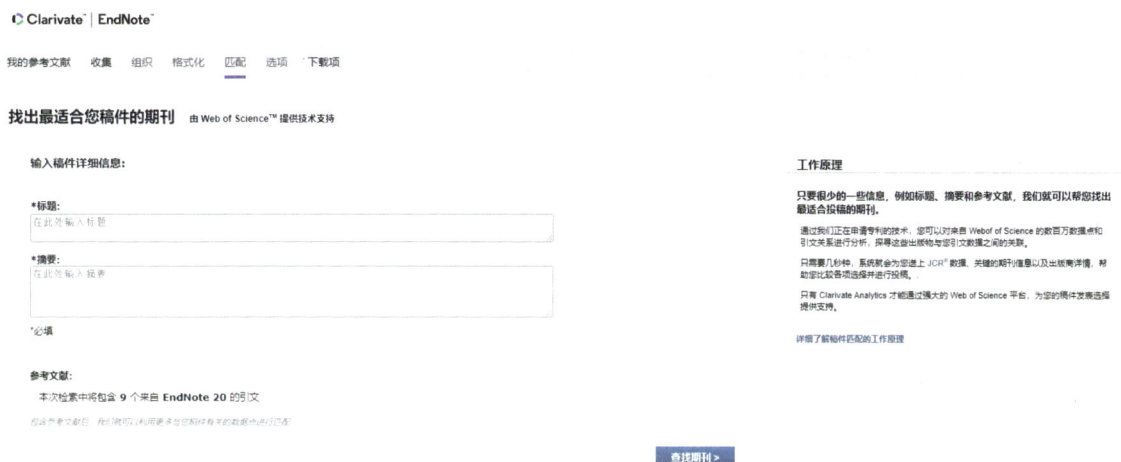

图 9–30　EN 匹配期刊详情页

三、其他文献管理软件

除 NoteExpress、EndNote 文献管理软件外，比较常用的文献管理软件还有 NoteFirst、医学文献王、CNKI 知网研学和 EndNote Web。

NoteExpress、EndNote、NoteFirst、医学文献王、CNKI 知网研学和 EndNote Web 6 种文献管理软件的基本信息、安装与使用性能见表 9–1。

表 9–1　6 种文献管理软件的基本信息、安装与使用性能比较

软件名称	NoteExpress（V4.0 版）	EndNote（V20 版）	NoteFirst（V5.0 版）	医学文献王（V6 版）	CNKI 知网研学（V6.6 版）	EndNote Web（V20）
软件开发者与下载地址	北京爱琴海软件公司（http://www.inoteexpress.com/）	Thomson Corporation 下属的 Thomson ResearchSoft（http://endnote.com/）	西安知先信息技术有限公司（http://www.notesfirst.com/）	北京金叶天翔科技有限公司（http://www.notefirst.com/）	国家知识基础设施工程网络（CNKI）（https://www.cnki.net/）	Thomson Corporation 下属的 Thomson ResearchSoft（https://my.endnote.com/）
软件的安装与注册	安装客户端及插件	安装客户端及插件	安装客户端及插件	安装客户端及插件	安装客户端及插件	网上账号注册、漫游访问需要权限，安装插件
支持语言	中文	英文	中文	中文	中文	英文

EndNote Web 作为 EndNote 的网络延伸版，可将基本功能延伸入网络，便于文献的共享，而且支持简体中文界面，但目前只具备个人文献管理软件的最基本功能，而且限制只能保存 1 万条记录，不适合大量的个人文献管理。

NoteExpress 目前基本涵盖了 EndNote 的全部功能，甚至开发出一些新功能。尤其支持大量中英文数据在线检索和全文下载、大量中英文引文样式并支持中英文混合引用，适合所有科研工

作者使用。缺点是稳定性不够好，打开记录数据较多的数据库时会有停滞现象。

NoteFirst 的知识获取、RSS 订阅、期刊订阅、知识卡片、团队协作功能，拓展了用户获取知识、交流知识的渠道。NoteFirst 还可以实现网络自动存储和同步，对参考文献进行自动校对，并配备媒体国家城市字典，但其过滤器数量偏少，输出格式种类有限。

医学文献王内置期刊表和 MeSH 主题词表，可直接点击访问 PubMed，自动匹配期刊影响因子，可以帮助用户优先阅读高水平的期刊论文，适合生物医药类研究者使用。缺点是支持的在线数据库太少，全文获取速度慢。

CNKI 知网研学依托于 CNKI 提供了大量其收录期刊的写作模板，并能在线投稿，但在更新题录方面和内置参考文献样式方面还需改进。

每一款文献管理软件都有自己的优势与不足，科研工作者需根据自身需求与实际情况选择适合的软件。

第二节　中医药文献与科学研究

一、中医药科技查新与流程

（一）科技查新的基本概念

1. 科技查新的定义　科技查新（scientific and technical novelty search）是以反映查新项目主题内容的查新点为依据，以计算机检索为主要手段，以获取密切相关文献为检索目标，运用综合分析和对比方法，对查新项目的新颖性做出文献评价的情报咨询服务。科技查新的结论以科技查新机构出具的科技查新报告为最终体现形式。

1997 年 12 月，卫生部科教司、卫生部医学信息工作管理委员会印发的《卫生部医药卫生科技项目查新咨询暂行规定》实施细则中指出，卫生部查新咨询工作是医学情报人员以高水平文献检索为基础，运用综合分析、对比的方法，为卫生部科研立项、成果评审等科技活动的新颖性评价提供科学依据的情报咨询服务。医药卫生科技项目查新咨询工作是医药卫生科技管理工作中的重要组成部分，对科学管理与决策、减少科研项目低水平重复等有重要意义。

2. 科技查新的基本术语　主要包括查新委托人、查新项目、科技查新机构、科技查新委托单、科技查新报告等。

（1）查新委托人　查新委托人指的是提出科技查新申请的自然人、法人或其他组织。

（2）查新项目　查新项目指的是查新委托人提出的要求查证新颖性的科学技术项目。

（3）科技查新机构　查新机构指的是具有科技查新业务资质的信息咨询机构，应当具有权威机构颁发的资质证书。科技查新机构一般由科学技术部（原国家科委）、卫健委、教育部等行业部委授权或认证，有偿提供科技查新服务。拥有固定的办公场所、配有查新工作所需的办公以及数据库系统等基础设施，有健全的内部规章制度和规范的业务流程，至少应具有取得资质的 3 名查新员和 1 名审核员。查新员是参与科技查新全过程的具有查新资质的查新人员，审核员是负责审核科技查新报告以及查新员所做的查新工作是否规范，并向查新员提出审核意见的具有查新审核资质的人员。查新员和审核员都需要符合相应的专业知识、职称、学历等基本资质要求。

（4）科技查新委托单　科技查新委托单是查新机构要求查新委托人就查新项目以书面形式填写的查新委托凭据。查新委托单一般包括查新项目名称、查新项目内容、查新点、查新目的、查新范围等基本内容。

（5）科技查新报告　科技查新报告是查新机构就其处理查新项目的过程以及得出的查新结论做出的正式书面报告。报告中一般包含查新项目名称、查新目的、查新点、查新范围、查新检索式、查新结论、查新人员等基本内容，并盖有查新机构"科技查新专用章"。

3. 科技查新的原则　主要包括基本原则、单一性原则、新颖性原则、回避和保密原则四大类。

（1）基本原则　科技查新的基本原则是文献依据原则、公正原则、客观原则和独立原则。文献依据原则指的是科技查新是以公开文献为依据判断查新项目的新颖性。公正原则指的是查新机构应当站在公正的立场上完成查新。客观原则指的是查新机构应当依据公开文献客观进行技术性描述、分析对比以及结论。独立原则指的是查新过程不受行政部门、企业事业单位、查新委托人等的干预。

（2）单一性原则　科技查新的单一性原则指的是一个查新项目应当限于一个主题，只有当多个主题有一个密不可分的特定技术特征时才被允许出现在同一查新项目中。

（3）新颖性原则　新颖性指的是查新委托日或指定日之前查新项目的查新点没有在国内或国外公开出版物上发表过。科技查新的新颖性原则主要体现在单独对比、相同排斥等方面。单独对比指的是在判断查新项目新颖性时，应当将查新项目的各查新点分别与每一篇对比文献中公开的相关内容单独进行比较，不得将其与几篇对比文献公开的相关内容的组合，或者与一篇对比文献中的多项技术方案的组合进行比较，也不得要求一篇文献覆盖所有的查新点才能比较。相同排斥指的是如果查新项目在科学技术领域、研究目的、技术方案和技术效果等方面均与已公开报道的某一对比文献实质上相同，则该认定该项目缺乏新颖性。

（4）回避和保密原则　科技查新机构在从事查新活动时，应当执行回避制度，并遵守保密原则。查新机构、查新员、审核员应当与查新项目无利害关系。查新机构受理本机构内部的查新委托时，不得对外出具查新报告。查新机构在委派查新员和审核员时，不得委派在与查新项目有关联的单位任职或者离职后未满两年的人员，不得委派持有与查新项目有关联的单位的股票、债券，或者在这些单位有其他经济利益的人员，不得委派与查新项目有其他利害关系的人员。查新机构及其工作人员在处理查新事务时应当维护查新项目所有者的知识产权，不得非法占有、使用，或者向他人披露、转让查新项目所有者的科技成果。

（二）科技查新的发展及作用

1. 科技查新的发展情况　科学技术部于 1990 年 10 月印发了《关于推荐第一批查新咨询科技立项及成果管理的情报检索单位的通知》（〔90〕国科发情字 800 号）。首次审批通过了 11 家国家一级查新机构，该通知标志着我国查新机构资质官方认证正式开始，推动了查新工作在全国范围迅速发展。20 世纪 90 年代，科学技术部制定了《科技查新咨询工作管理办法》和《科技查新咨询工作管理办法实施细则》，促进了科技查新工作的规范化发展。2000 年 12 月科学技术部发布了《科技查新机构管理办法》和《科技查新规范》。2011 年为统一查新工作原则和流程，中国科学技术信息研究所牵头制定了推荐性国家标准《科技查新技术规范》（GB/T 32003—2015），明确了查新原则、机构资质、质量控制等内容，该标准于 2016 年实施是现行国家推荐标准。据统计，目前各级行政部门认定的查新机构已超过 300 家，全国科技查新体系趋于完善。

2. 科技查新的作用　科技查新为科研立项、科技成果鉴定、科技成果转化、新药研发等科技活动提供客观依据。中医药科技查新以文献检索为依据，一方面为中医药科技管理部门提供客观的决策依据，另一方面为研发人员提供可靠信息，推动了中医药领域科技发展。

（1）中医药科技查新的决策支持作用　在中医药科研项目立项前，首要工作是全面准确地掌握国内外相关科研情况，确定该科研项目的新颖性，避免低水平重复研究。在科技成果鉴定、科技成果转化等方面，科研管理部门需要对成果的创新性进行评估。科技查新服务于科学研究的整个过程，是科研活动中不可或缺的重要环节，对科学研究起到支撑作用，通过科技查新实现科学评估项目以及成果的创新水平，为科研决策提供客观依据。

（2）中医药科技查新的研发支持作用　中医药药物研发立项前，需要全面了解国内外同类药品的研究开发情况，对同类药物的认证、研发进展等有客观认知和把握，科技查新能够为科研人员的药品研发提供依据。申请专利可以实现有效保护科研人员的研发成果知识产权，专利申请前通过科技查新可以了解国内外相关专利情况，为科研人员申请专利提供参考依据。此外，科技查新报告中不仅有针对项目新颖性的判定结论，还有关于查新项目的国内外相关技术进展等信息，有助于科研人员从中发现新的技术点、合作伙伴等重要科技情报，为科研创新提供情报支撑。

（三）科技查新的流程

中医药科技查新的流程主要包括查新委托、查新受理、查新检索、查新报告撰写、出具查新报告以文件归档。

1. 查新委托　委托人可根据查新项目的专业特点自主选择有查新资质的查新机构办理查新委托，目前科技查新机构普遍提供网络委托途径，也可以现场实地办理。以网络委托途径为例，委托人登录科技查新机构的官方网站下载并填写《科技查新委托单》，按照科技查新机构给出的具体科技查新流程，将填写完毕的《科技查新委托单》以及与查新项目相关的真实可靠的支撑材料提交给科技查新机构完成查新委托。

《科技查新委托单》中，委托人对所提供资料的真实性负责。需要委托人填写的内容一般包含查新项目名称、委托人、查新目的及范围、查新项目的科学技术要点、查新点、参考检索词及解释、知识产权及已发表论文情况、参考文献以及报告提交时间等。

（1）查新目的　查新目的指的是科技查新报告的具体用途。例如，为拟开展或正在进行的项目而进行的立项查新或开题查新，为实施中的项目进行的评估查新，为已经完成的项目而进行的成果查新，为申报或制定标准而进行的标准查新等。

（2）查新范围　查新范围一般包括国内查新和国内外查新两类。委托人可根据项目特点选择合适的查新范围。

（3）科学技术要点　科学技术要点指的是查新项目的主要技术内容，包括所属查新项目技术方案或直接应用的科学技术领域、查新项目要解决的技术问题、查新项目为达到研究目的所采用的技术手段、查新项目技术方案所获得的结果等内容。

（4）查新点　查新点指的是需要查证的查新项目的科学技术要点，能够体现查新项目新颖性和技术进步的技术特征点。查新点可列举多个，每个查新点都需要表达清晰、准确、客观、科学，突出技术主题或特征。查新点是查新检索的前提，也是文献对比分析的依据，每个查新点应只表达查新项目的一个技术特征。

（5）参考检索词　参考检索词指的是委托人提供给查新人员参考的检索词，应是行业通用的词语或术语，包括规范词、关键词、同义词、缩写词、化学分子式等。

2. 查新受理　科技查新机构的查新受理主要包括受理范围审查、《科技查新委托单》审查、与委托人沟通查新项目情况，若拒绝查新委托，应当说明理由。

（1）受理范围审查　科技查新机构根据查新委托人填写的《科技查新委托单》判断查新项目是否属于本机构承担的查新业务受理范围，如超出本机构受理的专业范围或者本机构缺少必要的数据库或者文献资源时，不得受理。

（2）《科技查新委托单》审查　科技查新机构审查委托的查新项目是否符合单一性原则。如果查新项目含有两个以上并非密不可分的特定技术特征时，查新机构可以要求查新委托人分案查新或分主题查新。此外，审查《科技查新委托单》是否存在明显缺陷，重点审查查新项目的科学技术要点、查新点是否表达清楚。

（3）与委托人沟通查新项目情况　科技查新机构可通过听取查新委托人关于查新项目的情况介绍判断查新委托人提出的查新要求能否实现。审查委托人提交的资料是否能够支撑查新项目的研究内容和查新点，要求委托人提供查新所需必要的技术资料。如查新委托人拒不提交查新必需的技术资料，查新机构可以拒绝查新委托。

3. 查新检索　查新检索的目的是获取与查新项目的查新点密切相关的文献，与一般文献检索不同，查新检索不是以获取相关文献题录为目的，而是以提供新颖性评价为宗旨，因此查新检索是科技查新的核心环节。查新检索的流程主要包括确定检索范围和工具、确定检索策略、检索结果分析。

（1）确定检索范围和工具　查新员需认真阅读查新项目的资料，深入了解查新项目的科学技术要点，明确委托人的检索要求，在仔细分析查新委托人提出的查新点的基础上，围绕查新项目的主题，依据查新点进行概念分析，从主题和查新点中提炼具代表性和指示性的检索概念，针对查新项目的技术主题、查新范围和查新目的确定检索范围、选择检索工具。

检索范围包括文献检索的专业范围、地域范围、时间范围、语种以及文献类型等。其中，检索文献的时间范围应当以查新项目所属专业的发展情况和查新目的为依据，一般应从查新委托之日起回溯检索 15 年以上。对于新兴学科、高新技术项目，回溯年限可酌情缩短，对于较成熟的技术和专利进行查新时，回溯年限应酌情延长。

检索工具指的是用以报道、存储和查找文献的工具，包括检索系统、数据库、搜索引擎等。检索工具的收录专业范围、收录的文献量、文献类型、时间范围等应满足查新项目的检索需要，必查数据库应涵盖期刊、会议论文、学位论文、科技成果、科技报告、专利等综合性数据库。此外，中医药科技查新机构应补充必要的中医药领域专业数据库作为检索工具。

（2）确定检索策略　检索策略的确定包括对检索需求的分析、检索工具的选择、确定检索提问式等。确定检索提问式，首先要确定检索词，进而根据检索工具特点运用布尔逻辑运算符等制定检索式。检索词尽量选择行业内惯用的专业术语、专指词或特定概念词，尽量选择数据库中的规范词，应广泛列举同义词、近义词、替代词、缩写词等。

在制定检索式时，应根据查新项目的技术主题确定各个检索词之间合理的逻辑关系，应根据每个查新点的内容从不同角度构造多个检索式，通过不断调整检索式以保障制定的检索式得到的检索结果能够较好体现出查新项目技术主题和与之相关的查新点。检索结果一般要求相关文献数量尽量多、密切相关文献数量适当，当检索结果太多且相关度低，或出现检索结果过少相关度低等情况时，可尝试通过调整检索词、检索范围等方式，提高相关文献的查全率和查准率。

（3）检索结果分析　保存所有相关文献的题录及摘要信息。并从相关文献中选择对比文献，针对每个查新点进行对比分析，重点对比文献所属领域、解决方案、研究方法、主要技术指标和功效等与查新点的相同或相近程度。密切相关文献应全部选择作为对比文献，同一查新点有多篇对比文献时，一般可选择 1 至 3 篇代表性文献作为对比文献。检索结果归纳通常可概述检索出的文献数量、相关文献数量、密切相关文献数量，并对其中包含的查新项目成员发表的相关文献进行说明。

4. 查新报告撰写　查新报告的撰写应遵循统一格式，查新报告首页内容一般包括报告编号、项目名称、委托人、委托日期、查新机构、完成日期。查新报告正文内容一般包括查新项目名称、查新机构的详细信息、查新目的、查新项目的科学技术要点、查新点、查新范围要求、文献检索范围及检索策略、检索结果、查新结论、查新员与审核员声明、附件清单等。查新结论可首先对项目查新点进行归纳，进而依据科技查新的新颖性判断原则进行文献对比分析，判断查新项目是否具有新颖性，并给出明确结论。

5. 出具查新报告及文件归档　查新员和审核员在确认查新报告无误后签字，并加盖科技查新机构"科技查新专用章"。查新审核要对查新过程中的检索策略科学性、相关文献和密切相关文献的合理性、报告格式要求等进行细节审核，保障查新报告质量。最终，查新机构应根据档案管理部门要求及时做好相关文件归档保存工作。

（四）科技查新的质量控制

质量控制贯穿科技查新的整个流程，是科技查新有效发挥作用的保障。中医药科技查新的质量控制应遵循信息公开原则，通过建立检查机制、提升查新人员专业素质、规范科技查新格式、加强科技查新审核工作等途径做好质量控制。

1. 信息公开原则　科技查新机构需要及时公开的信息主要包括查新机构的查新部门设置、查新程序，需要委托人知晓或者参与的及其他依照法律、法规和国家有关规定应当主动公开的信息。例如，可采用网络平台等形式对本机构及其人员的查新资质、委托人的权利与义务、查新工作流程、查新机构的规章制度等信息进行公开。

2. 建立检查机制　科技查新机构的检查机制主要包括自查与抽查。查新机构应当定期组织科技查新自查或书面征求意见等自查活动，配合由权威机构组织或授权组织开展的科技查新工作抽查活动。检查的主要内容包括查新人员的资质是否符合、查新检索工具是否符合查新项目需要、查新流程是否科学规范、查新报告是否准确规范、查新档案是否健全。

3. 提升查新人员专业素质　科技查新人员既要具备一定的专业知识以及查新业务水平，也要具备较好的职业道德修养，查新人员的专业素质直接影响到查新结果。因此，科技查新机构应加强对查新员的能力素质提升培训，增强查新员的职业能力。

4. 规范科技查新格式　查新报告的格式应遵循统一格式，具体规范可参考《科技查新技术规范》国家标准。报告内容符合查新委托单或查新合同的要求。查新员在撰写查新报告时应遵循机构统一的文本格式，审核员在进行查新审核时应注重查新报告的完整性和规范性。

5. 加强科技查新审核工作　科技查新的审核员一般应具有丰富的科技查新相关专业知识，熟悉科技查新的新颖性判断原则，具有高级专业技术职务以及五年以上查新工作经历，并经过国家有关查新审核员的正规培训，具备从事查新审核的资格。审核员在对查新报告进行审核时应关注细节，注重查新文献的适用性，检索策略的合理性和准确性，相关文献的可比性和充实程度，对查新报告有较好的把握和洞察力，保障查新结论的客观性和公正性及科技查新报告的科学性和完整性。

二、中医药文献与课题申报

随着中医药科研工作的不断深入，中医药科研课题申报越来越规范化、科学化。通过中医药文献的检索与利用能够提升中医药领域的课题申报质量，避免重复性、低水平科研课题立项。中医药科研人员在课题申报前需要做大量的文献调研工作，通过检索相关文献全面系统地掌握拟申报主题的研究进展以及最新研究成果，通过相关文献的阅读分析开阔研究视野、拓展研究思路，确保选题的可行性和新颖性。在课题立项前进行的科技查新工作为科研管理部门的课题立项评审提供支撑。课题申报前的中医药文献检索主要包括期刊文献检索、专利文献检索、标准文献检索以及项目文献检索。

1. 期刊文献检索　常见的中医药期刊文献检索途径包括中国知网、维普、万方、Web of ScienceTM 核心合集等综合性数据库检索及中国中医药数据库等中医药专业数据库检索。以课题申报为目的进行期刊文献检索要兼顾国内外文献数据库，一般以综合性数据库检索为主，以中医药专业数据库检索为辅，检索结果更加侧重查全率，以便全面了解相关研究现状及趋势。

2. 专利文献检索　国家知识产权局专利检索与服务系统是专利文献检索的重要途径。专利文献包括专利申请文件、专利主题词表、专利说明书等多种类型，课题申报前进行的专利文献检索主要指的是专利说明书。专利文献数量大、著录规范，能够反映出最新的科技成果信息，通过检索中医药专利文献能够把握课题相关技术领域的国内外技术进展、拟采用的技术的先进程度，为中医药科学研究与技术开发选题提供依据。

3. 标准文献检索　全国标准信息公共服务平台是标准文献检索的重要途径。中医药标准文献检索主要分为国家标准、中医药行业标准、地方标准、国际标准以及国外标准。中医药科研人员通过对标准文献的检索了解课题相关的技术规程、技术方法、检测方法等的标准情况，为课题申报提供理论及技术基础支撑。

4. 项目文献检索　中医药领域常用项目文献检索途径主要包括中国知网等综合数据库的基金项目检索和国家自然科学基金官方网站等项目数据库检索。中国知网的基金项目检索功能以检索基金相关文献为主，可以查看某个主题文献的基金分布情况。国家自然科学基金的大数据知识管理服务门户网站是面向科研管理部门、科研人员等的公共服务平台，提供包括国家自然科学基金的资助项目以及项目成果的检索和统计服务，该网站提供科研项目名称、科研人员、科研单位、关键词、批准年度等多个检索项，支持按项目部门、项目类型、结题年度等进行多维度数据统计分析，为中医药科研人员的课题申报提供借鉴。

三、中医药文献与药品研发

中药的药品研发项目与中医药文献中记载的名老中医经验方以及中医临床诊疗经验方密切相关，文献中蕴含大量的中药科技成果，对中医古籍文献、专利文献以及期刊等中医药文献进行挖掘分析有助于促进开发研制具有自主知识产权的中药产品，推动中药产业传承精华、守正创新。

中医古籍是中华民族传统文化瑰宝，其中包含的中药方剂配伍等有较高的临床应用和借鉴价值，中医药科研工作者可基于古籍中的方剂等进行调制试验开发新药，通过大量查阅古籍资料为新药研发提供处方依据以及理论基础。专利文献是科技创新的重要资源，中药专利文献中包含的技术、法律以及经济等信息，为中药科技创新、技术预测以及中药产品研发战略决策等提供重要参考。通过对中药期刊文献进行内容分析能够挖掘中药配伍规律、系统评价临床药效，为中药药品研发提供思路。

第三节　中医药文献计量分析

一、文献计量理论基础

文献计量学（bibliometrics）是以文献体系和文献计量特征为研究对象，应用数学、统计学等计量方法研究文献信息的分布情况、数量关系、变化规律和定量管理的一门学科。文献计量学的基本理论主要包括两个规律和三大定律，分别是文献增长规律和文献老化规律及布拉德福定律、洛特卡定律、齐普夫定律。应用文献计量学理论及方法对中医药文献进行分析能够揭示出文献中包含的大量有价值的科技情报信息。

（一）文献增长规律

科学文献增长是随着科技发展而产生的客观社会现象，文献增长规律与科学知识量的增长规律密切相关。研究中医药文献增长规律可以揭示中医药科学发展的特点和规律，预测中医药文献增长趋势，为中医药科学情报工作未来的发展决策提供依据。

早在 1944 年，美国维思大学（Wesleyan University）图书馆员弗里蒙特·赖德（Fremont Ryder）研究发现，美国代表性大学图书馆馆藏图书增长率平均每 16 年递增一倍。此后，国内外学者对文献增长规律进行了大量研究，其中文献指数增长规律影响最为广泛。

1949 年，世界著名科学家和情报学家德里克·普赖斯（Derek De Solla Price）把弗里蒙特·赖德的研究成果推广应用，并进行一系列研究，通过综合分析大量统计资料后，以科学文献量为纵轴，以历史年代为横轴，把各个不同年代的科学文献量在坐标图上逐点描绘，并以光滑曲线连接绘制出文献增长规律曲线。通过对曲线研究，普赖斯提出科学文献增长与时间呈指数函数关系，如果用 F（x）表示 t 时刻的文献量，则指数定律可表示为公式：

$$F(x) = \alpha e^{bt} \quad (\alpha > 0, \ b > 0)$$

公式中：t 是时间，以年为单位；α 是条件常数，即统计初始时刻 t = 0 的文献量；e 为自然对数的底（e ≈ 2.718），可以近似取值为 2；b 为时间常数，即持续增长率，反映的是某一年文献的累积增长量与前一年文献累积总数的比值。

例如，若某初始时刻科学文献量为 α = 10000 件，增长率为 10%，那么 10 年后文献量是：

$$F(10) = 10000 \times e^{0.1 \times 10} = 27189 \ (件)$$

普赖斯提出的文献增长规律表明科学文献量随时间而呈现指数增长，符合当前科技飞速发展状态下大多数学科的文献增长规律。但文献指数增长规律有其局限性，科学文献并不总是按指数增长规律增长，文献增长模型与所研究的学科领域、学科发展阶段以及时间等有关。随时间推移按指数增长规律，科学文献增量会趋向无穷大，这显然是不符合现实的。中医药科学文献的增长原因是多方面的，随着科学技术的发展，中医药科学研究不断深入，学科交叉研究成果增长迅速，学科分支越来越多，社会宏观环境推动科学研究人员数量和科研经费不断增加、国际以及国内机构间交流合作等都促进了中医药科学研究文献数量的增长，对中医药科学文献增长规律的研究要在已有文献增长规律基础上，全面考虑各个影响因素，运用数学、统计学等方法推理出符合中医药学科发展的文献增长模型。

（二）文献老化规律

随着科学技术的不断发展，科学知识不断更新，随之而来的是文献中知识的更新替旧，即出现了文献老化现象。1943 年，美国纽约大学的戈斯内尔（C.F.Gosnell）在其博士论文 *Obsolescence of Books in College Libraries* 中对文献的老化现象进行了初步研究。此后，学者们围绕文献老化规律、文献老化定量研究方法及文献老化的应用等进行了研究。

1958 年，著名科学家贝尔纳（J.D.Bernal）在华盛顿召开的一次信息科学讨论会上首次提出用"半衰期"来表征文献老化速度的快慢，并从历时角度用已发表的文献信息中有一半已不被使用的时间作为计算半衰期的依据。1960 年，巴尔顿（R.E.Burton）和开普勒（R.W.Kebler）从共时角度提出文献的"半衰期"指的是尚在利用的全部文献中比较新的一半是在多长一段时间内发表的。例如，假设测定中药文献的半衰期是 10 年，则按照贝尔纳对半衰期的表述，它指的是全部中药文献有一半经历 10 年后已经不被使用。按照巴尔顿和开普勒的共时半衰期表述，它指的是尚在利用的全部中药文献中比较新的一半是在 10 年内发表的。

中医药文献老化的根本原因是中医药科学知识的不断增长和更新。文献老化现象受不同学科特点、学科的不同发展阶段、文献的类型和性质、信息用户需求以及客观环境等多种因素影响。不同学科性质和特点不同，其老化率差异非常大。一般历史悠久的学科文献半衰期比新兴学科的文献半衰期长，理论基础学科的文献半衰期比应用技术学科半衰期长，学科进入相对成熟阶段的文献半衰期相对较长，科学专著比期刊论文的半衰期长。

（三）文献计量学三大定律

科学文献在一定时期或一定空间上的分布规律能够反映出科学研究活动的规律。布拉德福定律、洛特卡定律、齐普夫定律是学者们基于数据统计分析得到的影响最为广泛的三大定律。布拉德福定律反映的是某一学科论文在期刊中的分布规律，洛特卡定律反映出科学文献作者的分布规律，齐普夫定律反映出科学文献中的词频分布规律。

1. 布拉德福定律　布拉德福定律最早源于 20 世纪 30 年代英国文献学家布拉德福（Samuel Clement Bradford，1878—1948）提出的用来描述科学文献分散规律的经验定律，后经过学者们的研究进一步得到推广和完善。布拉德福选择应用地球物理学和润滑两个领域的期刊数据作为样本，共计统计了 490 种期刊、1727 篇论文，将期刊按照相关论文载文量的多少以递减的顺序排列起来，然后采取区域分析法、图像观察法、数学推导法进行了期刊分布研究，发现如果将科学期刊按期刊在某个学科的论文数量大小以递减顺序排列，那么可以把期刊分为专门面向这个学科的核心区和包含着与核心区论文数量大致相等的几个区。这时核心区与相继各区的期刊数量成 1：α：α² 的关系（α＞1）的关系，其中 α 被称为布拉德福常数，一般约等于 5。尽管学科不同，论文在相应期刊中有着同样的分布规律，总会有若干期刊它们的内容与某个学科更近一些，也总会有数量更多的期刊它们的内容离这个学科更远一些，布拉德福将大量包含本学科内容的这一小部分期刊称为本学科的核心期刊。

布拉德福定律是通过对期刊按相关论文数量进行递减等级排列而得到的，是由经验数据统计分析产生的，经过学者们的不断修正完善被广泛应用到确定核心期刊、制定文献采购策略、优化文献馆藏等方面。布拉德福定律的应用存在一定的局限性，被分析的相关学科领域需要清楚地划分学科界限范围，统计期刊中包含的相关论文数量时，对相关论文的判断存在人为因素影响。随着科学研究的不断深入，多学科知识不断交叉融合，科学文献的分布越来越复杂，布拉德福定律作为文献计量学的基础定律有重要的理论价值和应用价值，其实践价值有待进一步深入拓展。

2. 洛特卡定律　洛特卡定律揭示的是科学生产率，体现的是作者和论文之间的数量关系。1926 年美国统计学家洛特卡（Lotka Alfred James，1880—1949）在发表的 *The Frequency Distribution of Scientific Productivity* 一文中提出科学文献作者与其撰写的论文存在"平方反比"的数量关系。洛特卡在研究中考虑到科学家数量和论文数量之间分布不均匀的现象，引入了"科学生产率"这一重要概念，以科学生产率指代个体科研人员在一定时期内所撰写的论文数量，以此来测量科研人员撰写科学文献的能力。

洛特卡基于化学和物理两个领域文献进行数据统计分析，发现发表 2 篇论文的作者数是发表 1 篇论文作者数的 1/4，发表 3 篇论文的作者数量是发表 1 篇论文的作者数的 1/9，发表 n 篇论文的作者数是发表 1 篇论文作者数的 $1/n^2$，且发表 1 篇论文的作者数大约占全部作者数的 60%。公式可表述：

$$y_{(x)} = y_{(1)}/x^2$$

其中，$y_{(1)}$ 是发表 1 篇论文的作者数量，$y_{(x)}$ 是发表 x 篇论文的作者数量。

洛特卡定律并非精确的统计分布，研究者本人所处的时代或环境及统计样本的数量等都会影响研究结果。洛特卡定律有助于评价科技劳动成果状况、评估科学文献的作者分布情况等，但在应用中要注意与时俱进，充分考虑现代科学文献的生产存在大量合作作者、在学科发展不同阶段科学论文作者活动状况不尽相同等因素。

3. 齐普夫定律　1935 年，美国学者齐普夫（George Kingsley Zipf，1902—1950）对基于长篇小说《尤利西斯》编制的频率词典进行统计分析，论证了描述词的频率与等级序号之间关系的定量公式，并且用最省力法则做出了深刻的理论解释，为揭示词频分布规律作出巨大贡献。齐普夫定律描述的是如果把一篇较长文章中每个词出现的频次按数量从高到低进行递减等级排序，将词频最高的词等级序号设为 1，用自然数依次为词添加序号，若用 r 表示词的序号，f_r 表示序号 r 所对应的词的频次，则统计分析发现频次 f_r 和序号 r 的乘积 C 近似为一个常数，即得到公式如下：

$$f_r \times r = C$$

齐普夫定律更加符合西文文献中的中频词词频分布的实际情况，对出现频次特别高的词和特别低的词，并不能很好地反映其规律。此后，学者们通过增加参数等方法对齐普夫定律进行了进一步完善，并对低频词分布规律进行了研究得到齐普夫第二定律。齐普夫第二定律描述的是若将文献中只出现一次的词频以 I_1 表示，出现 n 次的词频以 I_n 表示，则 I_n 与 I_1 的比值与文献的长度和常数 C 无关，仅与单词出现的频率相关，公式表示：

$$\frac{I_n}{I_1} = \frac{2}{n(n+1)}$$

公式中 n = 2，3，4，…，齐普夫第二定律更加符合西文文献中低频词的分布规律。齐普夫定律以及齐普夫第二定律实现了从统计学角度研究语言文字问题，被广泛应用于词表编制，计算机自动标引等领域。

二、文献计量分析方法及软件

（一）引文分析法

文献计量分析方法主要是对科学文献数量上所表现出来的增长或老化规律进行统计分析，或对科学文献的关键词、作者、机构、期刊、文中的词语分布规律等内容特征进行研究。主要包括引文分析法、内容分析法等。其中，引文分析法是文献计量学独特的分析方法，是在科学文献之间的引用关系基础之上进行数量规律及内容分布规律研究。

科学文献之间的相互关系突出表现在文献之间的相互引用方面，对于文献 A 和文献 B，若文献 A 出现在文献 B 的参考文献中，则文献 A 是文献 B 的参考文献，文献 B 是文献 A 的引证文献，文献 A 和文献 B 之间存在引用关系，文献 A 被称为参考文献或被引文献，文献 B 被称为引证文献或施引文献。引文分析就是利用数学和统计学的方法对文献的引用关系进行分析。科学文献之间的引用存在多方面原因，其中积极正向的引用目的包括对有关著作给予肯定、验证其所用的方法、提供背景资料支撑、评价以前的著作、为自己的论点提供论证基础、提示研究者现有著作、验证数据等。

当两篇文献同时引用一篇或多篇相同的文献时，这两篇文献就具有耦合关系，这种现象称为引文耦合。引文耦合的文献之间总存在着这样或那样的联系，其联系的程度称为耦合强度。一般存在引文耦合的文献必然具有一些共同属性，例如，共同引证和追溯某一历史背景、共同继承某些科学论断和经典著作、共同商榷和研究某一值得争论的问题、共同引证某些实验数据和统计资料等。当两篇文献同时被一篇或多篇文献引用时，则称这两篇文献具有共被引关系，其关系的强弱程度用共被引强度表示。引文耦合和共被引关系都是两篇文献通过另外一篇或多篇文献建立起来的关系，两篇文献之间的共被引强度可能会随着时间而变化。

引文分析法被广泛应用于期刊影响力评价、文献分布规律研究等领域。例如，美国《科学引文索引》（Science Citation Index，SCI）、美国基本科学指标数据库（Essential Science Indicators，ESI）都是基于引文关系建立的。

（二）文献计量软件

文献计量软件一般基于引文分析法以及内容分析法对文献数据进行计量分析，结果以知识图谱等可视化形式呈现。常用软件包括 CiteSpace、Vosviewer、Histcite、Bibexcel、Ucinet 等。

1. CiteSpace　该软件是美国德雷塞尔大学陈超美教授开发的一款可视化文献计量分析工具，在文献计量学领域应用较为广泛，软件可在官网免费下载安装。主要功能包括作者、机构等的合作网络分析，主题、关键词等的共现分析，文献的共被引以及耦合分析等。CiteSpace 软件支持对数据库、Scopus、中国知网、CSSCI、德温特专利数据库（Derwent Innovations Index）等数据库下载的文献数据进行预处理以及文献计量分析，其结果主要以可视化的知识图谱形式呈现。例如，将数据库中主题为"中医药"的相关文献数据导入 CiteSpace 软件，通过耦合分析、共被引分析、共现分析等方法，对其研究时间分布、核心作者、作者及机构合作情况、热点主题、关键词共现情况等进行可视化展示，揭示该主题的研究热点趋势及研究脉络。

2. Vosviewer　该软件是一款简单实用的文献可视化分析工具，通过对文献的引用关系、合作网络关系等进行分析，实现可视化展示知识领域的结构、合作等关系，软件可在官网免费下载安装。Vosviewer 软件支持建立词集进行数据剔除，支持 Web of Science 数据库、Scopus、中国知网、CSSCI 等数据源。可视化窗口主要包括网络可视化界面和密度可视化界面。网络可视化主要包含节点和连线，节点用于表示主题词、作者、机构等特定的知识元，连线用于表示两个知识元之间的共现关系，例如，可以在网络可视化界面展示主题词的共现关系。此外网络可视化基础上可以为节点叠加新的信息进行叠加可视化展示，例如，在主题词共现可视化图的基础上叠加平均被引次数等。

3. Histcite　该软件是一款基于引文关系的知识图谱分析软件，可以进行文献时序引证网络和描述性统计分析，具有自动去重功能。Histcite 软件可根据引文的时间顺序生成显示文献之间相互引用关系的引文编年图，它以年度为纵坐标，由若干节点以及带箭头的线段元素组成。节点的形状可以在参数中设置，一般选择圆形或方形，节点内的编号是文献记录号，节点的大小可以反映节点文献的被引用数量，节点的纵坐标对应的是该节点文献的出版时间，点击节点可显示它的文献题录信息，线段表示的是节点文献之间的引用关系。

4. Bibexcel　该软件由瑞典学者欧莱·皮尔逊（Olle Persson）设计开发，是一款用于分析文献数据或具有类似格式的文本数据的计量分析软件。Bibexcel 主要用于文献计量分析，可以对科学引文索引数据及社会科学引文索引数据等进行处理分析，也可以为 Pajek、NetDraw 等软件提供绘图所用数据。常用的功能包括共现分析、聚类分析、结构化数据转换等。

5. Ucinet　该软件最初由加州大学学者林顿·费尔曼（Linton Freeman）编写，可以用于文献计量、政策分析、评论分析等领域，是广泛应用于社会网络分析的软件，具有矩阵运算和多元统计分析功能，同时集成了 Netdraw 软件绘图功能。在进行文献计量分析时，Ucinet 软件可用于分析文献的关键词、机构、作者等共现关系，但无法像 CiteSpace、Vosviewer 等文献计量软件直接处理中国知网等数据库导出的文献数据，需将数据库下载的文献数据处理成共现矩阵格式内容的 .txt 或 .xlsx 文档后进行分析。

三、中医药文献计量分析案例

本案例利用中国知网的期刊文献数据，基于 CiteSpace 软件对北京中医药大学近 10 年的高水平中文期刊文献发文情况进行可视化分析。

1. 数据检索及导出　在中国知网数据库选择高级检索，限定检索中文学术期刊，作者单位设置为北京中医药大学，时间设置为近 10 年，文献来源类别选择北大核心和 CSSCI。将检索到的全部文献导出为 CiteSpace 可识别的 Refworks 格式，注意中国知网目前每页支持最多显示 50 条文献，每次最多支持导出 500 条文献，当文献量大于 500 时需分批次导出，将导出后的文件依次命名为 download_1，download_2……download_x。将全部导出的文件保存至一个文件夹，并将文件夹命名为"input"，而后另外新建 2 个文件夹，分别命名为"data"和"project"。

2. 数据导入及参数设置　将上述"input"文件夹中的 Refworks 格式文件全部导入 CiteSpace 软件进行数据除重预处理，将预处理后的文件保存至文件夹"data"中。预处理结果能够显示文献类型以及除重后的文献数量。在 CiteSpace 软件的项目区新建项目并自行命名，而后选择项目地址为上述新建的"project"文件夹地址，选择数据来源地址为文件夹"data"的地址。在软件界面右侧功能区选择数据的时间范围，设置节点类型并选择节点间的连线强度计算方法、网络剪裁及可视化方式，设置节点类型时，需要注意由于中国知网下载的数据不含引文关系数据，因此不能选择共被引分析，只能进行共现分析。

3. 数据分析　数据导入及参数设置完毕后，点击 CiteSpace 软件的项目运行按钮，在软件左侧的功能区会显示数据处理的情况。当软件运行完毕后会弹出新的窗口，得到可视化知识图谱，在此界面可以进一步进行节点、连线以及标签等元素的样式调节，按照中介中心性、PageRank 等算法进行节点显示，基于潜在语义索引（latent semantic indexing，LSI）、假设检验（log-likelihood ratio test，LLR）等算法，以关键词、主题词等进行聚类标签命名。利用 CiteSpace 软件进行中国知网文献数据分析，可以从以下 4 个方面进行可视化展示。

（1）关键词共现及聚类分析　节点类型选择关键词，运行后得到关键词频次情况以及关键词共现图。节点可选择按照引文历史年轮等进行显示，而后进行关键词聚类分析，选择以标题作为聚类标签得到关键词的聚类图。点击时区图按钮生成关键词的时间分布图。

（2）主题词共现及聚类分析 节点类型选择主题词，运行后得到主题词频次情况、主题词共现图、聚类图及时区图。

（3）作者共现分析 节点类型选择作者，运行后得到作者发文频次以及作者共现图。作者发文频次能够体现出核心发文作者情况，作者共现图能够体现出作者之间的科研合作情况。

（4）机构共现分析 节点类型选择机构，运行后得到文献所属机构的合作频次以及机构共现图。机构共现图能够体现出机构之间的科研合作情况。

CiteSpace 软件运行后得到的结果图左上方可以显示详细的参数设置信息，其中 N 表示网络节点数量，E 表示节点之间的连线数量，Density 表示网络密度，此外用 Q 和 S 两个指标来评判可视化图的合理性。Q 值越大表示该网络的聚类结果越好，一般认为 Q > 0.3 时，聚类结构是显著的。S 值是聚类平均轮廓值，S 值越大说明聚类效果越好，一般认为 S > 0.5 时，聚类是合理的。

4. 结果导出 CiteSpace 软件生成的关键词、主题词、作者、机构共现图等可视化结果可以另存为图片或 PDF 格式，软件计算的中介中心性、统计的频次等数据可以导出至 Excel 等软件进行进一步的统计分析。

第四节 中医药信息数据挖掘

随着信息化的普及，各领域都积累和收集了大量数据，为了能够得到隐藏在海量数据背后具有决策价值的信息，数据挖掘技术应运而生，不断发展。本节介绍数据挖掘的相关概念。

一、数据挖掘基础知识

（一）什么是数据挖掘

数据是反映客观事物的数字、词语、声音和图像等，是可以进行计算加工的"原料"。数据是对客观事物的数量、属性、位置及其相互关系的抽象表示，适于存储、传递和处理。随着信息技术的发展每天数以亿计的海量数据备货区、存储和处理。这些海量数据蕴含着大量的信息、潜在的规律或规则。然而，数据仅仅是人们运用各种工具和手段观察外部世界所得到的原始材料，从数据到知识再到智慧，需要经过分析、加工、处理和精炼等一系列过程。

数据挖掘（data mining，DM）是从大量的、不完全的、有噪声的、模糊的、随机的实际数据中，提取隐含在其中的、人们事先不知道、但又是潜在有用的信息和知识的过程。

数据挖掘的目的是从所获取的数据中发现新的、规律性的信息和知识，以辅助科学决策，利用各种分析工具对海量数据记性深入归纳、分析，从而获得对所研究对象更深层次的认识，发现隐藏在数据中的数据之间规律性的关系，发现可以预测趋势的数学模型，并用这些知识和规律建立用于决策支持的模型，用来分析风险、进行预测。

一般情况下，数据挖掘的算法大多建立在统计学大数定律基础上。若数据量太小，则常常无法反映出真实世界中的普遍特性，利用挖掘算法所得到的结论也不可靠。但并非小数据量就不可以进行挖掘，近年来，研究者也提出了一些对小样本进行挖掘的方法。数据量虽小，但数据总是事物特性一定程度的反映，只要建立的模型和算法得当，也可以从这些数据中获取一定的信息。

从理论上说，数据量越大越好。但随着数据量的增大，算法执行效率会越来越低，甚至无法计算。

数据挖掘通常具有以下特点。

1. 处理的数据规模十分庞大，达到 GB、TB 数量级，甚至更大。

2. 其目标是寻找决策者可能感兴趣的规则或模式。

3. 发现的知识要可接受、可理解、可运用。

4. 在数据挖掘中，规则的发现是基于统计规律的。所发现的规则不必适用于所有数据，而是当达到某一阈值时，即认为有效。因此，利用数据挖掘技术可能会发现大量的规则。

5. 数据挖掘所发现的规则是动态的，它只反映了当前状态的数据库具有的规则，随着不断地向数据库中加入新数据，需要随时对其进行更新。

传统的数据分析方法一般都是先给出一个假设然后通过数据验证，在一定意义上是假设驱动的；与之相反，数据挖掘在一定意义上是发现驱动的，其结果都是通过大量的搜索工作从数据中自动提取出来的。即数据挖掘是要发现那些不能靠直觉发现的信息或知识，甚至是违背直觉的信息或知识，挖掘出的信息越是出乎意料，就可能越有价值。

数据挖掘与传统的数据分析的本质区别是，数据挖掘在没有明确假设的前提下去挖掘信息、发现知识，数据挖掘所得到的信息应具有预先未知、有效和实用三个特征。

（二）数据挖掘的发展历程

数据挖掘一词是在 1989 年 8 月于美国底特律市召开的第十一届国际联合人工智能学术会议上正式形成，即数据库中的知识发现（knowledge discovery in database，KDD）。从 1995 年开始，每年主办一次 KDD 和 DM 的国际学术会议，将 KDD 和 DM 方面的研究推向了高潮，从此，"数据挖掘"一词开始流行。数据挖掘系统的发展见表 9-2。

表 9-2　数据挖掘系统的发展

类别	特征	数据挖掘算法	集成	分布计算模型	数据模型
第一代	数据挖掘作为一个独立的作用	支持一个或多个算法	单独的系统	单机	向量数据
第二代	与数据库以及数据仓库集成	多个算法：能够挖掘无法一次放进内存的数据	数据管理系统，包括数据库和数据仓库	同质/局部区域的计算机群集	有些系统支持对象、文本和连续的媒体数据
第三代	与预言模型系统集成	多个算法	数据管理和预言模型系统	Internet/Extranet 网络计算	支持半结构化数据和 Web 数据
第四代	与移动数据/各种计算数据联合	多个算法	数据管理、预言模型、移动系统	移动和各种计算设备	普遍存在的计算模型

（三）数据挖掘的对象

原则上，数据挖掘可以在任何类型的数据上进行。数据挖掘的难度和采用的技术也因数据存储系统而异。

1. 关系数据库　关系数据库中的数据是最丰富、最详细的。因此，数据挖掘可以从关系数据库中找到大量的数据。基于关系数据库中数据的特点，在进行数据挖掘之前要对数据进行清洗和转换。数据的真实性和一致性是进行数据挖掘的前提和保证。

2. 数据仓库　数据仓库中的数据已经被清洗和转换，数据中不会存在错误或不一致的情况，因此数据挖掘从数据仓库中获取数据后无须再进行数据处理工作了。

3. 事务数据库 数据仓库的工程是浩大的，对于有些企业来说并非是必需的，如果只是进行数据挖掘，没有必要专门建立数据仓库。数据挖掘可以从事务数据库中抽取数据。

4. 高级数据库 随着数据库技术的不断发展，出现了各种面向特殊应用的各种高级数据库系统，包括面向对象数据库、空间数据库、时间序列数据库以及多媒体数据库等。这些结构更复杂的数据库为数据挖掘提供更全面、多元化的数据，也为数据挖掘技术提出来更大的挑战。

（四）数据挖掘的分类

根据不同的类型有不同的分类方法。

1. 根据数据库类型分类 按数据库类型分类主要有从关系数据库中发现知识、从面向对象数据库中发现知识、从多媒体数据库、空间数据库、历史数据库、Web 数据库中发现知识等类型。

2. 根据挖掘的知识类型分类 按挖掘的知识类型分类主要有关联规则、特征规则、分类规则、偏差规则、聚集规则、判别式规则及时序规则等类型。

3. 根据知识的抽象层次分类 可分为归纳知识、原始级知识、多层次知识。一个灵活的规则挖掘系统能够在多个层次上发现知识。

4. 根据利用的技术类型分类 按数据挖掘方式分类主要有自发知识挖掘、数据驱动挖掘、查询驱动挖掘和交互式数据挖掘。按数据挖掘途径可分为基于归纳的挖掘、基于模式的挖掘、基于统计和数学理论的挖掘及集成挖掘等。

5. 根据挖掘的深度分类 在较浅的层次上，利用现有数据库管理系统的查询及报表功能，与多维分析、统计分析方法相结合，进行联机分析处理（online analytical processing，OLAP），从而得出可供决策参考的统计分析数据。在深层次上，从数据库中发现前所未知、隐含的知识。

（五）数据挖掘的功能

数据挖掘技术的基本功能主要体现在分类与回归、聚类分析、关联规则、时序模式、异常检测五个方面。尽管数据挖掘技术能够增强信息检索系统的能力，但是，利用数据的明显特征来创建索引结构，查找数据库中的个别记录以及通过因特网的搜索引擎查找特定的 Web 页面，这些均不属于数据挖掘的范畴。

1. 分类与回归 分类（classification）是构造一个分类函数（分类模型），把具有某些特征的数据项映射到某个给定的类别上。因为在分析测试数据之前，类别就已经确定了，所以分类通常被称为"有监督的学习"。分类算法要求基于数据属性值来定义类别，通常通过已知所属类别的数据的特征来描述类别。分类过程由两步构成：模型创建和模型使用。模型创建是指通过对训练数据集的学习来建立分类模型；模型使用是指使用分类模型对测试数据和新的数据进行分类。其中的训练数据集是带有类标号的，也就是说，在分类之前，要划分的类别是已经确定的。通常分类模型以分类规则、决策树或数学表达式的形式给出。

分类与回归在中医药领域的应用：①疾病分类与诊断。②证候类型辨识。③中药药性分类。④疗效预测与评估。⑤药物剂量与效果关系研究。⑥病程发展与预后预测。

2. 聚类分析 聚类（clustering）与分类不同，聚类分析是在没有给定划分类的情况下，根据信息相似度进行信息聚类的一种方法，故聚类又称为"无监督的学习"。聚类就是将数据划分或分割成相交或者不相交的群组的过程。通过确定数据之间在预先指定的属性上的相似性就可以完成聚类任务。聚类的输入是一组未被标记的数据，根据数据自身的距离或相似度进行划分。划分的原则是保持最大的组内相似性和最小的组间相似性，即使不同聚类中的数据尽可能地不同，而同一聚类中的数据尽可能地相似，例如，根据股票价格的波动情况，股票可以被分成不同的类，总共可以分成几类，各类包含哪些股票，每一类的特征是什么，这对投资者尤其对投资基金者来说，可能就是很重要的信息。当然，聚类除将样本分类外，还可以完成孤立点挖掘，如其在网络入侵检测或金融风险欺诈探测中的应用。

聚类分析在中医药领域的应用：①中药材分类。②症状与证候分类。③药物配伍优化。④疾病分类与预测。⑤个性化治疗方案的制定。

3. 关联规则　关联规则（association）揭示了数据之间的相互关系，而这种关系没有在数据中直接表示出来。关联分析的任务就是发现事物间的关联规则（或称相关程度）。

关联规则挖掘的目的就是在一个数据集中找出项之间的关系，从大量的数据中挖掘出有价值地描述数据项之间相互联系的有关知识。随着收集和存储在数据库中的数据规模越来越大，人们可以从数据中挖掘出相应的关联知识。

关联规则的一般形式：若 A 发生，则 B 有百分之 C 的可能发生。C 被称为关联规则的置信度（confidence）。

关联分析用以寻找数据库中大量数据的相关联系，其常用的两种技术为关联规则和序列模式。利用关联规则可以发现一个事物与其他事物间的相互关联性或相互依赖性，如分析客户在超市既买牙刷又买牙膏的可能性；序列模式则将重点放在分析数据之间的前后因果关系，如买了计算机的顾客会在 3 个月内买杀毒软件。

关联规则在中医药领域的应用：①病因与病机关联分析。②症状与病机关联分析。③中医诊断与治疗规则提取。④药物配伍规律发现。⑤疾病预防与健康管理。

4. 时序模式　时间序列分析（time series）用已有的数据序列预测未来。在时间序列分析中，数据的属性值是随着时间不断变化的。回归不强调数据间的先后顺序，而时间序列要考虑时间特性，尤其要考虑时间周期的层次，如天、周、月、年等，有时还要考虑日历的影响，如节假日等。

时序模式用于描述基于时间或其他序列的经常发生的规律或趋势，并对其建模。与回归一样，它也是用已知的数据预测未来的值，但这些数据的区别是变量所处时间的不同。时序模式重点考虑数据之间在时间维度上的关联性。时序模式包含时间序列分析和序列发现。

时序模式在中医药领域的应用：①疾病发展趋势预测。②药物疗效评估与优化。③个性化治疗方案的制定。④中医药预防保健策略的制定。

5. 异常检测　异常是对差异和极端特例的表述，如分类中的反常实例、聚类外的离群值、不满足规则的特例等。大部分数据挖掘方法都将这种差异信息视为噪声而丢弃，然而在一些应用中，罕见的数据可能比正常的数据更有用。

异常检测（outlier detection），也被称为离群点检测，是用来发现与正常情况不同的异常和变化，并进一步分析这种变化是有意的诈骗行为，还是正常的变化。若是异常行为，则需提示预防措施，尽早防范。

（六）数据挖掘系统的分类

根据不同标准，数据挖掘系统可以按不同的方式进行分类。

1. 根据数据源类型分类　针对不同的数据源，数据挖掘需要相应的挖掘技术，例如，根据数据模型，可以有关系的、事务的、对象－关系的或数据仓库的挖掘系统。如果根据所处理数据的特定类型，可以有空间的、时间序列的、文本的、流数据的、多媒体的数据挖掘系统及 WWW

网页挖掘系统。

2. 根据数据挖掘的功能分类　数据挖掘系统可以根据挖掘的功能分类，如特征提取、区分、关联和相关分析、分类、预测、聚类、异常检测和演变分析。一个综合的数据挖掘系统通常提供多种数据挖掘功能。此外，数据挖掘系统还可以根据所挖掘知识的粒度或抽象层进行区分，包括广义知识（高抽象层）、原始层知识（原始数据层）或多层知识（考虑若干抽象层）。高级数据挖掘系统应当支持多抽象层的知识发现。数据挖掘系统还可以分为挖掘数据的规则性（通常出现的模式）系统与挖掘数据的奇异性（如异常或离群点）系统。一般来讲，概念描述、关联和相关分析、分类、预测和聚类等挖掘任务属于数据的规则性，而离群点被作为噪声排除。当然，这些方法也能帮助检测离群点。

3. 根据所用的技术分类　数据挖掘系统还可以根据用户交互程度（如自动系统、交互探查系统、查询驱动系统）及所用的数据分析方法（如面向数据库或面向数据仓库的技术、机器学习、统计学、可视化、模式识别、神经网络等）进行分类。复杂的数据挖掘系统通常采用多种数据挖掘技术，或采用有效的、集成的技术，结合一些方法的优点。

4. 根据其应用分类　数据挖掘系统也可以根据其应用进行分类，例如，有的数据挖掘系统特别适合金融、电信、股票市场、Email 等。针对不同的应用，系统通常需要集成对该应用特别有效的方法。一般情况下，泛化的、全能的数据挖掘系统可能并不适合特定领域的挖掘任务。

（七）数据挖掘的过程

数据挖掘的过程会随应用领域的不同而有所变化。每一种数据挖掘技术有其各自的特性和使用步骤，针对不同问题和需求所制定的数据挖掘过程也会存在差异。此外，数据的完整程度、专业人员的支持程度等都会对数据挖掘的过程有所影响。这些因素造成了数据挖掘在不同领域中的运用、规划及流程的差异性，即使在同一领域，数据挖掘也会因为分析技术和专业知识涉入程度的不同而不同。数据挖掘的一般流程可以分为明确问题、数据收集和预处理、数据挖掘以及结果解释和评估。

1. 明确问题　数据挖掘的首要工作是研究发现何种知识，即明确问题。在此过程中，数据挖掘人员必须和领域专家紧密协作，一方面明确实际工作对数据挖掘的要求；另一方面通过对各种学习算法的对比进而确定可用的学习算法（后续的学习算法选择和数据集准备都是在此基础上进行的）。

2. 数据收集和预处理　数据收集和预处理阶段一般要完成 3 项工作：数据选取、数据预处理和数据变换。数据选取就是确定操作对象，即目标数据，一般是从原始数据库中抽取的组数据。数据预处理一般包括消除噪声、推导计算缺失值数据、消除重复记录、完成数据类型转换（如把连续值数据转换为离散型的数据，以便用于符号归纳，或是把离散型的转换为连续值型的，以便用于神经网络）等内容。当数据挖掘的对象是数据仓库时，一般来说，数据预处理已经在生成数据仓库时完成了。数据变换的主要目的是消减数据维数，即从初始特征中找出真正有用的特征，以减少数据挖掘时要考虑的特征或变量个数。

可视化在数据挖掘的整个过程都起重要的作用。特别是在数据准备阶段，可以使用散点图、直方图等统计可视化技术来显示有关数据，以便对数据有一个初步的了解，从而为更好地选取数据打下基础。

3. 数据挖掘　根据所需解决问题的类型，确定数据挖掘的任务，例如分类、聚类、关联规则发现或序列模式发现等。确定了挖掘任务后，就要决定使用什么样的算法。选择算法时要考虑两个因素：一是不同的数据有不同的特点，因此需要用与之相关的算法来挖掘；二是用户或实际运行系统的要求。例如，有的用户可能希望获取容易理解的描述型知识（采用规则表示的挖掘方法显然要好于神经网络之类的方法），有的用户则只是希望获取预测准确度尽可能高的预测型知识，而并不在意获取的知识是否易于理解。

4. 结果解释和评估 数据挖掘质量的好坏有两个影响要素：一是所采用数据挖掘技术的有效性；二是用于挖掘的数据质量和数量（数据量的大小）。若选择了错误的数据或不恰当的属性，或对数据进行了不适当的转换，则挖掘不出好的结果。对于数据挖掘出来的模式，要进行评估，删除冗余或无关的模式。如果模式不满足要求，需要重复先前的过程，例如重新选取数据、采用新的数据变换方法、设定新的参数值改变算法等，甚至重新开始。数据挖掘过程是一个不断反馈的过程。

另外，要对发现的模式进行可视化，把结果转换为容易理解的表示形式，以使得发现的知识更易于理解。

结果解释就是检查数据挖掘工具的输出，确定所发现结果是否有用或有价值。如果结果不理想，可以使用新属性或实例重新进行数据挖掘；还可以选择返回到数据仓库，重新进行数据提取过程。

（八）数据挖掘的发展趋势

数据挖掘将是极为重要的成长领域，数据挖掘的应用越来越广泛，数据挖掘技术和方法还在不断发展。数据挖掘研究人员及系统和应用开发人员所面临的问题包括数据挖掘语言的设计、高效而有效的数据挖掘方法和系统的开发、交互和集成的数据挖掘环境的建立及应用数据挖掘技术解决大型应用问题等。

1. 发展针对特定应用的数据挖掘系统 早期的数据挖掘主要用于帮助企业提升竞争能力。随着数据挖掘的日益普及，其应用范围也日益扩展，如生物医学、金融分析和电信等领域。此外，随着电子商务和电子市场逐渐成为零售业的主流因素，数据挖掘也在不断扩展其在商业领域的应用。通用数据挖掘系统在处理特定应用问题时有其局限性，因此目前的一种趋势是开发针对特定应用的数据挖掘系统。

2. 可伸缩的数据挖掘方法 与传统的数据分析方法相比，数据挖掘必须能够有效地处理大量数据，而且尽可能是交互式的。由于数据量是在不断激增的，因此针对单独的和集成的数据挖掘功能的可伸缩算法显得十分重要。一个重要的发展趋势就是所谓基于约束的挖掘，即在增加用户交互的同时如何提高挖掘处理的总体效率。它提供了额外的控制方法，允许用户说明和使用约束，进而引导数据挖掘系统对感兴趣模式的搜索。

3. 数据挖掘与数据库系统、数据仓库系统和 Web 数据库系统集成 数据库系统、数据仓库系统和 Web 数据库系统的集成，已经成为信息处理系统的主流。保证数据挖掘能够作为基本的数据分析模块顺利地集成到此类信息处理环境中，是十分重要的。数据挖掘系统的理想体系结构是与数据库和数据仓库系统的紧耦合方式，即将事务管理、查询处理、联机分析处理和联机分析挖掘应集成在一个统一框架中。这将保证数据的可获得性，数据挖掘的可移植性、可伸缩性、高性能及对多维数据分析和扩展的集成信息处理环境。

4. 数据挖掘语言的标准化 标准的数据挖掘语言或其他方面的标准化工作将有助于数据挖掘的系统化开发；有助于改进多个数据挖掘系统和功能间的互操作；有助于促进数据挖掘系统在企业和社会中的教育和使用。

5. 可视化数据挖掘　可视化数据挖掘是从大量数据中发现知识的有效途径。系统地研究和开发可视化数据挖掘技术将有助于推进数据挖掘作为数据分析的基本工具。

6. 复杂数据类型挖掘的新方法　复杂数据类型挖掘是数据挖掘中一项重要的前沿研究课题。虽然在地理空间挖掘、多媒体挖掘、时序挖掘、序列挖掘以及文本挖掘方面取得了一些进展，但它们与实际应用的需要仍存在很大的距离。对此需要进一步的研究，尤其是把针对上述数据类型的现存数据分析技术与数据挖掘方法集成起来的研究。

7. Web 挖掘　由于 Web 上存在大量信息，并且 Web 在信息时代中的地位日渐重要，有关 Web 内容挖掘、Weblog 挖掘和因特网上的数据挖掘服务，将成为数据挖掘中一个极为重要的子领域。

8. 数据挖掘中的隐私保护与信息安全　随着数据挖掘工具和电信与计算机网络的日益普及，数据挖掘要面对的一个重要问题就是隐私保护和信息安全。需要进一步研究开发有关方法，以便在适当的信息访问和挖掘过程中确保隐私与信息的安全。

二、常用的数据挖掘方法

由于信息的爆炸式增长，人类已经步入了大数据的时代，人们迫切需要将数据转换成有用的信息和知识，进而应用在实际生活当中。顶级数据挖掘会议 ICDM 于 2006 年 12 月评选出了数据挖掘领域的十大经典算法，见图 9-31。以下是对这些算法的简要介绍。

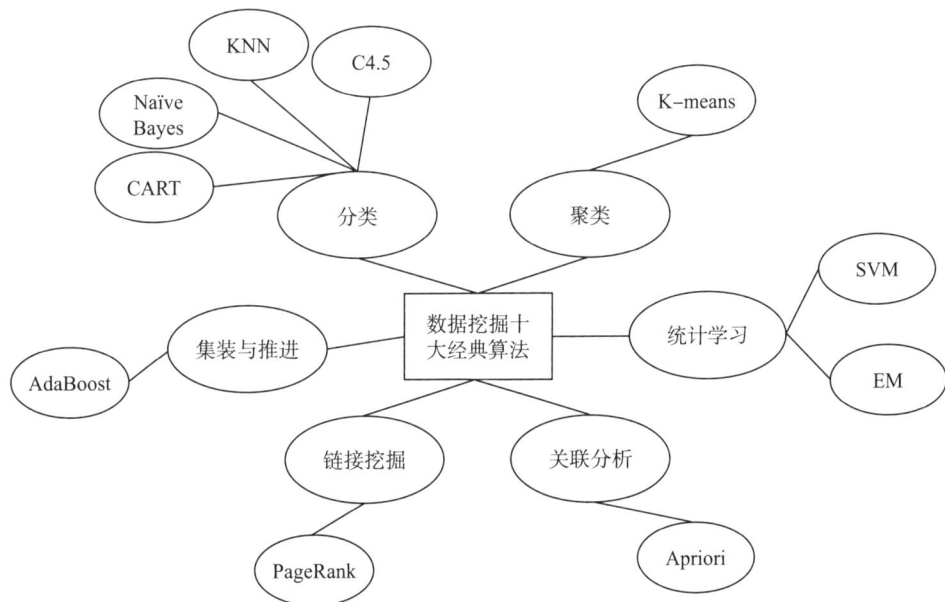

图 9-31　数据挖掘十大经典算法

1. C4.5　决策树是一种基于树结构的分类和回归方法。它通过递归地将数据集划分为子集来生成一棵树，每个节点代表一个属性上的判断条件，每个分支代表一个可能的属性值，每个叶子节点代表一个类别或回归值。决策树算法可以用于分类和回归任务。C4.5 算法是一种用于产生决策树的监督学习算法，是对决策树核心算法 ID3 的一种改进。其目的是建立元素属性到其所属类别的映射，进而实现对未知类别元素的分类。需要把数据集中的每一个元组都用一组属性值来描述，确保每一个元素都属于且仅属于某一类别，即决策树上只存在唯一一条路径符合该元素的属性。C4.5 算法采用信息增益率来进行节点属性的选择。

2. K-means The k-means algorithm 即 K-means 算法，是非监督学习中的一种聚类算法（把没有类别标注的样本数据根据相似性进行分类），用距离来度量相似性。该算法首先随机选取任意 k 个对象作为初始聚类的中心，即初始地代表一个簇，对数据集中的其他对象，根据其与各个中心的距离将每个对象赋给最近的簇，在所有对象都分类完毕后，重新计算新的聚类中心，重复迭代直至算法收敛。K-means 是一个局部最优的算法，容易受到 k 取值和初始聚类中心选取的影响。

3. SVM SVM，即支持向量机（support vector machine），是一种得到广泛应用的分类算法，目的是获取一个超平面将数据分成两类，通常用来进行模式识别、分类以及回归分析。对 SVM 来说，可以将问题分为线性可分、线性不可分和非线性三类。其中，对于线性不可分问题需要引入松弛变量，对于非线性问题需要进行空间变换，将低维空间线性不可分的问题转化为在高维空间线性可分的问题。

4. Apriori Apriori 算法即关联分析，是一种用于在数据中挖掘出潜在的关联关系的算法。这些关系有两种形式：频繁项集或者关联规则。频繁项集是经常出现在一起的物品的集合；关联规则暗示两种物品之间可能存在很强的关系。Apriori 算法使用事务数据库，利用关联规则进行挖掘。其核心思想是通过候选集生成和情节的向下封闭检测两个阶段来挖掘频繁项集。

5. EM EM 算法，即期望最大化算法，是一种在含有隐变量的情况下计算最大似然的迭代优化算法。所谓隐变量，是指我们无法观测到的变量；所谓最大似然，是一种估计模型参数的统计学方法。算法分为两步，即期望步（E 步）和最大化步（M 步）。在 E 步，根据参数上一次迭代所得参数值（或初始值）计算隐变量的后验概率，作为其估计值；在 M 步，将似然函数最大化以获得新的参数值。

6. PageRank 是 Google 算法的重要内容。是用来解决链接分析中网页排名问题的算法，它将对页面的链接视作投票，反映这个页面的重要与否。其核心思想包括以下两个观点：①如果一个网页被很多其他网页链接到，则说明这个网页比较重要。②当一个网页被比较重要的网页所链接时，这个网页的重要性也会相对提高。页面的 PageRank 值是由所有链向它的页面的重要性经过递归算法得到的。

7. AdaBoost 即集成学习，是一种迭代算法，其核心思想是针对同一个训练集训练不同的分类器（弱分类器），然后把这些弱分类器集合起来，构成一个更强的最终分类器（强分类器）。其算法本身是通过改变数据分布来实现的，根据每次训练集之中每个样本的分类是否正确及上次的总体分类的准确率，来确定每个样本的权值。将修改过权值的新数据集送给下层分类器进行训练，最后将每次训练得到的分类器融合起来，作为最终的决策分类器。

8. KNN 即 K 最邻近算法（k-nearest neighbor classification），是监督学习方法中的一种分类算法，其核心思想是对每一个对象进行分类时，就根据所设定的 K 值，在训练集中选取离这个数据点最近的 k 个邻居，这 k 个邻居中出现次数最多的类别，就是该数据点的类别。因此 KNN 方法在做类别决策时，并不依赖于全部训练样本，而是只与极少量的相邻样本有关，且并不需要根据训练样本训练模型。K 值的选取对结果影响较大，且 K 值一般取奇数。

9. Naïve Bayes 即朴素贝叶斯，是利用概率统计知识进行分类的统计学分类方法。在许多场合，朴素贝叶斯分类算法可以与决策树和神经网络分类算法相媲美，该算法能运用到大型数据库中，而且方法简单、分类准确率高、速度快。

由于贝叶斯定理假设一个属性值对给定类的影响独立于其他属性的值，而此假设在实际情况中经常是不成立的，因此其分类准确率可能会下降。为此，就衍生出许多降低独立性假设的贝叶斯分类算法,如 TAN(tree augmented bayes network)算法。

10. CART CART(classification and regression trees)即分类与回归树,是在给定输入随机变量 X 条件下输出随机变量 Y 的条件概率分布的学习方法,同时输出分类树(输出类别)和回归树(输出实数),既可用于分类也可用于回归。本质是对特征空间进行二元划分,即 CART 的决策树是一棵二叉树,内部节点特征的取值只有"是"和"否"两种,对属性进行二元分裂。由树的生成和树的剪枝两个步骤构成。树的生成,即基于训练数据集生成尽量大的决策树;树的剪枝,即以损失函数最小作为标准,用验证数据集对已生成的树进行剪枝,选择最优子树。与 C4.5 算法不同的是,分类树用基尼指数选择最优特征,同时决定该特征的最优二值切分点。

数据挖掘算法在中医药领域的应用前景非常广阔,这些算法可以在中医药的多个方面发挥重要作用。

首先,数据挖掘算法可以帮助中医药领域进行更为精准的疾病诊断和治疗。通过对海量的中医药数据进行挖掘和分析,算法可以找出隐藏在其中的规律和模式,从而帮助医生更准确地判断疾病的类型、程度和进展情况,制定更为有效的治疗方案。例如,决策树等算法可以用于构建中医药疗效预测模型,实现对患者疗效的自动预测和评估,为医生提供决策支持。

其次,数据挖掘算法可以用于中医药的个性化治疗。中医药强调个体化治疗,即根据患者的具体情况进行针对性的治疗。数据挖掘算法可以通过分析患者的症状、体征、舌象、脉象等信息,结合患者的体质、年龄、性别等特征,构建个性化的治疗模型,为患者提供精准化的治疗方案。这不仅可以提高治疗效果,还可以减少不必要的药物副作用,提高患者的生活质量。

此外,数据挖掘算法还可以用于中药方剂的研究和优化。中药方剂是中医药治疗的主要手段之一,通过数据挖掘算法可以找出方剂中药物之间的配伍规律和协同作用机制,为新药研发提供科学依据。同时,通过对古方、名方的挖掘和分析,可以发现新的药物组合和治疗方法,为中医药的创新发展提供新的思路。

需要注意的是,虽然数据挖掘算法在中医药领域的应用前景广阔,但由于中医药的复杂性和特殊性,实际应用中还需要结合中医药的理论和实践经验进行深入的研究和探索。此外,还需要注意数据的质量和数量问题及算法模型的泛化能力等问题。因此,未来在数据挖掘算法和中医药领域的应用中,需要进一步加强跨学科合作,整合中医药和现代信息技术的优势,推动中医药的现代化和国际化发展。

总之,数据挖掘算法在中医药领域的应用前景是广阔的,随着大数据和人工智能技术的发展,未来还有更多的数据挖掘算法和技术被引入到中医药领域的研究和应用中,将在中医药领域发挥越来越重要的作用。

【链接】

着重培养学生的创新意识和实践能力

在信息时代,信息素养已经成为现代人必备的基本素质之一。通过本章节的学习和实践,学生可以掌握信息获取、处理、分析和评价等一系列信息技能,从而提升自己的信息素养。同时,数据挖掘作为一个不断发展和更新的领域,要求学生具备终身学习的意识和能力。因此,学生在本章的学习中要能够弘扬中医药文化与科学精神,培养科学思维与创新能力,强化信息素养与终身学习意识,以及关注社会责任与公共服务。运用本章介绍的工具进行中医药领域的创新研究,着重培养学生的创新意识和实践能力。

复习思考题九

1. 如何使用 NoteExpress 的笔记功能插入表格？
2. 什么是科技查新？
3. 中医药科技查新有哪些主要流程？各个流程的重点工作有哪些？
4. 中医药文献计量分析可采用哪些软件？
5. 思考如何基于文献计量学方法进行机构竞争力评价？

第一节　文献的合理使用

一、合理使用文献

（一）熟悉你的文献来源

如何定位专业领域的精品文献，这就需要合理评估论文和杂志的学术影响力，包括高被引的期刊论文、本学科的专著、高影响力学术人物发表的文献等。那么如何获取这些精品文献呢？这就要求我们融会贯通地使用数据库，掌握各类不同收录范围、不同检索功能的数据库特点；对从事领域的重点杂志要了然于胸；了解与自己研究方向有关的机构，密切关注该研究领域的顶尖团队所发表的论文；对本研究领域的国际领袖人物和实验室应多花一点时间去研究其主页。利用数据库的 RSS 或 google 学术搜索免费订购你所感兴趣的选题，它们一般都会不间断地向你的信箱发送网上出现该话题的文章。经常上网看看最新的资讯会激发你的灵感。定期读几篇 *Cell*、*Nature* 或 *Science* 上的文献，虽然暂时看不出与你的研究有多少联系，但了解这些信息很必要，不要认为与自己专业无关就不关心，其实目前生物医学界的许多方法和思路是相通的，将 *Nature*、*Science* 上的一些新方法用于自己所研究的领域往往会使人豁然开朗。

（二）文献的研读

之所以用"研读"二字来对待文献，是强调学习文献是一个包含着去粗取精、去伪存真、融会贯通和为我所用诸环节在内的研究阶段。面对海量的信息，谁也无法逐一阅读。如果能阅读最重要的文献，就可以短时间获得最有价值的信息。如同做拼图游戏，如果手上有几块大的组件，就很容易拼出全图；如果都是一些碎片，或许永远拼不出全貌。文献阅读亦是如此，其他领域的学习也是如此，不管你想了解什么领域，一定要尽可能阅读最重要的文献，这样才不会被海量的信息所淹没，才不会迷失方向。一个研究生在搜集到与自己专题相关的文献后，一定要先浏览标题、提要、目录、序言、导言和结语，然后再决定是否精读全文或者某个章节。对筛选出来的文献，特别是精品文献，阅读时最好在要点处做上记号，或者将自己的归纳、评论、感想和相关页码摘录或复制下来，以便做笔记或文献综述的时候用。如同在深山老林里勘探，边走边留下路标，才不至于迷失回返的路程。文献研读的方法大致包括五个方面。

1. 注重摘要　摘要可以说是一篇论文的窗口，多数文章的题目、摘要简单浏览后，一般能掌握大部分内容。

2. 通读全文 读第一遍时一定要认真，争取明白每句的大意。对于外文文献，最好先不查字典。因为读论文的目的是获取信息。可以在读的过程中将生字标记，待通读全文后再查找其意思。

3. 归纳总结 较长的文章容易遗忘，虽然论文的句子较长，但每段的句数并不多，可以在每一段用一个词组标一个标题。

4. 确立句子的架构 抓住主题，读英文原版文献是有窍门的。虽然每个单词都认识，但读完了却不知在讲什么，这是最大的问题。在阅读的时候一定要仔细看大量的关系连词，它们具有承上启下、引领全文的作用。中文文献的特点是先给出一个观点，然后罗列大量事实。西方的文献注重逻辑和推理，就像 GRE 文献的特点是大量重复、新旧观点的支持和反驳，而且每篇文章都有严格的提纲。读每一段落都要找到它的主题，无用信息可以一带而过，以节约宝贵的时间和精力。

5. 增加阅读量 由于研究生刚刚接触某一领域，对许多问题还没有什么概念，读起来十分吃力，许多内容也读不懂。所以对初接触者而言，应当重视阅读文献的数量，积累多了，自然就由量变发展到质变了。

（三）提高阅读的效率

1. 集中时间 阅读文献的时间越分散，浪费的时间越多。集中时间阅读，内容连贯，更容易形成整体印象。

2. 做好记录和标记 阅读专业文献是为了提取精华和推进研究。读书笔记可以说是一种有效的工具。记读书笔记并无定式，针对单篇 / 本文献，既可以是三言两语的概要，如对几篇感触很深的文献的介绍，也可以是构建提纲，还可以是书评等。如果文献令自己茅塞顿开，也可将启发个人心智的"钥匙"绘制出来。无论何种形式的读书笔记，都可作为专题文献综述的构件。针对特定领域的多种读物，还可做专题文献研究的读书笔记。复印或打印的文献可直接用笔标记或批注。PDF 或 HTML 格式的文献，可用编辑器标亮或改变文字颜色。这是避免时间浪费的又一重要手段。

3. 阅读顺序 根据阅读目的选择合适的顺序，一般先看 abstract、introduction，然后看 discussion，最后看 result 和 method（结合图表）。

（四）文献的整理

目前可供使用的管理软件有很多种，上一章介绍的几种工具都可以尝试。

1. 下载电子版文献时（CAJ、PDF、HTML），将文章题目粘贴为文件名（文件名不能有特殊符号）。

2. 不同主题存入不同文件夹。文件夹的题目要简短，如 PD、LTP、PKC 等。

3. 读过的文献应当归入子文件夹，尽量将能够利用和无法利用的文献分开存放。

4. 重要文献根据重要程度在文件名前加标签或编号，然后按重要程度排列图标。重要文献还要注意追踪。如此可得到更多的线索，据此修正实验。

（五）文献研读过程中不断调整检索策略

1. 归纳整理初步获得的文献 通过学习已经收集到的文献，形成自己的专题分析框架。在这一阶段，最低限度应形成一个粗略的提纲，或者制定路线图，明确自己的研究路径。

2. 调整研究内容　沿着已经形成的提纲脉络进一步搜寻和学习文献，用新增的信息修正、填补或细化已有的思路，反思乃至调整论文题目和所要研究的问题。

3. 研究后期　在完成论文其他部分的写作后，再次审视和修订检索策略，验证自己的研究。

搜寻、鉴别和阅读精品文献都不难，难的是深入思考，汲取文献的营养，将所学知识用于铺设自己的专题研究轨道。为了提升论文写作的能力，可以借助团队的智慧来启发和激励自己。例如，写出提纲式文献简介，向指导教师、课题组或同学汇报文献学习心得，在交流中开拓自己的思路。上述的每一个过程都可能因思考或对比得到新的检索思路而产生新的检索策略，因此，不要忽略及时调整和补充检索新的文献，但无论多么好的阅读方法、多么精品的文献，如果懒于思考，怯于动笔，那么包括文献综述在内的整个专题研究则都无从谈起。

二、学术规范与学术不端

学术规范，是学术共同体内形成的进行学术活动的基本伦理道德规范，如学术评审规范、学术管理规范、学术伦理规范等。普遍认为它应包括两方面的含义：一是学术研究中的具体规则，如文献的合理使用规则、引证标注规则、立论阐述的逻辑规则等；二是高层次的规范，如学术制度规范、学术道德规范等。学术规范是为了防范学术研究中可能出现的失误与偏差，为学术研究创造一个公平公正有序的环境，保障和推动学术研究持续、文明、健康的发展。学术规范是学术的生命线，科研工作者必须按照学术规范从事科学研究。

科研人员违反学术规范和学术准则、违背学术诚信的行为称为学术不端。近年来，教育行政部门采取了一系列举措，健全预防和处置学术不端的机制，实现学术不端行为"零容忍"。教育部在 2009 年 3 月 19 日发布《教育部关于严肃处理高等学校学术不端行为的通知》，通知列举了必须严肃处理的七种学术不端行为：一是抄袭、剽窃、侵吞他人学术成果；二是篡改他人学术成果；三是伪造或者篡改数据、文献，捏造事实；四是伪造注释；五是未参加创作，在他人学术成果上署名；六是未经他人许可，不当使用他人署名；七是其他学术不端行为。作者在撰写论文时，应保证科学知识的准确性，尊重他人和维护自己的知识产权，严禁学术不端的行为，遵守写作伦理。

（一）论文内容应实事求是

科学方法的本质是能够被重复和验证，身为科研工作者，如实地报告研究过程、方法及结果是应尽的职责。不应为了某种利益而伪造数据或篡改结果，也不应为了能自圆其说而隐瞒研究中的错误。例如，因为获得了企业赞助而刻意报告对企业有利的数据；为了"完美结果"而忽略一些无效的数据及删除那些不利于研究假设但却有效的数据；或者明明只做了 3 组实验而伪造出 5 组实验结果。这些行为都是违反了论文写作伦理道德的。严谨如实地撰写论文内容是投稿的基本要求，既需要作者能精准地描述实验方法、数据、参考文献，也要求论文有准确的措辞用语不会对读者造成误导。虽然有时错误难以避免，编辑部不能保证所发表的文章没有任何错误。但如果论文出版后发现错误，作者有责任与有关期刊编辑部、数据库联系，以便及时做出更正。在审稿和出版过程中，如果编辑或审稿人对研究数据的准确性或统计方法提出质疑，作者应随时提供原始数据。因此，在文章发表之后，作者还应把原始数据（包括原始的调查问卷、研究程序等原始资料）保存 5 年以上，以备他人查证或重复分析。

（二）严禁学术剽窃

在《著作权法》第四十六条规定中，侵权行为之一为"剽窃他人作品"，意指将他人作品的全部或者一部分直接或者略加修改后以自己的名义发表的行为。所谓学术剽窃就是在文章中使用他人的思想见解或语言表述作为自己的观点，而没有申明其来源。学术剽窃违反了学术界公平竞争的机制，属于学术不端的行为。虽然在科学研究中，我们应该学习他人的思想从而增长自己的知识储备，通过多读多听多看而把获得的信息融进自己的思考和写作当中。但是在写作中，我们应该用学术界认可的规范去引用和诠释他人的思想和表述。此时，我们承认别人的贡献，通常采用"引用"的方法。在论文写作中，如果直接引用其他研究者的原话，应该把原话用引号括起来，并注明出处；对其他研究者的思想的重新阐释，也应注明出处。尤其是研究报告的问题提出和讨论部分及综述性文章中，当引用或参考他人的思想或工作时，一定要在文后的参考文献表中如实列出，尊重他人劳动成果。诠释科学道理只有追本溯源才能明晰事物发展背后的逻辑，如果所有的论文都不注明出处，势必会给整个研究领域带来混乱，造成无证可考，无据可凭。在研究中引用他人的资料时，应注意以下 4 点。

1. 直接引用他人原话需用引号。

2. 引用要忠于原文，即使原文有误。

3. 不要忽略引用中的引用，但在参考文献中不必列出。

4. 引用时应避免二次引用，即不能直接引用别人的引用，应找到原文出处。

（三）保证论文署名准确

论文作者不仅是执笔人，还包括那些对研究做出实质性科学贡献的人，他们可能参与提出问题假设、构思实验设计、统计分析、结果解释及文章主要部分的写作。对于辅助人员（如设计或制造仪器、统计分析的建议、数据收集或录入、调试计算机程序、找被试或观察动物等）没有必要列入作者名单，但应在正文后的致谢栏里注明。承担日常性事务的人也不应列入作者名单。论文署名的基本原则是按贡献的大小排序。在有多个研究者参与的合作研究项目中，合作者之间应该事先商定好研究的分工、谁有论文署名权及署名的先后。论文中所有署名的作者都应对文章的准确性负责，所以，在论文投递前，每个作者都应认真审阅。一旦论文被接受，有的期刊还要求每个作者都应签名确认。

（四）严禁重复发表和一稿多投

论文的重复发表不仅是违反学术道德的行为，也会导致版权纠纷。作者在投稿的同时，等于默认把论文的专用使用权转让给编辑部或其他出版机构，但不能同时把专用使用权转让给多家。已经发表过的论文不应再投稿。以简报形式在期刊上发表的论文也不能扩充全文后重新发表。但以摘要形式（如会议摘要）或在狭小范围内传播的非正式出版物（如某机构的年报）上刊出，这种做法是允许的。另外，也不应为提高命中率而一稿多投。如果在三个月内没有接到编辑部对稿件的处理通知，作者有权把稿件再投向其他期刊，但在投递前应通知原先投稿的期刊。为防止论文的重复发表，作者在投稿时，还须通知编辑有哪些类似的相关文章在何处发表或被何处接受、正准备向何处投稿，以便编辑做出适当的判断。如果发现违规，则将被无条件退稿，并被存档备案，这将影响作者以后的投稿信誉。尽可能地节约期刊资源也是作者应尽的义务。研究结果应尽可能地写成一篇论文，以提高信息交流的效率。不赞成把一个研究拆成多篇文章发表。把一个研究拆成多篇文章发表的作者应向编辑说明，如果编辑要求知道详细情况，作者应提供。禁止拆分发表并不包括根据新的理论和方法对已发表过的数据进行重新分析。特别是在时间跨度大的纵向研究中，发表多篇研究报告是必要的，也是适当的。但基于纵向研究发表的多篇研究报告，应引用以前的研究报告，以便读者进行准确的评价。

（五）医药科研伦理道德

由于医学和药学科研的特殊性，多数实验中会应用到活体动物，甚至有时候会进行药物临床实验，这些实验都要遵循一定的伦理学准则。而在撰写医药学论文时，一定要对敏感问题进行声明（如患者知情权、利益风险等），避免出现伦理问题。随着医药学科的发展，无论是国内还是国际都颁布了相关的执行标准、规范，要求相关科研人员应遵守医学伦理道德。作者在撰写医药学论文时也应重视伦理道德问题，并提供相关的许可文件。

1. 动物实验　动物实验是医药学研究中必不可少的环节。在迄今颁发的 100 多项诺贝尔生理或医学奖中，许多获奖的奖项都与动物实验密不可分。当撰写动物实验相关论文时，作者应当说明是否遵循了所在国家或地区制定的实验动物管理规定。2001 年我国科技部、农业部等 7 部局联合印发文件实施《实验动物许可证管理》，2006 年科技部颁布了《关于善待实验动物的指导性意见》。多数医药学期刊均要求对于涉及动物实验的论文，应提供动物生产许可证号和动物使用许可证号复印件。

2. 人体实验　以人体为研究对象的伦理指导主要依据为《赫尔辛基宣言》，该宣言于 1964 年制定，其间经过了若干次修改，最新版本于 2013 年第 64 届世界医学大会通过。对于以人为对象的研究中涉及以下情况之一均需要进行保护：身体组成部分；残余检验样本；可以很容易识别的个人信息，如医疗资料、DNA 等。宣言内容包括：

（1）研究对象的自主　研究者应尊重人权、尊严和自由，对研究对象实施干预措施的科学研究目的是使研究对象能有更多的机会做出有利于自身健康的决策。不能把研究对象放在较低的地位，视为试验品。研究对象有权了解研究的目的，有权决定是否参加研究，有权要求获得最适当的治疗，有权在研究的任何阶段退出研究。因此，签署志愿者的知情同意书是必不可少的。

（2）志愿者的知情同意　知情同意是在研究对象充分了解研究的目的、意义、可能的利益及风险的基础上，自愿同意参加研究工作，并在知情同意书上签字的过程。签署知情同意的原则包括①信息：提供充足的信息使志愿者能据此做出决定。②理解：研究对象在理解上述信息的基础上做出合理选择。③同意：研究对象自愿或在其监护人帮助下同意参加此研究。

（3）利益风险比较　在医学伦理学评价中，有可能发生 4 种情况：①研究可能给研究对象带来的利益很明显，造成伤害的风险很小，此时拟进行的研究符合伦理学要求。②研究可能给研究对象带来的利益很小，而造成伤害的风险很大，这样的研究不符合伦理，一定不能做。③研究可能给研究对象带来的利益很大，但造成伤害的风险也很大，对于这种情况，应综合评价。④研究可能给研究对象带来的利益很小，造成伤害的风险也很小，对于这类研究应更多地从社会角度考虑，研究的主要价值在于其社会价值，研究在今后将给整个人群带来利益是可以被接受的。

（4）医学伦理委员会通过　医学伦理委员会是一个独立的组织，是由医学专家、法学／法医学专家、非医务人员和其他人员等组成，其一切活动不受医学研究组织和科研人员的干扰或影响。医学伦理委员会通常设立在研究项目所在单位或上级单位，负责该单位医学研究项目的医学伦理学审查。

（5）弱势群体的保护　美国国家生物医学伦理委员会（National Bioethics Advisory Commission，

NBAC）将在医学研究中的弱势群体定义：因认知、制度、经济及易受伤害等原因组成的人群，如儿童、没有完全行为能力的成年人、老年人、囚犯、胎儿和孕妇、临终者、学生／雇员、昏迷的患者等。这类人群因为受困于各种原因，在对此类研究对象进行研究时，该类人群很可能非主观的不去拒绝。在进行研究设计时，虽然取得了其本人或者监护人知情同意，医学伦理委员会还会要求研究者提供额外的伦理审查资料。

（6）参与者的保密性　作为科研工作者，对于患者资料的保护是最基本的素质要求。然而对于以人为对象的大样本随机对照研究时，将会涉及大量的医务人员和研究对象的参与，随着参与人数的增加，其保密性也很难保证。因此，在任何一项研究项目开展之前，项目负责人应当专门指定 1 名工作人员作为研究对象资料的保管员。

如果研究涉及人体实验，那么整个科研过程都应遵守《赫尔辛基宣言》中的条约规范，研究者、作者和出版者都对研究成果的出版和发布有伦理义务。不遵守该宣言的科研行为不会受到学术界和大众认可，其论文也不应予以发表。大多数期刊均要求作者在涉及人体的研究论文中，确认该研究所涉的研究对象均已签署知情同意书，如有必要，还会要求作者提供该知情同意书的样本及要求作者提供该研究项目所在单位医学伦理委员会审查复印件。

三、引用注释参考文献规范

参考文献是论文的重要组成部分。中华人民共和国国家标准 GB/T 7714–2015《信息与文献—参考文献著录规则》将"参考文献"定义为对一个信息资源或其中一部分进行准确和详细著录的数据，位于文末或文中的信息源。撰写论文时应注意区分注释和参考文献，注释为对正文中某一内容做出进一步解释或补充说明的文字。如征引过的文献在注释中已注明，则不再出现于参考文献中。

论文作者在选题论证、实验研究，以及总结和书写论文的过程中，都应参阅大量的科学文献，撰写论文时可以引用参考文献中的相关内容并注明出处列于文后。合理准确地引用和标注参考文献，有助于反映论文的学术背景，阐述科学依据，说明研究方法和过程的合理性及结果的可靠性。

不同杂志社对参考文献格式的要求也有所差异，作者在投稿前，应仔细阅读拟投稿期刊上的投稿须知，根据格式要求著录。目前，国内期刊一般采取国家标准 GB/T 7714–2015《信息与文献—参考文献著录规则》，本文也参照该规则进行详细介绍。

（一）参考文献著录规则

1. 主要责任者　即对信息资源的知识内容或艺术内容负主要责任的个人或团体，包括著者、编者、学位论文撰写者、专利申请者或专利权人、报告撰写者、标准提出者、析出文章的著者等。

（1）个人著者采用姓在前名在后的著录形式。欧美著者的名可采用缩写字母，缩写名后省略缩写点；欧美著者的中译名只著录其姓；同姓不同的欧美著者，其中译名不仅要著录其姓，还需要著录其名的首字母。用汉语拼音书写的人名，姓全大写，其名可缩写，取每个汉字拼音的首字母。

示例 1：李时珍　　　　　　　原题:（明）李时珍
示例 2：乔纳斯　　　　　　　原题:（瑞士）伊迪斯·乔纳斯
示例 3：昂温　　　　　　　　原题:（美）S. 昂温（Stephen Unwin）

示例 4：昂温 G，昂温 P S　　　原题：（美）G. 昂温（G. 昂温），P.S. 昂温（P.S. 昂温）

示例 5：EINSTEIN A　　　　　原题：Albert Einstein

示例 6：DE MORGAN A　　　　原题：Augustus De Morgan

示例 7：LI J N　　　　　　　　原题：Li Jiangning

（2）著作方式相同的责任者不超过 3 个时，全部照录。超过 3 个时，著录前 3 个责任者，其后加"，等"或与之相应的词。

示例 1：印森林，吴胜和，李俊飞，等

原题：印森林　吴胜和　李俊飞　冯文杰

示例 2：FORDHAM E，ALI A，TURNER D A，et al.

原题：Evenst W.Fordhan　Amiad Ali　David A.Turner　John R.Charters

（3）无责任或责任情况不明的文献，"主要责任者"项应注明"佚名"或与之相应的词。凡采用顺序编码制组织的参考文献可省略此项，直接著录题名。

（4）凡是对文献负责的籍贯团体名称，通常根据著录信息源著录。机关名称应由上至下分级著录，上下级用"."分隔，用汉字书写的机关团体名称除外。

示例 1：贵州省土壤普查办公室

示例 2：Stanford University. Department of Civil Engineering

2. 题名项　题名包括书名、刊名、报纸名、专利题名、报告名、学位论文名、档案名、舆图名、析出的文献题名等。

（1）同一责任者的多个合订题名，著录前 3 个合订题名。不同责任者的多个合订题名，可以只著录第一个或处于显要位置的合订题名。参考文献中不著录并列题名。

示例 1：为人民服务；纪念白求恩；愚公移山

原题：为人民服务 纪念白求恩 愚公移山 毛泽东著

示例 2：大趋势

原题：大趋势 Megatrends

（2）文献类型标识应按代码表 10-1 和表 10-2 录入。电子资源既要著录文献类型标识，又要注明文献载体标识。

表 10-1　文献类型标识代码

参考文献类型	文献类型标识代码	参考文献类型	文献类型标识代码
普通图书	M	专利	P
会议录	C	数据库	DB
汇编	G	计算机程序	CP
报纸	N	电子公告	EB
期刊	J	档案	A
学位论文	D	舆图	CM
报告	R	数据集	DS
标准	S	其他	Z

（3）其他题名信息根据信息资源外部特征的具体情况决定取舍。其他题名信息包括副题名，说明题名文字，多卷书的分卷书名、卷次、册次，专利号，标准号等。

示例 1：ELC 集成电路：原理与设计［M］

示例 2：中国科学：D 辑 地球科学［J］

示例 3：信息与文献 – 都柏林核心元数据元素集：GB/T 25100–2010［S］

示例 4：中子反射数据分析技术：CNIC–01887［R］

（4）年卷期或其他标识

凡是从期刊中析出的文章，应在刊名之后注明年、卷、期、页码，期号置于"（ ）"中。阅读型参考文献的页码著录文章的起讫页或起始页，引文参考文献著录引用信息所在页。凡是同一期刊上连载的文献，其后续部分不必另行著录，可在原参考文献后直接注明后续部分的年、卷、期、页码等。凡是从报纸中析出的文献，应在报纸名后著录其出版日期与版次，版次置于"（ ）"中。

表 10–2　电子资源载体类型和标识代码

电子资源的载体类型	载体类型标识代码	电子资源的载体类型	载体类型标识代码
磁带（magnetic tape）	MT	光盘（CD-ROM）	CD
磁盘（disk）	DK	联机网络（online）	OL

示例 1：2001，1（1）：5–6

　　　　　年　卷 期　页码

示例 2：2011，33（2）：20–25；2011，33（3）：26–30

示例 3：江西日报，2013–03–16（1）

3. 版本　第一版不著录，其他版本说明应著录。版本用阿拉伯数字、序数缩写或其他标识表示，古籍的版本可著录"写本""抄本""刻本""活字本"等。

示例 1：3 版　　　　　　　　　　　原题：第三版

示例 2：明刻本　　　　　　　　　　原题：明刻本

示例 3：5th ed.　　　　　　　　　　原题：Fifth edition

4. 出版项　包括出版地、出版者、出版日期、引用页码、引用日期及更新修改日期。

示例 1：北京：人民出版社，2013

示例 2：New York: Academic Press，2012

（1）出版地　出版地著录出版者所在的城市名称，对同名异地或不为人们熟悉的城市名，宜在城市名后附省、州名或国名等限定语。文献中载有多个出版地，只著录第一个或处于险要位置的出版地。无出版地的中文文献著录"出版地不详"，外文文献著录"S.l."，并置于方括号内。无出版地的电子资源可省略此项。

示例 1：Cambridge，Eng

示例 2：北京：科学出版社，2013　　　原题：科学出版社 北京 上海 2013

示例 3：［出版地不详］：三户图书刊行社，1990

示例 4：［S.l.］：MacMillan，1975

（2）出版者　文献中载有多个出版者，只著录第一个或处于显要位置的出版者。无出版者的中文文献著录"出版者不详"，外文文献著录"s.n."，并置于方括号内。无出版者的电子资源可省略此项。

示例 1：Chicago: ALA，1978

原题：American Library Association/Chicago　Canadian Library/Ottawa 1978

示例 2：哈尔滨：［出版者不详］，2013

（3）出版日期 出版年采用公元纪年，并用阿拉伯数字著录。如有其他纪年形式，将原有的纪年形式置于"（ ）"内。报纸出版日期按照"YYYY–MM–DD"格式，用阿拉伯数字著录。出版日期无法确定时，可一次选用版权年、印刷年、估计的出版年。估计的出版年应置于方括号内。

示例1：1947（民国三十六年）

示例2：2013–01–08

示例3：1995 印刷

示例4：［1936］

5. 引文页码 专著或期刊中析出文献的页码或引文页码，应采用阿拉伯数字著录。

示例：钱学森 . 创建系统学［M］. 太原：山西科学技术出版社，2001：2–3.

6. 获取和访问路径（电子资源必备） 根据电子资源在互联网中的实际情况，著录其获取和访问路径。

示例：储大同 . 恶性肿瘤个体化治疗靶向药物的临床表现［J/OL］. 中华肿瘤杂志，2010，32（10）：721–724［2014–06–25］.http://vip.calis.edu.cn/asp/Detail.asp.

7. 数字对象唯一标识符（电子资源必备） 数字对象唯一标识符（digital object identifier，DOI）是对包括互联网信息在内的数字信息进行标识的一种工具。电子资源类型的文献可以通过 DOI 直接指引到出版物的本身，使国内外各种来、不同物理地址的各种类型的学术信息实现互链互通。

示例：刘乃安 . 生物质材料热解失重动力学及其分析方法研究［D/OL］. 安徽：中国科学技术大学 2000:17–18［2014–08–29］.https://wenku.baidu.com/link?/url=GJDJxb4lxBUXnIPmqlXoEGSIrH8TMLbidW_LjlYu33tpt707u62rKliypU_FBGUmox7ovPNaVIVIBALAMd5yfwKUUOAGYuB7cuZ–BYEhXa.doi：10.7666/D.Y351065.

（二）参考文献著录格式

1. 参考文献数量 参考文献的引用数量没有具体的规定，应参照杂志社规定的投稿要求或学位论文要求来核定参考文献的数量，一般国内期刊上学术论文的参考文献数量以 20 ～ 40 篇为宜，综述类文章的参考文献数量更多。硕士学位论文一般应不少于 50 篇，博士学位论文一般应不少于 100 篇，外文文献均不低于总数的 1/2。

参考文献中近五年的文献数应不少于总数的 1/3，并应有近两年的参考文献。

2. 参考文献表 参考文献可以按顺序编码制组织，也可以按照著者 – 出版年制组织，其中以顺序编码制组织的运用更为广泛。注释可以集中著录在文后或书末，也可以分散在页下端；阅读型参考文献著录在文后，书的各章节后或书末。

（1）顺序制编码 各文献应按正文部分标注的序号依次列出。

示例：

［1］周易外传：卷 5［M］// 王夫之 . 船山全书：第 6 册 . 长沙：岳麓书社，2011：1109.

［2］贾东琴，柯平 . 面向数字素养的高校图书馆数字服务体系研究［C］// 中国图书馆学会 . 中国图书馆学会论文集：2011 年卷 . 北京：国家图书馆出版社，2011：45–52.

［3］袁训来，陈哲，肖书海，等 . 蓝田生物群：一个认识多细胞生物起源和早期演化的新窗口［J］. 科学通报，2012，57（34）：3219.

（2）著者 – 出版年制编码 各文献可先按文种集中，可分为中文、日文、西文、俄文、其他文种 5 部分，然后按著者字顺和出版年排列。中文文献可按著者汉语拼音字顺排列，也可按照笔画排列。

示例：

［1］尼葛洛庞帝，1996.数字化生存［M］.胡泳，范海燕，译.海口：海南出版社.

［2］汪冰，1997.电子图书馆理论与实践研究［M］.北京：北京图书馆出版社：16.

［3］BAKER S K，JACKSON M E，1995.The future of resource sharing［M］.New York：The Haworth Press.

3. 参考文献标注法　以顺序编码制组织应按正文中引用文献出现的先后顺序连续编码，将序号置于方括号中，也可以脚注方式由计算机自动生成圈码。同一处引用多篇文献，应将各篇文献的序号在方括号内全部列出，各序号间用逗号连接；连续序号、起讫序号可用短横线连接。多次引用同一著者的同一文献时，在正文中标注首次引用的文献序号，并在序号的"［ ］"外著录引文页码。

示例 1：引用多篇文献

裴伟[ ]提出……

莫拉德对稳定区的节理格式的研究[ ]……

示例 2：多次引用同一文献

伴随着中药领域数据的暴涨，中药数据挖掘应运而生。中药数据挖掘是在中医药理论指导下，用知识发现技术对中药新药、中药组方规律、作用机制、有效成分和组效关系等多个方面进行深入系统的研究。本文以"数据挖掘任务"为分类依据对常用算法进行逐个统计和应用分析，数据挖掘分析能完成的任务总体可概括为两类——描述性任务和预测性任务。再将这两类任务细分则可划分为六类：特征化与区分、关联规则分析、分类分析、回归分析、聚类分析、离群点检测分析。鉴于"特征化与区分"任务主要用于建立数据库及数据预处理，而"离群点检测"的任务大部分是由聚类分析方法完成。

4. 参考文献著录格式及其示例　根据参考文献的信息资源类型的不同，其著录项目亦有差异。具体如下：

（1）专著　主要责任者；题名：其他题名信息［文献类型标识 / 文献载体标识］；其他责任者；版本项；出版地；出版者、出版年；引文页码［引用日期］；获取和访问路径；数字对象唯一标识符。

示例：

［1］哈里森，沃尔德伦.经济数学与金融数学［M］.谢远涛，译.北京：中国人民大学出版社，2012:235-236.

［2］中国造纸学会.中国造纸年鉴：2003［M/OL］.北京：中国轻工业出版社，2003［2014-04-25］.http://www.cadal.zju.edu.cn/book/view/25010080.

（2）专著中的析出文献　析出文献责任者；析出文献题名［文献类型标识 / 文献载体标识］；析出文献其他责任者 / 专著主要责任者，专著题名：其他题名信息；版本项；出版地；出版者、出版年；析出文献的页码［引用日期］；获取和访问路径；数字对象唯一标识符。

示例：

［1］周易外传：卷 5［M］// 王夫之.船山全书：第 6 册.长沙：岳麓书社，2011：1109.

［2］贾东琴，柯平.面向数字素养的高校图书馆数字服务体系研究［C］// 中国图书馆学会.中国图书馆学会论文集：2011 年卷.北京：国家图书馆出版社，2011:45-52.

（3）连续出版物　主要责任者；题名：其他题名信息［文献类型标识/文献载体标识］；年，卷（期）–年，卷（期）；出版地；出版者、出版年；引文页码［引用日期］；获取和访问路径；数字对象唯一标识符。

示例：中华医学会湖北分会.临床内科杂志［J］.1984，1（1），武汉，中华医学会湖北分会，1984.

（4）连续出版物中的析出文献　析出文献主要责任者；析出文献题名［文献类型标识/文献载体标识］；连续出版物题名：其他题名信息、年，卷（期）：页码［引用日期］；获取和访问路径；数字对象唯一标识符。

示例：

［1］袁训来，陈哲，肖书海，等.蓝田生物群：一个认识多细胞生物起源和早期演化的新窗口［J］.科学通报，2012，57（34）:3219.

［2］李炳穆.韩国图书馆法［J/OL］.图书情报工作，2008，52（6）:6–12［2013–10–25］. http://www.docin.com/p–400265742.html.

（5）专利文献　专利申请者或所有者；专利题名；专利号［文献类型标识/文献载体标识］；公告日期或公开日期［引用日期］；获取和访问路径；数字对象唯一标识符。

示例：邓一刚.全智能节电器：200610171314.3［P］.2006–12–13.

（6）电子资源　主要责任者；题名：其他题名信息［文献类型标识/文献载体标识］；出版地：出版者、出版年：引文页码（更新或修改日期）［引用日期］；获取和访问路径；数字对象唯一标识符。

示例：中国互联网络信息中心.第29次中国互联网络发展现状统计报告［R/OL］.（2012–01–16）［2013–03–26］.http://www.cnnic.net.cn/hlwfzyj/hlwxzbg/201201/P020120709345264469680. pdf.

第二节　学术论文的撰写

一、综述论文的撰写

综述论文（review），简称综述，是在确定了选题后，在全面收集主题相关文献的基础上，对该研究领域的研究现状（包括主要学术观点、前人研究成果和研究水平、争论焦点、存在的问题及可能的原因等）、最新研究成果、进展、研究动态、技术和发现及发展前沿等内容进行深入分析、整理、评价，提炼出兼具科学性、新颖性和系统性的观点或模式，与此同时挖掘出现阶段研究的空白点，并对争议焦点、未来发展方向、存在问题及解决思路等提出自己的见解，为今后的研究工作指引方向。

（一）分类

综述论文按照写作的不同角度可有多种分类，其中根据写作目的可分为动态性综述、成就性综述、简介性综述与争鸣性综述。

1. 动态性综述　一般就一个专题，按年代和学科的历史发展，由远及近地综合分析，反映这一专题的研究进展。主要特点是学科发展阶段划分准确，每一个阶段要有代表性文献。这类综述有助于了解技术发展现状。

2. 成就性综述　是将有关文献汇集分类，把某一方面或某一项目有关的各种内容从原始文献中摘出，不管时序先后，分门别类地进行叙述。这类综述重点介绍某一研究领域的新成就、新技术、新发展，而不涉及其历史和现状，实用价值高，对当前工作有直接的指导意义。

3. 简介性综述　是对多方面的事实、现象进行概括，对某一类新颖的、尚不成熟的研究项目或一种技术的文献资料进行简要地综合论述。按内容特点分别综合介绍原文献所论述的事实、数据、论点等，一般不加评述，对了解技术发展背景有很大的帮助。

4. 争鸣性综述　是为了系统地总结出一种学术观点，由作者加以分类归纳和总结。按不同的观点安排材料，分别进行叙述。"综"与"述"都要用原文的事实和观点，不需要作者的观点和分析。其目的就是对某一领域或某一专题学术观点上存在的分歧，进行分类归纳和综合，按不同见解分别叙述。

（二）内容

综述论文主要包括题目及作者信息、摘要及关键词、前言、正文、参考文献、致谢等部分。

1. 题目及作者信息　应简明扼要，主题突出，一般不超过25个字，常由文献引用的时限、综述主题加文体标志性词语组成，有时采用"进展""概况""研究""综述"等模糊词语，多用于研究历史不长的课题。作者信息写在题目下方，个人署名用真实姓名，写明工作单位、地址、邮编，按贡献大小排名（第一作者、通讯作者）。

2. 摘要及关键词　摘要包括综述的目的、研究现况、存在的问题、解决的方法和今后研究的方向，有时包含背景信息、方法或结果，在结束处会指出意义、相关主题的主要发现。关键词指能代表整篇综述意义的词语，一般为3～8个，采用反映论文特征内容，通用性比较强的词组，避免使用"分析""特性"等泛指词组。

3. 前言　前言描绘综述主题的框架并吸引读者的注意力，写出综述的研究背景、主题，该主题为什么值得综述，并指出最新的研究进展，描述研究问题和（或）未知问题。然后解释该综述文章的总体目的，接着简介文章的组织构架。篇幅不超过全文的1/5。

4. 正文　用于介绍最新原始文献中重要成果的实验证据，并述说这些结果是如何改变人们对该主题的认识的。正文的总体结构应基于一定的逻辑顺序（如时间、主题或方法）展现思想，并且按照逻辑将正文划为次级小节。具体内容如下。

（1）正文逻辑结构确定

时间逻辑方法：按照论题发表的先后顺序或发展历史展开，次级小结也同样。

主题逻辑方法：围绕一个主题或问题。例如，当处理与某个问题相关的不同层面的证据时，主要分析可能会逐步地从机体—器官—细胞—细胞内的分子机制展开。然而，在进行每个层面的论证时仍然按照时间顺序进行描述。

方法学逻辑：通常与材料的内容无关，着重于研究人员的"方法"，并且主题是相应地按照技术、方法或途径来组织的。

（2）次级小节具体论证　按照正文逻辑结构将正文分为次级小节，围绕每小节的论点和论据来分别组织材料，一般形式是提出问题，展开讨论，罗列证据，分析论点，得出结论，其间大多还需进行历史回顾和现状介绍等。

其要求是：①每一论点的提出，先将综合归纳出来的论点放在前面，后分别介绍各家论点，以其原始文献作为论据进行引证。②引证的文字，既可以直接取自原始文献，也可以是经过作者加工之后的文字，但其基本观点必须与原作者保持一致。③每个主题列举2～5个有代表意义的研究即可，应提及相关实验的类型及相应的数据，但不要逐步地重复实验过程，必要时使用数字和（或）表格来展示原始数据的解释或原创性论文中的重要数据。④指出并阐述该领域的任何争议。

5. 结论　是综述性论文的主要亮点之一，起着简要综述主要内容、主要结论建议和（或）推测的作用。结论部分要总结和概括主要的论点和发现，讨论通过文献综述所得到的结论，复述相关的解释。此外，要指出所综述主题和结果的一般性意义，并讨论存在的问题，提出解决的办法，对今后进一步开展该领域或专题的研究提出建设性的预测和展望。

6. 参考文献　综述论文的参考文献数量较多，但必须是作者亲自阅读过的、最新的、最重要的文献。参考文献的排列次序与序号，要与正文中的引文次序和序号保持一致，一般不少于20篇。

7. 致谢　综述论文涉及面广，常常需要他人的帮助，因此当论文发表时，作者应当对他人的劳动给予充分肯定，表示感谢。如果涉及基金项目等还应对提供支持的基金资助合同单位或团体给予致谢，且投稿前须征得被致谢者的书面同意。

8. 附录　在正文或主体部分不好安排，且对读者有很必要的资料、图表、数据、公式等，可以作为附录置于论文最后。如果没有必要可不写。

（三）写作步骤

1. 选择主题　确定主题之前必须检索同期是否有类似综述文章发表，若有，应另选主题。在选题时需要注意如下3点。

（1）实用性　主要选择当今科学研究、技术工作和现场实践中常遇到，而目前尚未解决又迫切需要解决的一些问题。

（2）目的性　撰写综述论文通常出于某种需要，如为某学术会议的专题、从事某项科研、为某方面积累文献资料，对某一专业的发展进行总结与预测等，所以，综述性科技论文选题都是近年进展较大、切合实际，且将要开展的研究课题，以近3～5年学术性期刊的论文为主。

（3）实际性　综述论文选题范围广，要充分注意到各方面的客观条件，结合自己的实际工作，选择自己所从事或与自己学科专业及研究课题之间有密切关系的且熟悉的问题。初次题写文献综述，所选主题应小而具体，不宜过大、过宽。

2. 文献检索与收集　针对主题广泛搜集文献资料，要求越全越好，文献可从以下来源进行检索和收集。

（1）一流刊物。

（2）权威教科书及某领域的经典文献。

（3）重要学者或学术权威发表的研究成果。

（4）著名高校、研究院所和企业的研究报告。

（5）图书馆或数据库中工具书性质的论文集。

（6）学术搜索引擎：大部分论文信息可以通过特定的搜索引擎查找到，其全文可以通过高校或研究机构图书馆的订阅、Open Access等资源下载。最常用的专业文献检索数据库及搜索引擎如下。

1）PubMed 数据库（https://pubmed.ncbi.nlm.nih.gov/ ）。

2）Web of Science 数据库（https://webofscience.clarivate.cn/ ）。

3）所在学校或研究机构的图书馆购买的数据库。

4）公共网络搜索引擎：微软必应（https://bing.com/）、谷歌（https://www.google.com/）及谷歌学术（https://scholar.google.com/）、百度（https://www.baidu.com/）及百度学术（https://xueshu.baidu.com/）等。

（7）次要文献：除上述方法外，也应查找次要文献，因为它们能从某一方面深化相关理论体系，因此有必要在综述性论文中体现它们的贡献。

（8）相似文献：在搜集文献的过程中会发现一些与我们要写的文意相似的综述文章。我们可以借鉴这些文章的内容（最重要的是该章参考文献）来缩短搜集、理解和阅读原始文献的过程，但切不可根本不看原始文献，而投机取巧地照抄这些现成的综述性文章。

3. 文献研究　分析、整理、归纳文献。文献的收集、分析、整理、归纳是撰写综述性论文的重要环节，贯穿始终，其方法如下。

（1）**重点分类**　对文献先进行普遍浏览，通过对文献的标题、摘要、图表进行快速阅读，将收集到的相关资料侧重点进行分类；其次，对同一小类别中的文献进行比较，按照其与拟撰写主题的相关性进行评分（建议使用 EndNote 等文献管理软件），选定重点文献，然后对重点文献进行通读。通读时，要全面掌握每篇文献的内容及重点，做出摘录或笔记，完成选材。

（2）**侧重阅读**

1）重点文献阅读方法：对于代表性的重要文献，需要认真阅读全文，包括引言、方法、数据、结果、结论各个部分。文献笔记、阅读心得和记录等是撰写综述性论文的重要材料，其内容应包括以下 6 个部分：①一般信息，包括作者、篇名，刊名及页码等基本信息。②研究对象和研究问题。③所用的研究方法和理论。④主要研究结果（包括新发现和结论）。⑤主要创新点和贡献。⑥研究不足和缺陷。

当把握了上述②～⑥部分时，阅读者就可以比较全面地把握了一篇文献的核心信息。其中，第②～④部分一般可以用于文献的摘要、方法或者结论中，它是综述中"述"的内容；而第⑤、⑥部分掌握起来相对较难，需要阅读者仔细思考，这两部分将是涉及综述中"评"的内容。

2）次要文献阅读方法：①读摘要和结论：很多关于经验性研究的文献一般会存在较大的重复性，图表、研究方法往往相同或稍有改进，其写作主要目的是测试不同情况下的理论适用性，有时结论大同小异，对于这类学术价值不大的文献，仅读摘要和结论即可。②读摘要、引言、发现和结论：大部分文献在方法、模型构建或者样本选择方面会有一些独到之处，对这些文献应该认真阅读介绍论文主要贡献的摘要、引言、结果和结论四个部分。在阅读过程中，要重点思考论文的创新之处与我们的综述对象或主题之间的关系，并提出存在的不足，以便提出改进建议。

4. 综述撰写

（1）**撰写方法**

1）从写作的范围出发：可以通过横式、纵式或者两者相结合的方法进行。

横式写法是将目前与主题有关的各种观点、方法进行横向的比较，较为常见。纵式写法是按时间先后顺序或者主题本身的发展层次，对其背景、现状及未来趋势进行纵向的描述，从而达到勾勒其来龙去脉及发展轨迹的目的。

2）从结构的角度入手：可以采用综合法、鸟瞰法、分析法、比较法或者框架法进行撰写。

综合法和鸟瞰法需要对相关文献进行全面综合和系统把握，并在此基础上形成新的看法。分析法需要将主题相关的整体内容分为各个方面、元素和层次。比较法侧重于对不同研究的特征进行比较，寻找其相同或不同之处并阐明清楚原因。框架法相对简单些，需要先拟定一个框架，再将各个部分的内容整合起来，通常与分析法结合起来使用。

（2）撰写步骤

1）绘制蓝图、拟定提纲：绘制蓝图就是明确贯穿论文全文的一条主线，划定一个范围，明确写作内容，同时分清主次，内容书写详略得当。提纲的本质是文章的逻辑结构与内容层次。拟定主题明确、条理清晰、脉络分明、文字精练、表达准确的提纲（往往可以作为正文的小标题）对保证文章质量具有重要的意义。

提纲拟定一般包括以下步骤：①概览摘录的文献，根据反映的内容主题，确定文章的主要段落和段落标题（一级标题），将文献摘录中与一级标题内容相关的评论放置在一起构成段落的内容。②按照一级标题的内容安排，确定是否分出二级、三级标题及不同级标题下的有关内容。③对以上的编排反复推敲，目的是使编排顺序合理、标题与内容一致、各段落间相互呼应、论证符合逻辑和学科原理等。

2）剖析提炼、绘制图表、充实内容：在对参考文献进行整理、分类后，领会文献的主要论点及论据基础，用自己的语言记录从中汲取的想法或心得，为行文积累素材。

一般情况下，正文部分可以按照拟定的提纲依次推进，同时需要满足综述性论文的基本要求，从易到难分别为以下 4 点：①阐明原始文献的主要结果、结论及其关键实验基础，但要突出重点，分清主次。②将来源于不同原始文献中零散的信息按照一定的逻辑关系串联起来，构建成为各级提纲和全文服务的关键系统，把主要观点放在前，次要观点放在后，通过顺序上的安排以突出文章重点。③在充分阐明该主题进展及现状的同时，客观指出有待解决的问题，为读者的科研选题提供参考。④在提出未来趋势的同时，最好给出前瞻性的解决方案。

结合综述论文内容公式，①～③项主要为已知部分（K），第④项则是未知部分（X），需要跳出现有框架之外对该主题未来的发展进行"把脉""开方"。

3）撰写摘要、优化细节、修改定稿：撰写摘要一般在最后，这种写法有两个好处：①在引言（背景）部分提出问题、正文部分分析解决问题、结论部分总结全文并阐明趋势的情况下，全文的主要论点、论据及讨论部分都已跃然纸上，撰写摘要就可以一气呵成。②综述论文多为指示型摘要，实质上是目次表，缺乏自明性，因此需要结合正文内容阅读。只有在正文部分确定以后，才能用精练的语言对其主要内容进行最恰当的概括。

二、科技论文的撰写

科技论文是人们在生产生活实践和科学研究过程中所获得的信息，经过逻辑思维、推理、数据统计等过程，以最简洁的语言形式展示事物潜在规律和内在本质，或提出见解、预示事物的发展趋势，使其富有科学性、新颖性、实用性和可读性，是科学研究成果的文字性书面报告。

（一）分类

对科技论文按照以下几个方面进行分类。

1. 按资料来源分类

（1）原创研究论文　是指对生产生活实践和科学研究中所获得的原始信息所撰写的论文。例如，原创研究性的学术论文等。

（2）文献研究论文　是指对既往文献加以整理与分析的论文。例如，综述、评论等皆属于此类。

2. 按学科分支分类

（1）基础研究论文　是指对中医药基础理论进行研究的论文。例如，在中医经典理论的指导下，对某种药物或方剂的某种观点进行实验探究等。

（2）临床研究论文　是指在分析大规模临床样本的基础上所撰写的论文。例如，发现某些可以提高临床疗效的新方法和新技术，或者是对一些药物诊疗效果的新评价等。

3. 按研究方法分类

（1）理论型论文　是指对研究原理或方法等进行推理的论文。例如，通过推理证明得出有益结论的论文等。

（2）实验型论文　是指对某个问题进行实验研究的论文。例如，通过提出问题，进行实验研究，得出结果并进行分析的论文等。

（3）综合型论文　是指对某个问题或领域进行综合研究的论文。例如，先通过理论性的推论，再由相关实验研究来证实的论文等。

4. 按研究目的分类

（1）综述类论文　是指对某一问题或领域的现有文献进行分析与总结，提出未来的潜在研究方向和发展趋势的论文。

（2）评论类论文　是指对某一篇文章或者某个方法提出自己的观点和看法，并进行深度的评价与论述的论文。

（3）调查类论文　是指对某一领域内已有的研究、方法或技术进行详细的调查与总结，通过分析调查结果提供全方位的论述或应对策略。

（二）写作内容与方法

1. 选题　选题要具有意义和创新性，关注领域热点，切入点不可冷门而缺少可借鉴的对象；选题需具有现实性，例如，对心梗方面的研究。心梗古名"胸痹"，存在哪些证型、治疗方法、方剂，以及不同证型对应的现代医学病名是什么？这些都需要通过文献进行分析，在此基础上找到一个研究的突破口，围绕着突破口提出问题并验证，通过上述的缜密思考和分析，一个好的选题就自然而然地形成了。

2. 题目　论文标题力求简洁，一句话能够概括这篇文章的工作。题目必须包含主要术语及关键字，明确让读者了解所研究的领域及内容，在满足科学性的情况下，兼有故事性。其要求如下。

（1）避免中西医病名混用　由于中医药的文章是在中医理论的指导下进行的，必须坚持中医科研论文的特色，其中分证论治是中医诊断与治疗的重点，一定要突出其特色。例如，《养心平脉汤配合针灸治疗气阴两虚兼血瘀型胸痹心痛疗效及对患者中医症状、心电图指标的影响》就说明了该方剂是治疗"气阴两虚兼血瘀型"胸痹，如果题目换成了《养心平脉汤配合针灸治疗心肌梗死疗效及对患者中医症状、心电图指标的影响》就无法表达中医辨证论治的指导思想。

（2）尽量使用全称　例如心肌梗死的英语为"Myocardial Infarction"，最好不要简化成"MI"，因为此种简化可能会使心肌修复领域之外的人感到费解，从而增加了阅读的困难性。一些公认的简写词除外。注意用词准确，使用专业术语。

（3）直接点明研究问题及研究对象　标题还起到定位全文的作用，所以除了科学性，标题同样承担着论文的故事线，所以撰写标题时，可以在标题中直接点明研究问题及研究对象。例如，*A smart adhesive Janus hydrogel for non-invasive cardiac repair and tissue adhesion prevention* 这个标题就非常清晰地表明：一种 Janus 水凝胶在心肌组织修复和防粘连上具有很好的作用，这个标题的故事线就非常清晰，Janus 水凝胶不单可以修复心肌而且可以防止植入后的胸壁粘连，后续作者就围绕着这两个点进行相关实验，与此同时"Janus"是古希腊神话里的双面神，这个也一语双关的说明了这个材料类似"Janus"有一体两面的特征，同时给读者设置了一个悬念，不但具有专业性，也有很强的故事性。

（4）不可过于宽泛　如果将标题《中医辨证治疗痰瘀互结者胸痹之疗效》改成《中医辨证治疗胸痹之疗效》，就会让人不解治疗的是某种胸痹还是所有证型的胸痹，给人造成一定的误解。简要来说，一个好的标题一定具备逻辑性、科学性与故事性，这样才可使读者仅从标题就能看出文章是否是他需要的，并且有激发他往下阅读的动力。

（5）标题不要带有标点符号

3. 摘要　摘要是论文的重要组成部分，是对论文内容的简洁概括。摘要的目的就是弥补标题的不足，对论文内容进行提要。

（1）内容　主要包括研究目的、方法和数据、结果和结论等方面的信息，以便读者能够快速了解论文的主要内容。

（2）撰写要求

1）逻辑严谨：在摘要中提出自己的论点，这个论点来源于作者的研究背景和实验经历，必须反映客观事实，不可加入个人主观见解。简单来说，摘要主要说明作者是用什么方法、基于什么理论解决了目前领域所存在的问题，得出了哪些结论。

2）语句：摘要字数一般不超过200个实词，具体视期刊要求而定。在文字表达上应符合"语句通顺、结构严谨、标点符号准确"的要求。只有符合现代汉语的语法规则、修辞规则、逻辑规则的语句才是通顺的、简洁的、合理的，这样表达出来的摘要才能准确明了地表达论文的主要观点和内容。

3）应排除本学科领域已成为常识的内容，切忌把应在引言中出现的内容写入摘要，一般也不要对论文内容作诠释和评论。

4）不得简单重复题名中已有的信息。

5）要使用规范化的名词术语，不用非公知公用的符号和术语。新术语或尚无合适汉文术语的，可用原文或译出后加括号注明原文。

4. 引言　引言部分是对摘要的延伸，相较于一句话概括研究领域的摘要，引言应当提供足够的背景信息，对研究领域的基本情况有所了解，说明现有领域研究存在着哪些缺陷。通过对参考文献的引用说明目前研究存在着急需解决的问题，客观指出自己所做这项研究的意义。具体而言，写引言要先从宽泛的研究背景讲起，最终聚焦到具体的研究点和研究结果。为此，引言首先使用适当的参考文献简要解释关于该领域的已知信息。然后，稍微缩小范围并确定仍然存在不确定性的领域，接着，介绍他人在这个领域做了什么、发现了什么，承认前人的贡献。同时，指出之前研究的不完善之处。最后说明本工作解决了什么问题，相较于前人的研究有哪些提升。

引言的写作要注意几点：

（1）不要与主题偏离太远　例如，对心梗方面的研究，研究背景就只要围绕心梗方面的内容进行阐述，不需要把人体的每个器官都叙述一遍，再来论述心脏及心肌损伤。

（2）不切实际的自我评价　把自己研究的结果意义任意夸大，自己的研究结果不要出现首次发现，首次揭露，而是实打实的突出自己说明的问题即可。

（3）参考文献的引用　如果发现在某一问题上存在争议，最好同时引用包含两种结果的文献。这样的话增加了研究的严谨性。参考文献的引用具有一定的时效性，最好引用近五年的文献。

5. 材料与方法 方法部分的目的是准确描述你做了什么及如何做，这部分必须足够详细，以便任何拥有相同资源的读者都能够重现你的研究。一般每个结果都需要有对应的方法，"方法"部分是高度事实性的，不需要像"引言"或"讨论"部分那样吸引读者。然而，"方法"部分对于帮助读者充分理解您的研究工作是至关重要。在设计研究时，如果选择了不寻常的方法，应该通过适当的参考资料或指南来证明，或者对特定方法的具体背景进行解释。一般来说，"方法"部分应该将人们熟悉的概念和研究活动组合成一系列有逻辑的事件。论文中的术语和句子结构应保持一致，并符合本领域的惯例。由于方法部分通常依赖于信息列表，因此一致性即使用相同的术语、符号和句子结构来表述同类内容尤为重要。方法的写作要注意几点。

（1）研究对象 研究对象的特征描述、研究对象的募集和确定方法，包括研究对象从哪里募集、募集标准、如何分组等。

（2）材料选择 材料选择经常被人们所忽视，使用的仪器和药品必须有生产编号，使用了什么年龄的动物，动物的雄雌，试剂的分子量，聚合度，细胞的接种密度、药物的溶度、处理时间。

（3）数据分析 方法部分的最后一段应详细说明统计分析。关于数据呈现的标准声明应该放在开头，例如，定量的、正态分布的数据以平均值＋标准差表示，非正态分布数据的以中位数表示，定性数据以数量（百分比）表示。然后，应列出所使用的具体统计方法——哪种测试用于哪种类型的变量；多元分析的类型及其包含的变量等。此处可以包括样本大小的合理性，说明结果频率及其方差的工作假设。

（4）伦理 当文章的主体是动物时，一定要确定是否符合伦理标准，并要提供相关文件及受试对象的知情同意书。

6. 结果

结果是科学研究的阶段性最终状态。研究结果是论文的核心内容，更是论文推理和论证的重要依据，反映了论文的学术水平和技术创新的程度。论文结果的内容包括真实可靠的观察和实验研究结果的测定，以及导出的公式等。结果部分必须真实、具体、准确，实验数据要求准确无误，并作统计学分析，对不符合主观思想的数据和结果，应做客观的分析和报道。

结果部分写作要注意：

（1）结果逻辑 按照行文的逻辑顺序将结果分成不同的章节，每一节可以命名一个小标题，这个标题尽可能概括你这一节的内容。

（2）图片要求 要力求清晰，清楚，同时不要将图片和结果完全分离，最好是图片后面附有结果，这样的话会比较有意义。根据目标期刊的不同，有的杂志对正文的图有限制，应该提前查看投稿须知。

（3）结果描述 容易用一两句话描述的结果可以写在文中。对于处理、结果等数据，如描述两组或多组的相同变量，应使用表格。当数据过于复杂而无法呈现或不易解释的情况下，可以用图形清楚地表示关系和趋势，注意不要在表格或图形中重复文本中的数据。不能单列出图表，一定要对自己的图表进行文字性的说明。在材料与方法中的数据一定要有对应的结果，反之结果一定要在材料与方法上有所对应。

（4）图例要求 图例上的结果一定要标好 n 值，P 值，统计学方法。同时尽量减少一些模棱两可数据的表达，例如，较少等词汇，最好是给出一些具体数据，例如，与对照组相比，实验组的药物溶度增加了 20%。

7. 结论 结论是对结果的正确推论。它是对整篇论文的归纳总结，更是论文的精髓。结论可以是对主题的重申或对主要观点的归纳，也可以是具有启发性的解释。或是在研究结果基础上的预测等，论文结论部分的写作要精准、严谨、具体、精炼，实事求是，不用图表。只有经过充分论证的正确推论，所得到的观点才能写入结论，结论不应是单纯的重复实验结果。

8. 讨论 讨论是指对论文的研究方法、研究结果和研究结论作更深入的阐述，进一步阐明研究方法、研究结果和研究结论的科学性与先进性，尤其是要深刻阐明论文解决了前人没有研究或没有解决的新问题、前人没有得到的新结果和新结论，以及论文所得到的新结果和新结论对学科或社会发展的影响。在讨论时，不要去严格的批评别人做的不好，而是更多的说你这项工作有什么长处。所以在文中尽量不要说"谁的研究结果不够完善"而应该说，"基于前人的工作，我们做了什么，这些东西是前人没有探索过的，或者说以前的作者认为意义不大的，但是通过我们的研究"，这样相对会比较贴切。注意讨论部分一定要说清楚你的研究意义和这项工作对未来有什么指导作用，不需要大篇幅去描述结果，这样会损失这篇文章的研究价值。与此同时，讨论一定要与你的题目相呼应，它是在你题目拟定好下的一种合理的推论，不能文不对题。

（三）注意事项

论文的撰写一定要有科学性、理论性、创新性和准确性，这是一篇科研论文撰写的基本要求。

1. 科学性 理论性指的是作者所撰写的论文必须符合一定的客观规律，数据真实，结果完整，具有可重复性。

2. 理论性 理论性指的是作者的文章是基于那种理论指导下进行成文的，在这种理论指导下，对论文在深度和广度下进行进一步的扩展，不能随意瞎编。

3. 创新性 论文的创新性是指研究成果在学术或实践领域上具有新颖性和独特性，相比前人的文章，作者在方法或者对目前存在的问题有新的解决方案都是文章的创新。

4. 准确性 论文的准确性是指的科技论文的方法、数据等必须保证准确无误。表达的逻辑必须清晰明白，不能让读者感到疑惑，与此同时，论述的事实不能游移，尽量避免"大概""可能""也许""估计"之类词汇。

三、学位论文的撰写

学位论文是申请者为了取得一定的学位而撰写的论文。论文的编写格式由三大部分组成：前置部分、主体部分和后置部分。前置部分包括题名、作者信息、目录、摘要、关键信息及其他项目如基金资助、稿件日期等；主体部分即正文部分，通常包括引言、主体、结论和参考文献等；后置部分即附录部分。

各部分的撰写要求及规范如下。

（一）前置部分

1. 论文首页 论文首页一般包括：分类、学校名称及代码、学号、论文题目学位申请人、指导老师、申请学位类型、申请学位的学科专业和研究方向、论文提交日期。涉密论文尚需注明论文密级和保密年限。

首页的格式，各学位授予单位均已做相关要求，包括字号、字体、居中等。

论文题目应当简明、准确、新颖、醒目，一般不超过 25 个汉字（字符）。

2. 原创性声明和论文使用授权声明 原创性声明和论文使用授权声明由学位授予单位提供，

学位申请者手写签名。

3. 摘要　摘要是对学位论文内容不加注释和评论的简短陈述，是对论文内容的高度概括和总结。

学位论文中的摘要在形式上一般采用结构式摘要，在内容上一般采用报道性摘要，其写作要求如下。

（1）简要说明本论文的目的、方法、结果和结论，重点突出论文的创新之处。

（2）字数不宜过多。不同院校对摘要字数要求有所不同，大部分医学院校对博士学位论文摘要的要求是 1000 字左右，对硕士学位论文的要求是 500 字左右。

（3）要有独立性和概括性，即摘要中要有数据、有结论，是对全文研究的高度概括。

（4）要用文字表达，不能用图表、公式，要采用规范化的名词术语，不用非公知公用的符号和术语。

（5）不能引用参考文献，除非该文献证实或否定了他人已出版的著作。

（6）一般以第三人称进行书写，尽量不用第一人称、第二人称作为主语。

（7）结构要严谨，表达要简明，语义要确切，书写要合乎语法，保持上下文的逻辑关系。

4. 英文摘要　英文摘要是为了让国外的研究人员了解论文的内容，从而开展交流与合作。英文摘要部分的标题为"Abstract"，内容要求与中文摘要相同，一般采用结构式摘要的形式，包括目的（objective）、方法（methods）、结果（results）和结论（conclusion）四个主要部分。

英文摘要写作的基本要求如下：

（1）题目要求　英文摘要上方应有题目，题目要准确、简洁、清楚。在拟定题目时应注意以下问题：

1）缩写词：除了公知公认的缩写词，尽量不要用缩写词。

2）大小写：一般第一个词的首字母大写，其余小写。

3）标点符号：题目中可以用少数几种标点符号，最常用的是冒号（：）破折号（——）、逗号（，）、连字符（－），有时也用问号（？）及斜线（／），其他标点符号基本不用。

4）数字：如以数字作为标题开头，要用英文数词，不使用阿拉伯数字。

（2）内容要求　英文摘要是中文摘要的转译，要求准确、简洁、如实反映中文摘要的内容。

（3）语言要求　英文摘要的书写应该符合英文的语言习惯。目的常用动词不定式短语，而在方法、结果和结论部分，应当用完整的句子。时态常用一般现在时、一般过去时，较少用现在完成时、过去完成时。目的部分如采用句子表达常用一般现在时，描述客观存在的背景信息。研究方法和结果在作者进行论文写作时已经完成，一般情况下采用一般过去时，特殊情况下也可采用过去完成时、一般现在时或现在完成时。英文摘要的书写应尽可能运用主动语态，除了"方法"适用被动语态，其余部分皆可用主动句或无语态句表达。

（4）摘要中的缩写词　除公知公认的缩写词及出现 3 次以上的词不需要注明全称外，一律在第一次出现时注明全称。

5. 关键词　关键词是从论文中选取出来用以表示全文主题内容并且可用作计算系统标引论文内容特征的单词或术语，影响着论文的被检索率。

关键词选择一般需满足以下要求：

（1）一般列 3 ～ 8 个，中英文关键词应一一对应，分别排在中英文摘要下方，关键词之间用"；"或"，"隔开。

（2）注意关键词之间的组配。关键词概括论文的基本信息，包括论文的科学问题、科学目标、研究意义、研究内容及主要技术方法，并依照关键词的内涵及逻辑关系进行排列。

（3）关键词尽量选用主题词作为关键词，一个词仅代表一个意思。

（二）主体部分

主体部分即正文部分，通常包括引言、主体、结论和参考文献等。

1. 引言 引言是论文的开场白，其目的在于介绍本研究的目的，引导读者阅读和理解全文。

（1）内容 引言的内容包括三个要素：研究背景、研究现况和研究目的。

1）研究背景：在于交代为什么要做这项研究，是现实疾病防治的需要还是理论或技术上迫切需要解决的问题，做完这项研究后能产生什么样的价值和推动作用。

2）研究现况：在于结合论文的研究内容综述前人所作的工作，介绍该领域的国内外研究现况和目前仍存在的问题或不足，有哪些问题亟待解决。问题的提出要具有针对性，论述面太广泛则无法做到重点突出，每个问题的阐释也很难全面，只要能解决研究现况中任何一个问题，就是一篇优秀的研究论文。

3）研究目的：在于交代论文的研究主题，提出本文研究的研究假说、要解决的主要问题。在叙述研究目的时需要简要介绍研究采用的思路和方法、主要结果及结论，重点是突出本研究的特色和创新点。

4）其他：包括研究问题与研究现况（同时有参考文献）、研究方法（必要时可指明选择理由）、主要结果及由结果而产生的结论。

（2）撰写要求

1）引言的撰写要思路清晰、语言简洁流畅、重点突出，不要大量书写研究的历史渊源、发展过程、本领域研究人员所共知的常识性内容及做不必要的学术名词解释。

2）引言部分是对研究背景和研究意义的集中介绍，应尽量引用权威的文献和新近的文献（近5年内），以指引读者进行研究问题和研究价值的判断。

3）引言中可以简述本研究的内容、结果、意义及前景，但要尽量避免与摘要或结论雷同。必要时可以提出研究方案，清楚地表明是如何回答问题的，适当强调论文的重要发现或贡献。

4）引言不要随意使用缩略语，不要使用插图、列表以及公式的推导和证明，不要包括论文的数据和结论。

2. 目录 目录是指将论文中的各个章节、段落和页码按顺序列在一起，便于读者查找和阅读。一般位于论文的引言之后、正文之前，整篇论文的结构和内容都应该反映出来。

目录一般包括以下内容：中英文摘要、引言、相关研究综述、材料与方法、研究结果、讨论、结论、参考文献、致谢、附录。

编写目录时，应仔细阅读所在学校或学院提供的具体指南和要求，这些指南通常会提供更详细的格式和内容要求。此外，可以利用文档管理自动生成目录，并方便修改和更新。

3. 文献综述 文献综述是在研究问题确定之后，对国内外相关的研究进行系统检索、整理归类、分析和总结，展示论文研究所处的大背景和研究要解决的问题。文献综述的主要内容包括研究背景、研究现况的分析，与引言相比，其内容更丰富更翔实，以帮助研究者理清本领域的最新研究动态，找准有价值的研究主题，也有助于论文评阅人和读者了解研究的价值，评判作者分析问题、解决问题的能力。

4. 材料与方法 材料与方法部分的目的在于让评阅人和读者了解研究所采用的具体方法。研究的类型不同，研究方法部分的撰写也有很大差别。

（1）内容

1）研究对象（人或实验动物等，包括对照组）。

2）伦理学问题说明。

3）研究的设计与方法。

4）使用的主要药品、试剂、仪器、设备。

5）观测项目与指标。

6）数据处理和统计分析方法。

7）质量控制方法等几个部分。

（2）撰写要求

1）内容的叙述要完整、准确、客观。

2）应明确说明选择的研究对象。明确说明研究对象是什么，是人还是动物以及什么样的人和什么样的动物，详细介绍其基本信息，如年龄、性别、来源等，同时，应该交代研究对象的分组方法及样本量计算方法。

3）说明伦理学问题。对于以人为对象的研究，应交代是否经过伦理委员会审查与批准，研究对象是否"知情同意"，对于以动物为对象的研究，应进行动物伦理审批。

4）说明检测指标。应详细说明项目和指标的内容、定义、观测方法和判断标准。

5）应详细介绍实验方法和操作程序。

6）对于所用的主要仪器设备应说明仪器设备的名称、生产厂家、规格型号。

7）对于所用的药品、试剂应详细说明名称、生产厂家、生产时间和批号以及所用的纯度、剂量等信息。药品、试剂名称采用国际通用名，不使用商品名；自制试剂需说明制备过程和纯度的检验情况，以备重复验证。

8）应准确描述所采用的统计分析方法。根据研究对象和目的，选用正确的统计学方法，并在文中说明所用的统计分析方法、统计学软件、显著性差异的标准等。

5. 结果　结果是指实验所得数据、观察记录经过综合分析和统计学处理的结果，通常篇幅占全文的四分之一。

结果部分的撰写要求如下：

（1）叙述要层次清楚、组织严密、逻辑严谨。应根据研究目的或逻辑顺序将结果分为若干节，冠以恰当的标题进行描述。

（2）要有必要的分析或统计学处理。结果的描述应有依据，将原始数据和原始资料整理、总结、归纳分析及统计学处理。数据描述导数（如百分数），还应给出其绝对数。

（3）结果要真实全面完整。不论研究结果如何，只要方法可靠、数据无误都应如实报道。

（4）规范地使用图和表，图、表、文字内容互不重复。

（5）只客观地描述结果，不描述研究结果的潜在意义、可能机制以及与他人结果的比较等，这些内容应在讨论部分进行讨论。

6. 讨论　讨论是作者根据研究的结果，归纳其内在联系，并通过与国内外的相关研究结果对比，将全部资料进行综合分析，从而展示研究结果的科学意义和重要价值，提出自己的研究观点和独到的见解。讨论中要突出自己研究的创新之处，尤其是对前人研究的突破。

（1）内容要求

1）归纳、总结研究的主要发现，验证论文引言中提出的假说是否正确、研究的目标是否达到。

2）突出创新性。对于能够体现研究独特性和创新性、其他研究中没有的结果应该重点讨论，而对于和前人研究一致的结果应该一笔带过。对本研究较以往国内外同类研究的优越之处和不足之处、为什么会得出不同于其他研究者的结论的原因等进行讨论。

3）说明本研究的价值。通过与国内外相关的研究对比，阐述研究结果的可能机制、理论价值与实际意义。

4）指出本研究本身的设计、实验手段或实施过程或结果分析等的局限性，可能存在的偏倚及其控制措施，有利于读者科学地评价研究的结果。

5）今后进一步研究的方向与设想，在已取得成绩的基础上提出目前研究的不足、今后努力的方向及有待进一步解决的问题。

（2）撰写要求

1）讨论的目的要明确，有的放矢。讨论应该重点阐明本研究目的、方法、结果中独创性、独到性的内容，通过对本研究的结果进行分析得出研究的结论，强调自己研究的价值和创新性。

2）论证要有依据，不能主观臆测。讨论部分要以自己的研究结果为依据去提出论点，不能主观臆测，一说了之。

3）论证要有逻辑性，谨慎全面。论证观点时要正确运用各种推理方法，注意论据与论点之间的内在联系，不仅要引用支持自己观点的证据，还应注意收集相反的证据，分析可能的原因。

4）讨论要实事求是，不能随意夸大。讨论本研究的方法、结果等应与过去的研究进行比较，客观地评价本研究与国内外既往研究的异同和优劣之处。要正确引用参考文献，避免转引。一定要阅读参考文献的原文，准确理解作者的原意，不得直接转引，防止出现以讹传讹。

7. 结论 结论是整篇论文的总论点，是从整篇论文的全部材料出发，通过推理、判断、归纳、提炼等过程，凝练出的论文的学术观点，是对研究成果的进一步升华和提高。

（1）内容

1）本文的研究结果说明了什么问题？

2）在实际应用上的意义和作用。

3）与前人的研究有哪些异同，对前人的看法做了哪些修正、补充和发展？

4）本文研究的不足之处或遗留问题及解决这些问题的可能方向和关键点。

（2）撰写要求

1）语言要严谨、精炼、准确、高度概括，不能模棱两可、含糊其词。

2）结论要有依据。每个观点都要基于实验、观测的结果进行判断、推理，证据不足时不要妄下结论。

3）结论应该层次分明、条理清楚。内容较多时可以分条，按照重要性依次排列、分项编号列出。

4）在引言中提出的问题，在结论中应有解答但应避免与引言或摘要雷同。

5）不能简单地重复结果。

6）结论中可以对研究的理论意义和实用价值进行恰如其分的评价，但不可夸大，也不可过度谦虚。要避免使用诸如"本研究具有国际先进水平""本研究结果属国内首创""本研究结果填补了国内空白"等语句来做自我评价。

8. 参考文献 参考文献是学位论文的一个重要组成部分。其要求参照《信息与文献—参考文献著录规则》（GB/T 7714–2015）执行。

9. 成果 申请者在本部分详细罗列在读期间所获得的成果。

10. 致谢 致谢的对象与范围包括：在研究工作中提出过指导性意见或提供过帮助、协助的机构或个人；为研究工作提供实验材料、仪器及其他便利条件的组织或个人；为论著数据进行统计学处理、给予转载和引用权的资料、图片、文献、研究思想和设想的所有者；对论文写作提出建议或给予修改者等等。

（三）后置部分

后置部分即附录。附录是对正文主体部分的补充项目或参考项目。它通常是与正文相关却又不便于表达的图、表、资料介绍或标准等，附于论文末尾以供读者或编辑人员查看详情。

【链接】

坚决杜绝学术不端行为

在从事科研学术活动时，必须杜绝以下学术不端行为：

（1）抄袭、剽窃、重复发表、侵吞他人学术成果等。

（2）伪造通讯作者(邮箱、单位)、伪造或操纵同行评议，篡改他人学术成果。

（3）伪造或者篡改数据、文献、一图多用、选择性使用、捏造事实。

（4）买卖、代写、代投论文，未参加研究，在他人学术成果上署名。

（5）未经他人许可，不当使用他人署名。

（6）未真实开展研究而购买实验研究数据。

（7）违反动物伦理；在涉及动物实验中，违反善待动物、尊重动物生命等规定。

（8）违反医学伦理；在涉及人体研究中，违反知情同意、保护隐私等规定。

（9）违反人工智能伦理；在涉及人工智能开发和应用中不符合人类的道德标准和社会价值观。

（10）其他学术不端行为。

复习思考题十

1. 简述合理使用文献的五个步骤及注意事项。

2. 简述学术规范与学术不端的含义。

3. 简述科研论文写作的基本要求。

4. 简述几个常用的文献类型标识代码及分别代表什么类型的文献。

5. 简述论文结论和结果的写作区别。

主要参考书目

［1］张兰珍.中药文献检索［M］.北京：人民卫生出版社，2012.

［2］朱丽君.信息资源检索与利用［M］.北京：化学工业出版社，2011.

［3］代涛.医学信息检索与利用［M］.北京：人民卫生出版社，2010.

［4］《中国情报学百科全书》编委会.中国情报学百科全书［M］.北京：中国大百科全书出版社，2010.

［5］牛少彰.信息安全导论［M］.北京：国防工业出版社，2010.

［6］国家食品药品监督管理局高级研修学院.医药企业信息化工程概论［M］.北京：化学工业出版社，2011.

［7］冯天亮.医院信息系统教程［M］.北京：科学出版社，2012.

［8］吴颖.专利情报分析与应用［M］.广州：广东旅游出版社，2019.

［9］杨铁军.专利信息利用技能［M］.北京：知识产权出版社，2011.

［10］中华中医药学会.T/CACM1564–2024.《中成药高价值专利培育标准》［S］.北京，2024.

［11］中华人民共和国国家质量监督检验检疫总局，中国国家标准化管理委员会.GB/T32003–2015，科技查新技术规范［S］.2015.

［12］崔蒙，吴朝晖，乔延江.中医药信息学［M］.北京：科学出版社，2015.

［13］邱均平.文献计量学［M］.北京：科学出版社，2019.

［14］章新友.药学文献检索［M］.北京：中国中医药出版社，2023.

［15］章新友.中药文献检索［M］.北京：人民卫生出版社，2024.

附 录

附录 1 中医药主要中文期刊

序号	期刊名称	主办单位	出版周期
1	安徽医药	安徽省药学会	月刊
2	安徽中医药大学学报	安徽中医药大学	双月刊
3	北方药学	内蒙古自治区食品药品学会	月刊
4	北京中医药	北京中医药学会、北京中西医结合学会、北京市中药研究所	月刊
5	北京中医药大学学报	北京中医药大学	月刊
6	长春中医药大学学报	长春中医药大学	月刊
7	成都中医药大学学报	成都中医药大学	季刊
8	福建医药杂志	福建省医学会	双月刊
9	福建中医药	福建中医药大学、福建中医药学会	月刊
10	甘肃医药	甘肃省医学科学研究院	月刊
11	甘肃中医药大学学报	甘肃中医药大学	双月刊
12	广东药科大学学报	广东药科大学	双月刊
13	光明中医	中华中医药学会	半月刊
14	广西医学	广西壮族自治区医学科学信息研究所	半月刊
15	广西中医药	广西中医药大学、广西中医药学会	双月刊
16	广西中医药大学学报	广西中医药大学	双月刊
17	广州医药	广州市第一人民医院	双月刊
18	广州中医药大学学报	广州中医药大学	月刊
19	贵州医药	贵州省卫生健康学术促进中心	月刊
20	贵州中医药大学学报	贵州中医药大学	双月刊
21	国际医药卫生导报	中华医学会	半月刊
22	国际中医中药杂志	中华医学会、中国中医科学院中医药信息研究所	月刊
23	国医论坛	中华中医药学会、南阳医学高等专科学校	双月刊
24	哈尔滨医药	哈尔滨市卫生健康服务评价中心	双月刊
25	海南医学院学报	海南医学院	半月刊
26	海峡药学	福建省药学会	月刊

序号	期刊名称	主办单位	出版周期
27	河北医学	河北省医学会	月刊
28	河北医药	河北省医学情报研究所	半月刊
29	河北中医	河北省医学情报研究所	月刊
30	河北中医药学报	河北中医学院	双月刊
31	河南中医	河南中医药大学	月刊
32	黑龙江医药	黑龙江省市场监督管理干部学校	双月刊
33	黑龙江中医药	黑龙江中医药科学院	双月刊
34	湖北中医药大学学报	湖北中医药大学	双月刊
35	湖北中医杂志	湖北中医药大学	月刊
36	湖南中医药大学学报	湖南中医药大学	月刊
37	湖南中医杂志	湖南省中医药研究院	月刊
38	华西药学杂志	四川大学、四川省药学会	双月刊
39	环球中医药	中华国际医学交流基金会	月刊
40	吉林医学	吉林省医学期刊社	月刊
41	吉林医药学院学报	吉林医药学院	双月刊
42	吉林中医药	长春中医药大学	月刊
43	江苏医药	江苏省人民医院	月刊
44	江苏中医药	江苏省中医药学会、江苏省中西医结合学会、江苏省针灸学会	月刊
45	江西医药	江西省医学会	双月刊
46	江西中医药	江西中医药大学、江西省中医药学会	月刊
47	江西中医药大学学报	江西中医药大学	双月刊
48	今日药学	中国药学会、广东省药学会	月刊
49	辽宁中医药大学学报	辽宁中医药大学	月刊
50	辽宁中医杂志	辽宁中医大学	月刊
51	南京中医药大学学报（自然科学版）	南京中医药大学	月刊
52	内蒙古医学杂志	内蒙古自治区医学学术交流中心	月刊
53	内蒙古中医药	内蒙古自治区中医药研究所	月刊
54	黔南民族医专学报	黔南民族医学高等专科学校	季刊
55	青岛医药卫生	青岛市医学会	双月
56	青海医药杂志	青海省医药卫生学会联合办公室	月刊
57	山东医药	山东省立医院	旬刊
58	山东中医药大学学报	山东中医药大学	双月刊
59	山东中医杂志	山东中医药学会、山东中医药大学	月刊
60	山西医药杂志	山西医药卫生传媒集团有限责任公司	半月刊
61	山西中医	山西省中医药学会、山西省中医药研究院	月刊
62	陕西中医	陕西省中医药学会	月刊
63	山西中医药大学学报	山西中医药大学	双月刊
64	上海医药	上海医药行业协会、上海医药股份有限公司	半月刊

续表

序号	期刊名称	主办单位	出版周期
65	上海针灸杂志	上海市中医药研究院、上海市针灸学会	月刊
66	上海中医药大学学报	上海中医药大学、上海市中医药研究院	双月刊
67	上海中医药杂志	上海中医药大学、上海市中医药学会	月刊
68	沈阳药科大学学报	沈阳药科大学	月刊
69	深圳中西医结合杂志	深圳市中西医结合临床研究所	半月刊
70	世界科学技术—中药现代化	中科院科技战略咨询研究院	月刊
71	世界中西医结合杂志	中华中医药学会	月刊
72	世界中医药	世界中医药学会联合会	半月刊
73	实用中西医结合临床	江西省中医药研究院、江西省中西医结合学会	半月刊
74	实用中医内科杂志	中华中医药学会、辽宁省中医药学会、辽宁省中医药研究院	月刊
75	实用中医药杂志	重庆医科大学中医药学院	月刊
76	时珍国医国药	时珍国医国药杂志社	月刊
77	数理医药学杂志	武汉大学	月刊
78	四川中医	四川省中医药学会、四川省中西医结合学会、四川省针灸学会、四川省中医药科学院	月刊
79	天津药学	天津市医药集团有限公司、天津市药学会	双月刊
80	天津中医药	天津中医药大学、天津中医药学会、天津中西医结合学会	月刊
81	天津中医药大学学报	天津中医药大学	双月刊
82	西北药学杂志	西安交通大学、陕西省药学会	双月刊
83	西部中医药	中华中医药学会、甘肃省中医药研究院	月刊
84	西藏医药	西藏医学会	双月刊
85	现代中西医结合杂志	中华中医药学会、河北省中西医结合学会	半月刊
86	现代中药研究与实践	安徽中医药高等专科学校	双月刊
87	现代中医临床	北京中医药大学	双月刊
88	现代中药	陕西中医药大学	双月刊
89	新疆中医药	新疆维吾尔自治区中医药学会	双月刊
90	新中医	广州中医药大学、中华中医药学会	半月刊
91	亚太传统医药	中华中医药学会、湖北省科技信息研究院	月刊
92	药物分析杂志	中国药学会	月刊
93	药物评价研究	中国药学会、天津药物研究院	月刊
94	药学服务与研究	海军军医大学	双月刊
95	药学进展	中国药科大学、中国药学会	月刊
96	药学实践与服务	中国人民解放军海军军医大学药学系	月刊
97	药学研究	山东省食品药品检验研究院、山东省药学会	月刊
98	药学与临床研究	江苏省药学会	双月刊
99	药学学报	中国药学会、中国医学科学院药物研究所	月刊
100	医药导报	中国药理学会、华中科技大学同济医学院附属同济医院	月刊
101	云南中医学院学报	云南中医药大学	双月刊
102	云南中医中药杂志	云南省中医中药研究院、云南省中医药学会	月刊

续表

序号	期刊名称	主办单位	出版周期
103	浙江中西医结合杂志	浙江省中西医结合学会、浙江省中西医结合医院	月刊
104	浙江中医药大学学报	浙江中医药大学	月刊
105	浙江中医杂志	浙江省中医药研究院	月刊
106	中草药	中国药学会、天津药物研究院	半月刊
107	中成药	国家食品医药监督管理局信息中心中成药信息站、上海中药行业协会	月刊
108	中国处方药	国家药品监督管理局南方医药经济研究所	月刊
109	中国海洋药物	中国药学会	双月刊
110	中国临床药理学杂志	中国药学会	半月刊
111	中国民族民间医药	云南省民族民间医药学会	半月刊
112	中国民族医药杂志	内蒙古中蒙医研究所	月刊
113	中国实验方剂学杂志	中华中医药学会、中国中医科学院中药研究所	半月刊
114	中国实用医药	中国康复医学会	半月刊
115	中国天然药物	中国药科大学、中国药学会	月刊
116	中国现代应用药学	中国药学会	半月刊
117	中国现代中药	中国中药协会、中国医药集团有限公司、中国中药有限公司	月刊
118	中国新药与临床杂志	中国药学会、上海市食品药品监督管理局科技情报研究所	月刊
119	中国新药杂志	中国医药科技出版社有限公司、中国医药集团有限公司、中国药学会	半月刊
120	中国药房	中国医院协会、重庆大学附属肿瘤医院	半月刊
121	中国药科大学学报	中国药科大学	双月刊
122	中国药理学通报	中国药理学会	月刊
123	中国药理学与毒理学杂志	军事医学科学院毒物药物研究所、中国药理学会、中国毒理学会	月刊
124	中国药师	国家食品药品监督管理局培训中心、武汉医药（集团）股份有限公司	月刊
125	中国药物化学杂志	中国药学会、沈阳药科大学	月刊
126	中国药物评价	国家药品监督管理局信息中心	双月刊
127	中国药学杂志	中国药学会	半月刊
128	中国药业	重庆市药品监督管理局	半月刊
129	中国医药工业杂志	中国药学会、中国化学制药工业协会、上海医药工业研究院	月刊
130	中国医药	中国医师协会	月刊
131	中国医药导报	中国医学科学院	旬刊
132	中国医药导刊	国家食品药品监督管理局信息中心	月刊
133	中国医药科学	海峡两岸医药卫生交流协会、二十一世纪联合创新（北京）医药科学研究院	半月刊
134	中国医院药学杂志	中国药学会	半月刊
135	中国针灸	中国针灸学会、中国中医科学院针灸研究所	月刊
136	中国中西医结合耳鼻咽喉科杂志	中国中西医结合学会	双月刊
137	中国中西医结合儿科学	中国医师协会、辽宁省基础医学研究所、辽宁中医药大学附属医院	双月刊
138	中国中西药结合急救杂志	中国中西医结合学会	双月刊

续表

序号	期刊名称	主办单位	出版周期
139	中国中西医结合皮肤病学杂志	中国中西医结合学会、天津市中西医结合皮肤病研究所	双月刊
140	中国中西医结合肾病杂志	中国中西医结合学会	月刊
141	中国中西医结合外科杂志	中国中西医结合学会、天津市中西医结合急腹症研究所	双月刊
142	中国中西医结合消化杂志	华中科技大学同济医学院、中国中西医结合学会消化系统疾病专业委员会、中华中医药学会脾胃病分会	月刊
143	中国中西医结合杂志	中国中西医结合学会、中国中医科学院	月刊
144	中国中药杂志	中国药学会	半月刊
145	中国中医骨伤科杂志	中华中医药学会、湖北省中医药研究院	月刊
146	中国中医基础医学杂志	中国中医科学院中医基础理论研究所	月刊
147	中国中医急症	中华中医药学会、重庆市中医研究院	月刊
148	中国中医眼科杂志	中国中医科学院	月刊
149	中国中医药科技	中华中医药学会	双月刊
150	中国中医药信息杂志	中国中医科学院中医药信息研究所	月刊
151	中华中医药学刊	中华中医药学会、辽宁中医药大学	月刊
152	中华中医药杂志	中华中医药学会	月刊
153	中南药学	湖南省药学会	月刊
154	中西医结合肝病杂志	湖北中医药大学	月刊
155	中西医结合心脑血管病杂志	山西医科大学第一医院	半月刊
156	中西医结合研究	华中科技大学	双月刊
157	中药材	国家食品药品监督管理局、中药材信息中心站	月刊
158	中药新药与临床药理	中华中医药学会、广州中医药大学	月刊
159	中药药理与临床	中国药理学会、四川省中医药科学院	双月刊
160	中药与临床	成都中医药大学	双月刊
161	中医儿科杂志	中华中医药学会、甘肃中医药大学	双月刊
162	中医外治杂志	山西医药卫生传媒集团	双月刊
163	中医学报	中华中医药学会、中医药大学	月刊
164	中医研究	中华中医药学会、河南省中医药研究院	月刊
165	中医眼耳鼻喉杂志	成都中医药大学	季刊
166	中医药管理杂志	中华中医药学会	半月刊
167	中医药导报	湖南省中医管理局、湖南省中医药学会	月刊
168	中医药临床杂志	中医药临床杂志社、中华中医药学会	月刊
169	中医药通报	中华中医药学会、厦门市中医药学会	月刊
170	中医药信息	中华中医药学会、黑龙江中医药大学	月刊
171	中医药学报	中华中医药学会、黑龙江中医药大学	月刊
172	中医杂志	中华中医药学会、中国中医科学院	半月刊
173	中医正骨	中华中医药学会、河南省正骨研究院	月刊

附录 2　医学主要中文期刊

序号	期刊名称	主办单位	出版周期
1	中华医学杂志	中华医学会	周刊
2	北京大学学报（医学版）	北京大学	双月刊
3	解放军医学杂志	人民军医出版社	月刊
4	中国医学科学院学报	中国医学科学院、北京协和医学院	双月刊
5	复旦学报（医学版）	复旦大学	双月刊
6	华中科技大学学报（医学版）	华中科技大学	双月刊
7	吉林大学学报（医学版）	吉林大学	双月刊
8	中南大学学报（医学版）	中南大学	月刊
9	四川大学学报（医学版）	四川大学	双月刊
10	南方医科大学学报（医学版）	南方医科大学	月刊
11	海军军医大学学报	海军军医大学教研保障中心	月刊
12	陆军军医大学学报	陆军军医大学教研保障中心	月刊
13	空军军医大学学报	空军军医大学教研保障中心	月刊
14	广东医学	广东省医学学术交流中心（广东省医学情报研究所）	月刊
15	上海医学	上海市医学会	月刊
16	军事医学	军事医学研究院	月刊
17	浙江大学学报（医学版）	浙江大学	双月刊
18	中国医科大学学报	中国医科大学	月刊
19	中山大学学报（医学科学版）	中山大学	双月刊
20	西安交通大学学报（医学版）	西安交通大学	双月刊
21	新医学	中山大学	月刊
22	山东大学学报（医学版）	山东大学	月刊
23	南京医科大学学报（自然科学版）	南京医科大学	月刊
24	重庆医科大学学报（医学版）	重庆医科大学	月刊
25	上海交通大学学报（医学版）	上海交通大学	月刊
26	首都医科大学学报（医学版）	首都医科大学	双月刊
27	中国现代医学杂志	中南大学、中南大学湘雅医学院	旬刊
28	郑州大学学报（医学版）	郑州大学	双月刊
29	安徽医科大学学报	安徽医科大学	双月刊
30	北京医学	中华医学会北京分会秘书处	月刊
31	中国公共卫生	中华预防医学会	月刊
32	中国卫生事业管理	中国卫生事业管理杂志社	月刊
33	中华疾病控制杂志	中华预防医学会、安徽医科大学	月刊
34	中国中西医结合杂志	中国中西医结合学会、中国中医科学院	月刊
35	中医杂志	中华中医药学会、中国中医科学院	半月刊
36	中国中医基础医学杂志	中国中医科学院中医基础理论研究所	月刊

续表

序号	期刊名称	主办单位	出版周期
37	辽宁中医杂志	辽宁中医药大学、辽宁省中医药学会	月刊
38	中华微生物学和免疫学杂志	中华医学会	月刊
39	中国免疫学杂志	中国免疫学会、吉林省医学期刊社	半月刊
40	中国病理生理杂志	中国病理生理学会	月刊
41	病毒学报	中国微生物学会	双月刊
42	解剖学报	中国解剖学会	双月刊
43	中国寄生虫学与寄生虫病杂志	中华预防医学会、中国疾病预防控制中心寄生虫病预防控制所	双月刊
44	中国人兽共患病学报	中国微生物学会	月刊
45	中国临床解剖学杂志	中国解剖学会	双月刊
46	细胞与分子免疫学杂志	第四军医大学、中国免疫学会	月刊
47	中国生物医学工程学报	中国生物医学工程学会	双月刊
48	中华医学遗传学杂志	中华医学会	月刊
49	中国临床心理学杂志	中国心理卫生协会	月刊
50	免疫学杂志	中国免疫学会、第三军医大学（陆军军医大学）	月刊
51	中华流行病学杂志	中华医学会	月刊
52	中华预防医学杂志	中华医学会	月刊
53	中华劳动卫生职业病杂志	中华医学会	月刊
54	卫生研究	中国疾病预防控制中心	双月刊
55	工业卫生与职业病	鞍山钢铁集团公司	双月刊
56	中国计划生育学杂志	中华人民共和国国家卫生和计划生育委员会科学技术研究所	月刊
57	环境与健康杂志	中华预防医学会、天津市疾病预防控制中心	月刊
58	中国卫生统计	中国卫生信息与健康医疗大数据学会、中国医科大学	双月刊
59	环境与职业医学	上海市疾病预防控制中心、中华预防医学会	月刊
60	中国医院管理	黑龙江省卫生发展研究中心	月刊
61	现代预防医学	中华预防医学会、四川大学华西公共卫生学院	半月刊
62	中华医院管理杂志	中华医学会	月刊
63	中国消毒学杂志	军事医学科学院疾病预防控制所、中华预防医学会	月刊
64	中国妇幼保健	中华预防医学会、吉林省医学期刊社	半月刊
65	中华检验医学杂志	中华医学会	月刊
66	中国超声医学杂志	中国科学技术信息研究所、中国超声医学工程学会	月刊
67	中华超声影像学杂志	中华医学会	月刊
68	中国医学影像技术	中国科学院声学研究所	月刊
69	中国危重病急救医学	中华医学会、天津市第一中心医院、天津市天津医院	月刊
70	中华物理医学与康复杂志	中华医学会、华中科技大学同济医学院	月刊
71	临床与实验病理学杂志	安徽医科大学、中华医学会安徽分会	月刊
72	中华护理杂志	中华护理学会	月刊
73	中华理疗杂志	中华医学会	双月刊
74	中国急救医学	中国医师协会、黑龙江科技情报研究院（黑龙江省生产力促进中心）	月刊

序号	期刊名称	主办单位	出版周期
75	中国康复医学杂志	中国康复医学会	月刊
76	中国临床医学影像杂志	中国医学影像技术研究会、中国医科大学	月刊
77	中国疼痛医学杂志	北京大学、中华医学会疼痛学分会	月刊
78	中国临床医学	复旦大学附属中山医院	月刊
79	中华内科杂志	中华医学会	月刊
80	中华血液学杂志	中华医学会	月刊
81	中华结核和呼吸杂志	中华医学会	月刊
82	中华心血管病杂志	中华医学会	月刊
83	中华高血压杂志	中华预防医学会、福建医科大学	月刊
84	中华消化杂志	中华医学会	月刊
85	中华肾脏病杂志	中华医学会	月刊
86	中华传染病杂志	中华医学会	月刊
87	中华内分泌代谢杂志	中华医学会	月刊
88	中国实用内科杂志	中国医师协会、中国医科大学主办	月刊
89	中华肝脏病杂志	中华医学会	月刊
90	中华地方病学杂志	中华医学会、哈尔滨医科大学	月刊
91	中华医学感染学杂志	中国人民解放军总医院、中华预防医学会	半月刊
92	中华老年医学杂志	中华医学会	月刊
93	中国老年学杂志	吉林省医学期刊社	半月刊
94	临床心血管病杂志	华中科技大学同济医学院附属协和医院	月刊
95	中国内镜杂志	中南大学、中南大学湘雅医学院	月刊
96	中国糖尿病杂志	中华医学会	月刊
97	中国地方病防治杂志	吉林省地方病第二防治研究所、中华预防医学会	双月刊
98	中华老年心脑血管病杂志	中国人民解放军总医院	月刊
99	中华外科杂志	中华医学会	月刊
100	中华骨科杂志	中华医学会	月刊
101	中华泌尿外科杂志	中华医学会	月刊
102	中华神经外科杂志	中华医学会	月刊
103	中国实用外科杂志	中国医师协会、中国医科大学	月刊
104	中华实验外科杂志	中华医学会	月刊
105	中华胸心血管外科杂志	中华医学会	月刊
106	中华显微外科杂志	中华医学会	双月刊
107	中华麻醉学杂志	中华医学会	月刊
108	中华普通外科杂志	中华医学会	月刊
109	中华消化外科杂志	中华医学会	月刊
110	中华肝胆外科杂志	中华医学会	月刊
111	中国矫形外科杂志	中国医师协会、中国残疾人康复协会	半月刊
112	中华整形外科杂志	中华医学会	双月刊

续表

序号	期刊名称	主办单位	出版周期
113	中国修复重建外科杂志	中国康复医学会、四川大学	月刊
114	中华烧伤杂志	中华医学会	月刊
115	中华手外科杂志	中华医学会	双月刊
116	中华妇产科杂志	中华医学会	月刊
117	中国实用妇科与产科杂志	中国医师协会、中国医科大学	月刊
118	实用妇产科杂志	四川省医疗卫生服务指导中心	月刊
119	现代妇产科进展	山东大学	月刊
120	中华小儿外科杂志	中华医学会	月刊
121	中国实用儿科杂志	中国医师协会、中国医科大学	月刊
122	临床儿科杂志	上海市儿科医学研究所、上海交通大学医学院附属新华医院	月刊
123	中华儿科杂志	中华医学会	月刊
124	中华实用儿科临床杂志	中华医学会	半月刊
125	中华肿瘤杂志	中华医学会	月刊
126	中华病理学杂志	中华医学会	双月刊
127	中国肿瘤临床	中国抗癌协会	半月刊
128	中华放射肿瘤学杂志	中华医学会	双月刊
129	肿瘤防治研究	湖北省肿瘤医院、中国抗癌协会	月刊
130	中华神经科杂志	中华医学会	月刊
131	中华行为医学与脑科学杂志	中华医学会、济宁医学院	月刊
132	中国心理卫生杂志	中国心理卫生协会	月刊
133	中风与神经疾病杂志	吉林大学	月刊
134	临床神经病学杂志	南京医科大学附属脑科医院	双月刊
135	中华精神科杂志	中华医学会	双月刊
136	中华皮肤科杂志	中华医学会	月刊
137	临床皮肤科杂志	江苏省人民医院	月刊
138	中国皮肤性病学杂志	西安交通大学	月刊
139	中华耳鼻喉头颈外科杂志	中华医学会	月刊
140	中华眼科杂志	中华医学会	月刊
141	中华实验眼科杂志	中华医学会	月刊
142	中华眼底病杂志	中华医学会	双月刊
143	中华口腔医学杂志	中华医学会	月刊
144	华西口腔医学杂志	四川大学	双月刊
145	实用口腔医学杂志	第四军医大学口腔医学院	双月刊
146	口腔医学研究	武汉大学口腔医学院、湖北省口腔医学会	月刊
147	国际口腔医学杂志	四川大学	双月刊
148	中华放射学杂志	中华医学会	月刊
149	中华核医学杂志	中华医学会	月刊
150	临床放射学杂志	黄石市医学科技情报所	月刊
151	中华放射医学与防护杂志	中华医学会	月刊
152	实用放射学杂志	实用放射学杂志社	月刊

续表

序号	期刊名称	主办单位	出版周期
153	中国介入影像与治疗学	中国科学院声学研究所	月刊
154	中国医学计算机成像杂志	复旦大学附属华山医院	双月刊
155	航天医学与医学工程	中国航天员科研训练中心	双月刊
156	中国运动医学杂志	中国体育科学学会	双月刊

附录 3　医药信息主要网络资源

（一）国内医药信息网站导航

序号	网站名称	网址
1	中华人民共和国国家卫生健康委员会	http://www.nhc.gov.cn/
2	国家药品监督管理局	https://www.nmpa.gov.cn/
3	国家中医药管理局	http://www.natcm.gov.cn/
4	中华医学会	http://www.cma.org.cn/
5	中国药学会	http://www.cpa.org.cn/
6	中国医师协会	http://www.cmda.net/
7	中华预防医学会	http://www.cpma.org.cn/
8	中国食品药品检定研究院	https://www.nifdc.org.cn/
9	中国医药质量管理协会	http://www.cqap.cn/
10	中国疾病预防控制中心	http://www.chinacdc.cn/
11	中国红十字会	http://www.redcross.org.cn/
12	中华中医药学会	http://www.cacm.org.cn/
13	国家药品监督管理局药品审评中心	https://www.cde.org.cn/
14	中国临床试验注册中心	http://www.chictr.org.cn/
15	中国医药信息查询平台	https://www.dayi.org.cn/

（二）医学论坛

序号	网站名称	网址
1	丁香园医学论坛	http://www.dxy.cn/bbs/
2	爱爱医（医学论坛）	https://bbs.iiyi.com/
3	经方医学论坛	https://www.hhjfsl.com/bbs/
4	医学考研论坛	http://med.bbs.kaoyan.com/
5	小木虫	http://muchong.com/bbs/
6	医学论坛网	http://www.cmt.com.cn/

续表

序号	网站名称	网址
7	中华医学会学术论坛	https://www.cma.org.cn/col/col1822/index.html
8	医学生论坛－医梦园	https://www.exam76.com/forum.php
9	百达医学论坛	http://bbs.baidamedi.com/
10	经典经方论坛	http://www.jdjf999.com/

（三）健康类医学网站

序号	网站名称	网址
1	39 健康网	http://www.39.net/
2	中华康网	http://www.cnkang.com
3	健康网	http://www.healthoo.com/
4	中健网	http://www.59120.com/
5	复禾健康	http://www.fh21.com.cn/
6	家庭医生在线	https://www.familydoctor.com.cn/
7	百度健康	https://jiankang.baidu.com/
8	腾讯医典	https://h5.baike.qq.com/
9	大众养生网	https://www.cndzys.com/
10	乐哈健康网	https://www.leha.com/
11	好大夫在线	https://www.haodf.com/
12	99 健康网	https://www.99.com.cn/

（四）医药电子商务网站

序号	网站名称	网址
1	药房网	http://www.yaofang.cn/
2	医药网	http://www.pharmnet.com.cn/
3	华源医药网	http://www.hyey.com
4	中药材天地网	http://www.zyctd.com
5	医药梦网	http://www.drugnet.com.cn/
6	阿里健康大药房	https://www.liangxinyao.com
7	方舟健客	https://www.jianke.com
8	国药网	https://www.yao123.com

（五）医疗器械类网站

序号	网站名称	网址
1	中国医疗器械信息网	https://www.cmdi.org.cn/

续表

序号	网站名称	网址
2	中国器械网	http://www.yiliao.biz/
3	医疗器械网	http://www.chinamedevice.cn/
4	医疗器械临床试验机构备案系统	https://beian.cfdi.org.cn/CTMDS/apps/pub/ylqxPublic.jsp
5	环球医疗器械网	https://ylqx.qgyyzs.net/
6	东方医疗器械网	https://www.qxw18.com
7	天成医疗网	https://www.tecenet.com/

（六）中医药网站

序号	网站名称	网址
1	中医药信息研究所	http://www.cintcm.ac.cn/
2	中医中药网	https://www.zhzyw.com/
3	中国中医药科技发展中心	https://www.cstdccm.cn/
4	中国中医药科技开发交流中心	https://www.cstdccm.cn/
5	中国中医药网	http://www.cntcm.com.cn
6	中医药方网	http://www.piccc.com/
7	中医药康养网	http://www.zgzyyky.org.cn/
8	中医药传承创新知识共享平台	https://www.hunanzyy.cn
9	中国中药协会	http://www.catcm.org.cn
10	中华中医药学会	https://www.cacm.org.cn/

（七）医药学习类网站

序号	网站名称	网址
1	正保医学教育网	http://www.med66.com/
2	医学全在线	http://www.med126.com/
3	人卫智网	http://www.ipmph.com/
4	中医人	http://www.tcmer.com

（八）医药考试类网站

序号	网站名称	网址
1	国家医学考试网	http://www.nmec.org.cn/
2	执业药师考试网	http://www.zhiyeyaoshi.com/
3	医考帮	https://www.yikaobang.com.cn/
4	第一考试网	http://onekao.com/
5	起点医考网	https://yx.qdexam.com/

（九）医药学专科（专业）网站

序号	网站名称	网址
1	中国解剖学会	http://www.csas.org.cn/
2	中国生理学会	https://www.caps-china.org.cn/
3	中国病理生理学会	http://www.caop.ac.cn/
4	中华病理技术网	http://www.dingw.com/
5	华夏病理	http://www.ipathology.cn/
6	美国临床肿瘤学会	http://www.asco.org/
7	M.D. 安德森癌症中心	https://www.mdanderson.org/
8	纪念斯隆－凯特琳癌症中心	https://www.mskcc.org/
9	中华医学会心血管病学分会	https://csc.cma.org.cn/
10	中华医学会呼吸病学分会	https://ctschina.cma.org.cn/
11	中华预防医学会感染性疾病防控分会	http://www.chinainfect.com/
12	中华医学会肝病学分会	https://hepa2024.sciconf.cn/
13	中华医学会内分泌学分会	https://endo.cma.org.cn/
14	中华医学会风湿病学分会	https://www.epic1media.com/
15	用药安全网	http://www.yongyao.net/
16	骨科在线	http://www.orthonline.com.cn/
17	中华手外科网	http://www.handsurgery.cn
18	妇产科网	http://www.china-obgyn.net/
19	中华医学会影像技术分会	https://csit.cma.org.cn/
20	台湾肾脏护理学会	http://www.tnna.org.tw/
21	中华急诊网	http://www.cem.org.cn/
22	临床药师网	http://www.clinphar.cn/
23	中华康网	http://www.cnkang.com/
24	男护士网	http://www.nanhushi.com/
25	NSTL 重点领域信息门户	http://portal.nstl.gov.cn/
26	全球在线科学信息门户（WorldWideScience）	http://worldwidescience.org/
27	天天医学导航网	https://med.ttdh.cn
28	MedExplorer	http://www.medexplorer.com/
29	Healio	http://medmatrix.org/
30	Medscape(医景)	http://www.medscape.com/
31	Dailymed	https://dailymed.nlm.nih.gov/dailymed
32	FDA	https://www.fda.gov/
33	NCBI	https://www.ncbi.nlm.nih.gov/
34	DrugBank	https://go.drugbank.com/
35	UpToDate 临床顾问	https://www.uptodate.cn/
36	欧盟上市药品查询（EMA）	https://www.ema.europa.eu/en/medicines
37	日本药品说明书查询（Iyaku）	https://database.japic.or.jp/

续表

序号	网站名称	网址
38	英国药品说明书查询（EMC）	https://www.medicines.org.uk
39	法国药品说明书查询（ANSM）	http://ansm.sante.fr/
40	瑞士药品说明书查询	http://www.swissmedicinfo.ch/
41	RXLIST 说明书查询	http://www.rxlist.com/script/main/hp.asp
42	Clinicaltrials 临床试验查询	https://clinicaltrials.gov/
43	日本临床试验查询	https://center6.umin.ac.jp/
44	WHO 临床试验查询	https://trialsearch.who.int/
45	欧洲制药工业协会（EFPIA）	https://www.efpia.eu/
46	美国仿制药协会（AAM）	https://accessiblemeds.org/
47	欧洲仿制药协会（EGA）	https://www.medicinesforeurope.com/
48	国际仿制药和生物类似物协会（IGBA）	https://www.igbamedicines.org/

附录 4　古代重要中医药文献一览表

编号	著作名称	朝代	作者
1	五十二病方	先秦	
2	神农本草经	秦汉时期	
3	本草经集注	梁	陶弘景
4	李当之药录	三国	李当之
5	吴普本草	魏	吴普
6	肘后备急方	晋	葛洪
7	海药本草	前蜀	李珣
8	药性论	唐	甄权
9	新修本草	唐	苏敬等
10	药录纂要	唐	孙思邈
11	千金方食治篇	唐	孙思邈
12	食医心鉴	唐	咎殷
13	石药尔雅	唐	梅彪
14	备急千金要方	唐	孙思邈
15	外台秘要	唐	王焘
16	本草拾遗	唐	陈藏器
17	本草衍义	宋	寇宗奭
18	类编图经集注本草（残卷）	宋	寇宗奭
19	图经衍义本草	宋	寇宗奭
20	（增广）和剂局方用药总论	宋	陈师文等

编号	著作名称	朝代	作者
21	雷公炮炙论	刘宋	雷敩
22	嘉祐补注神农本草	宋	掌禹锡
23	本草图经	宋	苏颂
24	经史证类备急本草	宋	唐慎微
25	太平御览药部	宋	李昉
26	太平圣惠方	宋	王怀隐
27	苏沈内翰良方	宋	苏轼、沈括等
28	全生指迷方	宋	王贶
29	开宝本草	宋	刘翰等
30	太平惠民和剂局方	宋	陈师文等
31	严氏济生方	宋	严用和
32	珍珠囊	金	张元素
33	药类法象	金	李杲
34	饮膳正要	元	忽思慧
35	本草衍义补遗	元	朱震亨
36	汤液本草	元	王好古
37	藏府标本药式	金	张元素
38	洁古老人珍珠囊	金	张元素
39	药性歌	明	龚廷贤
40	本草真诠	明	杨崇魁
41	辨药指南	明	贾所学
42	本草品汇精要	明	刘文泰等
43	本草蒙筌	明	陈嘉谟
44	本草纲目	明	李时珍
45	本草钞	明	方有执
46	本草原始	明	李中立
47	本草正	明	张介宾
48	本草发明	明	皇甫嵩
49	本草乘雅半偈	明	卢之颐
50	滇南本草	明	兰茂
51	滇南本草图说	明	兰茂
52	食物本草	明	薛己
53	炮制药法	明	张文学
54	炮炙大法	明	缪希雍
55	本草图会	明	王思义
56	本草图解	明	李中梓
57	滇南本草图谱	明	兰茂
58	本草纲目图	明	李时珍

编号	著作名称	朝代	作者
59	普济方	明	朱橚、滕硕、刘醇等
60	救荒本草	明	朱橚
61	奇效良方	明	董宿
62	医方选要	明	周文采
63	摄生众妙方、急救良方	明	张时彻
64	医便	明	王三才
65	医方考	明	吴崐
66	仁术便览	明	张洁
67	本经疏证十二卷续疏六卷	清	邹澍
68	本草崇原	清	张志聪
69	长沙药解	清	黄元御
70	本草丛新	清	吴仪洛
71	得配本草	清	严洁
72	药性切用	清	徐大椿
73	本草纲目拾遗	清	赵学敏
74	本草再新	清	叶桂
75	本草撮要	清	陈其瑞
76	医学要诀	清	张志聪
77	本草求真	清	黄宫绣
78	要药分剂	清	沈金鳌
79	本草汇纂	清	屠道和
80	诸药出处	清	佚名
81	得宜本草	清	王子接
82	本草分经	清	姚澜
83	名医别录	清	黄钰
84	本草思辨录	清	周岩
85	食治秘方	清	尤乘
86	本草备要	清	汪昂
87	食物本草会纂	清	沈李龙
88	药症忌宜	清	陈彻
89	药性歌括	清	翟良
90	本草易读	清	汪昂
91	本经便读	清	黄钰
92	本草述	清	刘若金
93	广群芳谱	清	刘灏等
94	图书集成草木典	清	蒋廷锡等
95	医方论	清	柯琴
96	古今名医方论	清	罗美

续表

编号	著作名称	朝代	作者
97	医方集解	清	汪昂
98	串雅内编	清	赵学敏
99	串雅外编	清	赵学敏
100	急救应验良方	清	费山寿
101	绛雪园古方选注	清	王子接
102	删补名医方论	清	吴谦等
103	成方切用	清	吴仪洛